Zu diesem Buch

Gibt es *eine* gemeinsame Sprache und Sichtweise aller der verschiedenen heute geübten Formen von Psychotherapie?
J. Haley zeigt den Gesichtspunkt, von dem aus die zahllosen Theorien vergleichbar werden, in der Interaktion von Therapeuten und Klient, in der therapeutischen Beziehung, ausgedrückt in einer noch nicht voll verfügbaren, aber in Umrissen sichtbaren anschaulichen Begrifflichkeit: In Kategorien der Interaktion oder Kommunikation. Haley veranschaulicht am Modell der Hypnose und der davon abgeleiteten Therapie, wie sie der Amerikaner Milton H. Erickson ausübt, allgemeine und grundlegende Verfahren jeder Psychotherapie: Hypnose und Schizophrenie als Modell für Beziehung bzw. versuchte Beziehungslosigkeit, Ehetherapie, Familienkonflikte als Anwendungsfelder sowie das erregende Problem der therapeutischen Paradoxe.

Jay Haley ist Direktor für Familienforschung an der Philadelphia Child Guidance Clinic. Zahlreiche Artikel in Fachzeitschriften; Lehrtätigkeit in Gebieten der Psychotherapie, Familientherapie und Hypnotherapie.
Bücher: »Direktive Familientherapie« (1977); »Changing Families«; »Uncommon Therapy« (1973).

Jay Haley

Gemeinsamer Nenner Interaktion

Strategien der Psychotherapie

Verlag J. Pfeiffer · München

Die amerikanische Originalausgabe ist unter dem Titel
»Strategies of Psychotherapy«
bei Grune & Stratton, Inc., New York, erschienen.

© 1963 by Grune & Stratton

Aus dem Amerikanischen übersetzt von Brigitte Stein

Nr. 34
Reihe »Leben lernen«
herausgegeben von Lorenz Wachinger
und Karl Herbert Mandel

Printed in Germany
Druck: G. J. Manz AG, Dillingen/Donau
Umschlagentwurf: Hermann Wernhard
© Verlag J. Pfeiffer, München 1978
ISBN 3-7904-0258-3

Inhalt

Für
Gregory Bateson

Vorwort

Jay Haley ist seiner Ausbildung nach weder Psychiater noch Psychoanalytiker noch klinischer Psychologe. Es wird daher vielen Psychotherapeuten schwerfallen, ihre Vorurteile gegen die Unetikettierbaren (bzw. Unberührbaren) zu überwinden und dieses Werk mit der speziellen Mischung aus Skepsis und Neugier zu lesen, die aufbringen muß, wer etwas Neues lernen will.

Haley ist Kommunikationsanalytiker, und er hat mehr als seine Vorgänger die Erkenntnisse der Kommunikationsanalyse dazu herangezogen, in den verschiedenen Methoden der Psychotherapie einen gemeinsamen Faktor zu entdecken und therapeutische Interventionen zu entwickeln, die erstaunlich wirksam sein können. Ihn beschäftigt sowohl die Notwendigkeit, einen effizienten und ökonomischen Ansatz zur Lösung emotionaler Probleme zu finden und gleichzeitig ein deskriptives System auszuarbeiten, das alle Personen miteinbezieht, die zentrale oder periphere Rollen in einem pathologischen System spielen. Für diejenigen Leser, die den Verfasser nicht kennen, sei hervorgehoben, daß Haley auf dem Gebiet, das er behandelt, über bedeutende Erfahrung verfügt. Er gehört seit einigen Jahren dem Forschungsteam des ›Veterans Administration Hospital‹ in Palo Alto sowie dem Anthropologischen Institut der Stanford Universität und der ›Medical Research Foundation‹ von Palo Alto an. Seine Arbeit auf psychotherapeutischem Gebiet umfaßte sowohl Therapie von Schizophrenen als auch Familientherapie. Seit mehreren Jahren unterhält er überdies eine Privatpraxis für Kurztherapie und Eheberatung. Er hat für Ärzte und Psychiater Kurse über die klinische Anwendung von Hypnose gehalten, in psychiatrischen Kliniken und dem ›Mental Research Institute‹ Seminare über Kurztherapie durchgeführt und an verschiedenen psychiatrischen Krankenhäusern über Kurztherapie, Schizophrenentherapie und Familientherapie referiert. Er hat auf einer Reihe psychiatrischer Kongresse Vorträge gehalten, so z. B. auf Treffen der ›American Psychiatric Association‹ in Mexico City und Philadelphia, der ›American Society for Clinical Hypnosis‹ in Chicago und auf Veranstaltungen der ›American Orthopsychiatric Association‹ in San Francisco und Los Angeles. Neuerdings arbeitet er an Forschungsvorhaben des

›Mental Research Institute‹ mit, die den in Familien ablaufenden Prozessen gelten, und fungiert als Herausgeber der neuen Zeitschrift *Family Process*.

Haleys Ansätze werden in manchen Kreisen Wehgeschrei und Empörung auslösen – und das ist ja auch richtig so. Auf diesem Gebiet haben wir alle die Aufgabe, unseres Bruders Hüter zu sein. Lassen Sie mich zwei Bereiche herausgreifen, die vielen Psychiatern inakzeptabel erscheinen mögen: die Frage der »Einsicht« und der »Manipulation«.

Sosehr wir auch wünschen, daß unsere Patienten die Psychodynamik verbalisieren, wie wir sie implizit oder explizit lehren – Tatsache ist, daß dasjenige, was dem Patienten hilft, eine Änderung seines *Verhaltens* ist. Meiner Ansicht nach ist es Geschmacksache, ob man den Tiefgang einer Therapie daran mißt, ob der Patient echte Einsicht hat oder nicht. Künftige Forschungen können diese Frage klären, aber gegenwärtig ist sie eines der großen ungelösten Probleme.

Die Reaktionen der Therapeuten in bezug auf die Manipulation des Patienten, wie dies in dem Abschnitt über direktive Therapie dargelegt wird, mögen von Empörung bis Skepsis reichen. Ich möchte alle jene, die die von Haley beschriebenen Techniken, die auch von mir in einem anderen Werk* dargestellt wurden, noch nicht selbst erprobt haben, auffordern, diese Art von Intervention entweder selbst zu versuchen oder mit Kollegen zu sprechen, die einen solchen Weg beschritten haben. Als Freud die Übertragung entdeckte, stellte er fest, daß Patient und Therapeut in ein Interaktionsspiel verstrickt sind, das seitens des Therapeuten Geschicklichkeit erfordert, wenn sowohl er als auch der Patient aus der Begegnung Nutzen ziehen sollen. Wenn dem Therapeuten wirklich daran gelegen ist, seinem Patienten zu helfen, und wenn er erfahren genug ist, seine Kenntnisse auf eine zumindest partiell vorhersagbare Weise einzusetzen, dann kann er den Verlauf des Spieles, das er mit dem Patienten spielt, mannigfaltig variieren und ihm dennoch von Nutzen sein. Therapie wird erst dann im anrüchigen Sinn des Wortes manipulativ, wenn der Therapeut den Patienten aus versteckten finanziellen Gründen oder aus Machtgründen mißbraucht, die mit dem Wohle des Patienten wenig zu tun haben.

Ich erachte es als Ehre, das Vorwort für dieses Buch zu schreiben, zumal ich es für einzigartig halte. Es erfüllt einen langgehegten Wunsch.

Dr. med. Don D. Jackson

---

* Contemporary Psychotherapies, hrsg. von M. Stein, Free Press 1962.

Einführung

Dieses Buch handelt von den Strategien der Psychotherapeuten und ihrer Patienten, mit denen beide einander im Verlauf der Behandlung zu manövrieren suchen. Wie ein Therapeut seinen Patienten veranlaßt, sich zu ändern, und warum sich der Patient ändert, wird im Rahmen einer interpersonalen Theorie dargestellt. Ich werde eine Reihe therapeutischer Methoden mit der Behauptung vorführen, daß die Ursache therapeutischer Veränderung in den Paradoxen liegt, die diese Methoden miteinander gemein haben. So divergierende Formen der Therapie wie Psychoanalyse, direktive Therapie und Familientherapie erscheinen grundverschieden, wenn man sie vom Standpunkt der Individualpsychologie betrachtet; formale Ähnlichkeiten treten jedoch zutage, wenn man die spezifischen Beziehungsarten untersucht, die zwischen Patient und Therapeut hergestellt werden.

Da sich mein Ansatz vor allem auf die Beziehung zwischen zwei oder mehr Menschen und weniger auf das einzelne Individuum konzentriert, liegt der Schwerpunkt auf dem Kommunikationsverhalten. Wenn Menschen in Kategorien der Kommunikationsebenen gesehen werden, erscheinen psychiatrische Probleme und deren Lösung in einer neuen Perspektive.

Ein Großteil des Buches entstand, als der Verfasser an einem Projekt zur Erforschung der Kommunikation mitarbeitete. Das Projekt begann 1952, als Gregory Bateson von der Rockefellerstiftung Mittel zur Untersuchung der Kommunikation vom Blickpunkt der »logischen Typen« (57)* Russells und Whiteheads erhielt, und wurde 1962 abgeschlossen. Untersuchungsergebnisse über verschiedenste Phänomene fanden in der Studie Verwendung: Hypnose, Bauchreden, Tierdressur, Trivialfilm, Formen des Spiels, Humor, Schizophrenie, neurotische Kommunikation, Psychotherapie, Familiensysteme und Familientherapie. Das Hauptaugenmerk galt der Art und Weise, in der Botschaften einander solcherart qualifizieren bzw. klassifizieren, daß ein Paradox Russellscher Definition entsteht. Ein Aspekt des Paradoxes war das Konzept des »double-bind«, das 1956 von der

---

* Die Zahlen in Klammern beziehen sich auf die Literatur am Ende des Buches.

Gruppe auf die Ätiologie der Schizophrenie angewandt wurde (5). An dem von Gregory Bateson geleiteten Forschungsprojekt arbeiteten neben dem Verfasser John H. Weakland als Research Associate und Don D. Jackson, M. D. und William F. Firy, M. D. als psychiatrische Berater mit. Die angefügte Bibliographie enthält eine Liste von Publikationen der Mitarbeiter über Psychotherapie sowie Angaben über Artikel, die im Text erwähnt sind. (Eine vollständige Bibliographie des Forschungsteams ist dem in Anmerkung Nr. 6 erwähnten Werk zu entnehmen.)

Im Lauf der Jahre wurde die Forschungsarbeit durch Mittel der ›Rockefeller-Foundation‹, der ›Macy-Foundation‹ und dem ›Foundations Fund for Research in Psychiatry‹ sowie dem ›National Institute of Mental Health‹ unterstützt. Diese Stiftungen wurden vom Fachbereich für Anthropologie der Stanford University und der ›Palo Alto Medical Research Foundation‹ verwaltet.

Dieses Buch ist das Ergebnis von Untersuchungen, die der Verfasser verschiedenen psychotherapeutischen Methoden unter spezieller Berücksichtigung der therapeutischen Paradoxe gewidmet hat, eine Thematik, die ihn fesselte, seit er 1954 erstmals eine Arbeit über Paradox und Psychotherapie veröffentlichte (29). Die in diesem Werk dargelegten Gedankengänge sind sowohl ein Ergebnis des übergreifenden theoretischen Ansatzes der genannten Forschungsgruppe als auch der persönlichen Überzeugungen des Verfassers, der für sie in der vorliegenden Form verantwortlich zeichnet. Sie wurden in ständigem Austausch mit den Mitgliedern des Forschungsteams entwickelt. Ich spreche meinen Kollegen Dank und Anerkennung für die Beiträge aus, die sie in den zahllosen Diskussionen und Debatten unserer mehr als zehnjährigen Zusammenarbeit leisteten. Die psychiatrische Grundauffassung der Art und Weise, wie die Menschen in ihren interpersonalen Beziehungen miteinander umgehen, wurde entscheidend von Dr. Don D. Jackson beeinflußt, der als Supervisor der therapeutischen Arbeit des Teams fungierte. Im Laufe der Jahre trugen auch zahlreiche Besucher und Berater zu dem Erkenntnisstand der Gruppe bei. Insbesondere Alan Watts lieferte viele Anregungen zum Thema der Paradoxe. Der Verfasser schuldet speziell Dr. Milton H. Erickson Dank für viele Stunden des intellektuellen Austausches und eine neue Auffassung vom Wesen der Psychotherapie.

Teile dieser Arbeit wurden in anderer Form in verschiedenen Fachzeitschriften veröffentlicht. Für die Erlaubnis, Auszüge der erwähnten Artikel hier erneut zu veröffentlichen, sage ich den folgenden Redaktionen Dank: *The American Journal of Clinical Hypnosis; Archives of General Psychiatry, Etc.; Family Process; Psychiatry* und *Progress in Psychotherapy, IV,* Grune & Stratton, 1959.

Erstes Kapitel

Symptome als Taktik in den menschlichen Beziehungen

Es hat immer Menschen in der Welt gegeben, die ihre Lebensweise, ihre Gefühle und ihr Denken ändern wollten, wie auch andere Menschen, die bereit waren, ihre Mitmenschen zu ändern. In der östlichen Hemisphäre vollzog sich der Wandel im Rahmen religiöser Erfahrungen (54). Im Westen hat eine Verlagerung stattgefunden. Den Menschen zu verändern war einmal Aufgabe der Religion; heute lernen Vertreter der Kirche bei weltlichen Fachleuten, wie sie ihre Gemeindemitglieder beeinflussen können. Die zunehmende Bedeutung von Spezialisten, deren Beruf es ist, Menschen zu verändern, hat das wissenschaftliche Interesse an Methoden und Theorien der Veränderung belebt.

Die im Westen gebräuchliche theologische Erklärung, weshalb ein Mensch seine unbefriedigende Lebensweise änderte, ging von der Prämisse aus, daß sich die Veränderung durch einen Wandel der Beziehung des Betreffenden zu einer Gottheit vollzog. Ein Geistlicher spielte oft die Rolle des Mittlers in diesem Prozeß. Mit der Entwicklung weltlicher Therapie entstand gleichzeitig mit der Idee des rationalen Menschen die Annahme, daß sich das Individuum verändert, wenn es größere Einsicht in sein Inneres gewinnt. Der Therapeut wurde als der Mittler betrachtet, der diese Selbsterkenntnis freisetzt. Man nahm an, man könne einem Menschen, der sich ändern wollte, klarmachen, daß er sein Leben auf falsche Weise lebe, und er werde dann die Konsequenzen ziehen.

Seit Sigmund Freud wird der Mensch als weitaus weniger rationales Wesen angesehen, aber man ging immer noch davon aus, daß die Einsicht genüge, um eine Änderung herbeizuführen. Freud vertrat die Auffassung, daß Selbstbewußtheit Veränderung bewirkt, aber er fügte hinzu, daß der leidende Mensch erkennen müsse, in welchem Bezug seine gegenwärtigen Denkvorgänge und Wahrnehmungen zu seiner Vergangenheit und seinen unbewußten Vorstellungen stehen. In der Freudschen Theorie wird der Therapeut nach wie vor lediglich als Katalysator betrachtet, der die dem Selbstverständnis förderliche Situation schafft. Man nahm an, daß sich das Individuum verändern könne und werde, sobald es ein »tieferes« Verständnis seiner selbst gewonnen habe. In der Psychiatrie fand eine entscheidende theoretische Wende statt, als sich das Hauptaugenmerk von den intrapsychischen Vorgängen auf die Art und Weise verlagerte, in der das Individuum mit anderen Menschen in Beziehung tritt. Obwohl die psychiatrischen Probleme stärker als zwischenmenschliche begriffen wurden, hielt man jedoch weiterhin an der Annahme fest, daß Verhaltensänderungen eine Folge vertiefter Selbsterkenntnis seien. Wie Sullivan erklärte: »Das Hauptproblem des therapeutischen Gespräches ist es, den Zugang zum Bewußtwerden von Informationen zu erleichtern, die für den Patienten die schwierigeren Aspekte seines Lebens klären werden.« (51)

Das Argument, daß Selbsterkenntnis Veränderung bewirke, ist im Grunde unwiderlegbar, wenn man sich darauf versteift. Man kann immer sagen, ein Mensch, der sich verändert hat, ohne über Einsicht zu verfügen, habe sich nicht *wirklich* verändert, und jemand, der sich trotz tiefreichender Selbsterkenntnis nicht ändert, habe noch nicht genügend Einsicht gewonnen. Das Wesen und die Ursache psychiatrischer Veränderung sind jedoch so bedeutsam, daß alle dazu beitragenden Faktoren einer rigorosen Prüfung unterzogen werden sollten, wobei keine Hypothese, die nicht bewiesen bzw. beweisbar ist, als selbstverständlich hingenommen werden darf.

Wegen der Vielzahl therapeutischer Methoden, die in den letzten Jahren entstanden und von denen viele Selbsterkenntnis und religiöse Erfahrungen völlig außer acht ließen, sollten wir uns die Frage nach der Ursache therapeutischer Veränderung aufs neue stellen. Möglicherweise vollziehen sich Veränderungen nicht aufgrund religiöser Bekehrungserlebnisse oder vertiefter Selbsterkenntnis, sondern infolge der Interventionen, durch die die Bekehrung bzw. die Selbsterkenntnis herbeigeführt wurde.

Um die Ursachen therapeutischer Veränderung zu untersuchen, müssen die verschiedenen Kontexte, die Veränderungen bewirken, verglichen und beschrieben werden, um herauszufinden, was sie miteinander gemein haben. Danach können experimentelle Methoden entwickelt werden, um die aufgestellten Hypothesen zu testen. Eine solche Untersuchung erfordert jedoch eine exakte Methode zur Beschreibung der Interaktionen zwischen der Person, die sich zu ändern wünscht, und demjenigen, der sie ändern will. Bis dato fehlt uns die Terminologie für eine solche Beschreibung, und es fehlt uns auch ein Modell, nach dem wir diese Terminologie gestalten könnten. Das Beste, worauf wir hoffen können, ist, wenigstens einen kleinen Ausschnitt eines äußerst komplexen Problems zu erhellen. Die verschiedenen in diesem Buch angeführten therapeutischen Methoden werden nicht im einzelnen ausführlich dargestellt. Nur bestimmte Aspekte des Austausches zwischen Therapeut und Patient werden ohne Anspruch auf Vollständigkeit herausgegriffen. Das breitere soziale Umfeld, in dem Therapeut und Patient zueinanderfanden sowie die Erforschung subjektiver Prozesse im Patienten werden ebensowenig beachtet wie manche andere Aspekte der therapeutischen Situation. Im Mittelpunkt stehen die Taktiken, mit denen Patient und Therapeut einander zu manövrieren suchen.

Es ist immer eine Übervereinfachung, psychiatrische Symptome so zu beschreiben, als seien sie von den allgemeinen gesellschaftlichen Problemen isolierbar. Die Nöte des Individuums sind in Wirklichkeit nicht trennbar von den Mißständen der sozialen Umwelt, die es mitgestaltet und bewohnt, und man kann nicht guten Gewissens den einzelnen von seinem kulturellen Milieu absondern und ihn als krank oder gesund etikettieren. Dennoch scheint es trotz des Elends breiter Schichten eine Anzahl von Menschen zu geben, die, wenn man so will, spezifisch psychiatrische Symptome aufweisen und therapeutische Hilfe suchen.

Es wird zunehmend deutlich, daß Sigmund Freud mit der Psychoanalyse eine Methode entwickelte, die auf ein bestimmtes Patientengut zugeschnitten war. Er war mit der allgemeinen Unfähigkeit der Mediziner seiner Zeit konfrontiert, denjenigen Patienten zu helfen, die von Arzt zu Arzt gingen, ohne daß sich an ihrem Zustand etwas änderte. Damals existierte keine systematische Methode, diese Gruppe schwieriger Patienten zu behandeln: Freud entwickelte eine. Inzwischen haben sich die therapeutischen Methoden entfaltet und weiterentwickelt, bis schließlich der Gedanke Eingang fand, daß es darauf ankomme, sich mit dem Träger psychiatrischer Symptome zusammenzusetzen und ein Gespräch zu führen. Obwohl auch die Heilwirkung von Medikamenten, Schockbehandlung und Gehirnoperationen anerkannt wird, gilt die Erkenntnis als gesichert, daß der Patient aufgrund eines Gespräches tiefgreifende Veränderungen durchmachen kann.

Während es heute als zweckmäßig gilt, mit einem Träger psychiatrischer Symptome zu sprechen, besteht noch keine allgemeine Übereinstimmung, worüber gesprochen werden soll. Ja, man ist sich noch nicht einmal einig, was ein psychiatrisches Symptom ist und demnach, was ein Therapeut eigentlich zu ändern versucht. Der eine Therapeut mag sich bemühen, die philosophischen Grundanschauungen eines Patienten zu verändern, während der andere die Art und Weise zu ändern versucht, wie der Patient mit seiner Frau umgeht. Die einen bemühen sich, ihre Patienten angstfrei zu machen oder ihnen zu Erfolg zu verhelfen, während andere versuchen, sie glücklich zu machen, sie an die Umwelt anzupassen, ihre verdrängten Ideen freizusetzen, sie zu lehren, ihre Schwächen zu akzeptieren, usw. Naturgemäß hängt die Entscheidung darüber, welche Methode bei einem Patienten anzuwenden ist, von der Theorie des Therapeuten ab, welche Bereiche der Persönlichkeitsstruktur des Patienten der Veränderung bedürfen.

Da sich dieses Buch auf einen ziemlich engen Aspekt der Psychotherapie beschränkt, werden auch die psychiatrischen Probleme aus einem engen Gesichtswinkel betrachtet werden. Besonderes Augenmerk werde ich auf das richten, was gemeinhin als Symptom bezeichnet wird, wenn ich diese Symptome auch eher von einem kommunikativen als von einem intrapsychischen Standpunkt betrachten werde.

In den letzten Jahren verlagerte sich in der Psychotherapie und Psychologie der Schwerpunkt von den subjektiven Prozessen des Individuums auf seine Beziehungen mit anderen Menschen. Nur wenn das Verhalten in einer Beziehung analysiert wird, ist Psychotherapie beschreibbar, denn Psychotherapie ist ihrer Definition nach ein Verfahren, das in einer Beziehung abläuft. Dennoch hinken sowohl Terminologie als auch Konzepte stets hinterher, und die meisten heutigen Versuche, Psychotherapie in Worte zu fassen, bedienen sich einer Sprache, die dafür geschaffen wurde, die einzelne Person zu beschreiben.

Nachstehend eine Liste in der Psychotherapie gängiger Begriffe und Konzepte:

Angst	Halluzinationen
Bewußtheit	Vorstellungen
Zwanghaftigkeit	Einsicht
Konsolidierung	Integration
Wahnvorstellungen	Intelligenz
Depression	Interjektion
Triebe	Lernen
Ich	Bedürfnisse
Gefühle	Oralität
Phantasie	Ödipuskonflikt
Furcht	Wahrnehmung
Frustration	Phobien
Projektion	Rolle
Verdrängung	Regression
Unterdrückung	Gedanken
Übertragung	Trauma
Unbewußtes	

Wenn man sich das Individuum als in seiner Haut eingeschlossen vorstellen könnte, dann beschreibt diese ganze Terminologie, was innerhalb dieser Haut vor sich gehen könnte. Dieses Vokabular ist demnach ungeeignet zur Darstellung der Interaktionen zwischen Therapeut und Patient. Was noch schwerer wiegt, die Transaktionen können mit Hilfe der theoretischen Modelle, die dieser Terminologie zugrunde liegen, nicht auf den Begriff gebracht werden. Dennoch gibt es bis heute keinen adäquaten Ersatz für die hergebrachten psychotherapeutischen Begriffe. Die Analogien und Bezeichnungen, deren man bedürfte, um verschiedene lebendige Beziehungen zu charakterisieren, sind erst im Entstehen. Der erste größere Schritt in dieser Richtung wurde von Sullivan unternommen, der sich abmühte, zwischenmenschliche Beziehungen mittels der Begriffe und Theorien darzustellen, die für die Beschreibung des Individuums entwickelt wurden (51). Andere haben seine Bemühungen fortgesetzt, aber es hat jetzt den Anschein, daß es nur dann gelingen wird, menschliche Beziehungen angemessen zu beschreiben, wenn die individuumzentrierten Vorstellungen großenteils über Bord geworfen werden. Letzten Endes werden interpersonale Beziehungen in Form von Kommunikationsmustern im Rahmen einer Theorie geschlossener Systeme darzustellen sein. Ein Schritt in diese Richtung wird in diesem Buch unternommen.

Ein spezieller Vorteil der Untersuchung therapeutischer Methoden in Kategorien des Verhaltens statt intrapsychischer Vorgänge liegt in der Tatsache, daß auf psychische Prozesse geschlossen werden muß. Nicht einer der angeführten Begriffe repräsentiert etwas Beobachtbares; alle sind Schlußfolgerungen, die aus Verhaltensbeobachtungen gezogen wurden. Angst kann man ebensowenig beobachten wie das Ich oder den Lernvorgang. Dieser Charakter der Begriffe, erschlossen zu sein, ist der Schaffung eines präziseren Systems der Diagnose stets im Wege gestanden. Ein Psychiater kann berichten, daß ein Patient an Wahnvorstellungen und Halluzinationen leidet, daß er Zwänge und Denkstörungen usw. hat, aber alle diese deskriptiven Termini betreffen Vorgänge, die nur angenommen werden. Erst in jüngerer Zeit haben Psychotherapeuten angefangen, sich selbst in ihre Beschreibung eines Patienten einzubeziehen. Selbstverständlich basiert ihre Diagnose darauf, wie der Patient *auf sie* reagiert, doch in dem Fallbericht, den sie verfassen, ist nur von den mutmaßlichen seelischen Prozessen des Patienten die Rede. Eine relevante Frage lautet daher stets: Was tat der Psychiater, als sich der Patient in einer Weise benahm, die den Psychiater schließen ließ, er leide an Wahnvorstellungen?

Aber selbst wenn der Psychiater sein interaktives Verhalten mit dem Patienten beschreiben möchte, fehlt ihm die adäquate Terminologie hierfür. Da keine exakten Begriffe zur Beschreibung kommunikativen Verhaltens vorhanden sind, muß er sich mit einer anekdotischen Darstellungsweise behelfen. Doch schon eine geringfügige Veränderung des Gesichtspunkts kann weitreichende theoretische Unterschiede zur Folge haben. Früher war es üblich, ein Symptom als Abwehr einer Vorstellung zu interpretieren. Jetzt, wo sich das Augen-

15

merk auf die zwischenmenschlichen Beziehungen konzentriert, bürgert es sich ein, das Symptom als eine Form des Umgangs mit anderen anzusehen. Diese Neudefinitionen repräsentieren de facto einen Wendepunkt in der Geschichte der Psychiatrie. Mit dem Schritt vom Individuum zur Dyade muß der größte Teil der bisherigen Terminologie über Bord geworfen werden. Beispielsweise kann Angstverhalten eines Patienten als Form der Abwehr verdrängter Vorstellungen gedeutet werden, die in sein Bewußtsein einzudringen drohen. Man könnte jedoch denselben Patienten beobachten und feststellen, daß sein Angstverhalten in einem interpersonalen Kontext auftritt: sein Verhalten ließe sich somit als eine Art des Umgehens mit einem anderen Menschen – vielleicht als Versuch, diesen zu entwaffnen – beschreiben. Diese zwei Perspektiven repräsentieren stark divergierende theoretische Systeme.

Wenn man zum Studium des Zwei-Personen-Systems übergeht, begibt man sich auf das Gebiet der Kommunikation; das heißt, man muß das Individuum nun in Begriffen zu erfassen suchen, die dem Austausch von kommunikativem Verhalten zwischen zwei oder mehr Personen entsprechen. Vom Kommunikationsstandpunkt aus müssen zwei Voraussetzungen erfüllt sein, damit ein psychiatrisches Symptom als Symtom anerkannt werden kann: das Verhalten des Patienten muß extreme Auswirkungen auf andere haben, und er muß irgendwie zu erkennen geben, daß er sich nicht anders verhalten kann. Das extreme Verhalten muß nicht bestimmter Art sein, solange es extrem ist und aus dem Rahmen des Üblichen fällt. Gewöhnlich lassen sich Symptome einer von zwei entgegengesetzten Gruppen zuordnen; jedem Symptom an einem Ende der Skala entspricht ein vergleichbares am anderen Extrem. Personen, die keinen Türgriff berühren können und als phobisch bezeichnet werden, sind mit jenen vergleichbar, die eine Klinke sechsmal berühren müssen, bevor sie sie niederdrücken, und die als zwanghaft gelten. Manche Menschen können ihre Wohnung nicht verlassen, andere können nicht zu Hause bleiben, sondern müssen ständig unterwegs sein. Die einen können kein Bad nehmen, die anderen müssen fortwährend baden. Leute, die keinen Alkohol anrühren oder sich auf kein sexuelles Abenteuer einlassen können, bilden den Gegenpol zu denjenigen, die nicht aufhören können zu trinken bzw. mit jedem zu flirten, der ihnen über den Weg läuft. Während viele Menschen ihre Stimme einbüßen, reden andere unaufhörlich, und während sich die einen zu Tode hungern, überessen sich die anderen. Es gibt Leute, die arbeitsunfähig sind, weil sie ein Glied nicht bewegen können, und andere, die ebenso invalide sind, weil sie nicht verhindern können, daß eines ihrer Glieder zittert. Manche meiden Medikamente und Operationen, andere nehmen Unmengen von Tabletten zu sich und liefern sich ständig dem Chirurgen ans Messer. Das spezifische Symptom ist weniger relevant als die formalen Verhaltensmuster, die die Patienten gemeinsam haben. Aus kommunikationswissenschaftlicher Sicht stellt symptomatisches Verhalten eine Inkongruenz zwischen der Mitteilungsebene und der metakommunikativen Ebene dar. Der Patient tut etwas Extremes oder vermeidet etwas und signalisiert, daß *er* das tut bzw. nicht tut, weil er nicht anders kann. Gravierendere Probleme müssen unter Heranziehung vieler Ebenen beschrieben werden; dies wird in dem Abschnitt über Schizophrenie erörtert werden. Aber die meisten neurotischen Symptome repräsentieren irgendwelche extremen Verhaltensweisen, die durch den Hinweis gekennzeichnet sind, daß sich der Betreffende nicht anders betragen könne.

Wenn man davon ausgeht, daß neurotische Symptome als Inkongruenzen der geschilderten Art zu betrachten sind, werden die psychotherapeutischen Taktiken potentiell beschreibbar. Dies ist einer der Hauptzwecke einer solchen Beschreibung. Das brauchbarste Klassifikationsschema psychiatrischer Probleme wäre dasjenige, welches erklärt, wie ein Symptom aufrechterhalten wird und wie Veränderungen herbeigeführt werden können.

Ich vertrete hier die Ansicht, daß die Symptome eines Patienten durch die Art und Weise seines Verhaltens und durch den Einfluß anderer enger Bezugspersonen perpetuiert werden. Daraus ergibt sich, daß die therapeutische Taktik darin bestehen sollte, dem Patienten zuzureden, sein Verhalten zu ändern bzw. seine Bezugspersonen zu veranlassen, ihr Betragen ihm gegenüber zu modifizieren. Falls der Therapeut auch mit der Familie des Patienten in Kontakt ist, können beide Ziele gleichzeitig erreicht werden. In diesem Buch werden sowohl Techniken behandelt, mit denen der einzelne veranlaßt werden kann, sein Verhalten zu ändern, als auch Techniken, die geeignet sind, das Familiensystem so zu verändern, daß die Mitglieder einander in anderer Weise beeinflussen.

Die Definition einer Beziehung

Wenn gesagt wird, ein Symptomträger verhalte sich ungewöhnlich, so impliziert das, daß es eine gewöhnliche oder übliche Art des Verhaltens gibt. Zur gründlichen Erörterung einer solchen Ansicht wäre zunächst eine Analyse der jeweiligen Kultur und der Bandbreite individueller Abweichung erforderlich, die in der betreffenden Kultur gestattet ist, bevor ein Mensch als aus dem Rahmen fallend betrachtet wird. Statt das Problem von dieser Seite anzupacken, gehe ich in meiner Darlegung davon aus, daß die hierin beschriebenen Personen der westlichen Gesellschaft bzw. Ideologie angehören, und greife einige abstrakte und formale Verhaltensmuster heraus. Dem extremen Verhalten eines Symptomträgers stelle ich das allgemein als »normal« geltende Verhalten in einer Beziehung gegenüber. Dazu ist es nötig, zunächst darzustellen, wie Beziehungen üblicherweise geknüpft und aufrechterhalten werden, und dann einige Begriffe zur Unterscheidung verschiedener Arten von Beziehungen zu erläutern.

Wenn zwei Menschen zum erstenmal zusammentreffen und eine Beziehung beginnen, ist potentiell ein breites Spektrum von Verhaltensweisen zwischen ihnen möglich. Sie können Komplimente oder Beleidigungen austauschen, sexuelle Annäherungsversuche machen oder überlegene bzw. unterlegene Positionen einnehmen usw. Je nachdem, wie diese zwei Menschen ihre Beziehung zueinander definieren, gestalten sie gemeinsam die Art des Kommunikationsverhaltens, das in dieser Beziehung herrschen soll. Aus allen möglichen Botschaften wählen sie bestimmte Arten aus und werden sich einig, daß diese Verwendung finden sollen. Diese Grenzen, die sie zwischen dem ziehen, was in die Beziehung aufgenommen bzw. nicht aufgenommen werden soll, kann man als gemeinsame Definition der Beziehung bezeichnen. Jede Botschaft, die sie untereinander austauschen, bekräftigt allein durch ihre Existenz entweder diese Grenze oder wirkt auf eine Verschiebung hin, durch die Botschaften anderer Art möglich werden. Die Beziehung wird also durch das Vorhandensein oder Fehlen von Botschaften, welche die Partner untereinander austauschen, wechselweise definiert. Wenn ein junger Mann seinen Arm um eine Frau legt, signalisiert er damit, daß er Liebesbezeugungen zu einem Bestandteil der Beziehung machen möchte. Wehrt die Partnerin ab, »nein, nein«, und entzieht sich ihm, so gibt sie damit zu verstehen, daß Liebesbezeugungen keine Rolle in der Beziehung spielen sollten. Die Beschaffenheit der Beziehung, ob sexuell oder platonisch, wird definiert durch den Charakter der Botschaften, über deren Zuverlässigkeit die Partner Übereinstimmung erzielen.

Diese Übereinkunft ist niemals endgültig, sondern jedesmal dann Veränderungen unterworfen, wenn einer der beiden Partner eine neue Art von Botschaften einzuführen versucht oder die äußere Situation sich ändert und eine Änderung ihres Verhaltens provoziert.

Wenn die menschliche Kommunikation nur auf einer einzigen Ebene stattfände, wäre die Gestaltung bzw. Definition einer Beziehung eine einfache Frage des Vorhandenseins oder Fehlens von Botschaften. In diesem Fall gäbe es vermutlich keine Schwierigkeiten in den zwischenmenschlichen Beziehungen. Die Menschen kommunizieren jedoch nicht bloß, sie kommunizieren auch über diese Kommunikation. Sie sagen nicht nur etwas, sondern qualifizieren oder etikettieren das Gesagte auch. Im obigen Beispiel sagt die Frau »nein, nein« und zieht sich gleichzeitig von dem Mann zurück. Ihre physische Abwendung qualifiziert ihre verbale Äußerung und wird ihrerseits durch diese qualifiziert. Da die Qualifizierung ihrer Botschaft die Botschaft bekräftigt, bietet dieses Beispiel keine besondere Schwierigkeit. Die Frau macht deutlich, daß Liebesbezeugungen keinen Platz in ihrer Beziehung haben sollen. Aber nehmen wir an, sie hätte »nein, nein« gesagt und wäre gleichzeitig näher an den Mann herangerückt. Durch ihr Näherkommen hätte sie ihre Aussage, »nein, nein«, inkongruent qualifiziert bzw. geleugnet. Wenn eine inkongruent qualifizierte Botschaft auftritt, dann hat man es mit einer komplexeren Situation zu tun als jene, die lediglich durch das Vorhandensein oder Fehlen von Botschaften gekennzeichnet ist.

Keine zwischen zwei Menschen ausgetauschte Botschaft existiert getrennt von den übrigen Botschaften, die sie begleiten und kommentieren. Wenn jemand sagt: »Schön, dich zu sehen«, qualifiziert der Ton seiner Stimme diese Aussage und wird seinerseits durch diese qualifiziert. Menschliche Botschaften werden qualifiziert a) durch den Kontext, in dem sie erfolgen, b) durch verbale Aussagen, c) durch Tonfall und Sprachmuster und d) durch Körperbewegungen. Man kann eine kritische Bemerkung mit einem Lächeln oder mit gerunzelter Stirn äußern. Die Beziehung zwischen zwei Menschen wird sowohl durch das Vorhandensein oder Fehlen des Lächelns oder Stirnrunzelns definiert als auch durch die Äußerung oder Nichtäußerung der Kritik. Ein Angestellter kann seinem Chef Ratschläge erteilen und ihre Beziehung dadurch als gleichberechtigt definieren, aber er kann gleichzeitig seine Äußerung durch eine »unterwürfige« Geste oder eine »leise« Stimme einschränken und damit zum Ausdruck bringen, daß er in dieser Beziehung zweitrangig und somit nicht gleichberechtigt ist. Wenn Botschaften einander in inkongruenter Weise qualifizieren, dann werden inkongruente Aussagen über die Beziehung gemacht. Wenn die Menschen ihre verbalen Äußerungen stets in kongruenter Weise qualifizierten, dann wären ihre Beziehungen klar und einfach definiert, auch wenn die Kommunikation auf vielen Ebenen stattfindet. Wenn jedoch eine Aussage gemacht wird, die an sich einen bestimmten Beziehungstypus kennzeichnet, diese aber gleichzeitig durch eine zweite Aussage qualifiziert wird, die das leugnet, dann werden Schwierigkeiten in den zwischenmenschlichen Beziehungen unvermeidlich.

Es ist hervorzuheben, daß man *nicht umhinkann*, eine Botschaft zu qualifizieren. Verbale Aussagen müssen in einem bestimmten Tonfall gemacht werden, aber selbst wenn man schweigt, muß man eine bestimmte Haltung einnehmen oder in einem Kontext erscheinen, der das Schweigen qualifiziert. So offenkundig manche qualifizierenden Botschaften sind, etwa wenn man eine Äußerung durch einen Faustschlag auf den Tisch begleitet, so sind doch auch ständig subtile Qualifizierungen im Spiel. Zum Beispiel kann die geringste Anhebung des Tonfalls, in dem ein Wort gesprochen wird, eine Äußerung als Frage statt als Behauptung definieren. Die Andeutung eines Lächelns kann eine Äußerung nicht mehr ernst, sondern ironisch erscheinen lassen. Ein geringfügiges Zurückweichen des Körpers qualifiziert eine Äußerung der Zuneigung und läßt erkennen, daß sie von gewissen Vorbehalten begleitet wird. Auch das Fehlen einer Botschaft kann eine andere Botschaft qualifizieren. Ein Zögern oder eine Pause kann eine Aussage qualifizieren und anders lauten lassen, als sie ohne diese Pause geklungen hätte. Auch wenn jemand in einer Situation schweigt, in der eine Äußerung von ihm erwartet wird, hat das Schweigen die Bedeutung einer qualifizierenden Botschaft. Das Fehlen einer Geste kann dieselbe Funktion haben. Wenn ein Mann seiner Frau keinen Abschiedskuß gibt, obwohl sie es erwartet, qualifiziert das Fehlen dieser Geste seine übrigen Botschaften ebenso, wenn nicht noch stärker, als wenn er sie vollzogen hätte.

Wenn eine Botschaft eine andere klassifiziert oder qualifiziert, kann sie kongruent sein und diese bekräftigen, oder sie kann inkongruent sein und dieser widersprechen. Man kann »schön, dich zu sehen« in einem Ton sagen, der anzeigt, daß man sich wirklich freut, den anderen zu sehen. Oder man kann diese Aussage in einem Ton machen, der erkennen läßt, daß man den anderen auf den Mond wünscht. Im Umgang mit Menschen neigen wir dazu, unser Urteil darüber, ob sie aufrichtig oder falsch sind, ob sie es ernst meinen oder scherzen usw., davon abhängig zu machen, wie sie ihre Worte qualifizieren. Auch ihre Aussagen über die Beziehung beurteilen wir nicht nur nach ihren Worten, sondern auch nach der Art und Weise, in der sie sie vorbringen. Wenn wir mit unserer eigenen Definition der Beziehung antworten, dann reagieren wir damit auf die multiplen Botschaftsebenen des Partners.

Die Kontrolle über die Beziehung

Wenn ein Mensch einem anderen eine Botschaft übermittelt, unternimmt er durch diesen Akt einen Versuch, die Beziehung zu definieren. Durch den Inhalt und die Form seiner Aussage gibt er dem anderen zu verstehen: »So ist die Beziehung, die wir zueinander haben.« Der andere steht damit vor dem Problem, das Manöver des Partners zu akzeptieren oder es zurückzuweisen. Er hat die Wahl, die Botschaften stehenzulassen und damit die Definition der Beziehung seitens des anderen zu akzeptieren, oder durch ein eigenes Manöver eine andere Definition durchzusetzen. Er kann aber auch das Manöver des anderen zwar akzeptieren, diese Hinnahme jedoch durch eine Botschaft qualifizieren, die deutlich macht, daß er das Manöver des anderen *durchgehen läßt.*

Bei jedem Austausch zwischen zwei Menschen geht es nicht nur um die Frage, welches Verhalten zwischen ihnen stattfinden soll, sondern auch darum, wie dieses Verhalten qualifiziert oder gekennzeichnet werden soll. Eine junge Frau mag es ablehnen, daß ein Mann seinen Arm um sie legt, aber sie wird dieses Verhalten nicht zurückweisen, wenn sie ihn vorher dazu aufgefordert hat. Wenn sie ihn dazu auffordert, hat sie die Kontrolle darüber, welches Verhalten gezeigt wird, und damit hat sie auch die Kontrolle über die Definition der Beziehung. Wenn der junge Mann diese Botschaft spontan initiiert, muß sie sie entweder akzeptieren und damit ihn die Beziehung definieren lassen, oder sie muß sie zurückweisen und damit die Beziehung selbst definieren. Sie kann sie auch mit der Einschränkung akzeptieren, daß sie ihm *gestattet,* seinen Arm um sie zu legen. Indem sie seine Botschaft als von ihr geduldet klassifiziert, behält sie die Kontrolle über den Charakter der Beziehung, die sie zueinander haben.

In jeder Zweierbeziehung stellen sich folgende Probleme: a) welche Botschaften bzw. Verhaltensweisen sollen diese Beziehung kennzeichnen und b) wer bestimmt, was in der Beziehung geschieht und hat damit die Kontrolle über die Definition der Beziehung. Ich vertrete hier die Hypothese, daß die Natur der menschlichen Kommunikation die Partner zwingt, sich mit diesen Problemen auseinanderzusetzen und daß die zwischenmenschlichen Beziehungen nach der Art und Weise klassifiziert werden können, wie sie diese Probleme lösen.

Es muß betont werden, daß dieses Ringen um die Definition der eigenen Beziehung zum Nächsten niemandem erspart bleibt. Jeder ist ständig damit beschäftigt, seine Beziehungen selbst zu definieren oder die Definition des anderen zu kontern. Wenn ein Mensch spricht, gibt er zwangsläufig zu erkennen, welche Beziehung er zu dem anderen hat. Durch jedes Wort zeigt er an: »Dies ist eine Beziehung, in der das und das gesagt wird.« Wenn jemand stumm bleibt, demonstriert er auch damit unweigerlich, wie seine Beziehung geartet ist, denn durch sein Schweigen qualifiziert er das Verhalten des anderen. So wie man *nicht umhinkann,* eine Botschaft zu qualifizieren, kann man auch nicht umhin, zu erkennen zu geben, welches Verhalten man in einer Beziehung wünscht. Wenn es jemand vermeiden will, seine Beziehung zu einem anderen zu definieren, und deshalb nur vom Wetter spricht, signalisiert er damit unmißverständlich, daß die zwischen ihnen stattfindende Kommunikation neutral sein sollte, und definiert auf diese Weise die Beziehung.

Eine Grundregel der Kommunikationstheorie lautet, daß es unmöglich ist, seine Beziehung zu einem anderen *nicht* zu definieren bzw. die Kontrolle über die Definition der Beziehung nicht zu übernehmen. Nach diesem Grundsatz sind alle Botschaften nicht nur Berichte, sondern auch Einflußnahmen und Befehle (4). Eine Aussage wie »Ich fühle mich heute schlecht« ist nicht bloß eine Beschreibung der inneren Befindlichkeit des Sprechers. Sie drückt auch so etwas wie »tu etwas dagegen« oder »betrachte mich als jemand, der sich schlecht fühlt« aus. Jede Mitteilung eines Menschen an einen anderen trägt zur Definition des Austausches bei, der zwischen ihnen stattfinden soll. Selbst wenn man versucht, den anderen nicht zu beeinflussen, indem man schweigt, wird das Schweigen zu einem beeinflussenden Faktor für die Interaktion. Keiner der beiden Partner kann dem anderen die ganze Verantwortung dafür, welches Verhalten in der Beziehung erlaubt sein soll, zuschieben. Falls einer der beiden dies versucht, bestimmt er dadurch, um welche Art von Beziehung es sich handeln soll – nämlich eine, in der der andere festlegen soll, welches Verhalten praktiziert wird. So kann beispielsweise ein Patient zum Therapeuten sagen: »Ich kann keine Entscheidung treffen. Sagen Sie mir, was ich tun soll.« Mit dieser Äußerung fordert er den Therapeuten auf zu entscheiden, welches Verhalten in der Beziehung stattfinden soll, und damit zu bestimmen, um welche Art von Beziehung es sich handeln soll. Wenn der Patient jedoch den Therapeuten auffordert, ihm zu sagen, was er tun soll, sagt er dem Therapeuten damit, was dieser tun soll. Dieses Paradox kann entstehen, weil stets auf zwei Ebenen kommuniziert wird: a) »Sagen Sie mir, was ich tun soll« und b) »Gehorchen Sie meinem Befehl, mir zu sagen, was ich tun soll.« Wenn man versucht, die Kontrolle über die Gestaltung einer Beziehung zu vermeiden, muß man auf einer allgemeineren Ebene die Kontrolle darüber übernehmen, um welche Art von Beziehung es sich handeln soll – nämlich um eine, in der man die Kontrolle nicht übernimmt.

Es ist hier darauf hinzuweisen, daß »Kontrolle« nicht bedeutet, daß man den anderen herumkommandiert wie einen Roboter. Der Akzent liegt hier nicht auf dem Ringen um die Kontrolle über einen anderen Menschen, sondern auf dem Ringen um die Kontrolle über die Definition einer Beziehung. Zwei Menschen bestimmen zwangsläufig gemeinsam, welcher Art ihre Beziehung ist, indem sie abwechselnd zu erkennen geben, welches Verhalten zwischen ihnen praktiziert werden soll. Indem sie sich auf bestimmte Weise verhalten, definieren sie die Beziehung als eine, in der diese Art von Verhalten stattfinden soll. Man kann sich hilflos benehmen und dennoch kontrollieren, welches Verhalten in der Beziehung praktiziert werden soll; man kann sich aber auch autoritär verhalten und dadurch erzwingen, daß sich der andere in eingeengter Weise verhält.

Hilfloses Verhalten kann das Verhalten des Partners ebenso stark, wenn nicht stärker, beeinflussen als autoritäres Verhalten. Durch hilfloses Verhalten kann man den anderen zwingen, sich um einen zu kümmern, und hat damit quasi die Kontrolle über den anderen; durch hilfloses Verhalten definiert man jedoch zweifellos, um *welche Art* von Beziehung es sich handeln soll – die Art, bei der man versorgt wird.

Wenn sich eine Beziehung stabilisiert, dann haben die beiden Beteiligten Einigkeit darüber erzielt, welche Art von Verhalten zwischen ihnen praktiziert werden soll. Diese Übereinstimmung wird »implizit« durch das, was sie zueinander sagen und wie sie es sagen, erreicht, nicht durch explizite Diskussionen. Um eine bestimmte Beziehung zu beschreiben, sind zumindest einige grundlegende Begriffe nötig, damit zwischen verschiedenen Arten von Beziehungen differenziert werden kann.

Wenn man alle Arten von Kommunikationsverhalten in Betracht zieht, das zwischen zwei Menschen möglich ist, könnte man zwischen Verhalten unterscheiden, das eine Beziehung als *symmetrisch* oder als *komplementär* definiert. Symmetrisch ist eine Beziehung, in der beide Partner dieselbe Art von Verhalten austauschen. Beide initiieren Handlungen, kritisieren den anderen, erteilen ihm Ratschläge usw. Diese Art von Beziehung ist gewöhnlich von Konkurrenzverhalten geprägt. Erwähnt der eine irgendeinen Erfolg, den er erzielte, dann beeilt sich auch der andere, von einem Gelingen auf einem ebenso wichtigen Gebiet zu berichten. In dieser Beziehung heben die Partner gewöhnlich die Symmetrie ihres Verhältnisses zueinander hervor.

Als komplementär bezeichnet man eine Beziehung, in der die Partner verschiedene Arten von Verhalten austauschen. Der eine gibt, der andere erhält, der eine lehrt, der andere lernt. Es wird Verhalten ausgetauscht, das sich gegenseitig ergänzt oder zusammenpaßt. Der eine ist in einer »überlegenen«, der andere in einer »zweitrangigen« Position insofern, als der eine Kritik übt, der andere sie akzeptiert, der eine Ratschläge gibt, der andere sie befolgt, usw.

Diese einfache Einteilung ist nützlich sowohl zur Klassifizierung verschiedener Beziehungen als auch verschiedener Abläufe in einer bestimmten Beziehung. In keiner Dyade wird man es unter allen Umständen mit der einen oder der anderen Art zu tun haben; meist herrscht in bestimmten Bereichen einer Beziehung der eine oder der andere Typus vor. Beziehungen verändern ihren Charakter entweder rasch, etwa wenn die Partner einander abwechselnd etwas beibringen, oder allmählich, im Lauf der Zeit. Wenn ein Kind heranwächst, entwächst es zunehmend der komplementären Beziehung zu seinen Eltern, bis sich im Erwachsenenalter eine symmetrischere Beziehung herausgebildet hat.

Es gibt Botschaften, die für den Charakter einer Beziehung von größerer Bedeutung sind als andere. Ein Professor kann einen Stoff vortragen, und einer seiner Studenten kann ihm Fragen stellen, um verschiedene Punkte zu klären: beide bekräftigen ihre Definition einer komplementären Beziehung. Wenn der Student jedoch in einer Art und Weise Fragen stellt, die impliziert: »Ich weiß ebensoviel darüber wie Sie«, dann wird der Charakter der Beziehung in Frage gestellt. Der Professor muß dann entweder in einer Weise reagieren, welche die Beziehung wieder als komplementär definiert, oder er muß den Schritt des Studenten in Richtung auf mehr Symmetrie akzeptieren. Botschaften, die Beziehungen in Frage stellen, sollen hier als »Manöver« bezeichnet werden. In dem angeführten Beispiel vollführte der Student ein symmetrisches Manöver und definierte die Beziehung als eine Partnerschaft von Gleichrangigen. Solche Manöver kommen in jeder Beziehung vor und sind charakteristisch für instabile Beziehungen, in denen die Partner um eine gemeinsame Definition ihrer Beziehung ringen.

Manöver zur Definition einer Beziehung bestehen im wesentlichen aus a) Bitten, Befehlen oder Vorschlägen, die den anderen dazu bewegen sollen, etwas zu tun, zu sagen, zu denken oder zu fühlen; und b) Bemerkungen über das kommunikative Verhalten des anderen. Wenn Herr A Herrn B bittet, etwas zu tun, erhebt sich sofort die Frage, ob dies die Art von Beziehung ist, in der A das Recht hat, eine solche Bitte zu äußern. B wird sich auch davon leiten lassen, ob die Bitte zögernd oder entschuldigend vorgebracht wurde oder ob es ein barscher Befehl war. Herr B kann die Bitte erfüllen und damit die komplementäre Definition der Beziehung akzeptieren, oder er kann sie ablehnen und damit auf Symmetrie hinarbeiten. Die dritte Möglichkeit ist, daß er darauf eingeht, aber mit der Einschränkung, daß er A die Sache »durchgehen« läßt, das heißt, daß er seine Bitte erfüllt, aber seiner Definition der Beziehung nicht zustimmt. Wenn beispielsweise ein Angestellter einen gleichrangigen Kollegen auffordert, den Papierkorb auszuleeren, kann man dies als Manöver bezeichnen, die Beziehung als komplementär zu definieren. Zieht der andere seine Brauen hoch, so kann dies als Kontermanöver betrachtet werden, mit dem die Symmetrie wiederhergestellt werden soll. Der erste kann auf die hochgezogenen Brauen mit der Bemerkung reagieren: »Nun ja, dann mache ich es eben selbst, wenn Sie nicht wollen.« Damit signalisiert er, daß seine ursprüngliche Bitte kein komplementäres, sondern ein symmetrisches Manöver gewesen sei, da es sich um etwas handelt, worum gleichrangige Partner einander bitten können. Die Beziehungsfrage erhob sich deshalb, weil der erste Angestellte eine Botschaft der Kategorie sendete, die wir hier als Manöver bezeichnen – er ersuchte den anderen, etwas zu tun. Auch wenn jemand das Verhalten des anderen kommentiert, stellt sich sofort die Frage, ob ihre Beziehung so beschaffen ist, daß dies angemessen erscheint.

Dieses simple Schema wird durch einen bereits erwähnten Umstand kompliziert. Manchmal *läßt* jemand dem anderen ein Manöver *durchgehen*. Wenn sich A hilflos benimmt und B damit veranlaßt, sich um ihn zu kümmern, führt er eine Situation herbei, in der er in der schwächeren Position ist, da man sich um ihn kümmert. Da A jedoch diese Situation provoziert hat, tut B in Wirklichkeit ja, was A ihm anschafft, und damit ist A in der überlegenen Position. Ebenso kann jemand einem anderen beibringen, sich wie ein Gleichrangiger zu verhalten und damit nach außen hin eine symmetrische Beziehung zu schaffen – in Wirklichkeit vollzieht sich dies im Rahmen einer komplementären Beziehung. Immer dann, wenn jemand einem anderen gestattet oder ihn zwingt, eine Beziehung auf bestimmte Weise zu definieren, definiert er selbst auf höherer Ebene die Beziehung als komplementär. Es ist daher den beiden genannten Beziehungsarten ein dritter Typus hinzuzufügen, den wir als metakomplementäre Beziehung bezeichnen wollen. Wer eine metakomplementäre Beziehung herstellt, kontrolliert die Manöver des anderen und kontrolliert damit, wie der andere die Beziehung definieren wird.

Da jedermann vor dem Problem steht, welche Art von Beziehung er zu einem anderen haben soll, und auch vor dem Problem, wer bestimmen soll, welche Art von Beziehung entstehen soll, kann man annehmen, daß es alltägliche Mittel gibt, um diese Probleme zu bewältigen. Man kann die Psychopathologie auch als eine spezielle Art von Methoden ansehen, um die Kontrolle über eine Beziehung zu erlangen. Psychiatrische Symptome werden hier in Hinblick auf die Vorteile erörtert werden, die sich der Patient verschafft, indem er seine soziale Umwelt durch Einsatz seiner Symptome vorhersagbarer macht.

Jegliche Art von Therapie, die man entwickelt, wird von einer impliziten oder expliziten Theorie menschlicher Psychopathologie und den entsprechenden Veränderungsprozessen ausgehen müssen. Therapeuten, die in den Symptomen ein Produkt der Konditionierung sehen, müssen Therapiemethoden entwickeln, die eine Dekonditionierung bewirken. Wenn man die Symptome als Folge verdrängter Vorstellungen betrachtet, dann wird die Therapie darauf ausgerichtet sein, verdrängte Inhalte bewußtzumachen. Sieht man die Symptome als eine Methode an, mit anderen Menschen umzugehen, dann wird sich der Therapeut bemühen, Mittel zu finden, um die Benutzung symptomatischer Methoden zu verhindern, und den Patienten zu ermutigen, andere Formen des Umgangs mit seinen Beziehungen zu entwickeln.

25

Man kann argumentieren, daß die verschiedenen psychotherapeutischen Methoden einschließlich der Psychoanalyse eine bestimmte Art von Interaktion zwischen Patient und Therapeut gemeinsam haben und daß die therapeutischen Veränderungen durch diese Interaktion ausgelöst werden und nicht durch das Vorhandensein oder Fehlen von Bewußtheit auf seiten des Patienten. Zur Illustration dieser Auffassung ist es notwendig, Patienten vorzustellen, die spezifische Symptome im Kontext zwischenmenschlicher Beziehungen erleben und nicht allein auf die eigene Person bezogen, wie dies bei Verdrängungen oder Konditionierungsfolgen gewöhnlich angenommen wird.

Zur Verdeutlichung des unterschiedlichen Blickwinkels können wir einen klassischen Fall von Waschzwang heranziehen. Eine Frau suchte die Therapie auf, weil sie unter dem Zwang stand, oftmals am Tage in ritueller Weise ihre Hände zu waschen und sich zu duschen. Obwohl dieser Zwang jederzeit auftreten konnte, war er besonders heftig, wenn sie mit irgendwelchen Giftstoffen zu tun hatte, selbst wenn es sich nur um Salmiakgeist handelte. Vom intrapsychischen Standpunkt könnten ihre rituellen Waschungen als Abwehr gegen verschiedendste Vorstellungen inklusive Mordgedanken gegenüber ihrem Mann, ihren Kindern und ihr selbst gedeutet werden. Ihre Produktionen sprechen ebenso für eine solche Interpretation wie für die Annahme, ihr Zwang habe mit einem Urszenenvorfall zu tun, worauf ihre Erzählungen über ihre Unterbringung im elterlichen Schlafzimmer schließen lassen. Würde man ihre Fallgeschichte vom klassischen Standpunkt aus schreiben, dann würde man von ihrer Lebensgeschichte, ihren Phantasien, ihren Schuldgefühlen usw. ausgehen. Wenn ihr Mann Erwähnung fände, so vermutlich nur in einer Randbemerkung, daß er verständlicherweise über ihre Zwänge unglücklich sei. Es ist unwahrscheinlich, daß ein Therapeut, dessen Hauptaugenmerk intrapsychischen Problemen gilt, ihren Mann überhaupt kennenlernen würde.

In diesem Fall wurde ihr Mann jedoch in die Therapie miteinbezogen. Die Untersuchung des interpersonalen Kontexts ihres Waschzwanges förderte einen erbitterten Kampf zwischen der Patientin und ihrem Mann über dieses Symptom zutage. Das Ehepaar war deutscher Abstammung und erst vor kurzem in die Vereinigten Staaten emigriert. Der Mann regelte alle Details ihres gemeinsamen Lebens in tyrannischer Weise. Er mußte alles bestimmen, seine Frau hatte zu tun, was er sagte, und zwar sofort. In bezug auf das Händewaschen konnte er seinen Willen jedoch nicht durchsetzen, es gab deshalb einen ständigen und zermürbenden Kampf zwischen ihnen. Der Mann verbot ihr immer wieder in gütigem Ton, sich die Hände zu waschen; er spionierte ihr nach, um sicherzustellen, daß sie sich nicht wusch; er schrieb ihr vor, wie oft und wie lange sie duschen durfte; er versteckte die Seife und rationierte sie. Wenn er fortgewesen war, fragte er sie bei der Begrüßung, wie oft sie sich gewaschen hatte. Er machte sogar geltend, daß sie ihr Verhalten ändern würde, wenn sie ihn liebte, mit der Folge, daß sie ihre Abneigung durch Händewaschen ausdrückte, wenn sie sich über ihn ärgerte.

Obwohl sich die Frau über den Despotismus ihres Mannes beschwerte, war sie nicht imstande, ihm in irgendeiner Hinsicht Widerstand zu leisten – außer in bezug auf ihr Händewaschen. In diesem Punkt konnte sie sich seinen Anordnungen widersetzen, weil sie sich darauf ausreden konnte, daß es sich um einen unwiderstehlichen Zwang handle. Mit Hilfe ihres Waschzwanges gelang es ihr aber de facto, fast alles zu sabotieren, was er vorschlug. Wenn er mit ihr irgendwo hingehen wollte, lehnte sie ab, weil sie mit irgendeinem Gift in Kontakt kommen könnte. Er wünschte eine makellos saubere Wohnung, aber sie konnte nicht putzen, weil sie sich die Hände waschen mußte. Er wollte, daß das Geschirr sofort sauber gespült wurde, aber ihr machte das Schwierigkeiten, denn sobald sie die Hände ins Wasser tauchte, konnte sie nicht aufhören, sie zu waschen. Obwohl ihr Mann darauf bestand, stets seinen Willen durchzusetzen und Herr im Haus zu sein (seine Frau unterstützte ihn finanziell), wurde er durch den Vorgang des Händewaschens regelrecht entthront.

Man könnte diesen interpersonalen Aspekt des genannten Symptoms als bloßen sekundären Gewinn abtun und die Therapie darauf beschränken, ihre verdrängten Vorstellungen in ihr Bewußtsein zu rufen. Wer so verfahren würde, ginge von der Annahme aus, daß die Zwänge der Patientin in dem Maße abnehmen, in dem sie die Genese ihres Symptoms begreift, und daß ihr Mann um so zufriedener wird, je seltener sie sich die Hände wäscht. Dieser eher naive Standpunkt birgt jedoch mehrere Schwierigkeiten. Zum einen, die Frau mag zwar durch die Therapie einigermaßen verstehen lernen, was sich »hinter« ihrem Symptom verbirgt, aber sie wird auch eine sehr intensive Beziehung mit ihrem Therapeuten eingehen, dessen Ziel es ist, ihr den Waschzwang abzugewöhnen, nachdem sich alle möglichen Leute ein Leben lang vergeblich darum bemühten. Der Therapeut mag zwar versichern, daß es um die Vorstellungen hinter dem Symptom gehe und er nicht versuche, sie am Händewaschen zu hindern, doch der Kontext der Beziehung ist die Prämisse, daß er ihr helfen soll, ihr Problem zu bewältigen. Es ist eine durchaus offene Frage, ob sich ihr Zustand bessern wird, weil ihr Vorstellungen bewußt werden oder weil sie den Therapeuten nicht mit Hilfe ihres Symptoms manipulieren kann, wie sie das mit ihrem Mann und ihren Kindern tat, weil der Therapeut es ablehnt, sich offen gegen den Zwang auszusprechen.

Eine weitere Schwierigkeit liegt beim intrapsychischen Ansatz in der Annahme, ihr Mann werde glücklicher sein, wenn es ihr besser gehe. Es gibt immer zahlreichere Beweise dafür, daß in dem Maße, in dem sich ein Patient bessert, dessen Partner gestört wird und Verhalten zu zeigen beginnt, das die Fortschritte zunichte macht. Ein Symptom kann nicht nur als vom Patienten geschaffenes Mittel zum Umgang mit anderen gesehen werden, sondern auch als Teil eines Arrangements, das in impliziter Kollaboration mit anderen geschaffen wurde. In diesem Fall hatte das Ehepaar seine Beziehung um den Zwang der Frau herum errichtet, ja die beiden waren außerstande, über irgendein anderes Thema zu streiten. Außerdem waren sie sich einig darüber, daß sie die Kranke sei und daß alles, was in der Familie schiefging, ihr und ihrem Zwang zur Last gelegt werden konnte. Selbst wenn diese Frau »Einsicht« in ihre inneren Konflikte erlangte, stand sie immer noch vor dem Problem, daß sie zusammen mit ihrem Symptom ihre ganze Lebensweise und ihre Art, mit ihrem Mann umzugehen, würde aufgeben müssen. Das Symptom kann natürlich nicht nur als eher desperates Mittel zum Umgang mit ihrem Mann gesehen werden, sondern auch als Methode, um ihm die Konfrontation mit seinen eigenen Problemen und den anderen Schwierigkeiten ihrer Ehe zu ersparen.

Aus der hier vertretenen Sicht besteht der entscheidende Aspekt eines Symptoms darin, daß es dem Patienten hilft, die Kontrolle darüber zu erlangen, was in einer Beziehung zu einem anderen passiert. Ein Symptom mag einem Patienten subjektiv beträchtliche Unannehmlichkeiten bereiten, aber manche Menschen ziehen diese dem Leben in einer unvorhersehbaren Welt sozialer Beziehungen vor, über die sie wenig Kontrolle haben. Ein Patient, dessen Frau Alkoholikerin war, sagte einmal, er sei ein Mann, der gern seinen Kopf durchsetze, aber seine Frau gewinne immer, indem sie sich betrinke. Seine Frau, die bei der Sitzung anwesend war, reagierte empört und versicherte, sie habe nichts als Unglück von ihrem unfreiwilligen Trinken. Dennoch zog sie offensichtlich Vorteile daraus. In diesem Fall erlangte sie die fast vollständige Kontrolle über ihre Beziehung zu ihrem Mann. Er konnte nicht hingehen, wo er wollte, weil sie vielleicht trinken würde; er durfte sie nicht verstimmen oder aufregen, weil sie sonst trinken würde; er durfte sie nicht allein lassen (solange sie nicht wie bewußtlos schlief), weil sie im Rausch alles mögliche anstellen könnte; und er konnte keine Pläne machen, sondern mußte ihr für alles die Initiative überlassen. Mit anderen Worten, sie konnte ihn dazu bringen zu parieren, wenn sie bloß ein Glas in die Hand nahm. Vielleicht fühlte sie sich elend und gedemütigt und vielleicht provozierte sie sogar ihren Mann, sie zu schlagen, aber *sie* provozierte diese Situationen und hatte damit die Kontrolle über das Geschehen. Andererseits konnte ihr Mann sie jederzeit provozieren, zur Flasche zu greifen, entweder indem er selbst Angst zeigte oder indem er ihr verbot zu trinken. Beide Partner müssen dazu beitragen, um ein Symptom zu perpetuieren, und bei beiden werden dadurch Bedürfnisse befriedigt. Beide haben jedoch unterschiedliche Bedürfnisse, und obwohl das Symptom eine Art Kompromiß bilden mag, ist dieser gewöhnlich wenig stabil. Doch sobald die Frau einen Therapeuten aufsucht, wird sie sofort von dem gleichen Dilemma bedroht, in dem sie sich mit ihrem Mann befindet – wieviel Kontrolle sie jemand anderem über die Beziehung mit ihr einräumen soll.

Ziehen wir ein etwas extremes Beispiel der Anfangsphase einer Therapie zur Illustration des »Machtkampfes« heran, der unweigerlich stattfinden muß. Eine Frau ruft einen Therapeuten an und ersucht ihn um einen Termin. Er bestellt sie für Montag. Sie fragt, ob es nicht am Dienstag ginge, da sie unpäßlich sei und hoffe, sich bis dahin besser zu fühlen. Nehmen wir an, er akzeptiert Dienstag und schlägt 10 Uhr vormittag vor. Sie bittet um einen Termin am Nachmittag, da sie vormittag wenig Zeit habe. Nehmen wir weiter an, daß er auch diesem Wunsch stattgibt und ihr die Adresse seiner Praxis nennt. Sie entgegnet: »Ich habe solche Angst, das Haus zu verlassen. Könnten Sie nicht zu mir kommen?«

Wenn dieses Beispiel auch übertrieben ist, so kennzeichnet es doch einen Prozeß, der sich auf subtiler Weise im Eröffnungsgespräch zwischen Therapeut und Patient abspielt. Von Anfang an geht es zwischen beiden um die Frage, wer die Kontrolle darüber haben soll, welches Verhalten zwischen ihnen praktiziert werden wird. Die Patientin, die Zeit und Ort nach ihrem Willen zu bestimmen sucht, wird auch die Kontrolle darüber zu erlangen trachten, was zu Beginn ihrer Interaktion besprochen wird. Die Sucht der Frau, sich die Kontrolle über alle ihre Beziehungen zu sichern, macht sie ja gerade zur Kandidatin für Psychotherapie. Es ist anzunehmen, daß sie viele Enttäuschungen mit Menschen erlebt haben muß, da sie so verzweifelt versucht, ihnen ihr Verhalten vorzuschreiben, doch scheitern ihre Beziehungen an eben diesem Beharren auf dieser Art von Kontrolle.

Es ist nicht pathologisch, zu versuchen, die Kontrolle über eine Beziehung zu erlangen – wir alle tun dies –, aber wenn jemand trachtet, sich diese Kontrolle zu sichern, und dies gleichzeitig leugnet, dann haben wir es mit symptomatischem Verhalten zu tun. In jeder Beziehung, die sich stabilisiert, wie die zwischen zwei Ehepartnern, stellen beide einen Konsensus darüber her, wer die Kontrolle über welchen Bereich der Beziehung innehaben soll. Vielleicht einigen sie sich darauf, daß er die Entscheidungen in bezug auf seine Arbeit trifft und das Recht hat, das diesbezügliche Verhalten seiner Frau einzuschränken. Sollte er beruflich versagen oder nicht genügend Geld verdienen, könnte diese Übereinkunft von seiner Frau in Frage gestellt werden. Die Abmachung muß dann geändert oder in ihrer alten Form bekräftigt werden. Schwierig sind diejenigen Beziehungen, bei denen sich die Partner nicht auf eine gemeinsame Definition bestimmter Bereiche der Beziehungen einigen können. Sobald der eine die Kontrolle über ein bestimmtes Gebiet an sich zu ziehen sucht, macht der andere sie ihm streitig und der Konflikt ist fertig. Der Kampf kann in offener Feldschlacht, durch Sabotage oder passiven Widerstand ausgetragen werden, er kann plumpe und handgreifliche, aber auch äußerst raffinierte und subtile Formen annehmen.

Schwierige Beziehungen bringen jedoch nicht notwendigerweise psychiatrische Symptome hervor. Eine Beziehung wird psychopathologisch, wenn einer der Partner Manöver vollführt, um das Verhalten des anderen einzuschränken, und dies gleichzeitig nach außen hin leugnet. Die Ehefrau zwingt in einer solchen Beziehung beispielsweise ihren Mann, den Haushalt zu führen, aber ohne dies offen zuzugeben. Vielleicht leidet sie an unerklärlichen Schwindelanfällen oder sie ist gegen Seife allergisch oder sie hat verschiedene Beschwerden, die sie zwingen, sich regelmäßig niederzulegen. Diese Frau schränkt den Verhaltensspielraum ihres Mannes ein, leugnet aber gleichzeitig, daß sie das tut; schließlich kann sie ja nichts für ihre Schwindelanfälle.

Wenn ein Mensch das Verhalten eines anderen einschränkt und dies gleichzeitig bestreitet, dann entsteht eine merkwürdige Beziehung. Wenn eine Frau beispielsweise von ihrem Mann verlangt, daß er jeden Abend zu Hause verbringt, weil sie Angstzustände bekommt, wenn sie allein ist, kann er nicht behaupten, daß sie sein Verhalten bestimme, denn *sie* ist ja nicht schuld, daß er zu Hause sein muß – ihre Angst ist schuld, und dafür kann sie nichts. Aus demselben Grund kann er es auch nicht ablehnen, sie über sein Verhalten entscheiden zu lassen. Wenn ein Mensch zwei einander widersprechende Anweisungen erhält, die eine Reaktion erfordern, kann er sich durch die Antwort aus der Affäre ziehen, daß er keine Anweisungen befolge. Eine Kommunikationssequenz wie die hier beschriebene bezeichnet man als Paradox.

Die Idee paradoxer Kommunikationsmuster leitet sich von den Russellschen Paradoxen ab, die wir aus den Klassifikationssystemen kennen. So wie der Begriff hier verwendet wird, ist mit Paradox eine Handlungsanweisung gemeint, die eine andere Handlungsanweisung entweder gleichzeitig oder zu einem anderen Zeitpunkt in inkongruenter Weise qualifiziert. Wenn ein Mensch einem anderen befiehlt, eine bestimmte Handlung auszuführen, so liegt nicht unbedingt ein Paradox vor, aber wenn ein Mensch dem anderen befiehlt, seine Befehle zu mißachten, dann ist das Paradox offenkundig. Der Angesprochene kann diese Anweisung weder befolgen noch nicht befolgen. Wenn er dem Befehl gehorcht, den Befehlen nicht zu gehorchen, dann gehorcht er dem Befehl nicht. Dieses Paradox entsteht, weil eine Anweisung in inkongruenter Weise durch eine andere *qualifiziert* wird. Sie wird auf einer anderen *Klassifikationsebene* durch die andere qualifiziert. Im Gegensatz dazu stehen zwei Anweisungen, die auf der gleichen Abstraktionsebene gegeben werden, wie »tu das« und »tu das nicht«, in Widerspruch zueinander. Liegen sie jedoch auf verschiedenen Ebenen, dann haben wir es nicht mit einem Widerspruch zu tun, ebenso wie eine Klasse und die darin enthaltene Einheit einander nicht widersprechen, sondern nur auf paradoxe Weise miteinander in Konflikt geraten können. Wenn beispielsweise jemand einem anderen befiehlt: »Tu das und das«, und diese Anweisung mit dem Zusatz qualifiziert: »Mißachte meine Anweisungen«, dann liegt kein Widerspruch vor, sondern ein Konflikt auf verschiedenen Ebenen. Auch wenn jemand sagt: »Ich befehle dir, spontan zu reagieren«, haben wir es mit einem Paradox zu tun – man kann einen Befehl nicht »spontan« befolgen. Diese Art von Kommunikationssequenz kommt in den menschlichen Beziehungen häufig vor und ist besonders in bestimmten Kategorien von Beziehungen manifest.

Die Kommunikationssequenz, bei der jemand inkongruente Anweisungen erteilt, wird hier als Paradox bezeichnet. Der Adressat kann auf verschiedene Weise reagieren: er kann die Beziehung beenden, er kann sich über die unmögliche Situation beklagen, in die er gebracht wurde, oder er kann reagieren, indem er zu erkennen gibt, daß er nicht auf den anderen reagiert. Das heißt, er kann mit paradoxer Kommunikation reagieren. Diese Art der Reaktion ist typisch für die hypnotische Trance, für symptomatisches Verhalten und für »spontane« Veränderungen in der Psychotherapie. Wenn ein Mensch reagiert, indem er zu erkennen gibt, daß er auf den anderen nicht reagieren wird, entsteht eine paradoxe Beziehung. Der eine versucht den anderen zu gängeln, betont jedoch gleichzeitig, daß der andere seine Anweisungen ignorieren solle, und der andere reagiert, indem er zu erkennen gibt, daß er jetzt und hier auf die Anweisungen des Partners nicht zu reagieren gedenkt. Wenn man festhält, daß *jede* zwischen zwei Personen ausgetauschte Botschaft direktive Aspekte hat, dann ist anzunehmen, daß sich paradoxe Kommunikationen häufen werden und die Beschreibung des interpersonalen Verhaltens nicht einfach sein wird.

Wenn zwei Leute versuchen, den Charakter ihrer Beziehung zu bestimmen, indem sie sich gegenseitig das Verhalten vorschreiben, dann liegt es auf der Hand, daß derjenige, der paradoxe Anweisungen erteilt, »gewinnen« wird. Der andere kann die Beziehung nicht definieren, indem er die Anweisungen befolgt oder sich weigert, sie zu befolgen, da er aufgefordert wird, beides gleichzeitig zu tun.

Der große Nachteil paradoxer Beziehungen ist, daß die Person, die mit Paradoxen arbeitet, zwar die Kontrolle über einen bestimmten Verhaltensbereich erlangt, aber gleichzeitig den anderen veranlaßt, auf ähnliche Weise zu reagieren, und daher die Konfliktbeziehung perpetuiert. Der Mann, der jeden Abend bei seiner angstneurotischen Frau bleiben muß, wird seine Anwesenheit durch den Hinweis einschränken, daß er das nicht *um ihretwillen* oder aus freien Stücken tut, sondern daß ihr Zustand ihn dazu zwingt. Seine Frau erfährt nie definitiv, ob er bei ihr bleiben will oder nicht. Sie kann auch nicht sicher sein, ob *sie* in diesem Bereich die Kontrolle über die Beziehung hat. Sie erhält nur die Reaktion, die sie ihm vorschreibt; ein Verhalten, das durch die Leugnung entwertet wird, daß dieses Verhalten freiwillig gewählt wurde. Solange sich die Frau symptomatisch verhält, kann sie nie mit Sicherheit wissen, ob ihr Mann bei ihr sein will und auch freiwillig zu Hause bleiben würde. Und weil sie diese Gewißheit nicht hat, übernimmt sie nicht die Verantwortung, ihn zu bitten, ihr zuliebe zu Hause zu bleiben, sondern fährt fort, ihn zu bitten, dies um ihrer Angst willen zu tun – damit ist die Perpetuierung des Symptoms gewährleistet. Mit der Einführung dieser Art von Kommunikationssequenzen ist der Schritt ins Pathogene getan.

Als Primärgewinn symptomatischen Verhaltens in einer Beziehung könnte man den Vorteil ansehen, die Spielregeln für diese Beziehung festzulegen. Negativ wirkt sich symptomatisches Verhalten insofern aus, als der Betreffende weder im guten wie im schlechten Sinn die Verantwortung für diese Festsetzung der Regeln übernehmen kann. Wenn ein Mensch außerstande ist, für sich selbst um etwas zu bitten, und leugnen muß, daß *er* darum bittet, kann er es auch nicht seiner Person zuschreiben, wenn er etwas erhält. Es scheint ein psychologisches Gesetz zu sein, daß man die Verantwortung für das eigene Verhalten in einer Beziehung übernehmen muß, wenn man jemals Anerkennung für die Resultate erhalten will.

Da durch das, was eine Person der anderen mitteilt, die Regeln festgelegt werden, nach denen sich der andere zu verhalten hat, kreist der Austausch zwischen Patient und Therapeut zwangsläufig um die Frage, wer von beiden diese Regeln bestimmt. Obwohl in der Psychotherapie viele Faktoren eine Rolle spielen, wie Stützung des Patienten, Ermutigung zur Selbstdarstellung, Erziehung usw., ist es von entscheidender Bedeutung, daß der Therapeut die Frage, ob er oder der Patient die Kontrolle über die Gestaltung der Beziehung übernimmt, erfolgreich löst. Keine Therapieform kann diesem zentralen Problem entgehen; seine Lösung ist die Voraussetzung therapeutischer Veränderung.

Wenn der Patient in der Psychotherapie die Kontrolle an sich reißt, wird er seine Schwierigkeiten perpetuieren, da er fortfahren wird, mittels symptomatischer Methoden zu herrschen. Definiert man erfolgreiche Therapie als einen Prozeß, durch den der Therapeut die Kontrolle darüber behält, welche Beziehung er zu seinem Patienten hat, so entsteht die Notwendigkeit, die Taktiken ins Auge zu fassen, deren sich ein Mensch bedienen kann, um die Kontrolle über seine Beziehung zu einem anderen zu erlangen und damit dessen Emotionen und somatische Reaktionen zu beeinflussen. Diese Taktiken, die von den verschiedenen therapeutischen Schulen entwickelt wurden, sind Gegenstand dieses Buches. Dabei wird eine Reihe von therapeutischen Methoden gestreift werden; das Hauptaugenmerk wird sich jedoch auf die direktive Psychotherapie, die Einsichtstherapie, die Behandlung Schizophrener, die Partner- und die Familientherapie konzentrieren. Ein Ziel dieses Buches ist es, vor Augen zu führen, daß therapeutische Fortschritte das Ergebnis all jener therapeutischen Paradoxe sind, die die genannten Methoden miteinander gemein haben. Das Wesen des therapeutischen Paradoxes wird dabei unter Bezugnahme auf die verschiedenen in der Psychotherapie verwendeten Techniken untersucht werden.

Zweites Kapitel

Wie Hypnotiseur und Versuchsperson sich gegenseitig auszumanövrieren suchen

Jede psychologische Theorie, die es unternimmt, den Menschen zu erklären, sollte eine Deutung des merkwürdigen Phänomens der hypnotischen Trance miteinschließen. Die Psychotherapie ist der Hypnoseforschung sehr zu Dank verpflichtet; ein Großteil der deskriptiven Theorie intrapsychischer Prozesse, die heute Allgemeingut ist, wurde im Laufe der Versuche entwickelt, das Verhalten hypnotisierter Personen zu interpretieren. Schon im Jahre 1884 postulierten Bernheim (9) und andere die Existenz eines Bewußtseins und eines Unbewußten, um Amnesie und selektive Bewußtheit bei Hypnotisierten erklären zu können. Die Vermutung, daß Gedanken assoziativ miteinander verbunden sind, gewann aufgrund ähnlicher Beobachtungen Gestalt. Als Freud seine Theorie einer unbewußten intrapsychischen Struktur entwickelte, orientierte er sich an den Ergebnissen der Hypnoseforschung. Seine klinischen Arbeiten standen zweifellos unter dem Einfluß der Untersuchungen über Hypnose, die im 19. Jahrhundert durchgeführt worden waren. In der Literatur der letzten zwei Jahrzehnte jenes Jahrhunderts finden sich Erörterungen, ob es einen unbewußten Bereich des Bewußtseins oder einen bewußten Bereich des Unbewußten gebe sowie Fragen bezüglich der Funktion eines unterscheidungsfähigen Ichs in dieser Struktur: all dies erinnert an gegenwärtige Diskussionen. Heute scheint es sich bei einem Großteil der individualpsychologischen Theorien, sei es auf dem Gebiet der Hypnoseforschung oder der Psychiatrie, um Revisionen von Ideen zu handeln (bzw. um Versuche, diese zu testen und zu dokumentieren), die während jener fruchtbaren Periode entwickelt wurden, als der Mensch in Trance den Erforschern der psychischen Prozesse noch als rätselhaftes Wesen erschien.

Sowohl die psychiatrischen Darstellungen von Symptomen als auch die Darstellungen hypnotischer Phänomene haben sich in erster Linie auf das Individuum konzentriert. Es wurden intrapsychische Theorien postuliert, aber es fehlten parallele Versuche, die hypnotische Beziehung zu erforschen. Auch heute halten die Forscher zäh an diesem Konzept fest, die theoretischen Darstellungen der Hypnose auf das einzelne Individuum zu beschränken, obwohl die hypnotische Trance mehr als jedes andere psychologische Phänomen ihr Zustande-

kommen einer Beziehung verdankt. Als Mesmer seine Magneten auf-
legte und seine Patienten mit Tranceverhalten reagierten, schien es
nur natürlich, daß die theoretischen Erwägungen um das Wesen des
Magnetismus und dessen Einfluß auf den Menschen kreisten, während
der Beziehung der Patienten zu Mesmer nur geringe oder gar keine
Aufmerksamkeit geschenkt wurde. Als Braid später Trancezustände
durch Augenfixierung auslöste, verlagerten sich die Theorien von den
magnetischen Eigenschaften auf Spekulationen über das menschliche
Nervensystem, da die Trance offenbar die Folge des physiologischen
Ermüdungseffekts der Augen sei. Noch später, als sich herausstellte,
daß Trance auch auf andere Weise erreicht werden kann, etwa wenn
sich die Versuchsperson bloß vorstellt, ihren Blick auf einen bestimmten Punkt zu fixieren, konzentrierte sich das Interesse auf die Erforschung der »Suggestion«. Es wäre zu erwarten, daß an diesem
Punkt die Beziehung zwischen Suggerierendem und Suggeriertem
Gegenstand der Untersuchungen würde. So hätte man beispielsweise
bemerken müssen, daß bei jeder Tranceauslösung der Hypnotiseur
dem Probanden sagt, was er tun soll. Statt dessen konzentrierte sich
das Augenmerk weiterhin auf das Individuum. Das theoretische Problem bestand nunmehr darin, die einzelnen als mehr oder weniger
»suggestibel« zu klassifizieren. Eine »Suggestion« wurde schließlich
in derselben Art beschrieben wie früher der Magnet – als Ding an
sich, das die Menschen unabhängig von der Beziehung beeinflußte.
Diese merkwürdige Ausklammerung des Charakters der therapeutischen Beziehung findet ihre Parallele in der Psychotherapie, wo der
deskriptive Schwerpunkt auf dem Patienten und nicht auf der therapeutischen Beziehung liegt.

Obwohl die hypnotische Trance als individuelles Phänomen als
irrelevant für die Psychotherapie betrachtet werden könnte, gewinnt
sie ihre Bedeutung als Modell für die Beschreibung der Manöver einer
Person, die bei jemand anderem Veränderungen bewirken möchte.
Wenn man davon ausgeht, daß ein Individuum in der therapeutischen Beziehung seine Wahrnehmung, seine Gefühle und seine Körperempfindungen verändern kann, dann gibt es kein überzeugenderes
Argument für den Einfluß, den ein Mensch auf einen anderen aus-
üben kann. Die Parallelen zwischen dem Vorgang der Tranceauslösung und dem psychotherapeutischen Prozeß werden deutlich, wenn
man die Beziehungen miteinander vergleicht. In beiden Situationen
hat man es in der Regel mit einem Patienten bzw. einer Versuchsperson zu tun, die von sich aus diese Erfahrung suchten, und beide
Methoden bestehen im wesentlichen aus einem Gespräch zwischen
zwei Leuten, von denen der eine beim anderen Veränderungen zu
bewirken sucht. Wer meint, daß die therapeutische und die hypnotische Situation nicht miteinander vergleichbar seien, hat nicht

beide gründlich untersucht. Früher mag einem die hypnotische Beziehung als unvergleichbar erschienen sein, wenn man sich einen autoritären Hypnotiseur vorstellte, der einer passiven Versuchsperson seine »Schlafbefehle« erteilte, aber diese Art der Induktion ist nur eine von vielen. In den letzten 30 Jahren sind die Induktionstechniken so vielfältig geworden, daß es inzwischen schwierig ist, die hypnotische Beziehung durch gängige Methoden von anderen zu unterscheiden. Heute kann eine Trance durch ein scheinbar zwangloses Gespräch ausgelöst werden oder bei einem bestimmten Zuhörer eines Vortrags, der vor einem großen Publikum gehalten wird, oder bei einer Person, während sich der Hypnotiseur mit einer anderen beschäftigt. Eine Trance kann sogar hervorgerufen werden, wenn der Hypnotiseur gar nichts tut. Milton H. Erickson forderte einmal eine Versuchsperson auf, sich zu Demonstrationszwecken auf das Vortragspodium zu begeben. Als die Frau das Podium betrat, stand Erickson bloß da und tat nichts. Die Frau geriet in Trance. Auf die Frage, wie das passiert sei, erklärte Erickson: »Sie kam vor all diesen Leuten herauf, um sich hypnotisieren zu lassen, und ich sagte nichts und tat nichts. Irgend jemand mußte schließlich etwas tun und so geriet sie in Trance.« Diese Methode ist speziell bei einer resistenten Versuchsperson wirkungsvoll – es ist nichts da, wogegen sie Widerstand leisten könnte. In gewisser Hinsicht gleicht dieses Verfahren dem des extrem nondirektiven Therapeuten. Der Patient sucht Hilfe, aber der Therapeut tut und sagt nichts. Irgend jemand muß etwas tun, deshalb ändert sich der Patient. Natürlich ist dies eine etwas leichtfertige Art des Vergleichs zwischen Psychotherapie und hypnotischer Induktion, aber die Vielzahl von Methoden, mit denen heute Trancezustände ausgelöst werden können, und die Mannigfaltigkeit therapeutischer Situationen lassen die Parallelen ins Auge springen.

Eine eher merkwürdige Bündnissituation hat seit jeher zwischen der Psychoanalyse und der Theorie und klinischen Verwendung der Hypnose bestanden. Die Forscher haben die hypnotische Trance stark übervereinfacht, indem sie sich allein auf das Individuum konzentrierten und versuchten, die Trance als Regression oder in Kategorien der Übertragung zu deuten. Andererseits haben die Theoretiker gezögert, Regression und Übertragung in der Psychoanalyse als eine Form von Trance zu erklären. Eine Frage, die sich aufdrängt, wenn darauf hingewiesen wird, daß Regression und Übertragung sowohl in der Hypnose wie auch in der psychoanalytischen Therapie auftreten, ist die: Ist die Beziehung zwischen Hypnotiseur und Versuchsperson formal dieselbe wie die zwischen Analytiker und Patient, mit der Folge, daß beide Beziehungen ähnliche Verhaltensformen bei der Versuchsperson bzw. beim Patienten hervorbringen? Manifestiert beispielsweise ein Patient, der sich in einer Sitzung lebhaft an eine emotionale Erfahrung erinnert, in der nächsten aber nicht mehr, Widerstand oder hypnotische Amnesie? Besteht da ein Unterschied? In diesem Werk vertrete ich den Standpunkt, daß beide Beziehungsarten einander formal gleichen, wenn man sie im Hinblick auf die Paradoxe untersucht, mit denen in der Interaktion gearbeitet wird, und daß daher von Patient und Versuchsperson ähnliches reaktives Verhalten zu erwarten ist.

Die klinische Anwendung von Hypnose hat sich naturgemäß stets am jeweiligen Erkenntnisstand über das Wesen therapeutischer Veränderung orientiert. Wenn die Therapeuten direktiver vorgehen, schlägt sich das auch in der Hypnose nieder. Wenn Einsichts-Therapien ›en vogue‹ sind, dann wird auch die Hypnosetechnik entsprechend adaptiert (59). Die Hypnoanalyse erfreute sich einmal großer Beliebtheit, aber ihre Zeit ist vorbei. Als man annahm, Veränderungen seien zu erzielen, indem man unbewußte Inhalte bewußtmacht und mit Kindheitserfahrungen in Verbindung bringt, war die Verwendung von Hypnose sichtlich angebracht. Für geeignete Klienten stehen eine Vielzahl von Techniken zur Verfügung, die es ermöglichen, Verdrängtes bewußtzumachen. Mit Hilfe der Trance ist es leichter, die Vergangenheit in Erinnerung zu rufen. Wenn man will, kann man die Versuchsperson sogar veranlassen, sich vergleichbare Ereignisse in der Vergangenheit und der Gegenwart vorzustellen, um die Zusammenhänge deutlich zu machen. Die Psychoanalytiker gaben sich jedoch mit der Freilegung von Verdrängtem und der Erinnerung an Kindheitserlebnisse nicht zufrieden, sie argumentierten, daß sich die Therapie auf den Widerstand gegen diese Prozesse konzentrieren müsse. Die Durcharbeitung dieser Widerstände sei es, was den Wandel bewirke. Da sich die Aufmerksamkeit überwiegend auf den Patienten konzentrierte, lag der analytische Schwerpunkt nicht auf dem Widerstand, den der Patient dem Analytiker entgegensetzte, sondern auf dem Widerstand des Patienten gegen seine eigenen inneren Prozesse. Die Hypnose scheint damit einen weiteren Beitrag zur Psychoanalyse geleistet zu haben, denn diese Verlagerung auf das Durcharbeiten von Widerständen und Übertragungsinterpretationen war anscheinend auf den Mangel an therapeutischen Resultaten durch die hypnotische Aufhebung von Verdrängung und das Erwecken von Kindheitserinnerungen zurückzuführen. Obwohl Hypnotiseure sagen würden, daß auch Widerstand suggeriert werden kann, war dies analytisch unbefriedigend. Der Prozeß der Durcharbeitung von Widerstand sollte sich im Rahmen der »natürlichen« Interaktion zwischen Patient und Therapeut vollziehen, das heißt, der Widerstand tritt im entsprechenden Moment auf und wird behandelt, sobald er auftritt. Hypnotische Techniken der direkten Suggestion von Widerstand gelten als »unnatürlicher«, als wenn der Analysand darauf hingewiesen wird, daß im Verlauf der Behandlung mit dem Auftreten von Widerständen zu rechnen sei.

Die Frage, wie die Hypnose am besten als klinisches Instrument einzusetzen sei, läßt sich nur beantworten, wenn man zunächst das Phänomen der Hypnose beschreibt. Im klinischen Bereich ist die Hypnose im Lauf der Jahre gekommen und gegangen, um fast völlig in Vergessenheit zu geraten, als sich Freud von der offen deklarierten Hypnose abwandte. Heute wird man sie vermutlich auf einer anderen Basis akzeptieren als in der Vergangenheit. Aus der Verlagerung des Interesses vom Individuum auf beide Personen ergibt sich, daß wir die Hypnose zunächst in Kategorien der Beziehung darstellen müssen, bevor wir ihr Potential zur Herbeiführung therapeutischer Fortschritte abschätzen können. Ich versuche hier eine interpersonale Darstellung der Hypnose, um bestimmte Voraussetzungen zwischenmenschlicher Beziehungen herauszuarbeiten und um über ein Modell und eine Terminologie zu verfügen, die auf die psychotherapeutische Beziehung angewandt werden können.

Wie auch hinsichtlich der meisten anderen psychologischen Probleme haben sich die Theorien über die Hypnose auf den Zustand des Individuums und nicht auf die Transaktionen zwischen Hypnotiseur und Versuchsperson konzentriert. Die daraus resultierende Literatur besteht aus Mutmaßungen über die perzeptuelle oder physiologische Natur der hypnotischen Trance und enthält eine erstaunliche Anzahl divergierender Vorstellungen und unauflösbarer Widersprüche. Die verschiedenen Theoretiker haben u. a. folgende Darstellungen der hypnotischen Trance gegeben: Die Trance ist ein Schlafzustand, aber sie ist kein richtiger Schlaf. Sie ist ein konditionierter Reflex, aber sie tritt ohne Konditionierung auf. Sie ist eine Übertragungsbeziehung mit libidinösen Untertönen und Unterwerfungstendenzen, aber der Grund dafür liegt in aggressiven und sadistischen Triebregungen. Sie ist ein Zustand, in dem das Medium überempfänglich für die Suggestionen eines anderen ist, aber in dem nur Autosuggestion wirksam ist, da das Medium kooperationsbereit sein muß. Sie ist ein Zustand konzentrierter Aufmerksamkeit, der durch geistige Abwesenheit erreicht wird. Sie ist eine Art von Rollenspiel, aber die Rolle ist real. Es handelt sich um neurologische Veränderungen, die durch psychologische Suggestionen zustande kommen, aber die neurologischen Veränderungen sind noch nie gemessen und die Suggestionen sind noch nie definiert worden. Schließlich gibt es einen Trancezustand, der getrennt von Trancephänomenen wie Katalepsie, Halluzinationen usw. existiert, aber diese Phänomene sind für einen echten Trancezustand charakteristisch.

Man fragt sich, ob überhaupt eine exakte Antwort auf die Frage möglich ist: gibt es einen Zustand namens »Trance«, der sich vom Normalzustand des »Wachseins« unterscheidet? Der »Trance«zustand ist seiner Definition nach eine subjektive Erfahrung. Er kann nur untersucht werden, wenn der Forscher seine subjektiven Erfahrungen untersucht, die er in einem solchen Zustand macht. Dies ist eine äußerst unzuverlässige Methode, speziell wenn man es mit den schwer faßbaren perzeptiven Erfahrungen der hypnotischen Trance zu tun hat. Ob sich eine andere Person in einer Trance befindet, ist ebenso unmöglich festzustellen, wie man die Gedanken eines anderen lesen oder auch nur wissen kann, ob er überhaupt denkt. Wir können das kommunikative Verhalten einer Person beobachten, aber über seine subjektiven Erfahrungen können wir nur Vermutungen anstellen. Eine rigorose Untersuchung der Hypnose muß sich vor allem auf das kommunikative Verhalten des Hypnotiseurs und der Versuchsperson konzentrieren und darf nur vorsichtige Mutmaßungen über die intrapsychischen Prozesse wagen, die das Verhalten auslösen.

Die Diskussionen über die Hypnose haben sich immer um die Frage gedreht, ob die Versuchsperson wirklich bestimmte Phänomene erlebt oder ob sie sich nur so verhält »als ob«. Diese Frage ist praktisch unlösbar. Die wenigen groben Meßinstrumente, die zur Verfügung stehen, wie GSR und EEG, lassen geringfügige physiologische Veränderungen erkennen, aber kein Gerät kann uns sagen, ob eine Versuchsperson wirklich halluziniert oder schmerzunempfindlich ist. Wir können sie höchstens in dem angeblich anästhesierten Bereich mit einem scharfen Gegenstand stechen oder ein Glied amputieren, wie das Esdaile tat, und ihr kommunikatives Verhalten beobachten. Unsere einzigen Anhaltspunkte sind die Mitteilungen der Versuchsperson, alles andere sind zwangsläufig Spekulationen.

Eine Untersuchung der Hypnose könnte praktischerweise mit der Analyse dessen beginnen, was in der hypnotischen Situation auf Film festgehalten werden kann – dadurch läßt sich der Bereich der Schlußfolgerungen, die aus dem Verhalten der Versuchsperson gezogen werden müssen, begrenzen. Wenn sich der Forscher auf den Kommunikationsprozeß zwischen Hypnotiseur und Versuchsperson beschränkt, kann er beantwortbare Fragen über die Hypnose stellen: Unterscheidet sich das kommunikative Verhalten einer angeblich hypnotisierten Versuchsperson in signifikanter Weise von deren kommunikativem Verhalten in nichthypnotisiertem Zustand? Welche Kommunikationssequenzen zwischen Hypnotiseur und Versuchsperson rufen das für den Trancezustand charakteristische Verhalten hervor? Die Antworten auf diese Fragen erklären, was an der hypnotischen Beziehung einzigartig ist und diese von allen übrigen unterscheidet. Um solche Fragen beantworten zu können, braucht man ein System zur Beschreibung kommunikativen Verhaltens. Ein solches System soll hier ansatzweise angeboten werden, in der Überzeugung, daß menschliche Interaktionen zergliedert und klassifiziert werden können und daß eine bestimmte Art von Kommunikationssequenz für die hypnotische Beziehung charakteristisch ist.

In der Literatur über Hypnose kehren gewisse Ideen so häufig wieder, daß ein paar Generalisierungen über die hypnotische Situation möglich sind, denen die meisten Hypnotiseure zustimmen würden. Als gesichert gilt inzwischen, daß die hypnotische Trance etwas mit der Beziehung zwischen Hypnotiseur und Versuchsperson zu tun hat. Früher hatte man angenommen, daß Trance durch den Einfluß der Planeten oder durch Vorgänge in der Versuchsperson unabhängig vom Hypnotiseur zustande komme. Heute werden die hypnotischen Phänomene als Folge der interpersonalen Beziehung zwischen Hypnotiseur und Versuchsperson gesehen, die verbal und nonverbal miteinander kommunizieren. Allgemein einig ist man sich auch, daß es sich bei der »Trance« um ein Fokussieren der Aufmerksamkeit, ihre Verengung auf einen bestimmten Bereich, handelt. Die Versuchsperson berichtet in der Trance nicht über Aktivitäten, die außerhalb der vom Hypnotiseur gestellten Aufgabe liegen, und ihre Berichte über die hypnotische Aufgabe stimmen mit denen des Hypnotiseurs überein. Außerdem wird angenommen, die Beziehung zwischen Hypnotiseur und Versuchsperson sei so geartet, daß das Geschehen in der Situation vom Hypnotiseur initiiert wird. Er initiiert eine Sequenz von Botschaften, und die Versuchsperson reagiert darauf. Die allgemeine Annahme, daß der Hypnotiseur bei der Versuchsperson »Prestige« genießen müsse, scheint auf der Überzeugung zu beruhen, daß die Versuchsperson den Hypnotiseur als die Person akzeptieren muß, von der Gedanken und Anweisungen ausgehen werden. Obwohl die Versuchsperson auf die Botschaften des Hypnotiseurs mit ihrer ganz persönlichen Art reagieren kann, ist doch sie der Definition nach die Reagierende und erkennt damit den Hypnotiseur als denjenigen an, der in der Situation die Initiative innehat. In den Fällen, in denen die Versuchsperson die Aufgaben bestimmt, besteht unausgesprochenes Einverständnis darüber, daß der Hypnotiseur dies *zuläßt*. Einigkeit besteht auch darüber, daß der Hypnotiseur im Laufe jeder Induktion die Versuchsperson explizit oder implizit »herausfordert«, etwas zu tun, wovon ihr gesagt wurde, es sei ihr unmöglich.

Von diesen paar Generalisierungen kann der Hypnoseforscher ausgehen. Es gibt noch ein weiteres Prinzip, das expliziert, was die meisten Techniken und Theorien der Tranceinduktion implizieren. Die meisten Hypnotiseure werden dem nach einiger Überlegung zustimmen. Die hypnotische Interaktion schreitet von »freiwilligen« Reaktionen der Versuchsperson zu »unfreiwilligen« fort. »Freiwillige« Reaktionen sind solche, die nach übereinstimmender Auffassung des Hypnotiseurs und der Versuchsperson bewußt und absichtlich vollzogen werden können, etwa, die Hände auf den Schoß zu legen oder auf ein Licht zu schauen. »Unfreiwillige« Reaktionen sind solche, die nach Auffassung des Hypnotiseurs und der Versuchsperson nicht bewußt gewollt sind, wie ein Gefühl der Müdigkeit, das unbeabsichtigte Heben einer Hand oder das Auftreten von Halluzinationen. Unfreiwillige Reaktionen bestehen im allgemeinen aus Veränderungen auf der autonomen Ebene, Wahrnehmungsänderungen und bestimmtem motorischen Verhalten. Die motorischen Aspekte der Trance springen besonders bei einer Herausforderung ins Auge, wenn eine Versuchsperson versucht, einen Arm zu beugen und dies wegen des Muskelwiderstands nicht kann.

Bei jeder dem Verfasser bekannten Methode der Trance-Induktion folgen den Aufforderungen zu freiwilligen Reaktionen rascher oder langsamer die Aufforderungen zu unfreiwilligen Reaktionen. Diese alternierende Sequenz setzt sich bis in die tiefsten Stadien der Trance fort. Wenn sich die Abfolge rasch vollzieht, wie bei einer dramatischen Induktion, ersucht der Hypnotiseur die Versuchsperson sofort, sich zu setzen, die Hände auf die Knie zu legen, den Kopf vorzubeugen usw. Nach diesen Aufforderungen zu freiwilligem Verhalten erklärt er, die Versuchsperson könne ihre Augen nicht öffnen, eine Hand nicht bewegen, den Arm nicht beugen usw., oder er fordert sie zu ähnlichem unfreiwilligen Verhalten auf. Bei einer Entspannungsinduktion läuft die Sequenz langsamer ab. Der Hypnotiseur wiederholt endlos die Aufforderung, bewußt bestimmte Muskeln zu lockern, und geht dann dazu über, der Versuchsperson ein Gefühl der Müdigkeit oder andere unfreiwillige Reaktionen zu suggerieren. Bei der typischsten hypnotischen Induktion, der Augenfixierung, wird die Versuchsperson angewiesen, freiwillig eine bestimmte Haltung einzunehmen und auf einen Punkt oder ein Licht zu schauen. Dem folgt die Suggestion, daß die Lider ungewollt schwer werden. Bei der »gesprächsweisen« Trance-Induktion wird die Versuchsperson aufgefordert, an etwas Bestimmtes zu denken oder ein Gefühl wahrzunehmen oder den Blick auf etwas zu richten. Es folgen dann Suggestionen, die eine Veränderung der Wahrnehmungen oder Empfindungen bewirken. Der Trancezustand setzt nach der üblichen Definition in dem Augenblick ein, in dem die Versuchsperson die Anweisungen unfreiwillig zu befolgen beginnt. Entweder bemüht sich die Versuchsperson, eine Hand zu bewegen, kann dies aber wegen der Muskelsperre nicht, oder sie berichtet über Wahrnehmungen oder Gefühle, die sie nicht aus eigenem Willen hervorrufen könnte.

Bevor ich die Hypnose in Begriffen der Interaktion näher erläutere, fasse ich nochmals jene Feststellungen über die hypnotische Situation zusammen, über die allgemeine Einigkeit besteht. In der hypnotischen Situation gehen vom Hypnotiseur Gedanken und Anweisungen aus, auf die die Versuchsperson reagiert. Der Hypnotiseur veranlaßt die Versuchsperson, freiwillig seine Anordnungen zu befolgen und sich auf diese zu konzentrieren. Wenn das geschehen ist, veranlaßt der Hypnotiseur die Versuchsperson zu unfreiwilligen Reaktionen. Im Verlauf der hypnotischen Interaktion übernimmt der Hypnotiseur in zunehmendem Maß die Kontrolle über die Beziehung, er initiiert das Geschehen, während die Versuchsperson nur noch reagiert und die Initiative an den Hypnotiseur abtritt.

Die Art der Beziehung zwischen Hypnotiseur und Versuchsperson kann nach dem im I. Kapitel aufgestellten Schema klassifiziert werden. Kurz gesagt wurde dort festgestellt, daß man zwischen *komplementären* und *symmetrischen* Beziehungen unterscheiden kann, wobei die Art der Beziehung einem fortwährenden Definitionsprozeß zwischen den Partnern unterliegt. Die Definition der Beziehung wird immer dann berührt, wenn einer der Partner ein Manöver vollführt, das heißt, wenn er Bitten, Befehle oder Vorschläge äußert, die den anderen veranlassen sollen, etwas zu tun, zu sagen, zu denken, zu fühlen oder zu bemerken, oder wenn er das Verhalten des anderen kommentiert. Ein Manöver löst eine Reihe von Manövern beider Partner aus, bis eine wechselseitig akzeptierte Definition der Beziehung zwischen ihnen hergestellt ist. Diese Manöver umfassen nicht nur die verbalen Botschaften, sondern auch die Metakommunikation bzw. die Art und Weise, wie sie ihre verbalen Äußerungen qualifizieren. Es wurde noch eine dritte Form der Beziehung erwähnt, die sogenannte metakomplementäre Beziehung. Bei diesem Typus gestattet der eine Partner dem anderen, Manöver zu vollführen, die die Beziehung auf bestimmte Weise definieren, oder er zwingt den anderen dazu, solche Manöver zu unternehmen. Wer sich beispielsweise hilflos gibt, um den Partner zu zwingen, sich um ihn zu kümmern, hat in Wirklichkeit auf der metakomplementären Ebene die Kontrolle über die Beziehung.

Der hypnotische Prozeß

Anhand dieses Schemas kann die hypnotische Interaktion als Vorgang beschrieben werden, der sich im Rahmen einer komplementären Beziehung abzuspielen scheint. Der Hypnotiseur suggeriert, die Versuchsperson folgt seinen Suggestionen: die kommunikativen Verhaltensweisen beider ergänzen einander. Der Akt der Suggestion ist ein

Manöver, um die Beziehung als komplementär zu definieren, und der Akt des Befolgens der Suggestion bedeutet, daß diese Definition der Beziehung akzeptiert wird.

In der Hypnose-Literatur wird die Suggestion als »Darbietung einer Idee« definiert, als handle es sich dabei um ein isoliertes Ereignis, das unabhängig von der Beziehung zwischen zwei Menschen existiert. In Wirklichkeit ist sowohl der Akt der Darbietung einer Suggestion als auch der Akt des Befolgens Teil des Prozesses, der zwischen zwei Personen abläuft und weiterhin ablaufen wird. Es handelt sich nicht um eine vereinzelte Botschaft; die Suggestion ist sinnvoller als eine Klasse von Botschaften zu definieren. Hier sollen »Suggestionen« als Manöver definiert werden: als jene Klasse von Botschaften, die den Charakter der Beziehung problematisieren, welche zwischen demjenigen existiert, der die Suggestion ausspricht, und demjenigen, der auf sie reagiert. Als suggestibel ist derjenige zu bezeichnen, der bereit ist, die interpersonalen Implikationen zu akzeptieren, die sich daraus ergeben, daß er das tut, was ihm andere sagen. Dieser Sachverhalt wird aus Wendungen deutlich wie: »Er befolgt bereitwillig Suggestionen.« Es ist möglich, Suggestionen widerwillig oder überhaupt nicht zu befolgen, aber wenn sie jemand bereitwillig befolgt, dann akzeptiert er eine komplementäre Beziehung zu der Person, die ihm sagt, was er tun soll. Die hypnotische Interaktion unterscheidet sich in einigen wesentlichen Punkten von anderen Beziehungen:

1. Es wurde darauf hingewiesen, daß bestimmte Arten von Botschaften, die zwischen zwei Menschen ausgetauscht werden, die Art der zwischen ihnen bestehenden Beziehung problematisieren. Die hypnotische Beziehung besteht *ausschließlich* aus dem Austausch von Botschaften dieser Klasse. Der Hynotiseur befiehlt der Versuchsperson durch seine Suggestionen, was sie tun soll, und kommentiert ihr Verhalten. Botschaften anderer Art kommen nicht ins Spiel; über das Wetter wird nicht geredet.

2. Wenn der Hypnotiseur der Versuchsperson Aufträge erteilt, definiert er die Beziehung als komplementär. Die Versuchsperson muß entweder diese Definition akzeptieren, indem sie darauf eingeht und die Aufträge ausführt, oder sie muß auf eine Weise reagieren, die die Beziehung als symmetrisch definiert. Manche Versuchspersonen leisten Widerstand. Jede Versuchsperson ist bis zu einem gewissen Grad resistent. Das zentrale Problem bei der Induktion der Hypnose ist die Überwindung des Widerstandes der Versuchsperson. In Kommunikationsbegriffen besteht der »Widerstand« aus Manövern der Versuchsperson, um die Beziehung als symmetrisch zu definieren. Kein Mensch akzeptiert die sekundäre Position in einer Beziehung sofort und vollständig. Der Hypnoti-

seur muß eine komplementäre Beziehung herbeiführen oder erzwingen, indem er die Kontermanöver der Versuchsperson kontert. In gewöhnlichen Beziehungen können hingegen beide Partner sowohl symmetrische als auch komplementäre Aktionen initiieren bzw. mit diesen reagieren. In der hypnotischen Situation konzentriert sich der Hypnotiseur völlig darauf, komplementäre Manöver zu initiieren und die Versuchsperson zu veranlassen, in Einklang mit dieser Definition der Beziehung zu reagieren. Wenn die Versuchsperson »wach« ist oder wenn die beiden Personen anders manövrieren, kann sich der Hypnotiseur gegenüber der Versuchsperson symmetrisch verhalten, aber in der hypnotischen Beziehung konzentriert er seine Bemühungen ausschließlich darauf, die Beziehung als komplementär zu definieren. Diese Darstellung wird später noch um eine Komplikation zu ergänzen sein – inzwischen sei die Beziehung zwischen Hypnotiseur und Versuchsperson als komplementär definiert.

Wenn der Hypnotiseur speziellen Formen von Widerstand begegnet, kann er sich explizit in die sekundäre Position begeben, während er implizit auf der metakomplementären Ebene die Kontrolle übernimmt. Das heißt, wenn die Versuchsperson darauf besteht, die Beziehung als symmetrisch zu definieren, kann der Hypnotiseur den Anschein erwecken, als überlasse er der Versuchsperson die Kontrolle über die Beziehung, indem er erklärt, er geleite die Versuchsperson nur in die Trance und folge im übrigen deren Initiativen. Sobald der Hypnotiseur die sekundäre Position in einer komplementären Beziehung eingenommen hat, richtet er an die Versuchsperson Aufforderungen und erwartet, daß diese sie befolgt, das heißt, er definiert die Beziehung als komplementär und nimmt die Führungs-Position ein. Wenn sich der Hypnotiseur symmetrisch verhält oder die untergeordnete Position einnimmt, dann verfolgt er damit den Zweck, auf der metakomplementären Ebene die Führung zu übernehmen.

3. Akzeptiert die Versuchsperson ›nolens volens‹ eine komplementäre Beziehung, dann kann es vorkommen, daß sie Botschaften aus der Umgebung, von einer anderen Person oder aus dem eigenen Inneren mißversteht. Dies ist eine Mutmaßung, da es sich um die seelischen Prozesse eines Individuums handelt, dennoch scheint eine solche Schlußfolgerung aus dem kommunikativen Verhalten der Versuchsperson gerechtfertigt. Wenn der Hypnotiseur eine Halluzination suggeriert, wird die Versuchsperson jene Botschaften aus der Umgebung mißinterpretieren, die dem halluzinierten Bild wiedersprechen. Das gleiche gilt für Körperempfindungen, Gefühle und Erinnerungen. Je weniger die Versuchsperson imstande ist, die metakomplementären Manöver des Hypnotiseurs zu parieren, desto mehr Trance-Manifestationen wird sie erfahren. Um ihr Verhalten vom inter-

aktionellen Blickpunkt beschreiben zu können, ist zu erörtern, welche Manifestationen »unfreiwilligen« Verhaltens nachgewiesen werden können.

Das »Unfreiwillige« in Verhaltensbegriffen

Um die Untersuchung der Hypnose wissenschaftlich exakt zu gestalten, müssen wir uns auf beobachtbares Verhalten konzentrieren, statt uns mit den intrapsychischen Vorgängen der Versuchsperson zu beschäftigen. Die Behauptung, die Versuchsperson erlebe gegen ihren Willen bestimmte Phänomene, ist nicht verifizierbar. Wir können nicht wissen, ob eine Versuchsperson eine Halluzination oder bestimmte körperliche Empfindungen und Gefühle erlebt oder nicht. Wenn sich beispielsweise der Arm einer Versuchsperson in die Höhe hebt, könnten wir sagen, daß dies ein ungewolltes Phänomen und daher eine Manifestation von Trance sei. Als Versuchsperson erleben wir vielleicht selbst dieses Hochheben der Hand und empfinden dabei, daß sich unsere Hand ohne unser Zutun hebt. Wir wären daher subjektiv überzeugt, daß dies eine unfreiwillige Handlung sei. Als Erforscher der Hypnose können wir uns jedoch nicht auf unsere subjektiven Erfahrungen verlassen. Idealerweise müßten wir imstande sein, die Prozesse der Trance-Auslösung und die Trance-Phänomene anhand eines Films zu beschreiben, der die Interaktion zwischen Hypnotiseur und Versuchsperson zeigt. Auf die Betrachtung des Films beschränkt, können wir keine »unfreiwilligen« Handlungen der Versuchsperson feststellen. Wir können nur Verhalten beobachten und *schließen*, daß es unfreiwillig sei. Unsere Aufgabe ist es, das Kommunikationsverhalten einer Versuchsperson in dem Augenblick zu beschreiben, in dem wir vermuten, daß sie ein unfreiwilliges Trance-Phänomen erlebt.

Um Kommunikationsverhalten zu beschreiben, muß man die Tatsache berücksichtigen, daß die Menschen nicht nur eine Botschaft übermitteln, sondern diese auch qualifizieren oder etikettieren, damit der andere weiß, wie diese Botschaft zu verstehen ist. Eine Botschaft kann durch eine zweite qualifiziert werden, die die erste bekräftigt oder die ihr widerspricht. Ein Mensch kann einem anderen auf den Fuß steigen und diese Botschaft durch einen »bösen« Gesichtsausdruck qualifizieren, der besagt: »Ich tu' das absichtlich«, oder er kann den Eindruck erwecken, daß es ihm nicht bewußt ist. Eine qualifizierende Botschaft kann also die ursprüngliche annullieren oder mit dieser inkongruent sein, oder sie kann sie bekräftigen bzw. mit ihr kongruent sein. Wenn wir einen Film sehen, in dem zwei Menschen interagieren, und wir vermuten, eine Handlung des einen sei »unfreiwillig«, so ziehen wir diesen Schluß aus der *Art und Weise,* wie dieser Mensch seine Handlung qualifiziert. Wenn wir eine Versuchsperson einen Arm heben sehen und sie überrascht sagen hören: »Na so etwas, mein Arm hebt sich«, dann schließen wir daraus, daß es sich um ein unfreiwilliges Phänomen handelt. Wir schließen dies aus der Tatsache, daß die Versuchsperson etwas tut und gleichzeitig leugnet, daß *sie* es tut. Diese Leugnung kann die Form einer verbalen Äußerung oder einer überraschten Miene haben oder aus der Art hervorgehen, wie sie den Arm hebt, oder aus einem Kommentar nach dem Erwachen usw. Sie kann auch sagen: »Hm, mein Arm hebt sich«, und damit leugnen, daß sie ihn hebt, aber dies in einem »unaufrichtigen« Ton sagen. Das heißt, sie qualifiziert das Heben des Armes durch zwei Mitteilungen: die eine sagt: »Ich tue es nicht«, die andere sagt: »Ich tue es.« Wenn wir diese Inkongruenz zwischen ihrem Tonfall und ihrer Äußerung bemerken, schließen wir daraus, daß die Versuchsperson die Arm-Elevation simuliert und daß dies nicht *wirklich* unfreiwillig geschieht. Unser Schluß basiert auf der Tatsache, daß die Qualifikation der Botschaft zwei Inkongruenzen aufweist: a) sie hebt die Hand, aber leugnet, daß *sie* es tut; b) sie leugnet es in einem Ton, der erkennen läßt, daß sie es tut. Wenn die Versuchsperson ihr Erstaunen über das Heben des Armes in ihren Worten, ihrer Stimme und ihrer Körperhaltung ausdrückt, so daß alle ihre Botschaften kongruent mit der Leugnung sind, daß sie selbst den Arm hebe, dann sagen wir, es handle sich *wirklich* um eine unfreiwillige Bewegung.

Abgesehen von der Tatsache, daß wir das Simulieren hypnotischen Verhaltens durch zwei Inkongruenzen in der Art und Weise, wie die Versuchsperson eine Handlung qualifiziert, entdecken können, dürfte klar sein, daß die Hypnose vom behavioristischen Standpunkt darauf abzielt, die Versuchsperson zu veranlassen, voll und ganz zu leugnen, daß *sie* eine Handlung ausführe. Das heißt, der Hypnotiseur treibt die Versuchsperson dazu, ihr Agieren durch Botschaften zu qualifizieren, die mit diesem kongruent sind und in ihrer Gesamtheit leugnen, daß die Versuchsperson das tut, was sie tut. Wenn sich die Versuchsperson so verhält, dann spricht der Beobachter davon, daß sie ein unfreiwilliges Phänomen erlebe.

Nehmen wir beispielsweise an, der Hypnotiseur wolle bei der Versuchsperson eine Halluzination auslösen. Nach einer Reihe von interaktionellen Verfahren von Hand-Elevationen bis zu Herausforderungen fordert der Hypnotiseur die Versuchsperson auf, eine leere Wand zu betrachten und dort das Bild eines Elefanten wahrzunehmen. Er kann dies unvermittelt tun, oder er kann die Versuchsperson anweisen, das Bild dort entstehen zu lassen, und später eine Bestätigung verlangen, daß das Bild tatsächlich dort ist. Die Versuchsperson kann auf verschiedene Weise reagieren. Sie kann die Wand ansehen und sagen: »Da ist kein Bild.« Oder sie kann sagen: »Ja, ich sehe das Bild«, aber ihre Äußerung in einer Weise qualifizieren – vielleicht durch ihren Tonfall –, die diese negiert. Dadurch drückt sie aus, daß sie das nur sagt, um dem Hypnotiseur entgegenzukommen. Oder die Versuchsperson kann sagen, es sei ein Bild an der Wand, und ihre Aussage kongruent durch ihren Tonfall, ihre Haltung, oder eine der Situation entsprechende Bemerkung bekräftigen, wie: »Freilich ist da ein Bild, was sonst?« oder: »Unsere Gastgeberin hat Elefanten immer gemocht.« Verhalten dieser Art kann als Beweis einer Trance angesehen werden.

Charakteristisch für den Trance-Zustand ist a) eine Aussage, die b) inkongruent mit einer zweiten ist oder diese leugnet, aber c) durch alle anderen Äußerungen kongruent qualifiziert wird. Die in Trance befindliche Versuchsperson a) sagt aus, auf einer leeren Wand hänge ein Bild b), eine Äußerung, die im gegebenen Kontext inkongruent ist, und c) sie bekräftigt ihre Aussage durch andere verbale Äußerungen, ihren Tonfall und ihre Gestik. Ein weiteres Beispiel: Die Versuchsperson hebt auf Befehl die Hand, behauptet aber gleichzeitig, nicht *sie* hebe sie. Diese Aussage, die mit der Handlung inkongruent ist, wird durch die Art und Weise, in der sie erfolgt, bestätigt oder bekräftigt. Wird eine Versuchsperson schmerzunempfindlich, so reagiert sie passiv auf einen Nadelstich, das heißt, sie reagiert inkongruent und bekräftigt ihre Reaktion mit kongruenten Worten und ebensolchem Tonfall.

Das Verhalten einer Versuchsperson in Trance ist durch diese eine Inkongruenz unterscheidbar von dem Verhalten einer wachen Versuchsperson. Im normalen Gespräch kann jemand bei der Übermittlung seiner mannigfachen Botschaften Inkongruenzen manifestieren. Alle Botschaften eines Menschen können aber auch kongruent sein bzw. einander bekräftigen. Die eine Inkongruenz charakterisiert das Tranceverhalten. Obwohl einer Versuchsperson in der Hypnose gleichzeitig mehrere Aufgaben gestellt werden können, ist jede durch eine einzige Inkongruenz charakterisiert.

Die einzige Inkongruenz der Trance unterscheidet sich durch ein weiteres Charakteristikum von Inkongruenzen in normalen Kommunikationen. Diese Kongruenz besteht in der Leugnung, daß die Versuchsperson auf den Hypnotiseur reagiert. Die Versuchsperson befolgt die Anweisung des Hypnotiseurs und leugnet gleichzeitig, daß sie seine Anweisungen befolgt. Wenn die Versuchsperson ihre Hand hebt, qualifiziert sie diesen Akt durch die Leugnung, daß *sie* dies tue. Dadurch gibt sie zu verstehen, daß sie bloß ein Ereignis feststelle; sie qualifiziert das Handheben nicht durch das Eingeständnis, daß es sich um eine Reaktion auf den Hypnotiseur handle, obwohl ihr der Hypnotiseur in diesem Augenblick suggeriert, ihre Hand hebe sich. Verhielte sich die Versuchsperson wie ein wacher Mensch und höbe die Hand mit dem gleichzeitigen Hinweis, daß *sie* dies tue, so würde sie das Handheben als Botschaft an den Hypnotiseur anerkennen. Indem sie das Handheben mit der Leugnung qualifiziert, daß *sie* dies tue, manifestiert sie eine Inkongruenz, die anzeigt, daß sie lediglich ein Ereignis konstatiere. Ebenso stellt die Versuchsperson nur das Vorhandensein eines Bildes auf der Wand fest, statt anzuerkennen, daß ihre »Wahrnehmung« des Bildes eine Mitteilung an den Hypnotiseur sei.

Um das Verhalten der Versuchsperson zu formalisieren, kann man sagen, daß jedes kommunikative Verhalten einer Person gegenüber einer anderen vier Elemente enthält: einen Sender, eine Botschaft, einen Empfänger und einen Kontext, in dem Kommunikation stattfindet. Mit anderen Worten, jede Botschaft kann in diese Aussage übersetzt werden:

»Ich	teile etwas mit
(a)	(b)
dir	in dieser Situation«
(c)	(d)

Da kommunikatives Verhalten stets qualifiziert wird, ist zu erwarten, daß jedes Element dieser Botschaft durch eine Bekräftigung oder eine Leugnung qualifiziert wird. In der hypnotischen Trance leugnet die Versuchsperson alle diese Elemente bzw. bekräftigt sie nicht.

Im folgenden eine kurze Darstellung von Tranceverhalten, durch das jedes einzelne Element geleugnet wird.

a) Immer wenn der Hypnotiseur eine »unfreiwillige« Reaktion fordert, drängt er die Versuchsperson, zu leugnen, daß *sie* reagiert oder etwas kommuniziert. Das erste Element der erwähnten Aussage, »Ich teile etwas mit«, wird somit durch eine Leugnung qualifiziert und abgeändert zu »Es geschieht einfach«.

b) Der Hypnotiseur drängt die Versuchsperson, nicht nur zu leugnen, daß *sie* eine Botschaft aussendet, wie das Heben der Hand, er kann sie auch auffordern, zu leugnen, daß überhaupt etwas geschieht bzw. kommuniziert wird. Die Versuchsperson kann den Anschein erwecken, sie merke gar nicht, daß sich ihre Hand hebt, und mithin das Handheben durch die Mitteilung qualifizieren, daß sie sich nicht hebt. Oder sie kann eine derartige Leugnung auch in Form von Amnesie manifestieren. Wenn sie ihr Verhalten durch die Leugnung qualifiziert, daß es auftrat, dann ist nichts kommuniziert worden. Sie kann nicht nur sagen: »Ich habe meine Hand nicht gehoben«, sondern auch: »Meine Hand hat sich nicht gehoben«, und damit eine

Inkongruenz zwischen ihrer Aussage und ihrer erhobenen Hand manifestieren. Wenn Tonfall und Gestik einer Versuchsperson kongruent mit der Äußerung sind, sie erinnere sich an nichts, oder kongruent mit dem Fehlen eines Berichts über eine Handlung während der Trance, dann schließt der Beobachter, daß sie eine Amnesie erlitten habe.

c, d) Die Versuchsperson kann auch die beiden letzten Elemente der schematisierten Botschaft leugnen. Sie kann so tun, als sei ihr Verhalten keine für den Hypnotiseur bestimmte Botschaft in der gegebenen Situation, indem sie den Hypnotiseur als jemand anderen bzw. die Situation als eine andere qualifiziert oder apostrophiert. Hypnotische Regression manifestiert sich im Verhalten der Versuchsperson, indem diese ihre Äußerungen so qualifiziert, als seien sie nicht an den Hypnotiseur, sondern eine dritte Person gerichtet (im Zustand der Regression muß sie dem Hypnotiseur schließlich noch nicht begegnet sein), vielleicht an einen Lehrer, und den Kontext, als handle es sich nicht um die gegenwärtige, sondern eine vergangene Situation, vielleicht ein früheres Klassenzimmer. Wenn das gesamte kommunikative Verhalten mit einer dieser inkongruenten Qualifikationen kongruent ist, dann stellt der Beobachter fest, die Versuchsperson erlebe eine Regression.

Fassen wir zusammen: Sowohl die in Trance befindliche Versuchsperson als auch der wache Mensch verhält sich gegenüber anderen in einer Art und Weise, die auf die Formel gebracht werden kann: »Ich teile dir in dieser Situation etwas mit.« Die Versuchsperson qualifiziert eines oder alle Elemente dieser Formel inkongruent, so daß diese abgeändert wird in »Es geschieht einfach«, »Es ist nichts geschehen« oder »Ich kommuniziere mit jemand anderem an einem anderen Ort und zu einer anderen Zeit«.

Das Problem, vor das uns die hypnotische Induktion stellt, ist folgendes: Wie kann ein Mensch einen anderen veranlassen, in seinem Verhalten eine einzige Inkongruenz zu manifestieren, das heißt zu leugnen, daß *er* etwas kommuniziert, daß etwas kommuniziert wird bzw. daß es dem Hypnotiseur in der gegebenen Situation kommuniziert wird? Einfacher ausgedrückt, wie bringt man jemanden dazu, etwas Bestimmtes zu tun und gleichzeitig zu leugnen, daß *er* etwas tut?

Trance-Induktion in Verhaltensbegriffen

Wenn man die hypnotische Trance als eine Interaktion begreift, bei der ein Mensch einen anderen veranlaßt, etwas zu tun und zu leugnen, daß er es tut, dann scheint sich daraus zu ergeben, daß Trance-

Induktion aus Aufforderungen des Hypnotiseurs an den Probanden bestehen müsse, sich in der geschilderten Weise zu verhalten. Der Hypnotiseur muß den Probanden auffordern, etwas zu tun, und ihn gleichzeitig anweisen, es nicht zu tun.

Das Wesen der menschlichen Kommunikation ermöglicht es dem Probanden, diese einander widersprechenden Forderungen zu erfüllen. Er kann tun, was der Hypnotiseur von ihm verlangt, und gleichzeitig sein Handeln durch Äußerungen qualifizieren, die leugnen, daß er etwas tut oder daß etwas geschieht. Somit tut er etwas und tut es doch nicht.

Zur Vereinfachung der subtilen und komplexen Interaktion zwischen Hypnotiseur und Versuchsperson sei hier die Induktion eines Handhebens beschrieben. Der Hypnotiseur setzt sich zu dem Probanden und fordert ihn auf, seine Hand auf eine Armlehne zu legen. Dann sagt er in etwa: »Ich möchte nicht, daß Sie Ihre Hand bewegen, ich möchte nur, daß Sie die Empfindungen in Ihrer Hand wahrnehmen.« Nach einer Weile sagt der Hypnotiseur: »Gleich wird Ihre Hand anfangen, sich zu heben. Sie hebt sich höher, höher, höher.« Wenn wir alle Theorien vergessen und diese Interaktion zwischen Hypnotiseur und Versuchsperson unbefangen beobachten könnten, dann würde uns nicht entgehen, daß der Hypnotiseur zu der Versuchsperson zuerst sagt: »Heben Sie Ihre Hand nicht« und dann: »Heben Sie Ihre Hand.« Da unsere Beobachtung jedoch durch Theorien über menschliches Verhalten präjudiziert ist, sehen wir dieses Verhalten in Kategorien des Unbewußten und des Bewußtseins oder in Kategorien autonomer Prozesse, und deshalb ist die offenkundige Inkongruenz zwischen den Anweisungen des Hypnotiseurs nicht so offenkundig. Dennoch sind wir mit der unleugbaren Tatsache konfrontiert, daß sich die Hand des Probanden hob, daß er sie gehoben hat. Er mag das bestreiten, aber kein anderer hat sie gehoben.

Es gibt nur drei mögliche Reaktionen eines Probanden auf die Aufforderung, die Hand zu heben und sie nicht zu heben. Er kann sich weigern, überhaupt etwas zu tun, und damit den Hypnotiseur gegen sich aufbringen und die Trance-Sitzung beenden. Er kann die Hand heben und gleichzeitig leugnen, daß *er* sie hebt, oder gar, daß *sie* sich hebt. (Das Wort »leugnen« impliziert hier nicht, daß die Versuchsperson bewußt bestreitet, daß *sie* die Hand hebt. Sie kann subjektiv überzeugt sein, daß sich die Hand von selbst hebt. Der Akzent liegt hier auf ihrem Verhalten.) Eine dritte Möglichkeit wäre, daß der Proband die Hand hebt und zugibt, daß er es tat. Dann würde der Hypnotiseur sagen: »Aber ich habe Ihnen doch erklärt, Sie sollten sie nicht heben«, und der Vorgang würde von neuem beginnen.

Jede Methode der Trance-Induktion enthält inkongruente Anweisungen der genannten Art. Wann immer jemand einen anderen zu »unwillkürlichem« Verhalten auffordert, verlangt er zwangsläufig von diesem gleichzeitig, etwas zu tun und es nicht zu tun. Das liegt in der Bedeutung von »unwillkürlich, unabsichtlich«. Wenn etwas ohne eigene Absicht, ohne eigenes Zutun geschieht, dann geschieht es von selbst, und wenn man *verlangt*, daß etwas von selbst geschieht, stellt man eine paradoxe Forderung.

Die Aufforderung auf zwei verschiedenen Ebenen ist nicht nur bei der Trance-Auslösung feststellbar, sie wird während der Vertiefung des Trance-Zustandes noch offenkundiger. An einem bestimmten Punkt der hypnotischen Interaktion testet der Hypnotiseur den Probanden bzw. fordert ihn heraus. Diese Herausforderungen basieren alle auf dem gleichen Prinzip: der Hypnotiseur fordert die Versuchsperson auf, etwas zu tun, und suggeriert ihr gleichzeitig, es nicht zu tun. Am gebräuchlichsten ist die Probe mit dem Augenschließen. Der Hypnotiseur weist die Versuchsperson an, ihre Augen fest zu schließen und bis drei zu zählen. Dann solle sie versuchen, die Augen zu öffnen, es werde ihr aber nicht gelingen. Je stärker sie sich bemühe, die Augen zu öffnen, desto fester würden sie geschlossen bleiben. Wenn die Anweisung »Öffnen Sie die Augen« durch die zweite Direktive, »Halten Sie die Augen geschlossen« oder »Befolgen Sie meine Aufforderung nicht«, qualifiziert wird, dann heißt das, daß die Versuchsperson gleichzeitig angewiesen wird, dem Befehl zu gehorchen und ihm nicht zu gehorchen. Falls der Test erfolgreich verläuft und die Versuchsperson ihre Augen geschlossen hält, dann sagt man, sie sei »gegen ihren Willen« außerstande, sie zu öffnen. Wir beobachten ihr Verhalten und stellen fest, daß sie ihre Augen geschlossen hält und ihr Verhalten durch die Aussage qualifiziert, nicht *sie* halte sie geschlossen, sondern es geschehe »von selbst«. Betrachtet man diese widersprüchlichen Direktiven in einem Lernzusammenhang, so wird offenkundig, daß es derartiges auch außerhalb der hypnotischen Situation gibt. Viele Mütter gestörter Kinder scheinen beispielsweise eine Lernsituation herbeizuführen, in der das Kind nicht für den Erfolg belohnt wird, sondern dafür, daß es sich bemüht und versagt hat. Wenn das geschieht, sind Mutter und Kind übereinstimmend der Meinung, das Kind versage nicht absichtlich, sondern es passiere eben.

Die Einführung einer Paradoxie

Immer wenn der Hypnotiseur inkongruente Anweisungen erteilt, operiert er gegenüber der Versuchsperson mit einem Paradox. Die Versuchsperson muß beiden Anweisungen Folge leisten, sie kann nicht die Flucht ergreifen und sie kann nicht protestieren, daß die Situation unmöglich sei. Es ist schwierig für den Probanden, sich durch Flucht zu entziehen, da er in der Regel selbst um den Hypnoseversuch gebeten hat. Hypnosen werden gewöhnlich mit freiwilligen Probanden durchgeführt. Aufgrund der allgemeinen Haltung des Hypnotiseurs ist es auch schwierig für die Versuchsperson, sich über die Unvereinbarkeit seiner Anweisungen zu äußern. Wenn eine Versuchsperson aufgefordert wird, sich auf ihre Hand zu konzentrieren, und wenn sie fragt wozu, erhält sie gewöhnlich zur Antwort, sie brauche sich nicht um den Zweck zu kümmern, sondern solle bloß seine Anweisungen befolgen. Das Verhalten des Hypnotiseurs verhindert recht erfolgreich eine Erörterung seiner Aktionen.

Obwohl paradoxe Handlungsanweisungen bei jeder hypnotischen Induktion eine implizite Rolle spielen, sind sie in manchen Situationen offenkundiger als in anderen. So sagte beispielsweise während eines Vortrags über Hypnose ein junger Mann zu Milton H. Erickson: »Sie können vielleicht andere Leute hypnotisieren, aber mich nicht!« Dr. Erickson lud ihn ein, auf die Demonstrationsbühne zu kommen, sich zu setzen, und sagte dann zu ihm: »Ich möchte, daß Sie wach bleiben und immer wacher und wacher werden!« Der Mann verfiel prompt in tiefe Trance. Er hatte die widersprüchliche Botschaft erhalten: »Kommen Sie herauf und fallen Sie in Trance« und »Bleiben Sie wach«. Er wußte, wenn er Ericksons Anweisungen befolgte, würde er in Trance verfallen. Deshalb war er entschlossen, seinen Anweisungen nicht zu folgen. Weigerte er sich jedoch, dem Befehl zu folgen, wach zu bleiben, geriet er in Trance. Er war in einem Paradox gefangen. Man beachte, daß es sich hier nicht bloß um zwei widersprüchliche Botschaften handelt, sondern um Botschaften auf verschiedenen *Ebenen*. Solche inkongruenten Ebenen der Kommunikation liegen vor, wenn verbale Äußerung, Tonfall, Körperbewegung oder Situationszusammenhang einander in inkongruenter Weise qualifizieren. Eine Botschaft auf zwei Ebenen kann in einer einzigen Mitteilung enthalten sein. Wenn ein Mensch beispielsweise zu einem anderen sagt: »Gehorche mir nicht!«, so sieht sich der andere mit inkongruenten Befehlen konfrontiert, denen er weder gehorchen noch nicht gehorchen kann. Wenn er gehorcht, gehorcht er nicht, und wenn er nicht gehorcht, gehorcht er. Die Aufforderung »Gehorche mir nicht!« enthält eine Qualifikation und kann übersetzt werden als: »Gehorche meinen Befehlen nicht!« und die gleichzeitige qualifizierende Mitteilung: »Gehorche meinem Befehl nicht, meinen Befehlen nicht zu gehorchen!« Eine hypnotische Herausforderung besteht aus Aufforderungen dieser Art.

Wenn der Hypnotiseur die Versuchsperson mit inkongruenten Anweisungen konfrontiert, kann diese nur mit inkongruenten Botschaften befriedigend reagieren. Die merkwürdigen Verhaltensweisen der Versuchsperson sind die Gegenstücke zu den Aufforderungen des Hypnotiseurs.

Der Buchstabe A kann die Anweisung des Hypnotiseurs repräsentieren: »Halten Sie Ihre Augen offen und starren Sie auf diesen Punkt.« Diese Botschaft wird qualifiziert durch B: »Ihre Augenlider werden sich schließen.« Die Versuchsperson kann nicht zufriedenstellend reagieren, wenn sie A befolgt und die Augen offenhält. Sie reagiert aber auch nicht befriedigend, wenn sie B befolgt und sie schließt. Sie kann nur mit inkongruenten Botschaften reagieren, wenn man ihr befiehlt, die Augen zu schließen und sie nicht zu schließen. Sie muß sie schließen, C, und diese Handlung durch die Leugnung qualifizieren, daß *sie* es tat.

Falls die Versuchsperson nur auf A oder B reagiert und somit kongruent reagiert, weist sie der Hypnotiseur vermutlich darauf hin, daß sie nicht kooperiere und nochmals von vorne beginnen müsse. Der Hypnotiseur kann mit kongruenten Reaktionen auch anders umgehen. Hält der Proband beispielsweise hartnäckig die Augen offen, das heißt, reagiert er nur auf A, dann könnte ihn der Hypnotiseur auffordern, sie solange wie möglich offenzuhalten, so anstrengend dies auch sei. Auf diese Weise erreicht er schließlich, daß der Proband die Augen schließt und dies als »unfreiwillige« Reaktion akzeptiert.

Es läuft daraus hinaus, daß der Hypnotiseur zu der Versuchsperson sagt: »Tun Sie, was ich sage, aber tun Sie nicht, was ich sage«, und die Versuchsperson antwortet: »Ich tue, was Sie sagen, aber ich tue nicht, was Sie sagen.« Da der Mensch auf mehreren Ebenen kommunizieren kann, ist diese Art von Interaktion möglich.

Die hypnotische Beziehung

Die Beziehung zwischen Hypnotiseur und Hypnotisiertem wurde oben als die Erzwingung einer komplementären Beziehung durch den Hypnotiseur beschrieben. Wenn der Proband auf die Botschaften des Hypnotiseurs reagiert, statt selbst welche zu initiieren, schließt er sich der Definition der Beziehung als komplementär an. Wenn der Proband »Widerstand leistet«, setzt er den komplementären Manövern des Hypnotiseurs Kontermanöver entgegen. Charakteristischerweise definieren diese die Beziehung mit dem Hypnotiseur als symmetrisch – eine Beziehung zwischen Gleichrangigen – und nicht als komplementär. Der Hypnotiseur konterkariert diese Manöver mit eigenen, die die Beziehung als komplementär definieren. Er kann die Versuchsperson beispielsweise auffordern, ihm Widerstand zu leisten. Dadurch deutet er ein symmetrisches Manöver zu einem komplementären um. Es wird zu einem erwünschten Verhalten. Sich symmetrisch zu verhalten heißt somit, den Anordnungen des Hypnotiseurs zu folgen und damit so zu agieren, wie man dies in einer komplementären Beziehung tut. Dieses »Übertrumpfen« oder »Kontern« der Manöver des Probanden wurde eingangs als Versuch seitens des Hypnotiseurs beschrieben, die Kontrolle über die Art ihrer Beziehung zu erlangen.

Die spezielle Art des vom Therapeuten präsentierten Paradoxes macht es dem Probanden unmöglich, mit einem Manöver zu kontern, das die Beziehung als symmetrisch definiert. Wenn man gleichzeitig aufgefordert wird, etwas zu tun und es nicht zu tun, kann man sich nicht weigern, die Direktiven zu befolgen. Ob die Versuchsperson reagiert oder nicht reagiert, sie tut, was der Hypnotiseur ihr aufgetragen hat, und wenn man tut, worum einen der andere bittet, dann befindet man sich in einer komplementären Beziehung. Die Versuchsperson kann sich nur dann symmetrisch verhalten, wenn sie zu der Situation Stellung nimmt oder den Schauplatz verläßt und die Beziehung beendet. Wenn sie das Feld räumt, ist die Beziehung beendet. Wenn sie zu den Anweisungen des Hypnotiseurs Stellung nimmt und dadurch symmetrisch verfährt, fordert sie dadurch wahrscheinlich ein Gegenmanöver heraus, das eine komplementäre Beziehung erzwingt. Der Hypnotiseur kann sie beispielsweise auffordern, sein Verhalten zu kommentieren. Dadurch begibt er sich auf die metakomplementäre Ebene und definiert den Kommentar als Reaktion auf seine Aufforderung. Wenn die Versuchsperson weiterhin Kommentare abgibt, befolgt sie damit seine Anweisungen und definiert die Beziehung als komplementär.

Diese Darstellung der Hypnose ist durch eine weitere Komplikation zu ergänzen. Wenn man feststellt, daß der Hypnotiseur eine komplementäre Beziehung herstellt und die in Trance befindliche Versuchsperson dieser Definition zustimmt, so hat man die Hypnose noch nicht von anderen Beziehungsformen abgegrenzt. Es gibt ja genügend andere Situationen, in denen ein Mensch einem anderen sagt, was er zu tun hat, und der andere diese Anweisungen willig befolgt, so daß sie wechselweise ihre Beziehung als komplementär definieren. Dennoch ist in diesen anderen Situationen kein Trance-Verhalten feststellbar. Die Person, welche die Anweisungen ausführt, leugnet nicht, daß sie dies tut. Es scheint somit, als dürfe man sich nicht damit begnügen, das Trance-Verhalten mit der Feststellung zu erklären, daß sich Versuchsperson und Hypnotiseur in einer Art und Weise verhalten, die ihre Beziehung als komplementär definiert. Die Komplikation besteht darin: der Hypnotiseur hindert die Versuchsperson nicht nur, sich symmetrisch zu verhalten, und zwingt sie dadurch, komplementär zu agieren, sondern er hindert sie auch daran, sich komplementär zu verhalten.

Wenn der Proband dem Hypnotiseur Widerstand leistet und sich somit symmetrisch verhält, kann der Hypnotiseur ihn auffordern, Widerstand zu leisten, und ihn dadurch zwingen, sich komplementär zu verhalten, indem er seinen Widerstand als Befolgung von Anweisungen definiert. Verhält sich der Proband jedoch komplementär und gehorcht bereitwillig den Befehlen, dann fordert ihn der Hypnotiseur auf, sich symmetrisch zu verhalten. Er fordert den Probanden auf, sich zu weigern, seine Anordnungen zu befolgen. Eine Herausforderung ist im Grunde ein Befehl, dem Hypnotiseur Widerstand zu leisten, da der Proband aufgefordert wird, etwas zu tun, was ihm der Hypnotiseur verboten hat. Das verwendete Paradox verhindert faktisch sowohl komplementäres als auch symmetrisches Verhalten. Wie man sich nicht weigern kann, paradoxe Instruktionen zu befolgen, und somit außerstande ist, sich symmetrisch zu verhalten, kann man auch nicht komplementär reagieren, indem man sie befolgt, da man ja gleichzeitig aufgefordert wird, sie nicht zu befolgen. Die Versuchsperson wird überdies auch daran gehindert, die dritte, metakomplementäre Beziehungsebene zu erreichen. Man könnte sich ja vorstellen, daß sie dem Hypnotiseur *gestattet,* ihr Befehle zu geben, und auf diese Weise das Verhalten des Hypnotiseurs als von ihr gebilligt etikettiert. Wenn sie sich jedoch so verhält, dann wird der Hypnotiseur sie auffordern, zu versuchen, seinen Befehlen Widerstand zu leisten, und zuzugeben, daß ihr das nicht gelingt. Durch die Herausforderung wird sie gezwungen, ihr metakomplementäres Verhalten aufzugeben. Wie auch immer die Versuchsperson ihre Beziehung zu dem Hypnotiseur zu definieren versucht, sie muß feststellen, daß sich der Hypnotiseur weigert, diese Definition zu akzeptieren.

Die hier vorgetragene Hypothese scheint an diesem Punkt in eine Sackgasse geraten zu sein. Im Vorangegangenen war dargelegt worden, daß jegliches Verhalten eines Menschen die Beschaffenheit seiner Beziehung zu einem anderen definiert. Dann war gesagt worden, daß alle Beziehungen entweder als symmetrisch, komplementär oder metakomplementär klassifiziert werden können. Jetzt behaupte ich, daß das Verhalten des Probanden die Beziehung in keiner der genannten Weisen definiert. Dieses Dilemma ist lösbar, wenn man sich vor Augen hält, daß nicht *der Proband* sich so oder so verhält. Sein gesamtes Verhalten wird als *nicht zu ihm gehörig* bezeichnet, und er kann daher nicht zeigen, in welcher Beziehung er sich befindet. Genau dies ist das Ziel des Hypnotiseurs: den Probanden daran zu hindern, die Beziehung als symmetrisch, komplementär oder metakomplementär zu definieren, indem er ihn veranlaßt, seine Botschaften so zu qualifizieren, daß klar wird, daß er die Beziehung nicht definiert. Wenn Herr A auf Herrn B reagiert, dann definiert allein schon die Existenz dieser Reaktion die Beziehung. Reagiert Herr A jedoch auf Herrn B und leugnet dabei, daß *er* reagiert, dann definiert seine Reaktion die Beziehung nicht. Das Verhalten der in Trance befindlichen Versuchsperson definiert nicht eine bestimmte Art von Beziehung, sondern zeigt an, daß die Versuchsperson die Beziehung überhaupt nicht definiert. Die Kontrolle über die Art der Beziehung bleibt dem Hypnotiseur überlassen.

Was die hypnotische Beziehung von anderen Beziehungsformen unterscheidet, ist die beiderseitige Übereinkunft, daß der Hypnotiseur die Kontrolle darüber haben soll, welches Verhalten stattfinden wird. Jedes Verhalten der Versuchsperson wird entweder vom Hypnotiseur initiiert, oder, falls die Versuchsperson selbst Verhalten initiiert, wird es als nicht von ihr initiiert bezeichnet. Um die Kontrolle darüber zu vermeiden, welches Verhalten stattfinden soll, muß die Versuchsperson ihre Aktionen durch Leugnungen qualifizieren, daß sie sie ausführt, daß sie stattfinden oder daß sie jetzt und hier stattfinden. Auf der Qualifikationsebene verhält sie sich also in einer Weise, durch die vermieden wird, die Beziehung zu definieren, indem sie die Implikation vermeidet, ihr Verhalten erfolge in ihrer Beziehung zum Hypnotiseur. Der Hypnotiseur übt nicht nur die Kontrolle über das Verhalten aus, das erfolgt, sondern auch über die Qualifikation dieses Verhaltens. Diese Aussage bezieht sich natürlich auf eine hypothetisch ideale hypnotische Beziehung. In der Praxis überläßt kein Proband dem Hypnotiseur die vollständige Kontrolle über die Beziehung.

Wenn die Versuchsperson vermeidet, ihre Beziehung zum Hypnotiseur zu definieren, scheint sie auf der perzeptorischen und der somatischen Ebene eine Vielzahl subjektiver Erfahrungen zu machen. Ihre Wahrnehmung der eigenen Person, der Welt, der Zeit und des Raumes sowie des Verhaltens anderer Leute ist Verzerrungen unterworfen, über die sie keine Kontrolle zu haben scheint, ja deren sie sich oft gar nicht bewußt ist.

Ich bin in diesem Kapitel nicht auf Wesen und Ausmaß dieser Verzerrungen eingegangen, sondern habe versucht, den zwischenmenschlichen Kontext darzustellen, in dem sie auftreten. Ein solcher Versuch ist nicht nur für das Gebiet der Hypnose relevant, sondern auch für die Ätiologie psychiatrischer Symptome und die Veränderungsprozesse in der Psychotherapie.

Im Bereich der Hypnose lag das Schwergewicht stets auf dem Individuum, wobei man sich speziell auf das Problem der Klassifikation in gute und schlechte Probanden konzentrierte. Versuche, eine Korrelation zwischen Persönlichkeitstypus und Hypnotisierbarkeit festzustellen, sind trotz zahlreicher Einstellungs- und projektiver Tests weitgehend fehlgeschlagen. Dieses negative Resultat ist zu erwarten, wenn man davon ausgeht, daß hypnotisches Verhalten reaktives Verhalten in einer Beziehung ist und nicht ein Aspekt des »Charakters« eines Menschen. Der einzige Test, der geeignet wäre, zwischen guten und schlechten hypnotischen Versuchspersonen zu unterscheiden, wäre ein Test, der das reaktive Verhalten in einer Beziehung mißt. Die Tests, welche mit Suggestionen im »Wachzustand« operieren – die sogenannten Suggestibilitäts-Tests –, kommen dieser Art von Messung nahe. Doch diese Tests werden häufig ohne die Erkenntnis durchgeführt, daß sie einer hypnotischen Induktion gleichkommen. Wenn man die Trance-Induktion auf folgende Formel vereinfacht: eine Aufforderung zu freiwilligem Verhalten, die durch eine Aufforderung zu unfreiwilligem Verhalten qualifiziert wird, dann wird die Parallele zu einem Suggestibilitäts-Test deutlich. So wird beispielsweise im Schwank-Test der Proband aufgefordert stillzustehen, und dann wird ihm gesagt, daß er, ohne es zu wollen, beginnen wird, nach hinten zu schwanken. Es überrascht nicht, daß Versuchspersonen, die auf diesen Test entsprechend reagieren, auch auf eine hypnotische Induktion ansprechen, da dieser Test eine Form der hypnotischen Induktion ist. Es ist anzunehmen, daß bestimmte Menschen auf paradoxe Instruktionen mit hypnotischem Verhalten reagieren. Man könnte die Hypothese aufstellen, daß Personen, die so reagieren, durch frühere Erfahrungen »gelernt« haben, sich so zu verhalten. Die Erforschung der »Ursache« hypnotischer Suggestibilität müßte sich daher auf die von der Familie vorgezeichneten Verhaltensmuster in den Beziehungen »guter« Probanden konzentrieren. Es ist zu vermuten, daß man dabei auf paradoxe Verhaltensanweisungen stoßen würde. Solche Untersuchungen würden jedoch erfordern, daß man die Versuchspersonen zusammen mit ihren Familienangehörigen studiert und testet, da man von der Versuchsperson kaum erwarten kann, sich der Kommunikationsmuster in ihrem Familiensystem bewußt zu sein bzw. sich an diese zu erinnern.

Die Relevanz hypnotischen Verhaltens für psychiatrische Erkrankungen ist hinreichend klar erschienen, weshalb die hypnotische Trance oft zur Illustration symptomatischen Verhaltens zu Lehrzwecken herangezogen wurde. Es ist zu erwarten, daß der zwischenmenschliche Kontext, der Symptome auslöst, formale Ähnlichkeit mit der Beziehung hat, die hypnotisches Verhalten induziert. Wie später ausgeführt werden wird, treten neurotische und psychosomatische Symptome in Beziehungen auf, in denen sich paradoxe Direktiven häufen. Die Aufforderung, jemand möge etwas »spontan« tun, kommt im menschlichen Leben häufig vor, und die entsprechende Reaktion auf eine solche paradoxe Weisung ist, daß man die eigene

Reaktion als etwas qualifiziert, das »eben passiert«. Eine solche Reaktion entspricht der formalen Definition eines Symptoms.

Untersucht man Methoden der Psychotherapie nach Beziehungskriterien, so stößt man allenthalben auf paradoxe Handlungsanweisungen. Diese sind deshalb auch für die therapeutischen Veränderungsprozesse relevant. Die Psychoanalyse wird in einem späteren Kapitel von diesem Standpunkt aus behandelt werden. Hier ist aber bereits die Frage zu erörtern, ob die psychoanalytische Methode nicht offenkundige Ähnlichkeit mit indirekten Techniken der Trance-Induktion hat. Wenn man eine »gute« Versuchsperson auffordert, sich in einer ruhigen Atmosphäre auf eine Couch zu legen und dann »spontan« alles zu äußern, was ihr durch den Kopf geht, hat man einen hypnotischen Kontext geschaffen. Die Versuchsperson wird angewiesen, »von sich aus« zu reagieren: das Paradox ist fertig. Die Tatsache, daß der Analytiker relativ inaktiv bleiben kann, beweist nicht, daß es sich nicht um ein hypnotisches Verfahren handelt; bei resistenten Probanden erweist sich diejenige Form der Induktion am effektivsten, bei der sich der Hypnotiseur relativ passiv verhält, nachdem er den entsprechenden Kontext hergestellt hat, so daß die Hauptlast der Reaktion beim Probanden liegt.

Der effektivste klinische Einsatz der Hypnose dürfte jedoch nicht im Bereich der Psychoanalyse oder anderer Methoden liegen, denen es vorrangig um die Vertiefung der Einsicht des Patienten geht. Der größte klinische Nutzen der Hypnose dürfte sich ergeben, wenn a) die Hypnose als Taktik zur Definition einer Beziehung und zur Überwindung des Widerstands von Patienten gesehen wird, die mit eigenen Definitionen kontern, und b) psychiatrische Patienten als Menschen betrachtet werden, die symptomatisches Verhalten dazu benutzen, um sich in einer Beziehung Vorteile zu verschaffen und den Definitionen anderer zu entziehen. Daraus scheint sich zu ergeben, daß die Hypnose dort am effektivsten eingesetzt werden kann, wo gegen symptomatisches Verhalten in derselben Weise vorgegangen wird wie gegen Widerstände. Im folgenden Kapitel werden solche Techniken behandelt, die im Rahmen von Kurztherapien Verwendung finden.

Drittes Kapitel

Techniken der direktiven Therapie

Es ist ein Bestandteil psychiatrischer Tradition geworden, dem Patienten möglichst keine direkten Ratschläge zu erteilen und ihm nicht zu sagen, was er tun soll. Es gibt jedoch viele Psychotherapeuten, die bereit sind, dem Patienten Anweisungen zu geben. Wenn Direktiven erteilt werden, sind diese gewöhnlich eher subtil und komplex und nicht bloß Vorschläge, wie der Patient sein Leben besser einrichten könne.

Der direktive Behandlungsstil soll hier unter Heranziehung von Beispielen aus der Praxis der Kurztherapie erläutert werden. Die Kurztherapie, die zwischen einer und zwanzig Sitzungen umfassen kann, besteht nicht darin, dasselbe zu tun wie die ausgedehnten Therapien, bloß quantitativ weniger. Der Ansatz unterscheidet sich theoretisch und methodisch von Therapien, die auf Theorien intrapsychischer Prozesse beruhen. Kurztherapie wird in der Regel bei klar umrissenen Symptomen angewandt. Wenn vagere »Charakter«probleme vorliegen, werden spezifische und begrenzte Behandlungsziele abgesteckt.

Es gibt eine Reihe therapeutischer Methoden, die es sich zur Aufgabe stellen, mit minimalen Behandlungszeiten auszukommen. Mehrere dieser Methoden sollen hier unter Hervorhebung dessen, was sie miteinander gemein haben, besprochen werden. Die erste Methode, mit der ich mich beschäftigen möchte, könnte man als direktive Therapie neuen Stils bezeichnen. Ein führender Exponent dieser Methode ist Dr. Milton H. Erickson, dessen Technik ich anhand einiger Beispiele exemplifizieren möchte. Dr. Erickson, der in Phoenix, Arizona, eine psychotherapeutische Privatpraxis unterhält, ist vor allem als Kapazität auf dem Gebiet der medizinischen Hypnose bekannt geworden. Er hat einen psychotherapeutischen Stil entwickelt, der in der Hypnose wurzelt, obwohl nicht unbedingt eine Trance-Induktion stattfinden muß. Meine Darstellung einiger seiner Methoden kann, aber muß sich nicht mit seinen eigenen Schilderungen decken. Wenn ich mich auf einen von ihm veröffentlichten Fall beziehe, ist das in der Bibliographie vermerkt; in den übrigen Fällen basieren meine Darlegungen auf Tonbandaufzeichnungen persönlicher Gespräche.

Das Erstinterview

Der Kurztherapeut versucht, vom ersten Augenblick seines Kontakts mit einem Patienten an, Veränderungen zu bewirken. Im Erstinterview wird das Sammeln von Informationen mit Manövern kombiniert, die die Richtung der Veränderung erkennen lassen sollen. Die Art der Information, die der Kurztherapeut benötigt, unterscheidet sich etwas von derjenigen, die sich der Langzeittherapeut zu verschaffen sucht. Der Kurztherapeut beschäftigt sich weniger mit der Vergangenheit und konzentriert sich mehr auf die aktuellen Lebensumstände des Patienten und die Funktionen, die seine Symptome darin erfüllen. Da es bei dieser Methode nicht darum geht, dem Patienten Zusammenhänge zwischen seiner Vergangenheit und der Gegenwart bewußtzumachen, wird die Kindheit nicht exploriert.

Die Informationen, die er braucht, muß sich der Kurztherapeut rasch verschaffen. Es wäre angenehm, wenn die Patienten bereit wären, einem alle nötigen Informationen sofort zur Verfügung zu stellen, aber dem ist nicht so. Sie enthalten dem Therapeuten sogar charakteristischerweise Informationen vor, die für ihn wichtig wären, und sie tun dies, selbst wenn man sie ersucht, nichts zu verschweigen. In der Kurztherapie hat man nicht die Zeit, um zu warten, bis es sich der Patient anders überlegt, und man hat weder die Zeit noch ist man daran interessiert, mit dem Patienten seine Widerstände gegen die Preisgabe von Informationen zu erörtern. Eine Technik Ericksons, um sich die benötigten Informationen zu verschaffen, ist kennzeichnend für seine Methodik. Er erklärt, der Therapeut wolle erreichen, daß der Patient unter therapeutischer Leitung spricht; da ihm der Patient aber Informationen vorenthalten werde, solle der Therapeut auch die Kontrolle über diese Verweigerung übernehmen, indem er den Patienten direkt oder indirekt auffordert, Informationen für sich zu behalten. Erickson weist den Patienten beispielsweise direkt darauf hin, daß dies das erste Interview sei und daß es natürlich Dinge gebe, die ihm der Patient mitzuteilen bereit sei, und andere, die er für sich behalten wolle – diese solle er nicht berühren. Meist behält der Patient diese Informationen dann bis zur zweiten Sitzung für sich.

Viele Leute mögen meinen, der Rat an den Patienten, Informationen zurückzuhalten, werde ihn ermutigen, dies zu tun. Auf den typischen Psychotherapie-Patienten trifft dies nicht unbedingt zu. Obwohl Patienten verschiedene Gründe haben können, weshalb sie Informationen über ihre Probleme für sich behalten, ist ein Hauptantrieb in dem Vorteil zu sehen, den sie dadurch dem Therapeuten gegenüber haben. Patienten versuchen charakteristischerweise, die

Kontrolle darüber zu behalten, was im Umgang mit dem Therapeuten geschieht, und das Vorenthalten von Informationen gibt ihnen ein gewisses Maß an Kontrolle. Dieses Manöver können sie nicht erfolgreich anwenden, wenn ihnen der Therapeut empfiehlt, sich so zu verhalten. Redet oder schweigt der Patient unter diesen Umständen, so gibt er zu, daß er den Anweisungen des Therapeuten folgt.

Der psychoanalytische Therapeut scheint genau das gegenteilige Verfahren anzuwenden, wenn er den Patienten auffordert, alles zu sagen, was ihm in den Sinn kommt, und nichts zurückzuhalten. Oberflächlich gesehen ermutigt er den Patienten nicht, etwas für sich zu behalten. Sobald der Patient jedoch Informationen zurückhält, erfährt er, daß der Analytiker dies als integralen Bestandteil der analytischen Behandlung betrachtet. Der Analytiker erklärt dem Patienten, sein Widerstand gegen die Preisgabe bestimmter Informationen sei für den analytischen Prozeß notwendig. Der Versuch des Patienten, das Geschehen zu kontrollieren, wird dadurch als Vorgang gekennzeichnet, der sich unter der Regie des Analytikers vollzieht.

Eine indirekte Aufforderung, Informationen zurückzuhalten, ist immer dann implizit vorhanden, wenn ein Therapeut betont behutsam mit einem Patienten umgeht, der in seinen Äußerungen gehemmt ist. Indem er sich selbst zurückhält, ermutigt der Therapeut den zögernden Patienten, sich weiterhin in derselben Weise zu verhalten. Erickson spricht in einem solchen Fall davon, die Kontrolle (direction) über die Hemmungen des Patienten zu übernehmen. Beispielsweise wurde Erickson von einer Frau mit Erstickungssymptomen konsultiert, die immer kurz vor dem Schlafengehen auftraten oder wenn jemand schlüpfrige Witze erzählte. Wie Erickson berichtet, zeigte die Patientin ihre Hemmungen durch die Art und Weise, wie sie über die Sache sprach. Er demonstrierte deshalb ebenfalls Hemmungen, indem er ihr versicherte, er wolle diese Witze nicht hören. Manchmal warnt er einen gehemmten Patienten sogar, daß er im Begriff sei, etwas preiszugeben, und vielleicht besser daran täte, dies nicht zu tun. Sobald der Patient darauf vertraut, daß Erickson auf seine Gehemmtheit Rücksicht nimmt, kann Erickson eine offenere Haltung einnehmen und die Hemmungen abbauen. Im Falle der Patientin mit den hysterischen Erstickungsanfällen bediente sich Erickson ihrer Hemmungen, um einen Wandel herbeizuführen. Er akzeptierte die Vorstellung der Patientin, daß sie sich nicht nur im Dunkeln entkleiden müsse, sondern auch in einem anderen Raum als ihrem Schlafzimmer. Er brachte die Patientin dann auf den »spontanen« Einfall, im Dunkeln, wenn ihr Mann sie nicht sehen konnte, ins Schlafzimmer zu tanzen. Dies brachte sie in einer gehemmten Weise fertig, da es im Zimmer ja stockdunkel war. Wenn sie das machte, ging sie kichernd zu Bett. Sie konnte aber nicht gleichzeitig kichern und nach Atem ringen. In dem Maße, in dem sie ihre Einstellung zu ihren Hemmungen revidierte, begann sie auch mit ihrem Mann in weniger symptomatischer Weise umzugehen.

Der Unterschied zwischen Ericksons Vorgehen gegenüber seinen Patienten und dem »Kommenlassen« des Patienten in der langfristigen Therapie kann durch den Fall einer Lehrerin verdeutlicht werden, die Erickson aufsuchte und beim Erstgespräch kein Wort hervorbringen konnte. Statt dies als Widerstand zu interpretieren oder zu warten, bis ihm die Patientin die Informationen lieferte, die er benötigte, machte Erickson der Patientin ein Kompliment, daß sie imstande sei, sich durch Nicken und Kopfschütteln zu verständigen. Er sprach dann die Möglichkeit an, daß sie schreiben könnte, und sie nickte. Da er bemerkt hatte, daß sie Rechtshänderin war, drückte er ihr einen Bleistift in die linke Hand. Dann fragte er sie: »Wie fühlen Sie sich jetzt?« – da begann sie zu reden. Sie erzählte ihm, daß sie Angst habe, verrückt zu werden, und sich nicht getraut habe, ihn zu fragen, ob das stimme. Erickson weist darauf hin, daß er die Situation so arrangiert habe, daß die Patientin sprechen mußte. Sie kommunizierte falsch, indem sie nur mit dem Kopf nickte, obwohl sie reden konnte, deshalb gab er ihr den Bleistift in die linke Hand, um die Situation des falschen Kommunizierens zu arrangieren. Da es sich bei der Patientin um eine Lehrerin mit jahrelanger Schreibpraxis handelte, war dieses Manöver besonders effektiv.

Während er sich die nötigen Informationen beschafft, beginnt der Kurztherapeut sofort auch einen Kontext therapeutischer Veränderung zu schaffen. Statt zuerst alles Wissenswerte in Erfahrung zu bringen und dann zu handeln, beginnt die Therapie bereits mit der Art und Weise, wie die Informationen gesammelt werden. Beispielsweise kann man, falls irgend möglich, eine Fallgeschichte so aufnehmen, daß bei dem Patienten der Eindruck entsteht, er befinde sich bereits auf dem Wege der Besserung. Der Therapeut arbeitet dann in einem Kontext ständigen Fortschritts. Auch die völlig entgegengesetzte Situation kann nutzbar gemacht werden. Wenn ein Patient von einer fortwährenden Verschlechterung seines Zustandes berichtet, kann der Kurztherapeut diesen Gedanken voll akzeptieren und dann mit der Bemerkung kontern, daß es angesichts der ständigen Verschlimmerung zweifellos an der Zeit sei, eine Änderung herbeizuführen. Der Therapeut arbeitet dann im Kontext eines stark motivierten Wunsches nach Veränderung.

Der Patient wird so rasch wie möglich ermutigt, sich für eine Veränderung zu engagieren. Erickson wurde einmal gefragt, welche Information er von einer Patientin benötigen würde, die sich in Therapie begeben hatte, weil sie vier Jahre zuvor ihre Stimme verloren hatte und nur noch flüstern konnte. »Für die Kurztherapie würde ich ihr sofort einige Fragen stellen«, antwortete Erickson. »›Wollen Sie laut sprechen? Wann? Was möchten Sie sagen?‹ Diese Fragen sind wichtig, denn durch ihre Antworten legt sie sich selbst fest. Die Last der Verantwortung liegt damit auf ihren Schultern. Will sie wirklich sprechen? Heute, morgen, nächstes Jahr? Was will sie sagen – etwas Angenehmes oder etwas Unfreundliches? Will sie ja oder nein sagen? Will sie laut sprechen, wenn man es von ihr erwartet oder wenn man es nicht von ihr erwartet?«

Wenn die Patientin die Umstände schildert, unter denen sie laut sprechen möchte, wird die Basis für verschiedene Möglichkeiten der Veränderung gelegt. Durch die Erörterung der Frage, *wann* sie sprechen möchte und ob dies unerwartet geschehen soll, hilft sie mit, die Voraussetzungen für die Veränderung zu schaffen. Sobald die Patientin die Prämisse akzeptieren kann, daß eine Veränderung möglich ist, arbeitet der Therapeut in einem Rahmen, in dem jeder Fortschritt des Patienten Teil eines kontinuierlichen Prozesses ist.

Zu den vielen Methoden, mit denen dem Patienten die Möglichkeit der Veränderung vor Augen geführt werden kann, zählt die direkte Hypnose. Die Hypnose als Behandlungsmethode wurde früher mit dem Argument diskreditiert, daß der Patient zwar seine Symptome in der Trance verlieren könne, daß sie jedoch später wiederkehren würden und daher nur eine vorübergehende Besserung erzielt werden könne. Erickson meint, dieses Argument verkenne die besten Möglichkeiten der Hypnose. Man benutze die Hypnose nicht, um ein Symptom wegzusuggerieren, sondern um eine bestimmte Art von Beziehung herzustellen und einen Patienten zu überzeugen, daß sein symptomatisches Verhalten beeinflußt werden kann.

Wenn ein zwangskranker Patient hypnotisiert wird und sein Symptom bessert sich, während er in Trance ist, dann heißt das nicht, daß der Therapeut den Patienten heilt, sondern daß er ihm die Möglichkeit der Veränderung unter seiner Leitung eröffnet. Wenn der geübte Hypnotiseur ein Symptom in der Trance bessert, bringt er es nicht zum Verschwinden, sondern er erreicht, daß es später nur unter bestimmten Umständen wiederkehrt. Die Veränderung, die in der Trance bewirkt wurde, wird dann außerhalb der hypnotischen Situation ausgebaut.

Erickson geht sehr häufig so vor, daß er ein Symptom in der Hypnose bessert und dem Patienten suggeriert, es später unter kontrollierten Bedingungen wieder auftreten zu lassen. Bei Patienten mit funktionalen Schmerzen akzeptiert er beispielsweise den Schmerz als real und notwendig, verkürzt jedoch seine Dauer, ändert den Augenblick des Auftretens, verschiebt seine Lokalisation im Körper oder verwandelt ihn in eine andere Empfindung. Er erwähnt den Fall einer Patientin mit stundenlangen Migräneanfällen, die sie völlig lahmlegten. Jetzt bekommt sie jeden Montag vormittag einen kurzen Anfall, wenn das nicht weiter stört. Die Kopfschmerzen dauern jetzt nur noch eine bis eineinhalb Minuten, aber ihr Zeitgefühl ist so variabel, daß sie, wenn sie will, subjektiv den Eindruck haben kann, daß sie stundenlang dauerten.

Obwohl die Patientin meinte, Schmerzen seien durch den Willen nicht beeinflußbar und daher auch nicht veränderbar, kann auch in einem solchen Fall, ebenso wie bei anderen Symptomen, die Möglichkeit der Veränderung eröffnet werden. Erickson fragt den Patienten beispielsweise, wann er seine Schmerzen haben möchte, untertags oder nachts, an Wochentagen oder am Wochenende. Hätte er sie lieber heftig und kurz, wenn er danach schmerzfrei wäre, oder die ganze Zeit schwach? Der Patient setzt sich mit der Frage auseinander, wann er seine Schmerzen am liebsten hätte, und beginnt damit die Prämisse zu akzeptieren, daß sein gegenwärtiges »Programm« veränderbar ist.

Die Anleitung des Patienten

Kurztherapie ist stets direktive Therapie. Der Patient muß motiviert werden, an seiner Veränderung mitzuarbeiten. In der langfristigen Therapie kann der Patient mitwirken, indem er regelmäßig zu den Sitzungen kommt und alles ausspricht, was ihm durch den Kopf geht. In der Kompakttherapie wird er aufgefordert, spezifischen Anweisungen zu folgen, die ihn verpflichten, sich an den gemeinsamen Bemühungen um die Änderung seines symptomatischen Verhaltens zu beteiligen. Wie Erickson erklärt, müssen dem Patienten Aufgaben gestellt werden, und diese Aufgaben müssen in irgendeiner Beziehung zu seinem Problem stehen.

Auf die Frage, was er für die Herbeiführung therapeutischer Veränderungen für entscheidend halte, antwortete Erickson, er vergleiche die Therapie mit dem Lernprozeß des Kindes in der Schule. Es genüge nicht, dem Kind zu erklären, daß eins und eins zwei ist. Es sei notwendig, dem Kind Kreide in die Hand zu geben und es »eins« und nochmals »eins« und ein Pluszeichen und dann »zwei« schreiben zu lassen. Ebensowenig genüge es, dem Patienten ein Problem zu erklären oder gar den Patienten sich das Problem selbst erklären zu lassen. Wichtig sei, den Patienten zu veranlassen, etwas zu *tun*. Erickson betont, daß es nicht ausreiche, einen Patienten mit einem Ödipuskonflikt über seinen Vater reden zu lassen. Doch man könne dem Patienten die einfache Aufgabe stellen, das Wort »Vater« auf ein Blatt Papier zu schreiben und dieses dann zu zerknüllen und in den Papierkorb zu werfen – diese Handlung könne deutliche Wirkungen zeigen.

Eine Schwierigkeit beim Erteilen von Handlungsanweisungen liegt in der Tatsache, daß psychiatrische Patienten dafür bekannt sind, ungern Anweisungen zu befolgen. Erickson geht jedoch mit seinen Patienten in einer Weise um, die diesen das Gefühl gibt, sie müßten seinen Aufforderungen nachkommen. Mehrere Faktoren scheinen dazu beizutragen, daß es Erickson gelingt, seine Patienten diesbezüglich so stark zu motivieren. Ein Faktor ist Ericksons Selbstsicherheit. Er ist bereit, die volle Verantwortung für einen Patienten und dessen Probleme zu übernehmen, und er ist auch bereit, zu erkennen zu geben, daß er genau weiß, was getan werden muß. (Er ist jedoch auch bereit, unsicher zu erscheinen, wenn er möchte, daß der Patient die Initiative übernimmt.) Häufig wird der Patient ermuntert, Ericksons Empfehlung zu befolgen, um zu beweisen, daß Erickson unrecht hatte. Erickson motiviert seine Patienten auch, seine Instruktionen zu befolgen, indem er die positiven Aspekte ihres Lebens hervorhebt, so daß sie gerne mit ihm kooperieren. Wie die meisten Hypnotiseure legt er großen Wert auf die Betonung des Positiven. Wenn sich ein Patient beklagt, daß er sich ständig bemühe, aber immer Fehlschläge erleide, lobt Erickson seine Beharrlichkeit und seine Bereitschaft, es immer wieder zu versuchen. Wenn sich ein Patient passiv verhält, weist Erickson auf seine Fähigkeit hin, unangenehme Situationen zu ertragen. Ist ein Patient klein, so wird er von Erickson ermutigt, sich zu gratulieren, daß er klein und wendig und nicht groß und schwerfällig ist. Ist ein Patient groß, hebt er seine Stabilität und Kraft hervor. Diese Betonung des Positiven ist nicht bloße Beschwichtigung, sondern stützt sich auf Evidenz, die der Patient nicht bestreiten kann. Weil er sicher ist, was der Patient zu tun hat, und weil er die positiven Aspekte seines Verhaltens hervorhebt, erteilt Erickson seine Anweisungen in einem Kontext, in dem ihre Befolgung am wahrscheinlichsten ist. Abgesehen von diesem Kontext macht er Vorschläge, die der Patient leicht befolgen kann, und er weist auch wiederholt darauf hin, daß sich der Patient ohnedies entsprechend verhalte.

Kennzeichnend für Ericksons Direktiven ist, daß er das Verhalten des Patienten akzeptiert, aber auf eine Weise, die Veränderungen bewirkt. Auf der abstraktesten Ebene können seine Direktiven als Ermutigung symptomatischen Verhaltens seitens des Patienten verstanden werden, jedoch unter therapeutischer Anleitung. Er fordert den Patienten natürlich nie auf, sein symptomatisches Verhalten einzustellen. Vielmehr weist er den Patienten an, sich auf symptomatische Weise zu verhalten, und fügt dieser Instruktion gegebenenfalls weitere Elemente hinzu. Da dieses Verhalten unter therapeutischer Anleitung erfolgt, nimmt es eine andere Qualität an, als wenn es vom Patienten initiiert wird.

Typisch für Ericksons Verfahren ist die Empfehlung, die er einem Patienten gab, der über Einsamkeit und Kontaktmangel klagte. Er sitze bloß immer allein in seinem Zimmer und vergeude seine Zeit. Erickson schlug ihm vor, in eine öffentliche Bibliothek zu gehen, wo er gezwungen sein würde, sich still zu verhalten und keinen Kontakt aufzunehmen. In dieser Bibliothek solle er sich die Zeit vertreiben. Der Patient ging in die Bibliothek, und da er ein geistig aufgeschlossener Mensch war, begann er, in den dort ausliegenden Zeitschriften zu schmökern. Er entwickelte ein Interesse für Höhlenforschung, und eines Tages fragte ihn jemand in der Bibliothek, ob er Lust hätte, sich selbst an der Erforschung von Höhlen zu beteiligen. Der Patient wurde Mitglied eines Höhlenforschervereins und schloß auf diesem Weg gesellschaftliche Kontakte.

Typisch an diesem Beispiel ist das Akzeptieren, ja die Ermutigung des symptomatischen Verhaltens des Patienten bei gleichzeitiger Verpflanzung dieses Verhaltens in eine Situation, in der ein Wandel möglich ist. Der Patient konnte sich schwerlich weigern, Ericksons Anweisung zu befolgen, da er ja nur aufgefordert wurde, seine Gewohnheit, die Zeit zu verschwenden und Kontakte zu meiden, beizubehalten.

Erickson benutzt nicht nur die Umgebung dazu, um Fortschritte herbeizuführen, er erzielt Veränderungen des Symptoms auch allein dadurch, daß *er* den Patienten zu symptomatischem Verhalten auffordert. Eine Patientin, die 250 Pfund wog und eine Expertin in Schlankheitsdiäten war, wies er an, »genügend zu essen, um ein Gewicht von 240 Pfund zu halten«. Die Patientin erschien zur nächsten Sitzung um zehn Pfund leichter und neugierig, ob ihr Erickson vorschreiben würde, wieder zehn Pfund abzunehmen, oder ob es diesmal zwanzig sein würden. Erickson forderte sie auf, bis zum nächsten Mal ihr Gewicht um fünf Pfund, auf 235 Pfund, zu reduzieren. Durch ein solches Vorgehen wird das Bedürfnis der Patientin, zuviel zu essen, ebenso befriedigt wie ihr Bedürfnis abzunehmen und ihr Hang zur Auflehnung.

Der Verfasser benutzte eine Anweisung dieser Art bei einem Patienten, der freiberuflich Fotograf war und sich jeden Auftrag damit verdarb, daß er irgendeinen dummen Schnitzer machte, der das Bild ruinierte. Die Folge war, daß er sich so sehr darauf konzentrieren mußte, beim Einstellen der Kamera keinen Fehler zu machen, daß er kein überzeugendes Bild zustande brachte. Ich trug ihm auf, drei Fotos zu machen, die sich für eine Architekturzeitschrift eignen würden. Bei jedem Foto sollte er jedoch absichtlich irgend etwas falsch machen. Bei einem sollte er hinten den Verschluß offenlassen, beim anderen eine falsche Belichtungszeit einstellen oder einen anderen Fehler machen, der ihm häufig unterlief. Dem Patienten fiel diese Aufgabe schwer, aber er brachte tatsächlich drei mißratene Fotos mit und hatte von da an mit dem technischen Aspekt seiner Arbeit kaum noch Schwierigkeiten. Wird der Patient zu symptomatischem Verhalten genötigt, so bewirkt dies oft erhebliche Veränderungen.

Erickson schreibt den Patienten nicht nur bestimmte Aktivitäten vor, sondern trägt ihnen auch auf, an gewisse mit ihrem Symptom zusammenhängende Dinge zu denken oder mit dem Symptom verbundene Empfindungen auszulösen. Um über sein Symptom nachdenken zu können, muß der Patient zwangsläufig sein symptomatisches Verhalten wiederholen, aber unter therapeutischer Anleitung. Ein solcher Prozeß ist charakteristisch für jedes therapeutische Verfahren, in dem der Patient aufgefordert wird, über sein Symptom nachzudenken, einschließlich der freien Assoziation.

Eine von Erickson häufig angewandte Technik besteht darin, den Patienten nicht nur sein symptomatisches Verhalten wiederholen zu lassen, sondern diesem ein neues Element hinzuzufügen. Als Beispiel sei hier ein Fall angeführt, den ich nach der Ericksonschen Methode behandelt habe. Der Patient war nach zwei Sitzungen von lebenslanger Enuresis geheilt.

Der Patient, ein siebzehnjähriger Jüngling, war mehrere Monate bei einem Psychiater in Behandlung gewesen, der mit seinen Fortschritten unzufrieden war. Er hatte sich auf Drängen seiner Eltern in Behandlung begeben. Er war sehr selbständig und verabscheute es, jemanden um Hilfe zu bitten oder seine Probleme mit anderen zu erörtern. Er hatte sein Leben lang mindestens jede zweite Nacht das Bett genäßt. Er wurde zur Beseitigung seiner Enuresis durch Hypnose an mich überwiesen, setzte daneben aber seine therapeutischen Sitzungen bei dem Psychiater fort. Der junge Mann trug hinsichtlich der meisten Umstände seines Lebens eine betonte Lässigkeit zur Schau, sein Bettnässen bereitete ihm jedoch die größten Sorgen. Er wollte an ein College gehen, konnte mit diesem peinlichen Symptom jedoch nicht in einem Studentenwohnheim leben. Da er sich für Hypnose als nahezu völlig ungeeignet erwies, bestärkte ich seine Motivation, sein Symptom loszuwerden, das bewirkte, daß er sich wie ein hilfloses Kind fühlte. Ich erklärte ihm, er werde sich nur noch hilfloser fühlen, falls sein Symptom durch eine Hypnose wegsuggeriert würde. Falls er es wirklich wolle, könne er die Enuresis jedoch leicht selbst überwinden. Er versicherte mir, daß er diesen Wunsch habe. Ich fragte ihn, was ihm als langer Spaziergang erscheine. Er antwortete, zwei Kilometer. Ich wies ihn an, abends zu Bett zu gehen, und falls er nachts mit einem nassen Laken erwache, aufzustehen und einen zwei Kilometer langen Spaziergang zu machen. Dann solle er in sein nasses Bett zurückkehren und weiterschlafen. Falls er jedoch die Nacht durchschlafe und am nächsten Morgen in einem nassen Bett erwache, solle er in der folgenden Nacht den Wecker auf zwei Uhr früh stellen und um diese Zeit aufstehen und seinen Spaziergang machen. Ich versicherte ihm, falls er diese Anweisung genau befolge, werde er ohne Hilfe eines Dritten sein Symptom bald loswerden. Der junge Mann ging nach Hause, fuhr mit seinem Auto pflichtschuldig eine Strecke von 2 km ab, und in der ersten Nacht, in der er auf nassen Laken erwachte, stand er auf, zog sich an und machte seinen Spaziergang. Er setzte diese Prozedur fort, und einige Zeit danach rief er mich an und berichtete mir, er nässe sein Bett jetzt nur noch alle zwei, drei Wochen – ob er sich damit zufriedengeben solle? Ich trug ihm auf, dieses Verfahren beizubehalten, bis sein Symptom völlig verschwunden sei. Ein Jahr später war er immer noch beschwerdefrei.

Die Beseitigung dieses Symptoms wurde durch eine Methode erreicht, die einfach ist und alle jene Faktoren zu ignorieren scheint, die von Langzeittherapeuten als die wichtigsten angesehen werden. Zweifellos war der Junge auf dem Weg über sein Bettnässen mit sich selbst in Konflikt und mit seinen Eltern in eine intensive Beziehung verwickelt. Er fühlte sich bedroht durch die Möglichkeit, sein Elternhaus verlassen und an ein College gehen zu müssen, falls er sein Symptom verlor usw. Diese Methode berücksichtigte jedoch nicht nur seinen Wunsch nach Unabhängigkeit und Selbsthilfe, sie enthielt auch ein Arrangement, das so unbequem war, daß er nicht durchgehalten hätte, wenn er nicht bereit gewesen wäre, sein Symptom aufzugeben und es durch ein Gefühl des Stolzes auf seine Leistung zu ersetzen.

Obwohl diese Methode simpel ist, kann sie bei verschiedensten Problemen angewandt werden. Erickson berichtet von einem 65jährigen Mann, der an Schlaflosigkeit litt. Der Patient nahm jeden Abend 45 *Gran (sic!)* Natriumamytal und schlief dennoch nur ein oder zwei Stunden. Als er seinen Arzt um eine Erhöhung der Dosis bat, hatte dieser wegen drohender Abhängigkeit Bedenken und verwies ihn an Erickson. Da dieser ihn für ebenso ehrlich wie zielstrebig hielt, erklärte er ihm, er werde seine Schlaflosigkeit leicht überwinden können, falls er bereit sei, auf acht Stunden Schlaf zu verzichten. Der alte Herr war bereit, dieses Opfer zu erbringen. Erickson wußte, daß der Mann mit seinem Sohn allein lebte und keinen Gefallen an der Hausarbeit fand. Insbesondere hatte er eine Abneigung gegen das Einwachsen der Böden, weil ihm der Geruch des Bohnerwachses zuwider war. Erickson trug dem Patienten auf, nach Hause zu gehen und sich wie üblich auf das Schlafengehen vorzubereiten, indem er um acht Uhr seinen Pyjama anzog. Statt zu Bett zu gehen, sollte er eine Dose Bohnerwachs nehmen und damit die ganze Nacht die Parkettböden einlassen. Um 7 Uhr früh sollte er Schluß machen, frühstücken und wie gewöhnlich zur Arbeit gehen. Am nächsten Abend sollte er nach der Arbeit den Vorgang wiederholen und erneut die ganze Nacht die Fußböden wachsen. Auch in der dritten und vierten Nacht sollte er sich dieser Prozedur unterziehen. Nach vier Nächten würde er bloß acht Stunden Schlaf eingebüßt haben, da er pro Nacht ohnedies nur zwei Stunden schlief.

Der Patient ging nach Hause und bearbeitete gewissenhaft eine, zwei, drei Nächte lang die Fußböden. In der vierten Nacht sagte er sich: »Ich bin todmüde von dem Auftrag, den mir der verrückte Psychiater gegeben hat, aber es bleibt mir wohl nichts anderes übrig, als mich heute nacht wieder an die Arbeit zu machen, da ich ihm noch zwei Stunden Schlaf schuldig bin.« Dann beschloß er, sich bloß für eine halbe Stunde hinzulegen und seine Augen auszuruhen. Er erwachte um 7 Uhr früh am nächsten Morgen. Am folgenden Abend war er in einem Dilemma: Sollte er schlafen gehen oder die ganze Nacht lang die Böden wachsen, wie er versprochen hatte? Er beschloß, sich um acht Uhr niederzulegen, und falls er um acht Uhr fünfzehn noch wach war, wieder aufzustehen und die ganze Nacht die Böden zu bohnern. Ein Jahr später schlief er immer noch jede Nacht durch. Er sagt, er wage nicht, an Schlaflosigkeit zu leiden, denn falls er nicht gleich einschlafen könne, müsse er aufstehen und die Böden wachsen. Erickson bemerkt dazu: »Der alte Herr ist bereit, alles zu tun, um nicht die Böden wachsen zu müssen – sogar zu schlafen.«

Obwohl diese Methode auf den einzelnen Patienten zugeschnitten werden muß, geht es im Prinzip darum, den Patienten darauf festzulegen, sein Symptom loswerden zu wollen, ihm eine Tätigkeit aufzutragen, die ihm unangenehm ist (die zu erledigen er sich aber verpflichtet fühlt), und ihn zu überreden, die Anweisungen genau zu befolgen. In einem anderen Fall wies Erickson den Patienten an, die Nächte mit dem Lesen all der Bücher zuzubringen, deren Lektüre er immer wieder verschoben hatte, und da er beim Lesen einschlafen hätte können, sollte er sie stehend am Kaminsims die ganze Nacht hindurch lesen. Bezeichnend für diese Art von Heilung ist, daß der Patient sie selbst vollbringt und dadurch an Selbstachtung gewinnt.

In den beiden zuletzt genannten Fällen scheint der Akzent auf der vorgeschriebenen Tätigkeit und nicht auf dem symptomatischen Verhalten des Patienten zu liegen. Dem enuretischen Jungen wurde jedoch aufgetragen, seinen Spaziergang immer dann zu machen, *wenn* er das Bett genäßt hatte, und insofern geriet sowohl sein Einnässen als auch seine Selbstbestrafung unter den Einfluß des Therapeuten. Und ebenso wird der alte Herr, der von Erickson angewiesen wurde, wach zu bleiben und die Böden zu wachsen, aufgefordert, sich symptomatisch zu verhalten, indem er nachts aufbleibt statt zu schlafen.

Manchmal weist Erickson einen Patienten nicht nur an, sein symptomatisches Verhalten mit einer zusätzlichen Komponente zu wiederholen – er erteilt die zusätzliche Instruktion so, daß der Patient sich ihrer nicht bewußt wird. Beispeilsweise forderte Erickson eine Patientin, die an allwöchentlich wiederkehrenden Kopfschmerzen litt, einmal auf, ihre in dieser Woche auftretenden Schmerzen genau zu studieren, für den Fall, daß sie im folgenden Monat etwas daran verändern wolle. Er weist darauf hin, daß dieser Vorschlag faktisch die Suggestion enthält, drei Wochen lang ihre Kopfschmerzen »ausfallen« zu lassen. Erickson ist nicht nur ein Experte in der indirekten Übermittlung von Suggestionen in der Hypnose, er dirigiert seine Patienten auch gerne so, daß es ihnen nicht bewußt wird, daß sie dirigiert werden, und daher auch keinen Widerstand leisten können. Manchmal tut er das, indem er eine beiläufige Bemerkung fallen läßt, bei anderer Gelegenheit versetzt er den Patienten durch Erörterung eines bestimmten Themas in emotionale Erregung, um dann unvermittelt ein anderes, scheinbar nicht damit zusammenhängendes Thema zu erwähnen. Der Patient verbindet »unbewußt« die beiden Themen miteinander.

Eine andere Methode, die Erickson benutzt, um eine Suggestion auf indirekte Weise anzubringen, besteht darin, den Patienten Anekdoten zu erzählen. Diese Anekdoten können eigene Erlebnisse oder Erfahrungen mit früheren Patienten betreffen. Oft enthalten sie einen Gedankengang, den der Patient erkennen und gegen den er sich zur Wehr setzen kann, aber während er die eine Idee abwehrt, akzeptiert er andere, die Veränderungen begünstigen.

In ähnlicher Weise gelingt es Erickson manchmal, Patienten zur Annahme eines Vorschlags zu bewegen, indem er den Anschein weckt, daß es sich um eine Bagatelle handle. Er löst eine kumulative Veränderung aus, die auf so kleinen Schritten beruht, daß der Patient sie akzeptieren kann. So fordert er etwa einen an Schlaflosigkeit leidenden Patienten auf, ihm Bericht zu erstatten, wenn er glaubt, einmal eine Sekunde länger als gewöhnlich geschlafen zu haben. So entschieden ein Patient auch protestieren mag, daß er kaum je schlafe, so wird er doch bereit sein, einen so minimalen Fortschritt einzuräumen. Damit ist das Fundament für eine weitere Besserung gelegt. Ein Therapeut, der sofort größere Veränderungen fordert, wird bei bestimmten Patienten in die Lage geraten, Langzeittherapie machen zu müssen.

Manchmal zieht Erickson auch die Angehörigen eines Patienten hinzu, um mit ihrer Unterstützung einen Wandel herbeizuführen.

Da die meisten Symptome in eine Beziehung eingebettet sind, können Veränderungen oft rascher bewirkt werden, wenn man mit engen Bezugspersonen des deklarierten Patienten zusammenarbeitet.

Die hypnotische Beziehung als Modell für die Psychotherapie

Sigmund Freud vertrat einmal die Ansicht, falls die Allgemeinheit je von Psychotherapie zu erreichen sei, dann werde dies durch die Hypnose geschehen. Bezeichnenderweise sollte jede Erörterung kurztherapeutischer Methoden als wichtigen Faktor einige Aspekte der Hypnose enthalten. Die hier erwähnten Techniken Ericksons haben sich aus seiner Orientierung an der Hypnose entwickelt. Es empfiehlt sich, die formalen Ähnlichkeiten des Verhältnisses Hypnotiseur–Proband und Psychotherapeut–Patient zu beleuchten, nicht mit dem Gedanken an Hypnose als Heilmethode, sondern in der Erwartung, daß sie sich als Modell für jede therapeutische Beziehung erweisen könnte.

Eine besonders bedeutsame Parallele zwischen den beiden Situationen besteht darin, daß die Versuche des Hypnotiseurs, einen Probanden zu beeinflussen, auf essentiell die gleichen Widerstände stoßen können wie jene, die der Patient dem Psychotherapeuten entgegensetzt. Die Intensität der Beziehung zwischen Hypnotiseur und Versuchsperson und Psychotherapeut und Patient beruht auf der Tatsache, daß beide Beziehungen um eine der wichtigsten Fragen im menschlichen Leben kreisen: Wieviel Einfluß ist ein Mensch bereit einem anderen über sich einzuräumen?

Wenn man alle Methoden der Psychotherapie auf der allgemeinsten Ebene untersucht, tritt ein wiederkehrendes Muster zutage. Der Patient wird zunächst davon überzeugt, daß eine positive Veränderung bei ihm möglich ist. Er arbeitet dann an der Herbeiführung dieser Veränderung mit. Diese Mitwirkung kann darin bestehen, die Anweisungen eines direktiven Therapeuten zu befolgen, eine Reise nach Lourdes zu unternehmen, täglich in der Praxis eines Analytikers freie Assoziationen zu produzieren usw. Schließlich beginnt der Patient auf Veränderungen zu achten und diese wahrzunehmen, wenn sie eintreten.

Übersetzt man diesen Prozeß in eher interpersonale Begriffe, so kann man sagen, der Patient werde zunächst davon überzeugt, daß ihn ein Therapeut beeinflussen könne. Dann beteiligt er sich, indem er dem Therapeuten hilft, ihn zu beeinflussen, und schließlich erkennt er an, wenn auch nur sich selbst gegenüber, daß er sich nicht ausschließlich nach eigenem Gutdünken verhält. Diese Schritte entsprechen den Stadien bei der Auslösung hypnotischer Trance.

71

Wenn die traditionellen Hypnosetechniken angewandt werden, dirigiert der Hypnotiseur ganz klar die Versuchsperson, und die Versuchsperson befolgt eindeutig seine Anweisungen. Erickson hat jedoch mit seinen »naturalistischen« Techniken (14) eine Reihe indirekter Methoden der Trance-Induktion entwickelt. Die Folge war, daß sich die Grenzen zwischen einer hypnotischen Beziehung und anderen Beziehungen, in denen Einfluß ausgeübt wird, stark verwischt haben. Erickson löst beispielsweise manchmal bei einer Versuchsperson Trance-Verhalten aus, indem er ein scheinbar völlig normales Gespräch mit ihr führt. Oder er beginnt mit einem langen Monolog, so daß sich die Versuchsperson langweilt und sich die Frage stellt, wann er endlich zur Sache kommen wird. In den Monolog sind jedoch bestimmte mit einer gewissen Betonung geäußerte Wendungen eingeflochten, die bei der Versuchsperson Trance-Verhalten auslösen.

Wenn die Hypnose so weit gefaßt wird, daß sie sowohl direkte als auch indirekte Methoden der Trance-Induktion einschließt, erhebt sich die Frage, ob nicht auch andere Beziehungen, in denen ein Mensch einen anderen zu beeinflussen sucht, hypnotische Elemente enthalten. Die Definition der Hypnose wandelt sich dann von der Beschreibung eines angenommenen Zustands zur Beschreibung respondenten Verhaltens. Dieses respondente Verhalten einer Versuchsperson hat in gewisser Hinsicht formale Ähnlichkeit mit dem Verhalten anderer Menschen in anderen Situationen. Insbesondere fällt die Ähnlichkeit zwischen dem reaktiven Verhalten einer resistenten Versuchsperson und einem Menschen ins Auge, der symptomatisches Verhalten manifestiert.

Der Hypnotiseur stößt bei jeder Trance-Induktion auf ein gewisses Maß an Widerstand; der Umgang mit den Widerständen ist daher von zentraler Bedeutung. Der Widerstand leistende Proband kann – das eine Extrem – zu kooperationsbereit sein oder – das andere – sich gegen jede Mitwirkung sperren. Ist er zu gefügig, stachelt der Hypnotiseur ihn an, ihm Widerstand zu leisten, indem er ihn »herausfordert«. Ist er unkooperativ, werden andere Methoden angewandt. Der resistente Proband, der aufgefordert wird, die Hände auf seine Knie zu legen, wird dies typischerweise auf eine Art tun, die demonstriert, daß er das macht, wie *er* will, und sich dabei Zeit läßt. Häufig befolgt er Anweisungen nicht oder nur teilweise und ist überrascht, wenn man ihn darauf hinweist. Ersucht man ihn, stillzusitzen, rutscht er nervös herum und behauptet, er könne nicht anders. Der resistente Proband weigert sich nicht offen, die Anweisungen zu befolgen, sonst wäre es ja aus mit der Hypnose-Induktion. Er fügt sich den Anweisungen nicht, aber er gibt vor, nicht anders zu können.

Techniken des Umgangs mit resistenten Probanden wurden von Erickson ausführlicher dargestellt als von irgendeinem anderen Hypnotiseur. Im Prinzip empfiehlt er, den Widerstand der resistenten Versuchsperson zu akzeptieren und sogar zu ermutigen. Er nennt dies eine Verwertungstechnik (*utilization technique*) (16) in dem Sinne, daß er das von der Versuchsperson dargebotene Verhalten miteinbezieht. Beispielsweise kam ein Patient zu Erickson, um sich hypnotherapeutisch behandeln zu lassen, und begann sofort, in dem Behandlungsraum auf und ab zu gehen. Er berichtete, daß er nicht stillsitzen könne, sondern auf und ab gehen müsse und deshalb von mehreren Psychiatern als unkooperativ abgelehnt worden sei. Während er hin und her ging und dies umständlich erläuterte, fragte ihn Erickson: »Sind Sie bereit, mit mir zu kooperieren, indem Sie wie jetzt weiter auf und ab gehen?«

Der Patient antwortete: »Ob ich dazu bereit bin? Sie machen mir Spaß! Ich muß es tun, wenn ich hierbleiben soll.«

Erickson fragte dann den Patienten, ob er sich an diesem Herumlaufen beteiligen dürfe, indem er es teilweise dirigiere. Der Patient stimmte zu, und Erickson wies ihn an, dahin und dorthin zu gehen. Nach einer kleinen Weile begann Erickson mit seinen Anweisungen zu zögern, und der Patient blieb stehen und wartete auf weitere Befehle. Dann dirigierte Erickson den Patienten zu einem Stuhl und versetzte ihn dort in noch tiefere Trance.

Diese Methode besteht aus zwei Hauptschritten: Erickson fordert den Patienten zunächst auf, das zu tun, womit dieser ihm Widerstand leistet – das heißt, es unter seiner Leitung zu tun. Dann verlagert er das Verhalten des Patienten auf eine kooperativere Ebene, bis der Patient seine Anordnungen voll und ganz befolgt.

Erickson akzeptiert den Widerstand des Patienten auf verschiedene Weise. Manchmal akzeptiert er beispielsweise dessen Widerstand in einem bestimmten Sessel und fordert ihn dann auf, den Sessel zu wechseln. Dadurch lokalisiert er den Widerstand und trennt ihn von dem Patienten ab. Oder er akzeptiert den Widerstand als auf eine bestimmte Zeit beschränkt. Bei einer Patientin wandte er eine Induktionsmethode an, von der er wußte, daß sie fehlschlagen würde, und dann entschuldigte er sich bei ihr, diese Technik gewählt zu haben. Im Verlauf der Erörterung seines Mißgriffs verfiel sie in Trance. Wie er erklärte, hatte die Frau einerseits das Bedürfnis, ihm eine Niederlage zu bereiten, andererseits wünschte sie sich auch die Trance. Indem er ihr zuerst den Sieg gönnte, verhalf er ihr zu beidem.

Diese verschiedenen Arten des Umgangs mit Widerständen gewinnen auch für Ericksons Psychotherapie Relevanz, wenn man sich klarmacht, daß er das symptomatische Verhalten seiner Patienten mit ähnlichen Techniken behandelt. So ersuchte ihn beispielsweise eine übergewichtige Frau um Hilfe, die vergeblich alle Arten von Diät und medikamentöser Behandlung ausprobiert hatte. Zwar gelang es ihr wiederholt, abzunehmen, aber nach kurzer Zeit hatte sie wieder ihr früheres Gewicht. Sobald sie sich auf das gewünschte Gewicht heruntergehungert hatte, stürzte sie sich aufs Essen und aß zwanghaft, bis sie wieder übergewichtig war. Erickson fragte die Patientin, ob sie bereit sei, auf eine Art und Weise abzunehmen, die ihren persönlichen Bedürfnissen entspreche, und sie stimmte zu. Er wies sie daraufhin an, zwischen 10 und 20 Pfund zuzunehmen. Während dieses Prozesses sollte sie sich seelisch auf die Zeit des Abnehmens vorbereiten. Die Patientin nahm ein paar Pfund zu und begann sich dann gegen eine weitere Mastkur zu sträuben. Erickson bestand jedoch darauf, daß sie weiter zunehme. Als sie fünfzehn Pfund zugelegt hatte, zeigte er sich schließlich kompromißbereit und *gestattete* ihr, die Mast abzubrechen. Sie begann eine Diät, erreichte ihr Idealgewicht und hat dieses seither gehalten.

In diesem Fall ging Erickson den Eßzwang der Patientin in ähnlicher Weise an wie die Widerstände seiner hypnotischen Probanden. Er akzeptierte ihr Bedürfnis, zuzunehmen, und förderte es sogar, aber unter seiner Leitung. Dann muß sie auf weitere Instruktionen von ihm warten, und an einem bestimmten Punkt wirft er das Ruder herum. Er verwertet außerdem ein typisches Verhaltensmuster der Patientin: sie nimmt zuerst ab und dann wieder zu; er zwingt sie, zuerst zu- und dann abzunehmen.

Trotz der Vielfalt seiner Methoden kehrt in Ericksons Fallgeschichten ein formales Muster immer wieder: Er erlangt die Kontrolle über das symptomatische Verhalten eines Patienten, indem er es fördert und dadurch ein Paradox einführt. Sobald er die Kontrolle hat, ändert er den Kurs. Diese Methode illustriert ›in nuce‹ den wesentlichen interpersonalen Kontext jeder therapeutischen Veränderung.

Theorie und Methode

Nach dem Gesagten leuchtet es logisch ein, daß Erickson eine Schule der Psychotherapie entwickelte, die auf seinen Erfahrungen mit resistenten hypnotischen Probanden aufbaute. Beim Versuch, Verhalten, Wahrnehmungen oder Empfindungen eines normalen Menschen mit hypnotischen Techniken zu verändern, entdeckt man naturgemäß Mittel und Wege, Verhalten, Wahrnehmungen oder Empfindungen von Menschen zu beeinflussen, die an neurotischen Problemen leiden. Wenn der Widerstand und die Kooperation der hypnotischen Versuchsperson als Faktoren in der Beziehung zum Hypnotiseur verstanden werden, dann können die Symptome neurotischer Personen als Mittel und Wege gesehen werden, mit dem Therapeuten und anderen Bezugspersonen umzugehen. Zwischen dem Patienten, der »ohne es zu wollen« sein eigenes Verhalten und dasjenige anderer Personen einschränkt, und der resistenten Versuchsperson, die »ohne es zu wollen« nicht so reagiert, wie der Hypnotiseur es wünscht, besteht eine offenkundige Ähnlichkeit. Obwohl weder der Hypnotiseur noch der Therapeut einem Patienten gegenüber je einräumen würden, daß zwischen ihnen ein Machtkampf stattfindet, ist ein Ringen darüber, wieviel Einfluß die Versuchsperson bzw. der Patient einem anderen Menschen über sich zugesteht, unvermeidlich. Natürlich kommt es zum Kampf (obwohl dieser Begriff vermutlich nie offen verwendet wird) über die Frage, wer bestimmt, was zwischen den beiden Personen geschieht. Weder Hypnotiseur noch Therapeut werden sich jedoch aller Wahrscheinlichkeit nach autoritär geben und darauf bestehen, das Kommando zu übernehmen, denn damit würden sie ihre Bemühungen selbst vereiteln. Der Patient bzw. Proband braucht sich ja nur zu weigern, ihre Anordnungen zu befolgen, um sie zu provozieren und damit die Kontrolle über das Geschehen zu erlangen. Sowohl Hypnotiseur wie Therapeut müssen das Verhalten des Patienten auf permissive Weise einschränken. Diese Toleranz kann sich aktiv manifestieren oder als die Schweigsamkeit des Psychoanalytikers. An dem Punkt, wo die Duldung symptomatischen oder resistenten Verhaltens durch Ermutigung solchen Verhaltens ersetzt wird, erlangt der Hypnotiseur bzw. Therapeut die Kontrolle über die Beziehung.

Wenn ein Hypnotiseur die Versuchsperson ermutigt, ihm Widerstand zu leisten, nachdem er sie aufgefordert hat, mit ihm zu kooperieren, bringt er sie in eine merkwürdige Situation, in der sie schwerlich die Kontrolle über das Geschehen erlangen kann. Leistet die Versuchsperson Widerstand, so befolgt sie damit seine Anweisungen, und kooperiert sie, befolgt sie sie ebenfalls. Was immer sie auch tut, sie handelt in seinem Sinne und kann daher die Zügel nicht in die Hand nehmen. Ähnlich verhält es sich, wenn ein Therapeut, der die Aufgabe hat, den Patienten von seinem symptomatischen Verhalten zu befreien, diesen ermutigt, sich ihm gegenüber symptomatisch zu verhalten – der Patient kann nicht umhin, die Weisungen des Therapeuten zu befolgen. Behält er seine Symptome bei, muß er einräumen, daß er die therapeutischen Anordnungen ausführt; legt er sie ab, muß er ebenfalls zugeben, dem Willen des Therapeuten zu gehorchen, da dies ja dessen übergeordnetes Ziel ist. Wenn man Symptome als die Mittel und Wege definiert, die der Patient erlernt hat, um das Verhalten anderer einzuschränken, dann verlieren diese

Mittel in dem Augenblick ihren Sinn, in dem der Therapeut ihm befiehlt, sie einzusetzen. Die verschiedenen Arten von Therapie können als verschiedene Methoden der Menschenführung gedeutet werden. Der tiefenpsychologisch orientierte Therapeut ermutigt den Patienten, sich symptomatisch zu verhalten, indem er ihn auffordert, sich auf die Couch zu legen und zu sagen, was er will, während der Analytiker ein permissives Schweigen wahrt. Da der Patient mit anderen Menschen auf symptomatische Weise verfährt, wird er unweigerlich ein solches Verhalten an den Tag legen, wenn man ihn auffordert, zu sagen, was er will. So gesehen produziert er sein symptomatisches Verhalten auf Anordnung des Therapeuten. So wird beispielsweise ein Patient, dessen Symptomatik in ständigem Klagen über sein Los besteht, wenn er aufgefordert wird, sich hinzulegen und alles zu äußern, was ihm durch den Kopf geht, quasi auf Geheiß des Analytikers klagen – wenn dies auch eine grobe Übersimplifizierung ist.

Die Kurztherapie Ericksons kann als formal ähnlich angesehen werden – vielleicht hilft er dem Patienten, sich auf effektivere Weise zu beklagen, und fördert mithin dessen Verhalten, aber unter seiner Leitung.

Sämtliche hier beschriebenen Stadien der Kurztherapie erfordern, daß der Therapeut die Kontrolle über das Verhalten des Patienten übernimmt. Beim Erstinterview nimmt er Einfluß auf das, was der Patient sagt bzw. verschweigt, indem er ihn einerseits zum Reden ermuntert und ihm andererseits nahelegt, manches für sich zu behalten. Spezifische Anweisungen an den Patienten betreffen typischerweise Dinge, die er ohnehin von sich aus tut, deren Charakter sich aber in dem Augenblick verändert, indem er sie unter therapeutischer Leitung tut. Gewöhnlich bewirken diese Direktiven eine Verlagerung auf eine höhere Ebene der Abstraktion: der Patient, der sich mittels eines unerquicklichen Symptoms bestraft, wird etwa aufgefordert, sich *dafür* zu bestrafen, daß er sich mittels dieses Symptoms schlecht behandelt. Bei diesem Verfahren akzeptiert der Therapeut das Bedürfnis des Patienten, sich zu bestrafen, verändert aber Zweck und Resultat der Strafe. Außerdem muß der Patient, um die vorgeschriebene Selbstbestrafung durchzuführen, sein symptomatisches Verhalten fortsetzen, das dadurch unter die Kontrolle des Therapeuten gerät. Der Therapeut kann sich die Kontrolle über das Symptom auch dadurch verschaffen, daß er den Patienten auffordert, es zu einer anderen Zeit, in einem anderen Kontext oder zu einem anderen Zweck als bisher zu manifestieren. Wenn der Therapeut mit einem Rückfall des Patienten rechnet, kann er selbst ihn zu diesem Rückfall auffordern und die Bedingungen dafür festsetzen, so daß der Rückfall, wenn er schließlich eintritt, einen Bestandteil der gemeinsamen Arbeit bildet statt eine Manifestation des Widerstands. Das

Grundprinzip der Kurztherapie scheint mithin zu sein: Man ermutige
das Symptom in einer Weise, die es dem Patienten unmöglich macht,
es weiterhin zu benutzen. Eine der schnellsten Methoden besteht
darin, den Patienten zu veranlassen, sich jedesmal selbst zu bestrafen, wenn das Symptom auftritt, und ihn dadurch zur Aufgabe des
Symptoms zu bewegen.

Jede Form von Therapie kann als Selbstbestrafung des Patienten
aufgefaßt werden. Schließlich ist es nicht angenehm, einen Therapeuten aufzusuchen und mit ihm über die eigenen Schwächen und
Mängel zu sprechen (während er keine zu haben scheint). Um erfolgreich zu sein, muß die Therapie wenn nicht eine Qual, so doch
eine schwere Prüfung sein. Ein Ex-Patient, der über seine Psychoanalyse sagt, sie sei ein Vergnügen gewesen, hat zweifellos eine un-
typische Erfahrung gemacht. Wenn man davon ausgeht, daß die
Psychotherapie für den Patienten alles andere als angenehm ist und
der Patient sich freiwillig dieser Tortur unterzieht, dann liegt die
Frage nahe, ob der Typus Mensch, der sich in Therapie begibt, nicht
gewisse Selbstbestrafungstendenzen hat, ob man nun von der Theorie
her Schuldgefühle für die »Ursache« der Symptome hält oder nicht.
Falls die Psychotherapie als Strafsituation angesehen werden kann,
in die sich der Patient freiwillig begibt, dann erscheint es zweckmäßig, diese Selbstbestrafung augenfälliger zu machen, indem man
den Patienten anweist, sich für sein Leiden zu bestrafen.

Das Spektrum potentieller Selbstbestrafung eines Patienten ist recht
umfangreich. Auf den ersten Blick erscheinen diejenigen Strafen am
günstigsten, die dem Patienten förderlich sind bzw. seinen psycho-
dynamischen Bedürfnissen entsprechen. Wenn einem Mann, der sich
stärkere körperliche Beanspruchung wünscht, aufgetragen wird, mitten
in der Nacht aufzustehen und Kniebeugen zu machen, sooft sein
Symptom auftritt, dann hat er auf jeden Fall einen Nutzen davon,
was immer er tut. Gibt er das Symptom auf, so ist das gut für ihn;
falls nicht, macht er Turnübungen, und auch das kommt ihm zugute.
Ein Teileffekt dieser Behandlungsform scheint in der Beseitigung
einiger der »schlechten« Aspekte des Symptoms zu liegen, die erreicht
wird, indem man sein Auftreten mit einer guten Auswirkung auf
das Individuum koppelt. Wenn ein Mann, der meint, mehr schreiben zu sollen, angewiesen wird, jedesmal nachts aufzustehen und eine
Stunde zu schreiben, wenn er am Tag zuvor an seinem Symptom gelitten hat, dann bringt sein symptomatisches Leiden eine günstige
Nebenwirkung auf ihn hervor. Dadurch sind viele seiner Funktionen
eliminiert. Oft wirkt sich schon die Drohung möglicher Bestrafung
verändernd auf den Patienten aus. Ein Schriftsteller schob beispielsweise seine Arbeit ständig auf und brachte daher nichts zustande;
er mied auch den Kontakt mit Frauen, obwohl er meinte, sich auf

mehr Beziehungen mit Frauen einlassen zu sollen. Sobald er sich verpflichtet hatte, mit einer bestimmten Anzahl von Frauen Verabredungen zu treffen, wenn er sein wöchentliches Arbeitspensum – eine bestimmte Seitenzahl, die ihm richtig erschien – nicht erfüllte, eilte er täglich an die Schreibmaschine, um dieser Strafe zu entgehen. So oder so zog er jedoch einen Nutzen aus dem Arrangement: schrieb er, erreichte er sein Ziel, schrieb er nicht, mußte er sich mit Frauen abgeben und erreichte damit sein zweites Ziel. In beiden Fällen veränderte sich sein Lebensstil.

Sieht man das Symptom als Mittel zur Erreichung interpersonaler Vorteile an, dann erscheint es logisch, es zu bekämpfen, indem man eine Situation herbeiführt, in der das Symptom für den Patienten ein Handikap darstellt. Das Rezept der Selbstbestrafung ist ein Weg, um eine solche Situation zu arrangieren, aber sie kann auch allein schon dadurch entstehen, daß man die therapeutischen Beziehungen zu einer gelinden Tortur macht. Da war beispielsweise der Fall des Patienten, der an einem nervösen Tick litt – er zwinkerte mit den Augen, wenn ihn jemand ablehnend behandelte. Da er ein junger Angestellter einer Verkaufsabteilung war, mußte er selbstbewußt und sicher auftreten, und das Zwinkern war in dieser Situation ein Handikap. Andererseits verschaffte es ihm aber auch einen gewissen Vorteil; es wirkte entwaffnend auf alle, die ihm feindselig entgegenkamen, denn es ist schwierig, auf einen Mann wütend zu sein, der jedesmal mit den Augen zwinkert, wenn er sich getroffen fühlt. Der Patient wollte dieses Symptom so schnell wie möglich loswerden, und es war klar, daß ein Ansatz, der ihm zu einem besseren Verständnis seiner Ängste verhalf, keine rasche Lösung bringen würde, da er bereits eine dreijährige Psychoanalyse mit eben diesem Behandlungsziel hinter sich hatte.

Als dem Patienten die Hypnosebehandlung empfohlen wurde, entschloß er sich nur zögernd und mit einer gewissen Herablassung dazu, da er die Hypnose nicht für eine seriöse Therapieform hielt. In der Vergangenheit hatte er sich stets um die beste und angesehenste Form der Behandlung bemüht. Als er unter ständig wiederkehrenden Depressionen und diesem Augentick zu leiden begann, hatte er sich zu einem namhaften Psychiater seines Wohnortes in Therapie begeben. Daß ihn dieser Psychiater in hypnotische Behandlung überwies, war dem Patienten nicht angenehm, aber er fügte sich diesem Rat.

Der Umstand, daß der Patient mit einer gewissen Herablassung an die Beziehung zu einem Hypnotiseur heranging, ermöglichte es, die Situation so zu arrangieren, daß ihm sein Tick statt zum Vorteil zum Nachteil gereichte. Da er sich für die Hypnose als ungeeignet erwies, wurde eine andere Taktik angewandt. Zunächst wurde die Frage angeschnitten, ob er sich in seiner Psychoanalyse je mit seinem ziemlich ausgefallenen Namen auseinandergesetzt hatte. Wir wollen ihn hier Mr. Elefant nennen. Er verneinte das mit der etwas pikierten Bemerkung, in seiner Analyse seien vermutlich viele Dinge unbearbeitet geblieben. Daß jemand, der eine weniger renommierte Therapieform praktizierte, seine Analyse in Zweifel zog, brachte ihn in Harnisch. Er wurde dann darauf hingewiesen, daß es für diese Form der Behandlung äußerst wichtig sei, es sich jedesmal bewußtzumachen, wenn sein Zwinkern auftrete. Als er gefragt wurde, wie oft er im Laufe des Gesprächs bisher gezwinkert habe, war er sich dessen nicht sicher. Es wurde ihm erklärt, es sei wichtig, genau zu wissen, wann er zwinkere – so wichtig, daß er jedesmal darauf hingewiesen werden müsse, um es ihm zunehmend bewußter zu machen. Es wurde vorgeschlagen, daß der Therapeut jedes Zwinkern seinerseits mit einem Zwinkern beantworten werde, um ihn möglichst deutlich darauf aufmerksam zu machen. Er wurde gewarnt, daß dieses Verfahren nicht angenehm für ihn sein werde, aber einem guten Zweck diene. Als umgänglicher und toleranter Mensch erklärte er sich mit dieser Prozedur bereitwillig einverstanden. Dann wurde jedoch die Frage erhoben: Wie würde der Therapeut wissen, ob der Patient sein Zurückzwinkern bemerkt hatte? Nach einiger Diskussion einigte man sich darauf, daß der Patient jedesmal, wenn er diese Rückmeldung des Therapeuten wahrnahm, seinen Namen nennen solle.

Kurz darauf zwinkerte der Patient, der Therapeut zwinkerte zurück, und der Patient sagte »Elefant«. Er fragte höflich, ob er die Sache richtig mache, und erhielt die Versicherung, genauso sei es gemeint. Wieder zwinkerte der Patient, der Therapeut zwinkerte zurück, und der Patient sagte »Elefant«. Da der Patient gewohnheitsmäßig alle paar Augenblicke zwinkerte, wiederholte sich der Vorgang in kurzen Abständen, während das Gespräch fortgesetzt wurde. Der Patient wurde wütend, fuhr jedoch fort, sein betont höfliches und herablassendes Gehabe zur Schau zu tragen. Im Verlaufe des Gesprächs begann er jedoch auf das Zwinkern des Therapeuten wie auf eine aggressive oder feindselige Handlung zu reagieren. Da er Feindseligkeit stets mit Zwinkern quittierte, nahm dessen Häufigkeit jetzt natürlich zu. Und je öfter es erfolgte, desto öfter mußte er diese unerfreuliche Prozedur über sich ergehen lassen. Gegen Ende des Interviews zwinkerte der Patient immer seltener. Zu Beginn der nächsten Behandlung wurde er ersucht, das gleiche Verfahren nochmals zu wiederholen. Während der ganzen eineinhalbstündigen Sitzung zwinkerte er kein einziges Mal.

Obwohl auch noch andere Maßnahmen nötig waren, um den Tick endgültig zu beseitigen, scheint das rapide Verschwinden des Symptoms im Laufe des Interviews doch weitgehend auf diese simple Tortur zurückzuführen sein, der der Patient unterworfen wurde. Im

Grunde kann sie als Paradigma für gewisse Aspekte längerfristiger therapeutischer Methoden dienen. Statt ihm in einer Beziehung Vorteile zu verschaffen, erwies sich das Symptom für den Patienten als schweres Handikap. Er sah sich einem therapeutischen Paradox konfrontiert: dem Spott eines Mannes, der ihm helfen wollte und auf den er herabblickte. Hinzuzufügen ist, daß auch seine Depressionen abklangen, als sein Tick überwunden war – eine typische Reaktion auf solche Methoden, die der verbreiteten Ansicht widerspricht, die Beseitigung eines Symptoms löse ein anderes aus oder verstärke Depressionen. (Zu erwähnen ist auch, daß der Patient die Demütigung nicht als gehässig empfand; nach dem erfolgreichen Abschluß der Behandlung entwickelte sich zwischen Therapeut und Patient ein gutes persönliches Verhältnis.)

Ein weiterer Aspekt direktiver Therapie illustriert eine Erkenntnis, die ebenfalls einer verbreiteten Ansicht widerspricht. Viele direktive Therapeuten sind bereit, die Zügel in die Hand zu nehmen und in das Leben eines Patienten einzugreifen, während die nichtdirektiven Therapeuten zu argumentieren pflegen, die Abhängigkeitsprobleme des Patienten würden zunehmen, wenn man ihm sage, was er tun soll. Vom Standpunkt der direktiven Therapie stellt sich die Situation ähnlich wie eine Mutter-Kind-Beziehung dar, in der sich das Kind mehr Führung von der Mutter wünscht, während die Mutter vermeiden möchte, daß das Kind zu abhängig von ihr wird. Je mehr die Mutter das Kind abweist, desto abhängiger und fordernder wird das Kind. Häufig ist das auch in der Psychotherapie der Fall. Die Bereitschaft, den Patienten vorübergehend in Abhängigkeit vom Therapeuten geraten zu lassen, bewirkt typischerweise eine Verminderung der Abhängigkeitswünsche, während sie durch Frustration verstärkt werden können. Durch eine solche Frustration wird beim Patienten Übertragungsverhalten ausgelöst, das dann mit früheren Frustrationen erklärt werden kann, aber die Behandlung dehnt sich dadurch aus und die Erfahrung kann sich auf lange Sicht für den Patienten als zu demütigend erweisen.

Direktive Therapie verschiedenster Modifikation scheint sich in der psychiatrischen Praxis immer mehr durchzusetzen. Therapeuten, die über die lange Behandlungsdauer, über Fehlschläge oder das Erreichen eines Plateaus ohne stetige Fortschritte enttäuscht sind, experimentieren oft mit Interventionen im Leben des Patienten oder stellen diesem spezifische Aufgaben, die eine rapidere Veränderung erzwingen. Manche Methoden der Kurztherapie eignen sich zur gelegentlichen Anwendung im Kontext längerfristiger Therapien. Andere Techniken scheinen einen eigenen Stil zu erfordern, der sich von dem des Langzeittherapeuten unterscheidet. Ein wesentlicher Aspekt der Kurztherapie ist die Herstellung einer intensiven Beziehung zwischen

Therapeut und Patient und später eine rasche Auflösung dieser Beziehung. Die Trennung zwischen Therapeut und Patient setzt fast schon in dem Augenblick ein, in dem sie voll zueinander gefunden haben. Durch diese rasche Auflösung wird der Patient daran gehindert, seine Heilung zu verzögern oder zu sabotieren, denn es wird von vornherein klargestellt, daß bald kein Therapeut mehr da sein wird, den er sabotieren kann.

Andere Methoden

Zu den zermürbendsten therapeutischen Problemen zählen die Phobien. Andere Methoden der Kurztherapie lassen sich unter anderem anhand ihrer Interventionen in diesem Problembereich darstellen. Bei der Behandlung von Patienten, die an übertriebenen Ängsten leiden, wird das Schwergewicht gewöhnlich auf die Gedanken oder Gefühle des Patienten gelegt. Der Therapeut verfolgt das Ziel, dem Patienten die Hintergründe seiner Angst begreiflich zu machen, seine Aufmerksamkeit abzulenken, seine Wahrnehmung zu verlagern oder seinen Affekt in der speziellen Situation zu verändern. Ein solcher Akzent ist typisch für das übliche hypnotherapeutische Verfahren und die Dekonditionierungsprozesse. Ich vertrete jedoch hier die Ansicht, daß diese Gedanken- und Affektverschiebungen bei Phobien ein Nebenprodukt der Heilung darstellen und daß das Hauptziel darin besteht, den Patienten zum Aufsuchen der phobischen Situation unter den vom Therapeuten festgelegten Bedingungen zu bewegen. Von Freud an gilt als gesichert, daß »Verständnis« der oder »Einsicht« in die Ursache einer Phobie zur Heilung nicht ausreicht; der Patient muß den phobischen Bereich mit einem anderen als dem bisher praktizierten Verhalten betreten. Viele Methoden der Phobienbehandlung scheinen dem Patienten Rationalisierungen und Gründe an die Hand zu geben, weshalb er sich in die Angstzone wagen soll, sowie Versicherungen, daß die Situation diesmal eine andere sein wird. Zu diesen Rationalisierungen zählen: die Versicherung, der Patient verfüge nun über genügend Einsicht, so daß seine Furcht nicht mehr auftreten werde; der Rat, sich der Angstquelle auszusetzen, um die Angst zu verstärken, da er sie erst dann besser verstehen lernen könne; der Hinweis, seine Angst sei nunmehr dekonditioniert, so daß er nichts mehr zu befürchten habe, usw. Gewöhnlich verschwindet das Symptom, wenn der Patient fortfährt, sich unter therapeutischer Leitung seiner Angstquelle auszusetzen. Das große Problem besteht darin, wie man ihn dazu motivieren kann.

Eine Möglichkeit, ihn dazu zu bewegen, sei anhand des Patienten illustriert, der Erickson wegen seiner Angst vor dem Liftfahren konsultierte. Erickson induzierte eine Trance und wies den Patienten an, eine bestimmte Adresse aufzusuchen und dabei auf die faszinierenden Empfindungen in seinen Fußsohlen zu achten. Ganz auf seine Füße konzentriert, traf der Patient bei der genannten Adresse ein und wurde sich erst dann bewußt, daß er im Fahrstuhl an die bezeichnete Tür gelangt war. Auch auf dem Rückweg benutzte er diesen. Üblicherweise würde man diese Heilung so interpretieren, daß der Patient durch die Konzentration auf seine Füße von seiner Angst abgelenkt war und den Aufzug benutzte, ohne es zu merken. Da er es einmal geschafft hatte, brachte er es auch ein zweites Mal fertig. Es ist auch eine andere Erklärung möglich, aber bevor ich darauf eingehe, sei ein weiteres ähnliches Beispiel angeführt.

Eine Frau begab sich wegen verschiedener Probleme in Hypnosetherapie, unter anderem weil sie sich davor fürchtete, bei geschlossener Badezimmertür zu duschen. Sie hatte Angst, sie würde den Wasserhahn nicht abdrehen und die Tür nicht öffnen können und deshalb ertrinken. Sie war selbst wütend über diese dumme Angst, doch wenn sie sie zu unterdrücken suchte, wurde sie so angespannt und nervös, daß sie bei geschlossener Tür die Brause nicht mehr aufdrehen konnte. Die Lösung dieses Problems sollte ein erster Schritt zur Bewältigung ihrer ernsteren Schwierigkeiten sein. Deshalb wurde ihr eines Tages, als sie in einer tiefen hypnotischen Trance war, suggeriert, sie werde demnächst feststellen, daß sie bei geschlossener Tür geduscht habe.

Zur folgenden Sitzung erschien sie etwas verstimmt. Sie berichtete, in der vergangenen Woche einmal beim Abtrocknen nach dem Duschen gemerkt zu haben, daß die Tür geschlossen war und sie unter diesen Umständen geduscht hatte. Sie vermutete, daß der Therapeut etwas damit zu tun habe, und sie war ärgerlich, weil sie zwar diese Angst besiegt habe, aber keine persönliche Genugtuung daraus ziehen könne. Es sei einfach geschehen. Um ihr das Gefühl eines persönlichen Triumphes zu geben, suggerierte ihr der Therapeut, daß sie sich bei ihrer nächsten Dusche etwas ängstlich und beklommen fühlen, aber dennoch den Mut aufbringen werde, bei geschlossener Tür zu duschen. Sie befolgte die Anweisungen und nach einigen Wiederholungen war ihre Angst überwunden.

Auch in diesem Fall könnte die Beseitigung der Phobie damit erklärt werden, daß die Patientin einen angstbesetzten Vorgang durchmachte, ohne es zu »merken«. Doch diese Erklärung ist kaum befriedigend. Jemand kann nach einer Erfahrung an Amnesie leiden, aber während er die Erfahrung macht, realisiert er, was er tut. Das entscheidende Element scheint hier nicht die Ablenkung der Aufmerksamkeit zu sein.

Wie wir wissen, zählt zu den hypnotischen Phänomenen auch die
»posthypnotische Suggestion«. Wenn einer Versuchsperson in der
Trance aufgetragen wird, zu einem späteren Zeitpunkt eine bestimmte
Aufgabe auszuführen, gerät sie zum gegebenen Zeitpunkt in Trance,
um die Anweisung zu befolgen. Ericksons Patient war also vermutlich in Trance, als er im Fahrstuhl fuhr. Falls er in Trance war,
benahm er sich anders. Es scheint möglich, daß seine Angst nicht
allein durch die Ablenkung vermindert wurde, sondern durch die
Tatsache, daß er sich während der Fahrt im Aufzug anders verhielt
als bisher. Er verstärkte seine Angst nicht durch sein Verhalten, er
löschte sie, indem er sich anders verhielt. Dasselbe gilt für die Patientin, die, einer posthypnotischen Suggestion folgend, in Trance geduscht
hatte und sich somit anders verhielt. In beiden Fällen durchlebten
die Patienten a) eine angsterregende Situation und b) verhielten sich
dabei anders als sonst. Man kann argumentieren, daß unbegründete
Furcht nur bestehen bleiben kann, wenn die Angstgefühle durch das
Verhalten der angstempfindenden Person verstärkt werden. Verhält
sich der Betreffende anders, dann fühlt er auch anders.

In beiden Beispielen verhielten sich die Patienten in der angstbesetzten Situation nach den Anweisungen des Therapeuten. Die Be-
stimmung ihres Verhaltens wurde vom Therapeuten »übernommen«.
Falls dies für die Überwindung dieser Art von Angst kennzeichnend
ist, dann kann man sich fragen, ob es auch für Situationen gilt, von
denen behauptet wird, der Heilerfolg stelle sich unabhängig von der
Beziehung zu einem Therapeuten ein.

Eine der heute gebräuchlichen Methoden zur Überwindung von
Angst ist die Dekonditionierung. Ein Exponent dieses Konzepts ist
Wolpe, der in dem Werk *Psychotherapy by Reciprocal Inhibition*
eine ausführliche Darstellung seiner Methode gibt (60). Nachstehend
eine partielle Zusammenfassung seiner Überlegungen. Nach Wolpes
Theorie sind Furcht und Angst die Folge früherer Konditionierung
in angsterregenden Situationen. Die therapeutische Aufgabe besteht
darin, die autonomen Responsen des Patienten zu dekonditionieren
bzw. desensibilisieren. Seine Technik entwickelte sich aus der experimentellen Arbeit mit Tieren, bei denen er zuerst Angst erzeugte, die
er dann wieder beseitigte, indem er sie Schritt für Schritt wieder
durch die angstauslösenden Situationen hindurchführte.

Nachdem er die Krankengeschichte aufgenommen hat, fordert
Wolpe den Patienten auf, eine Liste aller Situationen anzulegen, die
ihm Angst machen. Dann muß der Patient diese Liste in eine Reihen-
folge bringen, von der am wenigsten angsterregenden zu der am
meisten angsterregenden Situation. Sobald dies geschehen ist, sorgt
Wolpe dafür, daß sich der Patient entspannt, und fordert ihn dann
auf, sich eine Reihe von Szenen, beginnend mit den am wenigsten

angsterzeugenden, vorzustellen. Wenn sich der Patient vor Blut fürchtet, wird er zunächst entspannt und dann angewiesen, sich einen kleinen Verband mit Blutflecken vorzustellen, dann eine kleine blutige Wunde, usw., bis er sich zuletzt in ein Lazarett voll blutender, verwundeter Soldaten versetzt. Wolpe unterbricht das Verfahren, sooft der Patient Anzeichen von Angst äußert. Er stellt seinen Patienten auch konkrete Aufgaben, bei denen es um Selbstbehauptung in zwischenmenschlichen Situationen geht. Wolpe hat mit dieser Methode anscheinend beträchtliche Erfolge zu verzeichnen.

Wolpes Argumentation ist typisch für die Anhänger der Konditionierungstheorie. Er meint, Prozesse zu desensibilisieren, die sich im einzelnen Individuum abspielen. Wenn wir diese Dekonditionierungsmethode vom interpersonalen Standpunkt aus betrachten, fallen Ähnlichkeiten mit den vorher genannten Beispielen der Angstüberwindung durch Kontrolle des Patientenverhaltens in einer angsterregenden Situation auf. Wolpe ist ein sanfter, kein offen dominierender Mensch, aber er unterwirft das Verhalten des Patienten nahezu vollständig seiner Kontrolle. Der Patient muß Wolpes Anweisungen befolgen, indem er eine Liste seiner Angstsituationen anfertigt, er muß sich entspannen oder sich nach Wolpes Gutdünken hypnotisieren lassen, und er muß sich vorstellen, was Wolpe ihm befiehlt. Wolpe beschreibt und benennt die angstauslösenden Situationen, der Patient kann nur ein Veto einlegen, in dem er Angst zeigt. Er wird in Gedanken durch die angstbesetzten Situationen geführt, während er sich entspannt oder nach Wolpes Anweisungen verhält. Dann wird ihm aufgetragen, sich in die reale Angstsituation zu begeben, wobei ihm explizit und implizit versichert wird, daß er sich in diesen Situationen nunmehr anders verhalten werde. Er begibt sich in die Situationen mit der Erwartung, von Wolpe beglückwünscht zu werden, wenn er sie ohne Angst gemeistert hat. Obwohl die Methode von Wolpe als Verfahren dargestellt wird, das sich auf die inneren Prozesse des Patienten konzentriert, würde eine umfassende Untersuchung ergeben, daß der Therapeut im Lauf der Behandlung die Kontrolle über das Verhalten des Patienten übernimmt. Untersucht man den zwischenmenschlichen Kontext dieser subjektiven Veränderung des Patienten, dann scheint der Patient mit einem äußerst paradoxen Problem konfrontiert zu sein. Er begibt sich in Behandlung, um sich von seinen Angstempfindungen heilen zu lassen, das heißt, um diesen zu entkommen. Er wird aufgefordert, sich die Situationen vorzustellen, die bei ihm Angst auslösen. (Laut Wolpe bewährt sich diese Methode speziell bei Patienten, die allein durch die Vorstellung einer angstbesetzten Situation in Angst geraten können.) Dabei wird ihm aber nicht erlaubt, Angst zuzulassen. Beim geringsten Anzeichen von Angst wird die Behandlungssitzung abgebrochen. Wenn dies geschieht, muß er ein anderes Mal wiederkommen, ein weiteres Honorar bezahlen und sich wieder einer angsterzeugenden Situation aussetzen. Empfindet er wieder Angst, wird er erneut heimgeschickt und muß nochmals kommen. Unter Leitung eines wohlwollenden Therapeuten wird der Patient einer angstauslösenden Tortur unterworfen, wobei ihm verboten ist, Angst zu empfinden – eine Prozedur, die so lange fortgesetzt wird, bis das Symptom verschwindet.

Ebenso wie Freud und viele andere Therapeuten versieht Wolpe den Patienten mit einer Rationalisierung, weshalb er sich auf das phobische Terrain vorwagen soll. Bezeichnenderweise befiehlt der Therapeut dem Patienten nicht, sich in die phobische Situation zu begeben, auch nachdem er ihm die logisch einleuchtende Begründung geliefert hat. Er »rät« ihm, sich dieser freiwillig auszusetzen. Doch in einem therapeutischen Kontext ist ein solcher Rat direktiv, und sofern er direktiv ist, sieht sich der Patient einem typischen therapeutischen Paradox konfrontiert: er wird *aufgefordert*, etwas *freiwillig* zu tun. Würde ihm einfach befohlen, sich in die phobische Situation zu begeben, so könnte er dies tun und danach berichten, die Erfahrung habe ihm Angst gemacht und der Therapeut habe ihn enttäuscht. Setzt er sich dieser Situation hingegen »freiwillig« aus, so ist nicht nur die Wahrscheinlichkeit größer, daß er weniger Angst entwickelt; gerät er jedoch in Panik, kann man ihn darauf hinweisen, daß er sich freiwillig in diese Lage begeben habe und vielleicht noch nicht reif dafür gewesen sei – zu einem späteren Zeitpunkt könne er es ja nochmals freiwillig versuchen.

Die Bedeutung des interpersonalen Aspekts der Dekonditionierungstherapie läßt sich am besten durch ein theoretisches Grundprinzip dieser Methode belegen. Diese Therapeuten und insbesondere Wolpe heben hervor, daß sich Angst »ausbreitet«. Als Ursache der phobischen Angst wird typischerweise ein Trauma angenommen, das den Patienten in Angst versetzte. Diese Angst habe auf den phobischen Bereich übergegriffen. Deshalb dürfe nie zugelassen werden, daß der Patient im Laufe der Behandlung in Angst gerät, sonst werde diese weitere Bereiche erfassen. Es wird sorgfältig vermieden, den Patienten zu einer angsterregenden Vorstellung zu veranlassen, bevor er innerlich dazu bereit ist, denn die Angst würde sich über die Nervenbahnen ausbreiten und das Problem des Patienten verschlimmern. Die Psychoanalytiker werden kritisiert, weil sie zulassen, daß der Patient auf der Couch Angst empfindet – dies verschlimmere die Symptome des Patienten. Der Verfasser hat jedoch ebenso wie andere Autoren die Erfahrung gemacht, daß sich die Angst eines Patienten verringern kann, wenn er *ermutigt wird, sie zuzulassen*. Ja, je mehr man den Patienten auffordert, Angst hervorzurufen, und ihm dabei hilft, indem man ihn sich angsterzeugende Situationen vorstellen läßt, desto angstfreier wird er. Das erscheint logisch, wenn »Angst« respondentes Verhalten ist, aber nicht, wenn man sie als Folge von Trauma und Ausbreitung über Nervenbahnen begreift.

Die Linderung irrationaler Furcht und Angst erfolgt in einem interpersonalen Kontext, in dem der Therapeut das Verhalten des Patienten beeinflußt und kontrolliert. Diese Einflußnahme und Kontrolle beginnt damit, daß der Therapeut das Verhalten des Patienten akzeptiert und es nicht als Opposition, sondern als Kooperation definiert. Wenn sich ein Mensch ängstlich verhält, wird er nicht auf Befehl davon ablassen. Furchtsames Verhalten kann als Methode angesehen werden, um andere zu manipulieren, auch wenn das subjektive Ergebnis quälend ist. Um die Manöver eines solchen Menschen unter Kontrolle zu bringen, ist es notwendig, sein Verhalten zur Kenntnis zu nehmen und zu akzeptieren und es damit zu »übernehmen«. Oft empfiehlt es sich beispielsweise, anzukündigen, die Angst eines Patienten werde sich – vorübergehend – verstärken. Reagiert er daraufhin ängstlicher, hat sich der Therapeut die Kontrolle über sein Verhalten verschafft und kann ihn erfolgreich anleiten, sich angstfrei zu verhalten. Traditionell wurde davon ausgegangen, daß es der Therapeut mit einer quantitativen Zu- und Abnahme der Angst im Menschen zu tun habe, doch scheint es eher so, daß er die Bedingungen dafür festlegt, wie sich dieser Mensch ihm gegenüber verhalten soll. Da nicht der Patient diese Bedingungen festsetzt, kann er nicht durch sein Verhalten seine Angstgefühle verstärken, und wenn seine Furcht irrational ist, wird sie auch durch die reale Situation nicht verstärkt.

Eine andere Methode zur raschen Beseitigung von Symptomen wurde von Cowles entwickelt, der anscheinend bei einer beträchtlichen Anzahl von Patienten damit Erfolg hatte (11). Auch bei dieser Methode wird dem Patienten zunächst eine Erklärung seines Problems und des therapeutischen Verfahrens gegeben, dann wird er mit der Anweisung hinausgeschickt, sich symptomatisch zu verhalten und beim nächsten Mal über beobachtete Veränderungen zu berichten. Cowles' Theorie beruhte auf einer Abnahme der »Nervenkraft«. Wenn ein neuer Patient zu ihm kam, erklärte ihm Cowles, seine Symptome seien die Folge seines Verlusts an Nervenkraft, und es sei daher nicht überraschend, daß er an einer Reihe von Symptomen gelitten habe, von denen jedes schlimmer als das vorhergehende gewesen sei. Als Analogie zog Cowles die Abwärtsfahrt in einem Fahrstuhl heran. Dann gab er dem Patienten ein Nerventonikum, gefolgt von einer starken Suggestion. Diese Suggestion wurde auf ganz spezifische Weise ausgesprochen. Der Patient wurde ersucht, sich hinzulegen, dann drückte Cowles mit Daumen und Zeigefinger zwischen den Augen des Patienten auf den Okzipitalnerv. Gleichzeitig preßte er mit der anderen Hand den Magen des Patienten. Dabei sprach er mit lauter Stimme eine Suggestion aus, die im wesentlichen darin bestand, daß es dem Patienten immer besser gehen werde. Es ist zweifelhaft, ob der Patient bei den ersten paar Behandlungen die Suggestion überhaupt vernimmt; der Druck auf den Nerv ist ziemlich schmerzhaft. Dann trug Cowles dem Patienten auf, hinauszugehen und seine »Ängste zu bekämpfen« und ihm dann darüber zu berichten. Er versicherte ihm, er werde bald wieder mit dem Fahrstuhl der Symptome nach oben fahren und zuletzt ganz beschwerdefrei sein.

Cowles' Patienten kamen zu Behandlungen, die oft nur fünf Minuten dauerten und jedesmal gleich verliefen. Sie mußten in einem Wartezimmer voll zuversichtlicher Patienten warten. Sie nahmen regelmäßig an Treffen mit genesenden und geheilten Patienten teil, die über ihre erfolgreiche Behandlung berichteten. Die allgemeine Atmosphäre war durch Fortschritte und Reden über Fortschritte geprägt. Von den Patienten wurden eigene Anstrengungen für ihre Genesung gefordert. Bei diesem Verfahren wird der Patient praktisch aufgefordert, hinauszugehen und sich symptomatisch zu verhalten. Nur die Genesung erlöst ihn von dem ziemlich unangenehmen Heilverfahren. Ein amüsantes Beispiel, wie die Kontrolle über das Patientenverhalten übernommen werden kann, war Lindners Artikel »The Jet Propelled Couch« zu entnehmen (41). Ein *border-line*-Patient berichtete Lindner seine Wahnvorstellungen, mit anderen Planeten in Kontakt zu stehen. Er präsentierte dies in einer Weise, die Lindner ausschloß und dem Patienten das Monopol auf dieses Thema verschaffte. Ein orthodoxerer Therapeut würde sich die Kontrolle über dieses Material verschaffen, indem er es für den Patienten interpretiert und in Beziehung zu seinem früheren Leben setzt. Lindner ermutigte den Patienten hingegen, das Material vorzutragen, und ging dann dazu über, ihn in gewissen Punkten zu korrigieren und Ergänzungen vorzuschlagen. Je stärker Lindner in der planetarischen Diskussion die Initiative an sich riß und sich dadurch die Kontrolle über das Verhalten des Patienten verschaffte, desto geringeres Interesse zeigte der Patient daran, bis er schließlich sein psychotisches Verhalten ganz aufgab.

Obwohl Kriminalität strenggenommen kein psychiatrisches Problem ist, stößt man bei der Behandlung delinquenten Verhaltens auf ähnliche Schwierigkeiten wie bei anderen psychiatrischen Symptomen. Es scheint ebenso nutzlos, einen Verbrecher aufzufordern, von seinen Missetaten zu lassen, wie an einen Zwangsneurotiker zu appellieren, sein rituelles Händewaschen einzustellen. Eine Behandlungsmethode für antisoziales Verhalten legt viele der impliziten Prozesse anderer Formen der Psychotherapie offen. Die erwähnte Methode besteht darin, daß der Therapeut das delinquente Verhalten in einem institutionellen Rahmen akzeptiert und übernimmt (45). Der Jugendliche wird nicht aufgefordert, sein delinquentes Verhalten, beispielsweise einen Fluchtplan, aufzugeben, sondern er wird ermutigt, diesen Plan mit dem Therapeuten zu besprechen. Der Therapeut weist ihn dann darauf hin, wie unzulänglich dieser Plan sei, und schlägt Änderungen vor, damit er größere Aussicht auf Erfolg habe. Er zieht die Grenze jedoch dort, wo es um seine persönliche Teilnahme geht. Er verschafft dem Ausreißer beispielsweise keinen Schlüssel, sondern macht ihm klar, daß er nicht so verrückt sei, sich an diesem Unternehmen zu beteiligen und seine Stellung zu gefährden. In dieser Situation erhält der Therapeut seine überlegene Position in der Beziehung aufrecht, indem er dem Patienten nicht gestattet, ihm Schaden zuzufügen; gleichzeitig definiert er dessen rebellisches oder resistentes Verhalten ständig als Zusammenarbeit mit ihm an einem gemeinsamen Plan. Die Folge ist, daß der Jugendliche sein unsoziales Verhalten aufgibt und sich intensiv mit dem Therapeuten einläßt, so daß auch traditionellere therapeutische Techniken eingesetzt werden können.

Vor kurzem entdeckte der Verfasser eine weitere kurztherapeutische Methode, bei der das symptomatische Verhalten direkt vorgeschrieben wird. Das Verfahren wurde von Frankl als eine Technik der Logotherapie (20) entwickelt und wird von ihm als »paradoxe Intention« bezeichnet. Eine Zusammenfassung der Methode findet sich bei Gerz (27), der 24 Fälle von Patienten zitiert, die wegen Phobien und Zwangsneurosen behandelt wurden. Wie Gerz erwähnt, bewirkt die vorwegnehmende Angst oft das tatsächliche Auftreten eines Symptoms. »Je mehr sich der Patient vor dem Auftreten des Symptoms fürchtet und je mehr er es zu vermeiden sucht, desto wahrscheinlicher trifft es ein. Beispielsweise wird ein Patient, der Angst hat zu erröten, dieses Phänomen zeigen, sobald er sich bemüht, nicht zu erröten. Wie wäre es aber, wenn der Patient, statt es zu vermeiden, *sich bemühen würde* zu erröten, in Ohnmacht zu fallen, in Panik zu geraten usw., wenn er versuchen würde, das herbeizuführen, wovor er sich so sehr fürchtet? Da wir keine bewußte Kontrolle über unser autonomes Nervensystem haben, wäre der Patient natürlich außerstande, auf Wunsch zu erröten, und genau dieses Phänomen macht sich die Technik der paradoxen Intention zunutze.« Bei dem Verfahren nimmt der Therapeut die Fallgeschichte auf, erklärt dem Patienten die Grundprinzipien der paradoxen Intention und bespricht erfolgreiche Fälle mit ihm. Dann fordert er den Patienten auf, sein Symptom an Ort und Stelle zu produzieren.

Wie Gerz im Zusammenhang mit einem Patienten, der Angst hat, in Ohnmacht zu fallen, berichtet: »Um den Patienten heiter zu stimmen, übertreibe ich immer, indem ich beispielsweise sage: ›Also los, zeigen Sie, was Sie können. Fallen Sie in Ohnmacht, was das Zeug hält. Lassen Sie sehen, was für ein großartiger In-Ohnmacht-Faller Sie sind.‹ Wenn der Patient dann versucht, in Ohnmacht zu fallen, und feststellt, daß es nicht geht, muß er lachen.« Das Verfahren wird in der Praxis fortgesetzt und der Patient wird außerdem aufgefordert, sein Symptom auch anderenorts zu produzieren. Gerz schreibt, es sei notwendig, den Vorgang so lange zu wiederholen, bis die neurotischen Symptome verschwinden.

Diese von Frankl entwickelte Technik baut auf der geistigen Grundlage des Existentialismus auf und ist somit vorwiegend individualistisch orientiert; der Patient wird als mit seinen Ängsten und Wünschen ringend begriffen. Die Genesung stellt sich ein, wenn er das zu tun versucht, wovor er sich fürchtet. So wie Frankl die Methode beschreibt, handelt es sich bei dem Verfahren formal gesehen nicht um die Einführung eines Paradoxes. Sich vor etwas zu fürchten und dann absichtlich zu tun, wovor man sich fürchtet, ist nach logischer Definition kein paradoxes Verhalten (im Deutschen ist »paradox« eher ein Synonym für »absurd«). Das Paradox in diesem Verfahren tritt erst zutage, wenn man das Augenmerk nicht auf das Individuum, sondern auf den Beziehungsaspekt richtet. Wenn ein Therapeut zu erkennen gibt, daß er einem Patienten über ein Problem hinweghelfen möchte, und ihn dann unter diesen Auspizien auffordert, an dem Problem zu leiden, dann hantiert er mit einem regelrechten Paradox. Die Botschaften der einen Ebene geraten mit den sie qualifizierenden Botschaften in Konflikt, so wie eine Klasse mit den darin enthaltenen Einheiten in Konflikt geraten kann. Wenn dies geschieht, entsteht ein Paradox.

Wenn man die verschiedenen Methoden der Psychotherapie untersucht, ist es schwierig zu entdecken, was sie gemeinsam haben, weil man nicht so ohne weiteres eine exakte Darstellung dessen bekommt, was sich in der jeweiligen Therapie tatsächlich abspielt. Die Berichte des Therapeuten sind gewöhnlich in der Terminologie seiner Methode abgefaßt, statt eine Beschreibung der Interaktionen zu liefern, die real stattfinden. Dies trifft für kurzfristige Methoden weniger zu als für langfristige, doch ist auch da das Problem vorhanden. Beispielsweise kann man Psychodramastunden Morenos beiwohnen und einen anderen Eindruck erhalten, als wenn man die Auswertungen dieser Stunden anhand der Theorie des Rollenspiels liest. Was besonders auffällt, ist das Maß an Kontrolle, die der Therapeut beim Rollenspiel über das Verhalten des Patienten ausübt. Der Patient wird nicht nur häufig aufgefordert, sein eigenes Verhalten unter

Anleitung des Therapeuten auszuagieren, sondern auch das seiner Angehörigen und sogar seine Träume. Manchmal wird ihm ein »zweites Ich« zur Seite gestellt, das artikuliert, was er »wirklich« denkt, so daß sogar seine Gedanken für ihn bestimmt werden. Man darf annehmen, daß diese Erfahrungen schmerzhaft sein können; dennoch werden sie fortgesetzt, bis der Patient eine Wandlung durchmacht. In einer intensiven Psychodramastunde wird dem Patienten geholfen, sein symptomatisches Verhalten abzulegen, während er sich unter Anleitung symptomatisch verhält, ein Verfahren, das für die therapeutischen Methoden kennzeichnend ist.

Zusammenfassend ist zu sagen: Direktive Therapien versetzen den Patienten in eine paradoxe Situation, aus der er sich nicht befreien kann, solange er seine Symptomatik beibehält. Statt ihm zu helfen, seine Beziehung zum Therapeuten unter Kontrolle zu bekommen, bilden seine Symptome ein Handikap für ihn, solange sie existieren. Der Therapeut stellt die Situation als harmlos dar, unterzieht den Patienten aber einer Tortur. Der Patient ist dadurch in einer »unhaltbaren« Situation, einem therapeutischen Paradox, gefangen. Wäre der Therapeut nur wohlwollend, käme der Patient mit ihm zurecht. Würde er den Patienten nur schlecht behandeln, könnte dieser ebenfalls damit umgehen. Bleibt der in einem Rahmen der Güte und Hilfsbereitschaft operierende Therapeut jedoch dem Patienten gegenüber hart, solange dessen Symptome andauern, hat dieser keine andere Wahl, als seine Symptomatik aufzugeben.

Aus all diesen illustrativen Beispielen direktiver Therapie wird klar, daß »Einsicht« und die Vermittlung von Selbsterkenntnis und Verständnis in diesen Verfahren keine Rolle spielen. Es gibt weder Übertragungsinterpretationen, noch werden vom üblichen intrapsychischen Standpunkt aus Verbindungen zwischen dem früheren und dem jetzigen Leben des Patienten hergestellt. Oft registriert der Therapeut intrapsychische und interpersonale Daten verschiedenster Art, ohne sie dem Patienten zu enthüllen. Sein Ziel ist, eine Veränderung herbeizuführen, nicht, den Patienten zu einer intensiven Beschäftigung mit seiner geistigen und psychischen Struktur zu veranlassen. Bei manchen Methoden der Kurztherapie beendet der Therapeut unter Umständen die Behandlung, obwohl er sich bewußt ist, daß der Patient noch andere ungelöste Probleme hat. Sein Ziel ist, in einem Persönlichkeitsbereich des Patienten eine rasche Änderung zu bewirken, und zwar in einer Art und Weise, die zur Folge hat, daß sich nach Abschluß der Therapie auch in anderen Bereichen kontinuierliche Veränderungen vollziehen. Wenn der Therapeut Erfolg hat, ist der Patient dann in dem Sinn »normal«, daß er sich ebensowenig um Einsicht bemüht wie die übrige Bevölkerung und mit anderen Menschen auf befriedigendere Art umgehen kann.

Viertes Kapitel

Strategien der Psychoanalyse und anderer Einsichtstherapien

Welcher psychotherapeutischen Technik man den Vorzug gibt, hängt davon ab, von welcher Theorie der Psychopathologie und der Funktion der Symptome man ausgeht. Mit ähnlichen Patienten konfrontiert, werden die einzelnen Therapeuten zu stark divergierenden Annahmen über die Natur des Problems und die angezeigten Behandlungsmethoden kommen. Im Falle einer Patientin, die unter extremer Angst leidet, wenn sie allein außer Haus zu gehen versucht, würde der Kurztherapeut beispielsweise annehmen, daß dieses Verhalten durch die Frau selbst und andere Personen ihrer Umgebung verstärkt wird. Er würde die Patientin anweisen, unter Bedingungen zu Hause zu bleiben, die ihr dies unmöglich machen würden. Der Familientherapeut würde das Symptom der Patientin als Bestandteil eines impliziten Kontrakts mit anderen Familienmitgliedern betrachten und vorschlagen, den Ehemann in die Behandlung dieses Symptoms einzubeziehen. Der Tiefenpsychologe bzw. der nondirektive Therapeut würde ganz anders an das Problem herangehen. Er würde die »Ursache« des Symptoms in der intrapsychischen Struktur der Patientin vermuten. Er würde ihr Verlangen, zu Hause zu bleiben, akzeptieren und gleichzeitig die Hintergründe ihres Symptoms erforschen. In der Theorie wie in der Praxis würde er die anderen Familienmitglieder ausschließen. Er würde sich darauf konzentrieren, der Patientin ihre verdrängten Vorstellungen und den Zusammenhang zwischen ihrem gegenwärtigen Verhalten und ihren Phantasien und Kindheitserlebnissen bewußtzumachen. Sowohl die Beschränkung auf das Individuum als auch der Verzicht auf unverhohlene Lenkung des Patienten sind für die nondirektive Schule charakteristisch.

Die Anhänger der nondirektiven Strategie in der Psychotherapie, insbesondere die Psychoanalytiker, lehnen die kurztherapeutischen Behandlungsmethoden gewöhnlich ebenso ab, wie sie es von sich weisen, dem Patienten vorzuschreiben, wie er sich in seinem Privatleben zu verhalten habe. Der Psychoanalytiker argumentiert dabei, daß der direktive Therapeut bloß die Symptome beseitige und den Patienten nicht *wirklich* verändere. Macht ein Patient bei anderer therapeutischer Behandlung rasche Fortschritte, dann wendet der

Analytiker ein, es handle sich lediglich um eine »Übertragungsheilung« und nicht um eine tiefreichende Veränderung. Die Überzeugung, daß es keinen Sinn habe, ja unklug sei, den Patienten von seinen Symptomen zu befreien, ist im psychotherapeutischen Denken tief verwurzelt. Zwei Annahmen liegen diesem Standpunkt zugrunde: a) Symptome zu beseitigen ist nicht besonders schwer, falls man es wünscht, und b) wenn man den Patienten von einem Symptom befreit, bekommt er bloß ein anderes, vermutlich schlimmeres, da die tieferen »Ursachen« nicht beseitigt worden sind. Die Stichhaltigkeit beider Annahmen wird gegenwärtig in Frage gestellt. Falls überhaupt, gibt es wenig Beweise dafür.

Die nondirektive Therapie unterscheidet sich von anderen Methoden gewöhnlich durch die Weigerung des Therapeuten, dem Patienten außerhalb des Behandlungszimmers sein Verhalten vorzuschreiben, und durch seine ruhige Passivität in diesem Raum. Der Psychoanalytiker ist typischerweise der Ansicht, Interventionen im Leben des Patienten verzerrten den therapeutischen Prozeß. Zu Freuds Zeiten war die Psychoanalyse nicht nur kürzer, sondern auch aktiver. Freud wählte das Thema, über das der Patient frei assoziieren sollte, und sobald der Patient »Einsicht« in ein Problem gewonnen hatte, forderte Freud ihn auf, dieses neue Wissen in seinem Leben in die Tat umzusetzen. Die lange Behandlungszeit und der extreme Widerwille des Analytikers, seinem Patienten ein bestimmtes Verhalten abzuverlangen, scheinen spätere Entwicklungen zu sein.

Ein Problem bei der Darstellung der Psychoanalyse wie auch anderer therapeutischer Schulen liegt in der Tatsache begründet, daß in den Berichten der Therapeuten die Theorie einer Schule im Mittelpunkt steht und nicht das tatsächliche Geschehen zwischen Therapeut und Patient. Obwohl es eine umfangreiche Literatur über die psychoanalytische Theorie gibt, fehlt es an Schilderungen der konkreten Ereignisse im Behandlungszimmer des Therapeuten. Es ist sogar fraglich, ob das Gros der Analytiker nicht direktiver verfährt, als sie in Veröffentlichungen zuzugeben bereit sind.

Die Betonung der Denkvorgänge und der Entwicklung der Phantasie scheinen auf die Faszination zurückzuführen zu sein, die die menschlichen Denkprozesse auf Freud ausübten. Man kann Freud nicht lesen, ohne die Zähigkeit und das Geschick zu bewundern, mit denen er den Gedanken eines Patienten in all ihren symbolischen Verästelungen nachspürt. Ich habe nicht die Absicht, in diesem Kapitel Freuds Formulierungen über die Entwicklung der individuellen Persönlichkeit oder seiner Analyse symbolischen Materials zu widersprechen. Vielmehr vertrete ich die Auffassung, daß sich die Erforschung der menschlichen Psyche für die therapeutische Veränderung als irrelevant erweisen könnte. Während Freud annahm, die Selbsterforschung des Patienten bewirke den Wandel, gehe ich davon aus, daß die Veränderung ein Produkt des interpersonalen Kontexts dieser Erforschung ist und nicht der Selbsterkenntnis, die der Patient gewinnt. Freud wirkte zu einer Zeit, in der man annahm, der Mensch könne sich durch Selbsterkenntnis verändern, während diese Fähigkeit des Menschen heute entschieden als begrenzt angesehen wird. Eine Darstellung der psychoanalytischen Therapie, die sowohl den Analytiker als auch den Patienten miteinschließt, statt nur die subjektiven seelischen Prozesse des Patienten zu berücksichtigen, läßt neben der Selbsterkenntnis auch noch andere Faktoren als Quelle therapeutischer Veränderung erkennen.

Trotz des Mangels an Berichten über das tatsächliche Geschehen zwischen Therapeut und Patient in der Psychoanalyse ist es möglich, diese Therapieform auf der Basis der allgemeinen Vorstellungen davon, was dabei geschehen sollte, zu beschreiben. Es ist auch möglich, bei dieser Methode Ähnlichkeiten mit anderen, scheinbar ganz unterschiedlichen Methoden zu entdecken. Da bei der gleichen Patientengruppe mit verschiedenen Therapieformen Veränderungen herbeigeführt werden können, ist die Frage berechtigt, ob nicht doch Ähnlichkeiten bestehen zwischen a) dem Rat des direktiven Therapeuten an einen ständig klagenden Patienten, sich effektiver zu beklagen, b) der Wiederholung der Klagen durch den Therapeuten in der nondirektiven Therapie von Carl Rogers, und c) dem schweigenden Anhören der Klagen durch den Psychoanalytiker.

Nach Auffassung der Psychoanalytiker tritt die therapeutische Veränderung ein, wenn der Patient in Gegenwart des Analytikers frei assoziiert. Der Konflikt zwischen den Triebregungen und den Zwängen der sozialen Existenz haben sein Unbewußtes mit verdrängten Vorstellungen, verzerrten Wahrnehmungen und fehlgeleiteter libidinöser Energie gefüllt. Bei der Durcharbeitung seiner Übertragung auf den Analytiker entdeckt der Patient die verschiedenen, aus der Kindheit stammenden verdrängten Ideen und befreit sich von ihnen. Die Schwierigkeit bei seiner Therapie liegt in der Durcharbeitung seiner Widerstände gegen die Aufdeckung dieser verzerrten Ideen und Vorstellungen. Mit Hilfe gelegentlicher Interpretationen durch den Analytiker lernt er, sich ihnen zu stellen, sie zu den Wurzeln zurückzuverfolgen und zu überwinden.

Die psychoanalytische Theorie beruht auf drei wesentlichen Prämissen: a) das Problem des Patienten beruht weitgehend auf verzerrter Wahrnehmung und fehlgeleitetem Affekt; b) das Ringen des Patienten spielt sich vorwiegend in seinem Inneren ab und hat mit seinen Widerständen gegen Entdeckungen über sich selbst zu tun; und c) die Annahme, daß jeder Vorteil, den der Patient in seiner Umgebung aus seinen Symptomen zieht, ein bloßer Sekundärgewinn sei;

der Hauptakzent liegt auf seiner Abwehr gegen innerpsychische Vorstellungen.

Diese ausschließliche Beschränkung auf die inneren Vorgänge eines Patienten war in der Geschichte der Psychoanalyse nicht von Anfang an festzustellen. Einer der entscheidendsten Momente in dieser Geschichte war Freuds mutige Umkehrung seiner Position in bezug auf die Hysterie. Während er zuerst angenommen hatte, daß die Hysterikerinnen in ihrer Jugend Opfer realer sexueller Gewalttaten geworden seien, wie sie behaupteten, vertrat er nun die Auffassung, ihre Aussagen beruhten auf Phantasien und Wunschvorstellungen. Aus dieser neuen Sicht entwickelte sich die Darstellung des Ödipuskonflikts. Diese Verlagerung bewirkte jedoch auch, daß sich die Psychoanalyse hinfort mehr mit dem Phantasieleben des Patienten beschäftigte als mit seinem Verhalten gegenüber seinen Mitmenschen. Hätte Freud die Möglichkeit ins Auge gefaßt, daß sich die Eltern der hysterischen Patientin dieser gegenüber in ganz bestimmter Weise verhielten, dann hätte er sich auf das Gebiet der Familienforschung und -klassifikation begeben. Hätte er sich mit den Versuchen der Patientin auseinandergesetzt, ihn durch die Erzählung unwahrer Vergewaltigungsgeschichten zu manipulieren, dann hätte er die Taktiken zwischen Patient und Therapeut ins Visier bekommen. Er konzentrierte sich jedoch auf die Mißinterpretationen der Vergangenheit des Patienten und drang damit in die Sphäre symbolischer Prozesse vor. Die Beschäftigung mit der verzerrten Wahrnehmung des Patienten statt mit seinem Verhalten verlagerte das Hauptaugenmerk der Psychoanalyse auf die Phantasiewelt des Patienten und lenkte es von dessen Reaktionen auf das Tun und Lassen des Therapeuten ab.

Selbstverständlich muß sich jedes Studium der menschlichen Persönlichkeit auch mit dem Phänomen der verzerrten Wahrnehmung befassen. Niemand kann leugnen, daß die einmal erlernten Muster der Wahrnehmung im Menschen fortbestehen. Sonst würden wir jedem neuen Menschen ohne Erwartungen, wie er wohl aussehe, gegenübertreten. Schon aus Gründen der Ökonomie müssen wir unsere Informationen über Menschen kodifizieren, damit wir nicht jedesmal, wenn jemand etwas zu uns sagt, vom Nullpunkt anfangen müssen. Es scheint auch auf der Hand zu liegen, daß unser Kodifizierungssystem der Situation, in der wir uns befinden, nicht immer ganz angemessen ist. Wir nehmen Leute nicht richtig wahr, weil unsere Erwartungen nicht vollständig genug sind, um den neuen Dingen gerecht zu werden, die sich in unserem Leben ereignen. Wenn wir in eine neue Beziehung eintreten, nehmen wir diese auf der Basis früherer Beziehungen wahr. Wir modifizieren einerseits unsere früheren Wahrnehmungen, andererseits manipulieren wir die neue Beziehung, um unsere früheren Wahrnehmungen zu bestätigen. Obwohl man von der Hartnäckigkeit von Wahrnehmungsmustern und deren Unangemessenheit in manchen Situationen ausgehen muß, braucht man sich jedoch bei der Erarbeitung von Therapien nicht auf die seelischen Prozesse eines Individuums zu beschränken. Der Mensch nimmt auf bestimmte Weise wahr, aber er verhält sich auch auf bestimmte Weise, und die Reaktionen, die er durch sein Verhalten auslöst, beeinflussen ihrerseits seine Wahrnehmung. Die Vernachlässigung des Verhaltens in der Psychoanalyse hat das Argument provoziert, die Psychoanalyse sei ein Ein-Personen-Interaktionssystem. Wenn man davon ausgeht, daß der Patient vor allem mit den Widerständen zu ringen hat, die ihn darin hindern, die Wahrheit über sich selbst zu entdecken, dann wird das Verhalten des Analytikers gänzlich außer acht gelassen. Manche Analytiker scheinen sogar auf dem Standpunkt zu stehen, wenn der Analytiker in einem bestimmten Augenblick nichts sage, beeinflusse er den Patienten nicht. Rogers argumentiert in ähnlicher Weise, der Therapeut sei bloß ein Spiegel, der dem Patienten vorgehalten werde, damit dieser sich sehen könne.

In Wirklichkeit ist der Terminus nondirektive Therapie fehl am Platz. Wer behauptet, irgendeine Kommunikation zwischen zwei Menschen könne nondirektiv sein, behauptet etwas Unmögliches. Mit allem, was der Therapeut zum Patienten sagt, beeinflußt er ihn ebenso wie mit allem, was er nicht zu ihm sagt. Wenn der Patient den Therapeuten um Rat bittet, was er tun soll, und dieser antwortet: »Ich werde Ihnen keinen Rat geben«, dann rät er dem Patienten damit offensichtlich, ihn nicht um Rat zu bitten. Wenn der Patient den Therapeuten mit Klagen überhäuft und dieser dazu schweigt, dann ist dieses Schweigen ohne Zweifel ein Kommentar über das Verhalten des Patienten. Vom hier vertretenen Standpunkt aus liegt der entscheidende Aspekt der nondirektiven Therapie in der Tatsache, daß der Patient nicht die Kontrolle über das Verhalten des Therapeuten erlangen kann. Wenn der Therapeut den Patienten dirigiert und gleichzeitig leugnet, daß er ihn dirigiert, hat er die Kontrolle über die Beziehung inne.

Die überlegene Position des Therapeuten

Um die Kontrolle über eine Beziehung zu haben, muß man in einer Position sein, in der man die Regeln dafür festlegen kann, was zwischen einem selbst und einer ‚anderen Person geschehen soll. Die Tatsache, daß der Therapeut in einer überlegenen Position sein muß und in der Therapie die Führung zu übernehmen hat, wird offenkundig, wenn man sich überlegt, wie unmöglich die Situation wäre, wenn er das nicht täte. Der Patient sieht den Therapeuten als Autorität an, die ihm helfen kann; verhält sich der Therapeut in unangemessener Weise, dann wird sich der Patient an jemand anderen wenden. Daraus ergibt sich jedoch nicht notwendigerweise, daß der Therapeut seine Führungsrolle betont, denn schließlich hat er es mit Leuten zu tun, die in diesem Punkt merkwürdig empfindlich sind. Der Therapeut nimmt in der Interaktion sichtlich eine privilegierte Position ein und beansprucht das Recht, für die Beziehung Regeln festzusetzen, spielt jedoch seine überlegene Position gleichzeitig herunter und leugnet sie vielleicht sogar.

Der Kontext der Beziehung unterstreicht die Position des Therapeuten in einer Weise, die es ihm gestattet, kein Aufhebens davon zu machen. Die Patienten werden gewöhnlich von Leuten zu ihm geschickt, die darauf hinweisen, welche Kapazität er sei und wie dringend der Patient Hilfe brauche. Manche Therapeuten haben eine Warteliste, was den Patienten beeindruckt, der sich gedulden muß, bis die Reihe an ihn kommt; andere lassen durchblicken, daß sie Patienten mit ähnlichen Symptomen erfolgreich behandelt haben. Außerdem muß der Patient bereit sein, Geld zu bezahlen, nur um mit dem Therapeuten zu reden, und der Therapeut kann ihn entweder behandeln oder fortschicken und hat daher die Kontrolle darüber, ob überhaupt eine Beziehung zustande kommt. Bei der ersten Begegnung wird nicht nur das Prestige des Therapeuten ins rechte Licht gerückt, auch die Unzulänglichkeit des Patienten wird verdeutlicht. Der Patient ist insofern im Nachteil, als er seine Schwierigkeiten im Leben vor einem Menschen ausbreiten muß, der selbst keine zu haben scheint.

Der äußere Rahmen, in dem die meisten Therapeuten arbeiten, ist ebenfalls geeignet, ihre überlegene Position zu verstärken. In vielen Fällen thront der Therapeut hinter einem Schreibtisch, dem Symbol der Autorität, während der Patient in der Position des Bittstellers auf einem Stuhl sitzt. In der psychoanalytischen Therapie ist das Arrangement noch eindeutiger. Der Patient muß liegen, während der Therapeut aufrecht sitzt. Sein Sessel ist so postiert, daß er die Reaktionen des Patienten beobachten kann, dieser ihn aber nicht sieht. Durch dieses Arrangement ist der Therapeut im Vorteil, da beide Partner ihre Wirkung aufeinander beobachten müssen, um das Verhalten des anderen kontrollieren zu können. Patienten, denen sehr daran gelegen ist, andere zu dominieren, geraten in Panik, wenn sie mit jemandem sprechen sollen, den sie nicht sehen können, und lehnen die Couch oft strikt ab.

Das Erstinterview macht gewöhnlich schon durch die Behandlungsregeln, die der Therapeut festlegt, die Tatsache unübersehbar, daß der Therapeut in der Beziehung die Führung innehat. Er bestimmt die Häufigkeit der Sitzungen, er deutet an, daß er über die Beendigung der Therapie entscheiden werde, und er klärt den Patienten gewöhnlich auf, wie er sich im Behandlungszimmer zu betragen hat. Dies kann in Form einer allgemeinen Bemerkung erfolgen, wie sich der Patient dort äußern soll, oder in Form spezifischer Instruktionen wie in der analytischen Situation, wo der Patient angewiesen wird, sich niederzulegen und alles auszusprechen, was ihm in den Sinn kommt.

Obwohl der Therapeut zunächst im Vorteil ist, da er die Regeln für die Interaktion festsetzt, kann der Patient vor Abschluß der Therapie manche oder alle seine Privilegien anfechten oder in Frage stellen. Er kann es verabsäumen, das Honorar zu bezahlen, kann zu den vereinbarten Terminen nicht erscheinen, kann darauf anspielen, daß andere Patienten dieses Therapeuten nicht geheilt wurden, kann umhergehen, statt auf seinem Platz zu bleiben, kann sich weigern zu sprechen und andeuten, daß er wahrscheinlich fähiger sei als der Therapeut.

In jeder Interaktion mit dem Patienten wird der Therapeut versuchen, seinen Vorteil zu wahren, und der Patient wird versuchen, seine Benachteiligung zu überwinden, aber dies bedeutet nicht, daß der psychotherapeutische Prozeß aus einem offenen Kampf um die Kontrolle über die Beziehung besteht. Der Therapeut, der von seiner überlegenen Position Aufhebens macht, indem er den Patienten zwingt, diese offen anzuerkennen, provoziert damit eine Konkurrenzhaltung und gerät dadurch in der Beziehung ins Hintertreffen. Idealerweise sollte er imstande sein, dem Patienten zu *gestatten*, nach außen hin die überlegene Position einzunehmen, falls dieser großen Wert darauf legt. Immer wenn der Therapeut verlangt, daß sich der Patient in einer bestimmten Weise verhält, riskiert er eine Niederlage, aber wenn er dem Patienten *erlaubt*, sich so und so zu verhalten, fährt er fort, seine Position als überlegen zu definieren. Beispielsweise kann ein Patient darauf bestehen, daß sein nondirektiver Therapeut mit ihm spricht. Würde der Therapeut antworten, er wolle nicht, der Patient müsse reden, so würde er seine Position gefährden. Er kann jedoch erwidern: »Ich frage mich, weshalb es Sie so beunruhigt, daß ich nichts sage«, oder: »Ich rede gern mit Ihnen, aber wie *Sie* das Problem sehen, ist hier wichtig« – damit geht er auf die Forderung des Patienten ein, lenkt dessen Verhalten aber dennoch in die gewünschten Bahnen.

Der tolerante Aspekt der Psychotherapie tritt in der nondirektiven Therapie vielleicht am deutlichsten zutage. Mit Ausnahme von Tätlichkeiten setzt der Therapeut dem Tun des Patienten keinen Widerstand entgegen. Was auch immer der Patient in seinem Privatleben unternimmt, und sei es noch so drastisch, er fordert damit weder den Rat noch die Ablehnung des Therapeuten heraus. Was auch immer er im Behandlungszimmer äußert, der Therapeut wird sich weder schockiert zeigen noch Protest erheben. Klagen über persönliche Not und Äußerungen der Zufriedenheit werden mit aufmerksamem Schweigen zur Kenntnis genommen. Es versteht sich von selbst, daß ein Patient, der den Therapeuten nicht zu einer erwarteten Reaktion herausfordern kann, auch dessen Verhalten nicht zu kontrollieren oder einzuschränken vermag. In der Regel probiert der Patient im Verlauf der Psychoanalyse ein breites Verhaltensspektrum durch, einschließlich vieler Manipulationstechniken, die er seit Jahren nicht mehr benutzt hat. (Dies wird in der Psychoanalyse als Regression bezeichnet.) Der Psychoanalytiker behält die Kontrolle über das Geschehen zwischen sich und dem Patienten, indem er nur in einer Weise reagiert, die ihm richtig erscheint und den von ihm festgesetzten Spielregeln entspricht.

Es gibt eine Art von Verhalten, die den Psychoanalytiker zu einer Reaktion provoziert, aber diese Reaktion ist so beschaffen, daß der Therapeut seinen Vorteil wahrt und nicht ins Hintertreffen gerät. Wenn sich der Patient weigert, seine Träume zu berichten oder frei zu assoziieren, klärt ihn der Analytiker auf, daß dieses Verhalten Ausdruck seines Widerstandes gegen die Vertiefung seiner Selbsterkenntnis sei. Gewöhnlich bereitet der Analytiker schon zu Beginn der Behandlung, wenn er die Grundregeln erläutert, den Patienten darauf vor, daß er zeitweilig dem Analytiker gegenüber verärgert und feindselig sein werde und daran denken werde, die Zusammenarbeit einzustellen oder die Behandlung ganz abzubrechen. Wenn dies geschehe, so handle es sich um ein Zeichen des Widerstands gegen Veränderung, das untersucht und analysiert werden müsse, da es für den Behandlungsprozeß höchst bedeutsam sei.

Verweigert der Patient tatsächlich die Zusammenarbeit, so nimmt der Analytiker das nicht persönlich – dadurch würde der Patient Oberwasser erhalten, da er eine Reaktion provoziert hat. Statt dessen weist der Analytiker darauf hin, daß Widerstände gegen Veränderung und gegen Vorstellungen des Patienten, die ans Licht drängen, für den Genesungsprozeß wesentlich seien. Resistentes Verhalten seitens des Patienten wird dadurch als kooperatives Verhalten im Behandlungsprozeß definiert. Sollte der Patient weiterhin Widerstand leisten, fährt der Analytiker fort, das als Problem zu behandeln, welches der Patient mit sich selbst hat, und hindert diesen dadurch, ihn zu einer unbeherrschten Reaktion zu provozieren. Da der Patient in seinen früheren Beziehungen unbeherrschte Reaktionen provoziert hat, konnte er sich auf diese Weise die Kontrolle über die jeweilige Beziehung verschaffen. Dem Analytiker gegenüber kann er diese Methoden jedoch nicht erfolgreich anwenden.

Sagt ein Patient etwas Unfreundliches zu einem direktiven Therapeuten, etwa: »Ich mag Sie nicht«, erhält er vielleicht die Antwort: »Okay, Sie brauchen mich nicht zu mögen, um meine Hilfe in Anspruch zu nehmen.« Der Therapeut definiert die Art ihrer Beziehung, indem er akzeptiert, was der Patient sagt, und es auf solche Weise »übertrumpft«, daß er die Kontrolle über die Beziehung behält. Wenn der Patient zu einem Analytiker sagt: »Ich mag Sie nicht«, wird dieser schweigend reagieren oder »Mhm« sagen. Auch mit dieser Antwort wird das Manöver des Patienten akzeptiert und »übertrumpft«. Da der Analytiker dem Patienten nicht gestattet, ihn zu provozieren, bleibt er derjenige, der den Charakter ihrer Beziehung definiert. Auch der klientenzentrierte Therapeut (Rogerianer), der auf eine solche Mitteilung antwortet: »Sie haben das Gefühl, Sie mögen mich nicht«, erhält durch dieses Unterlaufen des Manövers die Kontrolle über die Beziehung aufrecht. Es gibt ein altes Sprichwort, daß man gegen einen hilflosen Gegner nicht gewinnen könne: Wenn die schärfsten Schläge nicht erwidert werden, bekommt man bloß Schuldgefühle und muß versuchen, auf andere Weise eine Reaktion zu provozieren. Durch das tolerante Schweigen wird der Patient entwaffnet; er ist außerstande, sich die Herrschaft über das Verhalten des Therapeuten zu verschaffen. Die Manöver, mit denen der Patient in der Vergangenheit Erfolg hatte, erweisen sich als unbrauchbar, obwohl er im Laufe einer langen Analyse immer wieder versuchen wird, sie anzuwenden. Der Patient wird schließlich frustriert sein und ziemlich verzweifelt nach anderen Manövern Ausschau halten. Dennoch hat der Therapeut dem Patienten nie eine andere Verhaltensweise empfohlen (mit dieser Art von Anweisung hätte der Patient vielleicht fertigwerden können); er hat sich lediglich permissiv verhalten. Der Patient muß sein Verhalten »freiwillig« ändern, in der Hoffnung, mehr oder weniger zufällig Mittel und Wege zu entdecken, wie er die Reaktionen des Analytikers unter Kontrolle bekommen kann. Schweigen ist natürlich nicht die einzige Taktik des Patienten. Gesprächigere Therapeuten werden eine Äußerung wie »Ich mag Sie nicht« kaum mit Schweigen quittieren. Unter Umständen antworten sie: »Ich frage mich, weshalb Sie mich heute nicht mögen? Vielleicht weil Sie letztes Mal Ihre Eltern kritisierten und deshalb Schuldgefühle haben?« Durch eine solche Antwort wird die Äußerung des Patienten ebenfalls akzeptiert, aber gleichzeitig angedeutet, daß es sich um eine vorübergehende Verstimmung handeln könne: auch in diesem Fall behält der Therapeut die Kontrolle darüber, welche Art von Verhalten zwischen ihnen stattfinden wird. Die Unfähigkeit des Patienten, die Kontrolle über die Geschehnisse zu erlangen, ist es, was die Prozedur so quälend für ihn macht; dadurch, daß der versierte

Psychoanalytiker immer dann reagiert, wenn sich der Patient anders als bisher verhält, wird der Patient zwangsläufig in Richtung Veränderung gelenkt.

Der Faktor, auf den es bei dieser Lenkungsmethode ankommt, ist die Leugnung des Therapeuten, daß er den Patienten lenke. Der Patient kann sich weder weigern, den Anweisungen des Therapeuten Folge zu leisten, noch kann er die Zusammenarbeit nach seinem Willen gestalten. Der Analytiker hält seine Machtposition in der Beziehung aufrecht, indem er sich passiv und permissiv verhält. Wenn der Analytiker wenig sagt, erhält jedes Wort, das er äußert, naturgemäß besondere Bedeutung. Ähnliches gilt für den Rogerianer: Wenn er die Äußerungen des Patienten wiederholt, ist es unerhört bedeutsam, welche Mitteilungen er wiederholt, nicht wegen seiner Formulierungen, sondern weil er dadurch bestimmte Augenblicke und Informationen hervorhebt. Dieses Moment der Wiederholung ist einer der wenigen Hinweise, die der Patient bezüglich der Richtung hat, welche ihm gewiesen wird. Schließlich lernt der Patient, wie er den Therapeuten zu einer Reaktion veranlassen kann, aber nur zu dessen Bedingungen. Die Leugnung einer Lenkung ist in der Methode implizit. Schließlich wählt der Patient selbst die Themen, die behandelt werden, und der Therapeut nimmt bloß gelegentlich zu gewissen Fragen Stellung. Es liegt auf der Hand, daß diese Methode, Menschen zu dirigieren, speziell auf Personen zugeschnitten ist, die ungern Weisungen befolgen – ein Charakteristikum psychiatrischer Patienten.

Jemanden zu dirigieren und gleichzeitig zu leugnen, daß man ihn dirigiert, erfordert eine spezielle Redeweise. Wenn jemand einen anderen um eine Zigarette bittet, weist er ihn an, ihm eine zu geben. Wenn aber jemand sagt: »Ich wollte, ich hätte eine Zigarette«, dann ersucht er nicht darum, und dennoch kann sie ihm der andere nicht abschlagen. Er muß sie ihm »freiwillig« geben oder die Äußerung ignorieren. Bezeichnenderweise sagt der nondirektive Therapeut nicht: »Erzählen Sie mir mehr darüber« – der Patient hätte dann die Wahl, zu gehorchen oder sich zu weigern. Er sagt: »Ich frage mich, weshalb Sie das sagen«, oder: »O?« oder: »Das scheint Ihnen sehr nahe zu gehen«, oder er wiederholt die Worte des Patienten in fragendem Tonfall. Der Patient, der eine Botschaft dieser Art empfängt, fühlt sich aufgefordert, seine Aussage näher zu erläutern, aber die Aufforderung ist nicht in einer Weise erfolgt, die es ihm ermöglichen würde, sie abzulehnen. Er kann seine Ausführungen nur »freiwillig« ergänzen. Diese Art des nondirektiven Dirigierens kann als Direktive bezeichnet werden, die durch die Leugnung qualifiziert wird, daß es sich um eine Direktive handle. Der Patient kann sich nicht weigern, Anordnungen zu befolgen, wenn keine expliziten Anordnungen ausgesprochen wurden. Eine weitere Folge dieses Verfahrens ist die intensive Konzentration des Patienten auf den Therapeuten; er muß sich angestrengt bemühen, aus den Worten des Therapeuten Hinweise herauszulesen, was er denken und tun soll. Es kann passieren, daß er zu einer Sitzung kommt und sagt: »Ich hatte letztes Mal den Eindruck, daß Sie meinen, ich sollte meine Pläne noch einmal überdenken.« Der nondirektive Therapeut gibt darauf vielleicht zur Antwort: »Ja? Vielleicht haben Sie selbst Zweifel an Ihren Plänen?« Wieder leugnet der Therapeut, Anweisungen zu geben, aber in vielen solchen Situationen treffen die Vermutungen des Patienten zu, in welche Richtung ihn der Therapeut lenken will, obwohl er es bestreitet. Patienten, die eine Psychoanalyse hinter sich haben und danach einen direktiven Therapeuten konsultieren, setzen dieses Verfahren manchmal fort, obwohl es gar nicht mehr angemessen ist. Der direktive Therapeut sagt etwa: »Ich halte Ihre Pläne für unklug und möchte, daß Sie sie ändern.« Wenn der Patient in der folgenden Woche wiederkommt, bemerkt er vielleicht: »Ich kann mich täuschen, aber ich habe den Eindruck, Sie meinen, ich sollte meine Pläne überdenken.« Nach gründlichem Training im Erfassen nondirektiver Aufforderungen fällt es dem Patienten manchmal schwer, eine offene, direktive Botschaft so zu verstehen, wie sie gemeint ist.

Der psychoanalytische Bezugsrahmen

Vielleicht das wesentlichste Moment der nondirektiven Therapie ist die Forderung des Therapeuten, daß der Patient bestimmt, was in den Sitzungen geschieht. Der Patient kommt mit der Erwartung zum Therapeuten, eine Autorität vorzufinden, die ihm hilft und ihm sagt, was er tun soll, aber er wird prompt informiert, daß er reden und die Gesprächsthemen auswählen müsse. Dies ist eine im menschlichen Leben einzigartige Situation. Wenn man sich um die Hilfe eines Experten, besonders in der Heilkunde, bemüht, ist es doch im Normalfall so, daß man sein Problem schildert und dann Instruktionen, Medikamente oder zumindest einen Rat erhält. Die Situation ist in aller Regel definiert als ein Verhältnis zwischen Autoritätsperson und Ratsuchendem, mithin als komplementäre Beziehung. In der Psychoanalyse übernimmt der Therapeut die Führung in der Situation, indem er dem Patienten die Führung überträgt. Er fordert den Patienten auf, über das zu sprechen, was ihm in den Sinn kommt. Falls der Patient fragt, worüber er sprechen soll oder welches Thema am wichtigsten wäre, verweigert der Analytiker eine Erklärung und weist darauf hin, daß der Patient die

Wahl des Themas entscheiden müsse. Möglicherweise verdankt diese Behandlungsform einen Teil ihres Erfolges der Einzigartigkeit dieser Situation: der Patient kann mit dem Analytiker nicht in seiner gewohnten Art umgehen, denn er hat noch nie eine vergleichbare Beziehung gehabt. Für den typischen psychiatrischen Patienten ist es besonders schwierig, sich in einer Situation zurechtzufinden, in der er gleichzeitig die Führung innehat und doch nicht innehat. Die analytische Gruppentherapie hat diese Grundstrategie von der Psychoanalyse übernommen: der Gruppenleiter führt, indem er sich der Führungsrolle entzieht und die Gruppenmitglieder zwingt, selbst die Initiative zu ergreifen. Die Gruppe ist dadurch einem Paradox konfrontiert.

Die psychoanalytische Situation besteht im wesentlichen darin, daß der Patient etwas anbietet und der Analytiker diese Angebote kontert. Die meisten Patienten, speziell die »hilflosen«, sind an die gegenteilige Situation gewöhnt. Jene Minderheit von Patienten, die mit Menschen nur umgehen können, indem sie deren Angebote kontern, wird in dieser Art von Therapie versagen. Wenn der nondirektive Therapeut auf einen nondirektiven Patienten trifft – etwa auf einen extrem schweigsamen Menschen –, werden beide funktionsunfähig.

Sobald der Patient Gesprächsthemen anschneidet, beginnt der Analytiker auf die Themenwahl Einfluß zu nehmen. Die Kontrolle des Therapeuten richtet sich weniger darauf, welche Themen angesprochen werden, als auf die Richtung, in die sich die Gespräche entwickeln – also letztlich auch darauf, welche Themen präsentiert werden. Dies wird auf eine Weise erreicht, daß der Patient nicht sagen kann, er werde hinsichtlich der Themenwahl beeinflußt. Wenn der Patient etwas erwähnt, was der Therapeut für wichtig hält, sagt er »mhm« oder »o« – im übrigen schweigt er. Der Patient befindet sich somit in einer Position, in der er versuchen muß, eine Reaktion auszulösen, ohne zu wissen, welche Art von Verhalten dazu geeignet ist. Das Ergebnis ist ein Suchverhalten, welches das vollständige Repertoire an Manövern umfassen kann, mit denen der Patient in der Vergangenheit bei anderen Leuten Reaktionen hervorgerufen hat.

Sobald der Analytiker dem Patienten signalisiert hat, was er kommunizieren soll, legt er ihm nahe, in einem bestimmten Stil zu kommunizieren. Dieser entspricht im wesentlichen der Art und Weise, in der der Patient zu kommunizieren gewohnt ist, denn er wird aufgefordert, etwas zu sagen und gleichzeitig so zu tun, als sei er für das, was gesagt wird, nicht verantwortlich. Es wurde bereits darauf hingewiesen, daß der typische Psychotherapie-Patient gewohnheitsmäßig darauf besteht, das Verhalten anderer Leute auf indirekte

Weise zu gängeln – durch symptomatisches Verhalten, das es ihm gestattet, etwas zu tun und gleichzeitig zu leugnen, daß *er* es tut. Es erscheint logisch, daß er zwangsläufig auch in der Therapie auf diese Weise kommunizieren wird, speziell wenn man von ihm fordert, daß er die Initiative übernimmt. Erlaubt man ihm jedoch bloß, auf seine übliche Art zu kommunizieren, so wird er sich entweder die Kontrolle über die Ereignisse verschaffen oder zumindest sein symptomatisches Verhalten fortsetzen. Der psychoanalytischen Therapie ist es gelungen, dieses Problem zu lösen. Der Patient wird aufgefordert, indirekt zu kommunizieren – etwas zu sagen und dabei anzudeuten, daß nicht *er* es sagt –, wenn der Therapeut ihn anweist, seine Träume, Phantasien und freien Assoziationen mitzuteilen. Der Patient wird ermutigt, etwas zu sagen und zu leugnen, daß *er* es sagt, denn schließlich kann man ihn nicht für seine Träume und die freien Assoziationen verantwortlich machen, die ihm durch den Kopf gehen. Wenn man die Symptomatologie als Methode ansieht, um Menschen zu beeinflussen, ohne sich dazu bekennen zu müssen, wird offenbar, daß die Ermutigung des Patienten zu indirekter Kommunikation eine Ermutigung zu symptomatischer Kommunikation ist. (Auch die räumliche Anordnung bei der Psychoanalyse begünstigt die indirekte Kommunikation. Der Patient liegt auf der Couch und spricht zur Decke, statt direkt zum Analytiker gewandt.) Wenn der Patient seine Äußerungen auf Weisung des Analytikers als nicht von ihm, sondern von seinem Unbewußten kommend qualifiziert, dann stößt er mit dieser Etikettierung nicht auf Ablehnung, sondern wird darin vom Analytiker *nach dessen Gutdünken* unterstützt. In diesem symbolischen Stil der Gesprächsführung ist der Analytiker eine Autorität, der Patient ist das nicht. (Die Jungsche Psychotherapie wird hier nicht gesondert behandelt, da ihre Taktiken denen anderer Methoden gleichen. Auch der Jungsche Therapeut akzeptiert das Verhalten des Patienten und verschafft sich die Kontrolle, indem er dieses Verhalten in ein System einordnet, das er zu handhaben vermag, der Patient aber kaum durchschaut.)

Obwohl der Psychoanalytiker den Patienten zu indirekter Kommunikation ermutigt, wird er manchmal auch mit direkten Äußerungen konfrontiert. Oft macht der Patient direkte Aussagen über *ihn selbst*. Diese sind ihm weniger willkommen als indirekte Äußerungen, die der *Therapeut* als Kommentare über die Beziehung definieren kann. Wenn der Analytiker in den Träumen und freien Assoziationen des Patienten Hinweise auf die Beziehung entdeckt, bestimmt er, wie der Patient die Beziehung definiert. Sollte der Patient die Beziehung definieren, indem er eine direkte Bemerkung über ihn macht, verschafft sich der Analytiker ebenfalls die Kontrolle über die Definition des Patienten, aber auf andere Weise. Er erklärt, der Patient reagiere in Wirklichkeit auf einen subjektiven Eindruck von ihm und definiere daher faktisch eine andere Beziehung. Wenn der Patient beispielsweise klagt: »Sie interessieren sich nicht für mich«, wird der Therapeut vielleicht antworten: »Ich frage mich, warum Sie das sagen? Vielleicht hat sich in der Vergangenheit jemand nicht für Sie interessiert?« Das Gespräch verlagert sich dann auf die Beziehung zwischen dem Patienten und seinen Eltern. Obwohl die psychoanalytische Theorie davon ausgeht, daß Veränderungen des Patienten durch die Entdeckung von Ähnlichkeiten zwischen Situationen der Kindheit und der Gegenwart zustande kommen, kann die Erörterung der Vergangenheit auch als therapeutische Taktik betrachtet werden. Der Patient kann indirekte Bemerkungen über seine Beziehung zum Therapeuten machen, indem er in bestimmter Weise über seine Eltern spricht. Der Therapeut kann auf die Parallele hinweisen, wenn er es für nützlich hält. Er wird es speziell dann tun, wenn er hervorheben möchte, daß er derjenige ist, welcher zu definieren hat, wovon der Patient *in Wirklichkeit* spricht.

Wenn ein Therapeut die Situation so arrangieren kann, daß ihn der Patient als Autorität darüber anerkennt, was der Patient *eigentlich* sagen will, dann hat der Therapeut die Kontrolle über die Art der Beziehung zwischen ihnen. Eine Taktik, die sich offenkundig besonders gut dazu eignet, diese Situation herbeizuführen, ist die Betonung des Unbewußten durch den Therapeuten. Da der Patient der Definition entsprechend nicht wissen kann, was er unbewußt tut oder sagt, muß er darauf vertrauen, daß ihm der Analytiker entdecken hilft, was er in Wirklichkeit meint und in Wirklichkeit tut. Er muß also zwangsläufig dem Analytiker die Autorität einräumen, die Geschehnisse zu definieren und damit die Kontrolle über die Beziehung zu übernehmen. Die Unsicherheit des Patienten in bezug auf sein eigenes Verhalten nimmt noch zu, wenn ihm eingeredet wird, daß er von Kräften getrieben werde, die sich seiner Kontrolle entziehen und die zwar der Analytiker verstehen und interpretieren könne, er selbst aber nicht. Wenn der Patient unsicher ist, kann er natürlich nicht die Kontrolle über die Beziehung erlangen. Die meisten Techniken der Psychoanalyse dienen dem Zweck, sicherzustellen, daß sich der Patient mit der sekundären Position in einer komplementären Beziehung begnügt. Falls der Patient symmetrische Manöver versucht und in einer Frage offen eine andere Meinung vertritt als der Therapeut, dann wird der Analytiker seine Manöver als Produkt eines unbewußten Wunsches bzw. als eine Manifestation von Widerstand gegen seine Genesung definieren. Symmetrie als Beziehungsform ist, falls überhaupt, erst nach Abschluß der Behandlung gestattet.

Eine weitere Methode sollte hier erwähnt werden, mit der der Analytiker das Verhalten des Patienten beeinflußt. Der Analytiker weist den Patienten an, es zu vermeiden, durch sein symptomatisches Verhalten oder über dieses zu kommunizieren. Versuche des Patienten, eine paradoxe Beziehung herzustellen, werden erschwert, wenn der Patient sein Symptom nicht dazu benutzen kann, das Verhalten des Analytikers festzulegen. Der Analytiker weist gewöhnlich darauf hin, daß das Symptom nur ein Symptom sei und daß sie sich mit dem beschäftigen müßten, was dahinterstehe, daß sie an die Ursache herankommen müßten. Dies hindert den Patienten daran, den Therapeuten mit dieser Art von Verhalten zu manipulieren, und zwingt ihn, anders zu kommunizieren. Der Ausschluß derartiger Manöver seitens des Patienten kann als praktische Notwendigkeit gelten, da der Patient im Lauf der Jahre meist beträchtliche Geschicklichkeit bei der Benutzung symptomatischen Verhaltens zur Kontrolle seiner persönlichen Beziehungen entwickelt hat. Gelegentlich werden jedoch recht aufwendige psychologische Theorien über Ursache und Wirkung zur Rationalisierung dieser Taktik herangezogen.

Bestünde ein Patient darauf, sein symptomatisches Verhalten im Behandlungszimmer zu praktizieren oder seine Äußerungen auf dieses Thema zu beschränken, so müßte der Therapeut bald feststellen, daß der Patient die Interaktion in der Hand hat. Um das zu verhindern, akzeptiert der Analytiker das Verhalten des Patienten und gibt ihm eine andere Definition. Besteht der Patient beispielsweise darauf, über sein zwanghaftes Verhalten zu sprechen, obwohl der Analytiker ihn aufforderte, andere Themen zu behandeln, so kann der Analytiker etwa bemerken: »Ist Ihnen aufgefallen, daß Sie jedesmal, wenn Sie über Ihre Frau sprechen, auf Ihr Symptom zurückkommen?« Oder: »Ihr Symptom scheint sich zu verstärken, sooft von Ihrer Mutter die Rede ist.« Auf diese Weise akzeptiert der Therapeut den Widerstand des Patienten gegen bestimmte Themen, funktioniert ihn aber zu einem Beweis der Kooperationsbereitschaft, nämlich zu einem Wink für den Therapeuten um, wo im Gespräch empfindliche Stellen berührt wurden.

Fassen wir zusammen: Der Patient begibt sich zum nondirektiven Therapeuten – zu einer Autorität, die ihm sagen kann, was er tun soll, um seine Probleme zu lösen – und wird von diesem angewiesen, alles, was beim Therapeuten geschieht, selbst zu initiieren. Er wird aufgefordert, anders als auf seine gewohnte Art zu kommunizieren, indem er auf sein symptomatisches Verhalten verzichtet und freie Assoziationen und Träume mitteilt. Unterstützt von minimalen Hinweisen seitens des Therapeuten muß er »freiwillig« seine Art zu manövrieren verändern; durch die Struktur der Situation wird er daran gehindert, sich der Manöver des Therapeuten zu bedienen, und seine Versuche, sich die Kontrolle zu verschaffen, werden gewöhnlich schon von vornherein als Widerstand gegen die Behandlung bezeichnet.

Wenn sich jemand um Rat und Hilfe an eine Autorität wendet und aufgefordert wird, selbst zu sprechen, ist er mit einer paradoxen Situation konfrontiert. Er wird angewiesen, den Verlauf des Gesprächs selbst zu bestimmen, aber die Tatsache, daß er *angewiesen wird*, bedeutet, daß er nicht selbst bestimmen kann. Was auch immer er sagt, ist somit schon der Definition nach etwas, was er auf Anweisung des Therapeuten sagt. Da er sich zu Beginn seiner Therapie symptomatisch verhält, sieht er sich nun einer Situation konfrontiert, in der die Manöver, mit denen er den Therapeuten unter Kontrolle zu bringen versucht, auf Anordnung des Therapeuten erfolgen. Es wurde bereits darauf hingewiesen, daß die direktive Therapie auf ähnliche Weise operiert: Der Therapeut ermutigt den Patienten, sich symptomatisch zu verhalten. In der nondirektiven Therapie ist es so, daß der Patient, wenn er sich auf seine übliche Art verhält, das tut, was der Therapeut angeordnet hat; verhält er sich jedoch anders, so entspricht er ebenfalls den Wünschen des Therapeuten, da das Ziel der Therapie darin besteht, ihn zu verändern. In einer solchen Situation kann der Patient nicht die Kontrolle über die Beziehung erlangen.

Da alles, was der Therapeut tut, auf eine Anweisung hinausläuft, wie sich der Patient zu verhalten hat, und da der nondirektive Therapeut leugnet, daß er dem Patienten befiehlt, wie er sich zu verhalten hat, sieht sich der Patient mit einem therapeutischen Paradox konfrontiert. Er muß auf eine inkongruente Kombination von Botschaften reagieren, und seine Versuche, auszuscheren, sind durch die früheren Äußerungen des Therapeuten blockiert, daß Ausscheren ein Anzeichen von Widerstand gegen die Behandlung sei. Der Patient kann den Therapeuten nicht durch seine üblichen Verhaltensweisen beherrschen. Wenn er darauf besteht zu bestimmen, was in der Beziehung geschieht, stellt er fest, daß sein Manöver akzeptiert wird und er der impliziten Aufforderung des Therapeuten nachkommt, indem er sich so verhält. Sollte er darauf bestehen, daß der Therapeut anordnet, was in der Beziehung geschieht, dann lehnt der Therapeut dieses vom Patienten vorgeschlagene Arrangement mit dem Hinweis ab, daß es nicht seine Funktion sei, über den Patienten zu verfügen. Auf welche Art der *Patient* auch versuchen mag, sich die Kontrolle über die Beziehung zu verschaffen: sein Versuch wird fehlschlagen. Er kann es nur immer wieder versuchen, bis der Therapeut zu einem späteren Zeitpunkt seine Manöver unter Umständen als akzeptabel anerkennt. Doch der Therapeut gibt nicht zu erkennen, daß der Patient die Probleme lösen kann, indem er auf akzeptable Weise manövriert, denn er leugnet ja, daß er den Patienten anweist, sich anders zu verhalten. Wenn der Patient sein Verhalten ändert, dann wird dies vom Therapeuten als spontaner, vom Patienten ausgehender Fortschritt bezeichnet.

Die Psychotherapie wurde zur Behandlung eines bestimmten Persönlichkeitstypus entwickelt, und es scheint eine formale Ähnlichkeit zwischen symptomatischem Verhalten und therapeutischen Manövern jener Art zu bestehen, mit denen derartiges Verhalten konterkariert wird. Die therapeutische Situation ist so strukturiert, daß der Patient, wenn er sich auf seine symptomatische Weise verhält und somit ein Paradox setzt, als Gegenmaßnahme ein therapeutisches Paradox auslöst. Seine einzigen möglichen Reaktionen sind, die Szene zu verlassen, auf die unmögliche Situation hinzuweisen, in die ihn der Therapeut bringt, oder aufzuhören, selbst mit paradoxen Manövern zu arbeiten. Wenn er die Szene verläßt, ist er weiterhin seinem Leidensdruck ausgesetzt. Wenn der Patient zu den Manövern des Therapeuten Stellung nimmt, liefert er diesem nicht nur eine brauchbare Rationalisierung für seine Anordnungen, sondern er kann überhaupt nur erfolgreich Stellung nehmen, indem er zugibt, daß er versucht, die Kontrolle über den Therapeuten zu erlangen: damit übernimmt er die Verantwortung für seine Handlungen. Wenn er seine eigenen paradoxen Manöver aufgibt, verzichtet er auf sein symptomatisches Verhalten. Wenn er sich auf bestimmte Weise verhält und zugibt, daß *er* sich auf diese Weise verhält, können ihm gegenüber keine therapeutischen Paradoxe mehr angewandt werden, und der Therapeut ist entwaffnet. Gewöhnlich wird die Therapie beendet, sobald sich der Patient auf diese Weise verhält.

Vielleicht ist es nur logisch, eine bestimmte Art von Verhalten dadurch zu kurieren, daß man dem Patienten ein ähnliches Verhalten aufzwingt. Wenn das Problem des Patienten in den menschlichen Beziehungen lokalisiert ist, muß es auch in einer menschlichen Beziehung geheilt werden; und wenn es in bestimmten Herrschaftsmethoden besteht, könnte dies durchaus bedeuten, daß die Heilung durch Anwendung ähnlicher Herrschaftsmethoden zu erzielen ist. Der Unterschied liegt im Ergebnis; der Patient verschafft sich zwar die Kontrolle über seine Beziehungen, aber er kann nicht zugeben, daß er dies tut, und macht dadurch sich selbst und andere unglücklich, während die Methoden des Therapeuten den Patienten veranlassen, sich auf eine Art und Weise zu verhalten, die für ihn befriedigender ist. Es ist jedoch vorstellbar, daß ein nondirektiver Therapeut einen Kontext schafft, in dem Psychopathologie entsteht oder fixiert wird. Der Therapeut kann beispielsweise eine Situation herbeiführen, in der der Patient gezwungen ist, sich zu ändern, etwa ein Symptom abzulegen, und dann die Veränderung nicht annehmen, sondern sie als ein Anzeichen von Widerstand oder Flucht in die Gesundheit disqualifizieren. In einem solchen Fall würde der Patient dann in die Notlage eines psychotischen Patienten geraten, dessen Eltern ihn zwingen, sich anders zu verhalten, und ihn dann verurteilen, wenn er es tut. (Dieses pathologische Paradox wird später im Kapitel über Schizophrenie erörtert werden.) Wenn eine solche Notlage eintritt, könnte der Therapeut argumentieren, daß dies auf die Empfindlichkeit des Patienten zurückzuführen sei, ohne zu realisieren, daß dieses Ergebnis durch die Effektivität der Methode bewirkt wurde.

Versucht man das Verhaltensziel der Psychotherapie zu definieren, so könnte man folgendes sagen: Der Therapeut muß einen Patienten veranlassen, sich freiwillig anders zu verhalten, als er es in der Vergangenheit getan hat. Es ist unbefriedigend, wenn ein Patient sich anders verhält, weil ihm dies befohlen wurde: er muß das neue Verhalten selbst initiieren. Ein essentielles Paradox liegt jedoch bereits in diesem Therapieziel beschlossen: man kann nicht jemanden *veranlassen*, sich *freiwillig* anders zu verhalten. Das genannte Paradox ist nur aufzulösen, wenn man erkennt, daß in der nondirektiven Therapie der Patient so gelenkt wird, daß die Lenkung gleichzeitig geleugnet wird und sein verändertes Verhalten daher als spontan definiert werden kann.

Als Sigmund Freud das Verfahren der Psychoanalyse entwickelte, arrangierte er einen therapeutischen Kontext, der eine einzigartige Situation im menschlichen Leben darstellt. Ein entscheidender Aspekt dieser therapeutischen Situation war Freuds nachdrückliche Empfehlung, die Produktionen eines Patienten nicht zu stören oder zu beeinflussen, damit sich die Äußerungen des Patienten »natürlich« entwickeln können. (Inzwischen wird allgemein anerkannt, daß die Produktionen eines Patienten immer vom Therapeuten beeinflußt werden. Dies ist auch der Grund, warum die Patienten in der Freudschen Analyse Träume mit offenkundigeren sexuellen Inhalten haben, während Jungianische Patienten in den entsprechenden Jungianischen Symbolismen träumen: Beide bestätigen auf diese Weise die Theorien ihrer Therapeuten.) Indem er versicherte, daß er nicht zu beeinflussen suchte, was der Patient sagte und tat, setzte Freud zwangsläufig ein Paradox, denn der Kontext der Beziehung war ja ein Versuch, zu beeinflussen, was der Patient sagte und tat, da sie seiner Veränderung diente. Das heißt, innerhalb des Rahmens, der zu dem Zwecke geschaffen worden war, den Patienten zu beeinflussen, versuchte Freud, so wenig Einfluß wie möglich auszuüben, und fing damit den Patienten im zentralen Paradox aller nondirektiven Methoden der Psychotherapie.

Als Freud dieses extreme Verfahren entwickelte, hatte er es mit

Patienten zu tun, die auf andere Behandlungsmethoden nicht reagierten. Zur damaligen Zeit gab es noch nicht viele andere Methoden der Psychotherapie. Dennoch wies Freud darauf hin, daß die Psychoanalyse wegen des damit verbundenen Zeit- und Kostenaufwands nur dann angewandt werden solle, wenn die anderen Methoden versagt hatten. Die unkritische Verwendung dieser ziemlich drastischen Methode gleicht hinsichtlich vieler Patientengruppen ein wenig der Errichtung einer aufwendigen Garage, um einen Reifen auszuwechseln.

Obwohl die nondirektive Therapie, so wie sie vom Psychoanalytiker praktiziert wird, einmal den Ruf genoß, die Methode der Wahl für alle jene zu sein, die sie sich leisten konnten, wird diese Annahme in den letzten Jahren in Frage gestellt. Die Tatsache, daß sie in manchen Fällen Erfolg hat, dürfte jedoch implizieren, daß sie methodische Ähnlichkeiten mit anderen Arten von Psychotherapie aufweist, die ebenfalls erfolgreich sind. Nachdem andere Methoden nicht mit »Einsicht« operieren, muß man entweder argumentieren, daß sie den Patienten nicht wirklich verändern, oder man muß annehmen, daß a) »Einsicht« den Patienten ebenso verändern kann wie andere Faktoren oder b) es nicht »Einsicht« ist, was beim Patienten die Veränderung hervorruft, sondern etwas, das nondirektive und direktive Methoden der Therapie ganz unabhängig von der »Einsicht« miteinander gemein haben. Ich vertrete hier die Auffassung, daß es zwischen verschiedenen Arten von Psychotherapie wesentliche Ähnlichkeiten gibt, wenn man sie in Kategorien der Interaktion zwischen Patient und Therapeut untersucht. Zwischen der langfristigen nondirektiven Therapie und der im vorigen Kapitel beschriebenen Kompakttherapie besteht sichtlich ein großer Unterschied. Dennoch können diese beiden Methoden dazu herangezogen werden, um einige ziemlich bedeutsame Faktoren zu erhellen, die sie miteinander und mit anderen Methoden gemein haben. Einige dieser Ähnlichkeiten sind bereits in den vorangegangenen Erörterungen angeklungen; einige der Punkte, die die Psychoanalyse und die Kurztherapie formal miteinander gemein haben, seien nachstehend kurz angeführt.

Die Psychoanalyse liefert a) dem Patienten eine Erklärung oder Rationalisierung, warum er so ist, wie er ist, und weshalb er in der Behandlung Fortschritte machen wird. Die von der Psychoanalyse bereitgestellte Erklärung ist in der Regel komplexer als andere Formen von Therapie und ermutigt den Patienten zu exzessiver Introspektion, die der Patient oft noch lange nach Abschluß der Therapie beibehält. Während die Kurztherapie dem Patienten gewöhnlich eher simplifizierte Rationalisierungen an die Hand gibt, die ihn an die Möglichkeit von Veränderung glauben lassen sollen, lehrt die Psychoanalyse den Patienten, sich selbst (und andere) zu sezieren. Einer Erklärung irgendwelcher Art, weshalb eine Veränderung angestrebt werden sollte, scheinen alle Behandlungsmethoden zu bedürfen. b) In der Psychoanalyse wird ebenso wie in der Kurztherapie die Verantwortung für die Veränderung dem Patienten aufgebürdet. Die Bitten eines Patienten um Hilfeleistung bei einem Problem werden durch Äußerungen gekontert wie: »Was meinen *Sie* dazu?« usw., Bemerkungen, die dem Patienten nahelegen, sich selbst mit dem Problem auseinanderzusetzen. Von der ersten Sitzung an, in der der Psychoanalytiker dem Patienten die Führung überträgt, verbleibt die Last der Initiative für das Geschehen während der ganzen Behandlungszeit beim Patienten. Dies ist auch in der Kurztherapie der Fall – der Therapeut spricht dies oft unverblümt aus, etwa wenn er sagt: »Ich kann Ihnen nicht helfen, aber ich kann Ihnen helfen, sich selbst zu helfen.« Der Kurztherapeut weist dem Patienten in der Regel jedoch aktiver die Richtung, die er mitsamt seiner Last der Verantwortung für seine Veränderung einschlagen soll. c) Die Psychoanalyse unterzieht den Patienten einer Tortur, die als eine Form der Selbstbestrafung bezeichnet werden könnte. Der Patient muß mit einem in Passivität verharrenden Menschen über die heikelsten Bereiche seines Lebens sprechen, er muß alle seine Mängel, Schwächen und beschämenden Gedanken in allen Einzelheiten vor einem Menschen ausbreiten, der selbst davor verschont zu sein scheint, und er muß diese Tortur täglich wiederholen und dafür noch auf unbegrenzte Zeit beträchtliche Summen aufbringen. (Von Psychoanalytikern wird im allgemeinen die Ansicht vertreten, daß das Honorar seitens des Patienten ein Opfer darstellen müsse, ein Teil jener Tortur, der sich der Patient zu unterziehen hat.) Die Qual der Behandlung kann nur beendet werden, indem der Patient sein symptomatisches Verhalten aufgibt und sich einer Veränderung unterzieht. In der Praxis kann diese psychoanalytische Tortur sich noch fortsetzen, selbst nachdem der Patient deutliche Fortschritte zeigt, und zwar mit dem Argument, »tiefgreifender« Wandel trete nicht rasch ein, sondern nehme lange Zeit in Anspruch. Rapide Veränderungen werden in der Psychoanalyse als »Flitterwochen«, »Übertragungsheilung« oder »Flucht in die Gesundheit« bezeichnet. Die Frage erscheint jedoch berechtigt, ob nicht die Verewigung der Behandlung schuld an der Verewigung des Problems sein könnte. Oft scheint ein Patient nach Abschluß der Analyse stärkere Veränderungen durchzumachen als während dieser. In der Kurztherapie greift der Therapeut in das Leben des Patienten ein, ruft eine Veränderung hervor und zieht sich dann rasch wieder zurück, so daß die Veränderung unabhängig von ihm weiterwirken kann.

Wenn die Psychoanalyse eine angenehme Erfahrung für den Patienten darstellt, ist sie nicht effektiv. Da es sich um eine äußerst unerfreuliche Erfahrung handelt und der Patient sich selbst um diese Erfahrung bemüht, kann die ganze Prozedur als eine Form der Selbstbestrafung durch den Patienten angesehen werden. Man könnte argumentieren, daß der Patient Fortschritte macht, sobald er sich genügend bestraft hat, indem er sich lang genug der Tortur unterzog – ganz unabhängig davon, wieviel Selbsterkenntnis er in diesem Prozeß erlangt hat. Wird das Verfahren als Tortur betrachtet, dann wird die Parallele zu der spezifischen Form von Selbstbestrafung deutlich, die der Kurztherapeut dem Patienten verordnet.

d) Der Psychoanalytiker ist permissiv, er leistet dem Patienten keinen Widerstand und verbietet ihm nicht, sich auf symptomatische Weise zu verhalten. Während der Psychoanalytiker symptomatisches Verhalten nur gestattet, geht der Kurztherapeut weiter: er ermutigt es. Die beiden Methoden können als ähnlich betrachtet werden, wenn man sich auf den Standpunkt stellt, daß die dem Patienten gegebene Erlaubnis, mit einem in bestimmter Weise umzugehen, gleichbedeutend mit einer Ermutigung ist, sich auf diese Weise zu verhalten. Ebenso könnte man argumentieren, daß der Psychoanalytiker symptomatisches Verhalten durch seine extreme Toleranz und durch die scheinbare Übertragung der Führungsrolle auf den Patienten ermutige. Wird die Psychoanalyse auf diese Weise betrachtet, so taucht das gleiche Paradox, das in der Kurztherapie evident ist, auch in der Psychoanalyse auf. Der Patient kann sich nicht durch symptomatische Mittel die Kontrolle über die Beziehung verschaffen, wenn er gerade dazu ermutigt wird. Setzt er nämlich sein symptomatisches Verhalten fort, dann bestätigt er damit, daß der Therapeut die Führung innehat; tut er es nicht, so macht er eine ähnliche Konzession, denn das Ziel des Therapeuten ist es ja, bei ihm Veränderungen auszulösen. Mit diesem Bereich der Interaktion hängt auch die Art und Weise zusammen, wie sowohl der Kurztherapeut als auch der Psychoanalytiker mit dem Widerstand gegen Veränderungen umgehen: beide ermutigen Widerstand, wenn er auftritt, und funktionieren ihn zur Kooperation bei einem gemeinsamen Unternehmen um: wenn man Widerstand als Zusammenarbeit etikettiert, nimmt man ihm den Wind aus den Segeln.

Obwohl diese Aufzählung von Ähnlichkeiten kaum vollständig ist, scheint es genügend Anzeichen dafür zu geben, daß ein gründlicheres Studium aller Formen von Psychotherapie in Hinblick auf ihre formalen Ähnlichkeiten lohnend wäre. Die Psychotherapie wird zu einer exakteren Wissenschaft werden, wenn aus den verschiedenen Methoden die effektivste Strategie herausgefiltert werden kann, um einen Menschen zu veranlassen, sich spontan auf andere Weise zu verhalten. »Spontane« Verhaltensänderungen scheinen immer dann aufzutreten, wenn ein Mensch in einer unmöglichen Situation gefangen ist – das heißt in einer Situation, die er durch seine üblichen Verhaltensweisen nicht lösen kann. Dadurch wird er provoziert, in Formen zu reagieren, die er nie zuvor erprobt hat. Von diesem Standpunkt aus scheint die Psychotherapie Ähnlichkeiten mit den Methoden aufzuweisen, die von östlichen Religionen benutzt werden, um »Befreiung« oder »Erleuchtung« zu erlangen. Zu diesem Problem stellt Alan Watts fest: »... die ganze Technik der Befreiung beruht darauf, daß das Individuum selbst die Wahrheit entdecken muß. Die Wahrheit einfach mitzuteilen ist nicht überzeugend, statt dessen muß der einzelne aufgefordert werden, zu experimentieren und konsequent nach Normen zu handeln, die er für richtig hält, bis er sie selbst widerlegt hat. Der Guru oder Lehrer der Befreiung muß deshalb sein ganzes Geschick aufwenden, um den Schüler zu überreden, seinen eigenen Illusionen entsprechend zu handeln ...« Später erklärt er: »Diesem Stadium der Bewußtheit haftet somit nichts Okkultes oder Übernatürliches an, und dennoch sind die traditionellen Methoden zur Erreichung dieses Stadiums komplexer, divergenter, obskurer und größtenteils auch überaus beschwerlich ... wir müssen nach einer simplifizierten und dennoch angemessenen Methode suchen, um das zu beschreiben, was innerhalb des sozialen Kontexts ihrer Transaktion zwischen dem Guru oder Zenmeister und seinem Schüler geschieht. Was wir finden, hat große Ähnlichkeit mit einem Judokampf: der Meister greift nicht an; er wartet auf den Angriff, er läßt sich vom Schüler vor das Problem stellen. Dann, wenn der Angriff kommt, stellt er sich ihm nicht entgegen; er läßt sich von ihm überrollen und führt ihn zu seinem logischen Ende, der Entlarvung der falschen sozialen Prämisse, auf der die Frage des Schülers beruhte.« (54)

Versucht man den Kontext der Psychotherapie und der Wege zur Erleuchtung zu simplifizieren, so könnte man sagen, daß in beiden Situationen ein ähnliches Paradox vorliegt. Der Patient bzw. der Schüler wird in einer Atmosphäre des Wohlwollens, sei es des Heilens oder Lehrens, ermutigt, sich auf seine gewohnte Weise zu verhalten, während er sich einer harten Prüfung unterzieht, die es ihm schwermacht, so weiterzuleben wie bisher. Die Reaktion auf diese paradoxe Situation ist von einer Art, die das Individuum nie zuvor erprobt hat. Es wird dadurch von der ständigen Wiederholung der Verhaltensmuster befreit, von denen es sich in der Vergangenheit leiten ließ.

Fünftes Kapitel

Der Schizophrene: Seine Methoden und seine Therapie

Im Rahmen dieser Erörterung der Psychotherapie von Schizophrenen werde ich zunächst darzustellen versuchen, was der Schizophrene an sich hat, das der Veränderung bedarf. Danach werde ich die Methoden zu seiner Veränderung darlegen und analysieren.

Die meisten Theorien über die Schizophrenie entstanden zu einer Zeit, als man annahm, daß der schizophrene Patient nicht psychotherapeutisch behandelbar sei, weil er diesen Theorien zufolge außer Kontakt mit der Realität steht. In den letzten Jahren wurden von einer Reihe von Therapeuten Techniken entwickelt, die auch bei Schizophrenen einige Resultate zu zeitigen scheinen. Es ist nicht leicht, einen Zusammenhang zwischen der Art und Weise, in der diese Therapeuten praktisch mit den Patienten umgehen, und älteren Theorien der Psychopathologie zu entdecken. Diese Therapeuten sind manchmal in einen heftigen Kampf mit dem Patienten verwickelt, sie führen ruhige einsichtsvolle Gespräche mit ihm oder sie füttern ihn unter Umständen mit einem Löffel wie ein Kind. Ich werde hier zu demonstrieren versuchen, daß den verschiedenen Techniken der Therapie ein ähnliches Muster zugrunde liegt, das sowohl mit einer Entwicklungstheorie der Schizophrenie als auch mit einer Theorie der Psychotherapie in Verbindung gebracht werden kann.

Schizophrene Interaktion

Trotz allem, was über die Schwierigkeiten in den interpersonalen Beziehungen gesagt worden ist, bietet die psychiatrische Literatur keine systematische Methode zur Beschreibung des zwischenmenschlichen Verhaltens des Schizophrenen, die geeignet wäre, dieses Verhalten von dem eines normalen Menschen zu unterscheiden. Die intrapsychischen Prozesse des Schizophrenen werden oft in Begriffen der Ich-Schwäche oder der primitiven Logik oder des dissoziativen Denkens beschrieben, aber dieses zwischenmenschliche Verhalten wird gewöhnlich in Form von Anekdoten präsentiert. Als Beispiel dafür, was der Klassifizierung bedarf, möge das folgende Gespräch zwischen zwei hospitalisierten Schizophrenen dienen. Nachstehend ein kurzer

Ausschnitt aus dem wörtlich aufgezeichneten Gespräch, das an einer späteren Stelle in diesem Kapitel ausführlicher wiedergegeben werden wird.

Smith: Arbeitest du auf dem Flughafen? Hm?

Jones: Du weißt, was ich von der Arbeit halte, ich werde im Juni 33, hast du was dagegen?

Smith: Juni?

Jones: Im Juni werde ich 33, das schmeiße ich alles zum Teufel, wenn ich dieses Krankenhaus verlebe, äh – verlasse. Meine Stimmbänder sind im Eimer. Ich werde die Zigaretten aufgeben. Ich bin eine Erscheinung aus dem Weltraum, aus dem Weltall, ohne Schmäh.

In diesem Gespräch sind keine intrapsychischen Prozesse unmittelbar erkennbar. Es gibt weder dissoziatives Denken, Autismus oder Rückzug aus der Realität. Dieser Gesprächsausschnitt läßt zwar das Vorhandensein von Prozessen wie dissoziativem Denken vermuten, aber selbst ohne solche Mutmaßungen sollte es möglich sein, die einzelnen Elemente dieses interpersonalen Verhaltens zu benennen, durch die sich diese Menschen von ihren Mitmenschen unterscheiden.

Es gibt mindestens drei mögliche psychiatrische Ansätze, mit denen man an diese Daten herangehen kann. Das klassische Verfahren bestünde darin, zunächst festzustellen, ob die beiden jungen Männer in Kontakt mit der »Realität« sind oder nicht. Wenn der eine von ihnen behauptet, er komme aus dem Weltraum, und der andere meint, das Krankenhaus sei ein Flughafen, dann würde der klassische Theoretiker schlußfolgern, daß es sich um Schizophrenie handeln müsse. Er würde die Daten nicht weiter analysieren, denn die klassische psychiatrische Theorie nimmt an, daß diese Männer nicht aufeinander oder auf ihre Umgebung reagieren, sondern sich aufgrund einer organischen Pathologie auf eine im Grunde zufällige Weise verhalten.

Der zweite, intrapsychische Ansatz würde sich auf die Denkprozesse der beiden Patienten konzentrieren. Der Analytiker würde sich in Mutmaßungen darüber ergehen, woran die beiden Patienten gedacht haben mögen oder welche merkwürdige Logik diese ungewöhnlichen Assoziationen hervorgebracht haben könnte. Der intrapsychische Ansatz würde davon ausgehen, daß das Gespräch sinnvoll sei, daß es auf entstellten Denkprozessen beruhe und daß es so viele nur diesen Männern verständliche Assoziationen enthalte, daß man ihre Lebensgeschichte kennen müsse, um zu verstehen, weshalb gewisse Äußerungen gemacht wurden. Von diesem Standpunkt aus erscheint eine Analyse der Daten sinnlos, da das Gespräch als solches nur ungenügende Informationen liefere. Die jungen Männer sind demnach »offenkundig« schizophren, und ihre Äußerungen sind als symbolische Manifestation tief verwurzelter Phantasien zu sehen.

Schließlich kann man an diese Daten von einem interpersonalen Standpunkt aus herangehen, der das Schwergewicht auf die Art und Weise legt, in der die beiden Männer miteinander interagieren bzw. sich gegeneinander verhalten. Dieser Ansatz geht davon aus, daß die beiden Männer aufeinander reagieren und nicht bloß auf ihre eigenen Gedanken und daß sie anders als in der normalen Weise aufeinander reagieren. Der interpersonale Ansatz zeichnet sich zumindest potentiell dadurch als besonders wissenschaftlich aus, daß er sich auf die beobachtbaren Daten konzentriert. Die Art und Weise, in der Menschen miteinander interagieren, kann beobachtet werden, während die Identifizierung von Denkprozessen zwangsläufig auf Vermutungen angewiesen ist. Was beim interpersonalen Ansatz fehlt, ist ein systematisches deskriptives System, um zwischen abweichenden und normalen Formen menschlicher Interaktion zu unterscheiden.

Idealerweise müßte eine Klassifizierung interpersonaler Beziehungen verschiedene psychopathologische Erscheinungsformen unterscheiden oder Beziehungen je nach dem Vorhandensein oder Fehlen leicht beobachtbarer Sequenzen in der Interaktion in Klassen unterteilen. Wenn es gelänge, ein solches ideales System zu entwickeln, würde es nicht nur die gegenwärtig auf einem antiquierten System beruhende Diagnose erleichtern, sondern auch die Ätiologie der Psychotherapie klären helfen. Wenn man feststellt, daß ein Patient den Kontakt zur Realität verloren hat, sagt man nichts über die Prozesse aus, die zu diesem Rückzug führten. Wenn man feststellt, daß ein Patient in bestimmten auffallenden Formen mit anderen Menschen interagiert, dann ist es potentiell möglich, die Lernsituation zu beschreiben, die diesen Menschen lehrte, sich auf diese Weise zu verhalten, und gleichzeitig Möglichkeiten zu beschreiben, wie diese Art von Verhalten geändert werden könnte.

Vermeidung von Kontrolle in einer Beziehung

Im ersten Kapitel wurde darauf hingewiesen, daß es für jeden Menschen schwierig ist, sich der Festlegung zu entziehen, welcher Art eine Beziehung zu einem anderen Menschen ist. Es gibt jedoch eine Möglichkeit, wie jemand vermeiden kann festzulegen, was in einer Beziehung geschehen soll; wie er damit auch vermeiden kann, diese zu definieren. Er kann das annullieren, was er sagt. Obwohl er die Beziehung durch alles, was er kommuniziert, zwangsläufig definiert, kann er diese Definition durch Verwendung von Qualifikationen, die seine Kommunikationen leugnen, ungültig machen.

Die Tatsache, daß Menschen mindestens auf zwei Ebenen miteinander kommunizieren, macht es möglich, eine Beziehung bestimmter Art anzudeuten und gleichzeitig zu leugnen. Jemand kann beispielsweise sagen: »Ich glaube, daß Sie das tun sollten, aber es ist nicht meine Aufgabe, Ihnen das zu sagen.« Auf diese Weise definiert er die Beziehung als ein Verhältnis, in dem er dem anderen Ratschläge erteilt, aber gleichzeitig leugnet er, daß er die Beziehung auf diese Weise definiert. Das ist gemeint, wenn jemand als selbstunsicher beschrieben wird. Mancher Mann reagiert auf eine Bitte seiner Frau, indem er sagt: »Nein, das tue ich nicht«, und sich mit seiner Zeitung niedersetzt. Er hat sich damit behauptet, in dem Sinn, daß er die Beziehung zu seiner Frau als ein Verhältnis definiert hat, in dem er sich nicht sagen läßt, was er zu tun hat. Ein anderer Mann reagiert auf eine ähnliche Forderung vielleicht, indem er sagt: »Ich würde es gern tun, aber ich kann nicht. Ich habe Kopfschmerzen.« Er weigert sich ebenfalls, den Auftrag auszuführen, aber indem er seine Botschaft auf inkongruente Weise qualifiziert, deutet er an, daß nicht *er* durch seine Weigerung die Beziehung definiert. Schließlich waren es ja die Kopfschmerzen, die ihn hinderten, den Auftrag auszuführen, nicht er selbst. Ähnliches gilt, wenn ein Mann seine Frau nur schlägt, wenn er betrunken ist: Der Akt der Züchtigung ist durch die Implikation qualifiziert, daß nicht *er* dafür verantwortlich sei; die Wirkung des Alkohols sei schuld daran. Indem er seine Botschaften mit Implikationen qualifiziert, daß *er* für sein Verhalten nicht verantwortlich sei, kann ein Mensch vermeiden, seine Beziehung zu einem anderen zu definieren. Diese inkongruenten qualifizierenden Botschaften können verbal geäußert werden wie: »Ich habe es nicht absichtlich getan«, oder sie können durch eine leise Stimme oder durch eine zögernde Geste übermittelt werden. Auch der Kontext kann unter Umständen ein Manöver zur Definition einer Beziehung annullieren – beispielsweise wenn ein Junge einen anderen in der Kirche zu einem Faustkampf herausfordert, obwohl dieser dort nicht ausgetragen werden kann.

Um die Art und Weise zu verdeutlichen, wie ein Mensch sich davor drücken kann, seine Beziehung zu einem anderen zu definieren, wollen wir einmal annehmen, daß sich eine fiktive Person entschließt, ein solches Vermeidungsverhalten bis zur letzten Konsequenz durchzuhalten. Da alles, was der Betreffende sagt oder nicht sagt, seine Beziehung definieren würde, müßte er alles, was er sagt oder nicht sagt, durch eine Verneinung oder eine Leugnung qualifizieren. Zur Verdeutlichung der Art und Weise, in der er seine Botschaften leugnen könnte, seien die formalen Charakteristika jeder Botschaft eines Menschen an einen anderen nochmals in die folgenden vier Grundelemente zerlegt:

(a) ich
(b) sage etwas
(c) dir
(d) in dieser Situation

Ein Mensch kann es vermeiden, seine Beziehung zu definieren, indem er eines oder mehrere dieser vier Elemente verneint. Er kann a) leugnen, daß *er* etwas kommunizierte, b) leugnen, daß *etwas* kommuniziert wurde, c) leugnen, daß es *dem anderen* mitgeteilt wurde, oder d) den *Zusammenhang* leugnen, in dem es mitgeteilt wurde.

Die Vielzahl von Möglichkeiten, wie jemand vermeiden kann, eine Beziehung zu definieren, sei hier kurz zusammengefaßt.

a) Um zu leugnen, daß er eine Botschaft kommuniziert, kann der Betreffende sich als jemand anderer bezeichnen. Beispielsweise kann er sich unter einem Pseudonym vorstellen. Oder er kann zu erkennen geben, daß er nicht für sich spricht, sondern aufgrund seiner beruflichen oder gesellschaftlichen Position, daß seine Äußerungen beispielsweise dem Chef oder dem Professor zuzuschreiben sind. Er kann darauf hinweisen, daß er nur ein Instrument sei, das eine Botschaft übermittelt; man hat ihm aufgetragen, was er sagen soll, oder Gott spricht durch ihn und deshalb ist er nicht derjenige, der die Beziehung definiert.

Der Betreffende kann auch leugnen, daß *er* kommuniziert, indem er seine Worte einer außer seiner Kontrolle befindlichen Macht zuschreibt. Er kann andeuten, daß in Wirklichkeit nicht *er* spricht, weil er erregt oder durch Alkohol, Geisteskrankheit oder Drogen für seine Worte nicht verantwortlich sei.

Er kann seine Botschaften auch als Folge ›unwillkürlicher‹ innerer Prozesse bezeichnen, so daß nicht *er* derjenige ist, der kommuniziert. Er kann beispielsweise sagen: »Ich ärgere mich nicht über dich; mir bekommt bloß das Essen nicht«, und damit leugnen, daß sein gequälter Gesichtsausdruck eine Botschaft über die Beziehung ist. Er kann sogar erbrechen oder urinieren und darauf hinweisen, daß diese Phänomene organisch bedingt und nicht von *ihm* ausgehende Botschaften seien, die als Kommentar über die Beziehung zu verstehen sind.

b) Die einfachste Weise, wie jemand leugnen kann, daß er etwas *sagte*, ist durch Vergessen. Wenn jemand sagt, »Ich erinnere mich nicht, das getan zu haben«, qualifiziert er eine Handlung durch eine Äußerung, welche diese negiert. Er kann auch behaupten, seine Worte würden mißverstanden und die Interpretation des anderen entspreche nicht seinen Worten.

Eine andere Möglichkeit, um zu leugnen, daß etwas gesagt wurde, besteht darin, eine Äußerung sofort durch eine zweite zu qualifizieren, welche der ersten widerspricht. Dadurch wird alles Gesagte als irrelevanter Nonsens negiert, so daß es sich nicht um einen Kommentar über die Beziehung handeln kann. Jemand kann auch eine Sprache erfinden, die es ihm ermöglicht, gleichzeitig zu kommunizieren und diese Kommunikation allein schon durch die Tatsache zu leugnen, daß diese Sprache vom Partner nicht verstanden werden kann. Eine andere Variante besteht darin, daß jemand zu erkennen gibt, seine Worte seien nicht Mittel der Kommunikation, sondern Dinge an sich. Er kann eine Aussage machen, gefolgt von einer Erörterung der Rechtschreibung der von ihm benutzten Worte, und damit verdeutlichen, daß er nicht eine Botschaft kommunizierte, sondern lediglich die Buchstaben von Worten aneinanderreihte.

c) Um zu leugnen, daß eine Mitteilung an den *anderen* addressiert ist, kann der Betreffende so tun, als spreche er mit sich selbst. Er kann auch den Gesprächspartner als jemand anderen addressieren. Er kann beispielsweise vermeiden, mit seinem Gegenüber zu sprechen, indem er sich an die Statusposition des anderen wendet statt an ihn persönlich. Man kann einen vor der Tür stehenden Vertreter mit Sarkasmus behandeln, ohne seine Beziehung zu diesem Menschen zu definieren, indem man beispielsweise Bemerkungen über Vertreter im allgemeinen macht.

Oder um einen Extremfall anzuführen, jemand könnte behaupten, daß der Freund, mit dem er spricht, nicht wirklich ein Freund, sondern insgeheim ein Polizist sei. Alles, was er zu ihm sagt, ist dann als Äußerung gegenüber einem Polizisten etikettiert und kann daher seine Beziehung zu seinem Freund nicht definieren.

d) Um zu leugnen, daß eine Kommunikation in der gegebenen Situation stattfindet, kann der Betreffende seine Äußerungen auf eine andere Zeit oder einen anderen Ort beziehen. Er kann sagen: »Ich bin immer schlecht behandelt worden und ich werde wahrscheinlich auch in Zukunft schlecht behandelt werden.« Durch diese zeitlichen Qualifikationen leugnet er seine Implikation, daß er gegenwärtig schlecht behandelt wird. Ebenso kann er sagen: »Ein Bekannter von mir hat das und das getan.« Indem er von einer vergangenen Beziehung spricht, leugnet er, daß seine Äußerung als Kommentar über die gegenwärtige Beziehung zu verstehen ist.

Eine situationsbedingte Äußerung kann besonders wirksam negiert werden, wenn man sie mit der Äußerung qualifiziert, daß der Ort, an dem man sich aufhält, in Wirklichkeit ein anderer sei. So kann jemand eine psychiatrische Praxis als Gefängnis bezeichnen und dadurch leugnen, daß sich seine Aussagen auf seine Beziehung mit dem Psychiater beziehen.

Fassen wir die Möglichkeiten zusammen, um die Definition einer Beziehung zu vermeiden: Wenn alles, was ein Mensch zu einem anderen sagt, seine Beziehung zu dieser Person definiert, kann er nur insofern vermeiden, Hinweise auf die Art seiner Beziehung zu geben, indem er leugnet, daß er spricht, leugnet, daß etwas gesagt wird, leugnet, daß es zu dem anderen gesagt wird, oder leugnet, daß die Interaktion an diesem Ort, zu dieser Zeit stattfindet.

Interpersonale Beziehungen mit Schizophrenen

Es ist nicht zu übersehen, daß die Liste von Möglichkeiten zur Vermeidung der Definition einer Beziehung identisch ist mit einer Liste schizophrener Symptome. Der Psychiater stellt eine klassische Diagnose von Schizophrenie, wenn er die offenkundigste Manifestation von Schizophrenie konstatiert: eine Inkongruenz zwischen der Kommunikation des Patienten und den Botschaften, mit denen er diese Kommunikation qualifiziert. Seine Gesten negieren oder leugnen, was er sagt, und seine Worte negieren oder leugnen den Kontext, in dem er spricht. Die Inkongruenzen können kraß und offenkundig sein, wie die Bemerkung: »Mein Kopf wurde gestern nacht eingeschlagen«, obwohl der Kopf des Patienten keinerlei Verletzung aufweist; oder sie können subtil sein, wie ein schwaches Lächeln oder ein merkwürdiger Tonfall. Wenn der Patient leugnet, daß *er* spricht, entweder, indem er von sich in der dritten Person spricht oder sich bei einem anderen Namen nennt, stellt der Psychiater fest, daß er an einem Identitätsverlust leide. Wenn der Betreffende behauptet, daß »Stimmen« diese Dinge sagten, wird er als halluzinierend beschrieben. Wenn der Patient leugnet, daß seine Botschaft eine Botschaft ist, vielleicht indem er geschäftig seine Worte buchstabiert, bezeichnet ihn der Psychiater als wahnhaft oder vielleicht als »konkretistisch«. Wenn der Patient seine Anwesenheit im Krankenhaus leugnet, indem er erklärt, er befinde sich in einem Schloß oder einem Gefängnis, stellt der Psychiater fest, daß er an Wahnvorstellungen leide oder sich aus der Realität zurückgezogen habe. Wenn der Patient eine Äußerung in einem inkongruenten Ton macht, manifestiert er unangemessenen Affekt. Wenn er auf das Verhalten des Psychiaters mit Botschaften reagiert, die dieses Verhalten inkongruent qualifizieren, ist er autistisch. (Diese Qualifikation gilt dem Verhalten des Schizophrenen, nicht seinen subjektiven Erfahrungen, die natürlich furchtbar sein können.)

Die klassischen psychiatrischen Symptome der Schizophrenie können vom Standpunkt der Interaktion als Anzeichen von Pathologie beschrieben werden, die in erster Linie auf einer Disjunktion (Inkongruenz) zwischen den Botschaften des Betreffenden und den Qualifikationen seiner Botschaften beruht. Wenn jemand eine solche

Disjunktion manifestiert, das heißt, wenn seine Aussagen systematisch durch die Qualifikationen dieser Aussagen negiert werden, dann vermeidet er es, seine Beziehung zu anderen Menschen zu definieren. Die vielfältigen und scheinbar unzusammenhängenden und bizarren Symptome der Schizophrenie scheinen einen zentralen und eher einfachen Kern zu haben. Wenn jemand entschlossen ist, es zu vermeiden, seine Beziehungen zu definieren oder Hinweise zu geben, welches Verhalten in einer Beziehung stattfinden soll, so kann er dies nur tun, indem er sich auf eine Art und Weise verhält, die als symptomatisch für die Schizophrenie beschrieben werden kann.

Es wurde bereits erwähnt, daß auch Nichtschizophrene vermeiden, ihre Beziehungen zu anderen zu definieren. Jemand kann leugnen, daß er etwas tut, indem er seine Handlung durch die Äußerung qualifiziert, ein somatisches Phänomen oder Alkoholeinfluß sei dafür verantwortlich und nicht er selbst. Dies sind Verhaltensmuster anderer Psychopathologien und partielle Taktiken, um die Definition einer bestimmten Beziehung zu einer bestimmten Zeit zu vermeiden. Sie haben bestenfalls vorübergehende Gültigkeit, da Kopfschmerzen nachlassen und auch ein Rausch vorübergeht. Ist jemand fest entschlossen, jede Definition seiner Beziehungen zu jedem Menschen und zu jeder Zeit zu vermeiden, und stimmt es, daß alles, was er sagt oder tut, seine Beziehungen definiert, dann muß er sich wie ein Schizophrener verhalten und ausnahmslos und vollständig leugnen, was er in seiner Interaktion mit anderen sagt oder tut. Es ist möglich, Schizophrene nach ihren verschiedenen Interaktionsmustern in verschiedene Gruppen einzuteilen. Manche dieser Interaktionsmuster sind auch bei normalen Menschen feststellbar. Der Unterschied zum Normalen liegt in der Konsequenz des Verhaltens des Schizophrenen und seinen extremen Verhaltensweisen. Beispielsweise leugnet er nicht nur, daß *er* etwas sagt, sondern er leugnet es auch auf eine Art und Weise, durch die seine Leugnung geleugnet wird. Er legt sich nicht bloß einen anderen Namen zu, sondern er verwendet Namen, die eindeutig nicht seine sind, wie Stalin, oder er negiert seine Leugnung auf irgendeine andere Weise. Während normalere Menschen ihre Äußerungen auf kongruente Weise negieren, manifestiert der Schizophrene selbst auf dieser Ebene Inkongruenz.

Zur Verdeutlichung schizophrenen Verhaltens sei ein alltäglicher Vorfall angeführt. Wenn ein normaler Mensch eine Zigarette herausnimmt und kein Feuer hat, sagt er gewöhnlich zu einem anderen Anwesenden: »Können Sie mir Feuer geben?« Damit qualifiziert er eine Botschaft bezüglich seiner Zigarette mit einer kongruenten Botschaft bezüglich seines Wunsches nach Feuer, und er definiert gleichzeitig seine Beziehung zu dem anderen, indem er ihn um Feuer bittet. Er gibt zu erkennen: »Dies ist eine Beziehung, in der ich um etwas bitten kann.« Unter den gleichen Umständen nimmt ein Schizophrener vielleicht eine Zigarette heraus, sucht in seiner Tasche nach Feuer und hält dann die Zigarette in die Luft und starrt sie schweigend an. Sein Gegenüber sieht sich einer eher merkwürdigen Kommunikationssequenz konfrontiert. Er wird um Feuer ersucht, aber er wird auch nicht darum ersucht. Indem er die Zigarette bloß anstarrt, qaulifiziert der Schizophrene seine Botschaft bezüglich der Zigarette mit einer inkongruenten Botschaft. Er verhält sich, als ob die Zigarette zum Anstarren und nicht zum Anzünden da sei. Würde er die Zigarette hochhalten, »als ob« sie anzuzünden sei, würde er implizit um Feuer bitten und damit seine Beziehung zu dem anderen definieren. Nur indem er die Zigarette in gleichgültiger Weise betrachtet, kann er vermeiden anzuzeigen, welche Art von Verhalten stattfinden soll, und damit, in welcher Art von Beziehung er sich befindet. Ein noch offenkundigeres Beispiel ist das Verhalten eines Schizophrenen, der sich mit einem Fremden in einem Zimmer befindet. Er brauchte mit dem Fremden nicht zu sprechen, aber da er durch sein Schweigen anzeigen würde, um welche Art von Beziehung es sich handelt, gibt sich der Schizophrene den Anschein, von einem Gegenstand im Zimmer oder von seinen Gedanken völlig in Anspruch genommen zu sein. So leugnet er durch die Art und Weise, in der er sein Verhalten qualifiziert, daß er seine Beziehung zu dem anderen definiert.

Durch die inkongruente Qualifikation seiner Botschaften an andere Menschen vermeidet es der Schizophrene, zu erkennen zu geben, welches Verhalten in seinen Beziehungen stattfinden soll, und vermeidet es dadurch, seine Beziehungen zu definieren. Der gegenwärtige Trend in der Psychotherapie für Schizophrene stellt dieses interpersonale Verhalten in Rechnung. Der erfahrene Therapeut bewertet die Aussagen des Schizophrenen gewöhnlich als Aussagen über die Beziehung und ignoriert seine Dementis. Wenn der Patient in einer unverständlichen Sprache zu reden beginnt, bemüht sich der Therapeut weniger darum, den symbolischen Inhalt dieser Sprache zu entschlüsseln, und macht eher Bemerkungen wie: »Ich möchte wissen, warum Sie mich verwirren wollen?« oder: »Warum sprechen Sie so mit *mir*?«

Analyse eines schizophrenen Gesprächs

Um zu verdeutlichen, wie die obige Darstellung interpersonaler Beziehungen auf Schizophrene anzuwenden ist, soll nachstehend das Protokoll zwischen zwei jungen Männern wiedergegeben und analysiert werden. Die Zahlen in Klammern dienen in der dem Gespräch folgenden Analyse zur Identifizierung der jeweiligen Stellen. Diese Unterhaltung zwischen zwei hospitalisierten Schizophrenen fand statt, als die beiden Männer in benachbarten Räumen alleingelassen wurden und sich durch eine Verbindungstür miteinander verständigen konnten. Die beiden Männer sprachen vermutlich zum erstenmal miteinander, obwohl es möglich ist, daß sie einander schon früher beim Betreten des Gebäudes begegnet waren.

Jones (1): (Lacht laut, dann Pause.) Ich heiße McDougal. (Dies ist nicht sein richtiger Name.)

Smith (2): Womit verdienst denn du dir die Brötchen, Kleiner? Arbeitest du auf einem Bauernhof oder wo?

Jones (3): Nein, ich bin bei der Handelsmarine. Das sollen ja ganz feine Heinis sein.

Smith (4): Ein singendes Tonbandgerät, ha? Ja ich glaube, ein Tonbandgerät singt manchmal. Wenn es richtig eingestellt ist. Mhm. Ich dachte, daß es daran liegt. Mein Handtuch, hm. In acht oder neun Monaten kehren wir wieder zur See zurück. Sobald unsere – kaputten Teile repariert sind. (Pause.)

Jones (5): Ich bin liebeskrank, heimliche Liebe.

Smith (6): Heimliche Liebe, ha? (Lacht.)

Jones: Ja.

Smith (7): Ich habe keine heimliche Liebe.

Jones (8): Ich habe mich verliebt, aber ich füttere keine Fr – die über [mir] sitzt – schaut mir ein bißchen ähnlich – geht dort herum.

Smith (9): Meine, ach, meine einzige, meine einzige Liebe ist der Haifisch. Geht ihm aus dem Weg.

Jones (10): Wissen die nicht, daß ich auch was vom Leben haben möchte? (Lange Pause.)

Smith (11): Arbeitest du am Flughafen? Hm?

Jones (12): Du weißt, was ich von der Arbeit halte, ich werde im Juni 33, hast du was dagegen?

Smith (13): Juni?

Jones (14): Im Juni werde ich 33, das schmeiße ich alles zum Teufel, sobald ich dieses Krankenhaus verlebe, äh – verlasse. Meine Stimmbänder sind im Eimer. Ich habe die Zigaretten aufgegeben. Ich bin eine Erscheinung aus dem Weltraum, aus dem Weltall, ohne Schmäh.

Smith (15): (Lacht.) Ich bin ein echtes Raumschiff von der anderen Seite.

Jones (16): Viele Leute reden äh – so äh wie verrückt, aber »Ob Sie es glauben oder nicht« von Ripley, es steht im *Examiner* auf der Comicsseite, Ob Sie es glauben oder nicht von Ripley, Robert E. Ripley, Ob Sie es glauben oder nicht, aber wir brauchen nichts zu glauben, außer wenn ich Lust dazu habe. (Pause.) Jede kleine Rosette – zuviel allein. (Pause.)

Smith (17):   Ja, möglich ist es schon. (Satz unverständlich wegen Flug-
               lärm.)
Jones: Ich bin bei der Handelsmarine.
Smith (18):   Möglich wäre es. (Seufzt.) Ich bade im Meer.
Jones (19):   Ich hasse das Baden. Weißt du warum? Weil man nicht auf-
               hören kann, wenn man möchte. Man ist im Dienst.
Smith: Ich kann aufhören, wann ich dazu Lust habe. Ich kann hier
               raus, wann ich raus möchte.
Jones: (spricht gleichzeitig.) Schau mich an, ich bin ein Zivilist, ich
               kann hier raus.
Smith: Zivilist?
Jones: Meines – meines Weges gehen.
Smith (20):   Ich glaube schon, im Hafen, Zivilist. (Lange Pause.)
Jones (21):   Was haben die mit uns vor?
Smith: Hm?
Jones (22):   Was haben die mit dir und mir vor?
Smith (23):   Was die mit dir und mir vorhaben? Wie soll ich das wissen,
               was die mit dir vorhaben? Ich weiß, was sie mit mir vor-
               haben. Ich habe das Gesetz gebrochen, dafür muß ich bü-
               ßen. (Schweigen.)

Während Jones und Smith kommunizieren und dabei zwangsläufig manövrieren, um ihre Beziehung zu definieren, qualifizieren
sie ihre Äußerungen offensichtlich und konsequent durch Negationen.
Auf der Tonbandaufzeichnung, von der diese Niederschrift stammt,
treten die Inkongruenzen durch den qualifizierenden Tonfall noch
deutlicher hervor.

Die folgende kurze Untersuchung der verbalen Aspekte des Gesprächs soll die Art und Weise verdeutlichen, in der jeder der beiden
Schizophrenen leugnet, daß er eine Beziehung definiert: leugnet,
daß *er* kommuniziert, leugnet, daß etwas kommuniziert wird, leugnet, daß dem *anderen* etwas mitgeteilt wird bzw. den Kontext leugnet, in dem etwas kommuniziert wird.

Jones (1). Das Gespräch beginnt mit einem merkwürdigen lauten
und abrupten Lachen von Jones, dem eine Pause folgt. Jones stellt
sich dann freundlich vor, verwendet aber einen falschen Namen
und negiert damit diese Annäherung durch die qualifizierende Botschaft, daß *er*, Jones, nicht diese Annäherung unternehme.

Smith (2). Smith antwortet mit einer freundlichen Frage, sein
Gegenüber betreffend, tituliert diesen aber als »Kleinen«, und qualifiziert somit seinen Annäherungsversuch durch einen unfreundlichen
Kommentar über die Körpergröße des anderen. (Jones ist tatsächlich ein kleiner Bursche, der erkennen läßt, daß er nicht sehr glücklich darüber ist, indem er mit einer gekünstelt tiefen Baßstimme
spricht.) Smith stellt auch die freundliche Frage, ob Jones »auf

einem Bauernhof oder wo« arbeite, obwohl es offenkundig ist, daß Jones ein Patient in einem Nervenkrankenhaus ist und sich seinen Lebensunterhalt nicht verdienen kann; auf diese Weise dementiert er, daß er Jones, einem Krankenhauspatienten, antwortet.

Jones (3). Jones leugnet, daß er ein Patient ist, indem er sich als Angehöriger der Handelsmarine bezeichnet, und leugnet dies dann durch eine qualifizierende Äußerung, daß dies feine Heinis seien. Er hat damit eine Situation geschaffen, in der nicht von dem, was er, Jones, sagt, auf seine Beziehung zu Smith geschlossen werden kann, da *er* nicht spricht.

Smith (4). Smith erwähnt das Tonbandgerät (das sich im Zimmer befindet, das aber Jones nicht sehen kann) und sagt, ein Tonbandgerät könne »singen« (= denunzieren). Diese freundliche Warnung, die ihre Beziehung auf eine Basis der Anteilnahme stellen würde, wird durch eine Negation qualifiziert: Er spricht über das Tonbandgerät, als ob er zu sich selbst spräche und nicht zu seinem Gegenüber. Er leugnet auch insofern, daß er Jones warnen will, indem er seine Mitteilung durch eine völlig inkongruente Äußerung über ein Handtuch qualifiziert. Er macht dann eine potentielle Aussage über ihre Beziehung, indem er erklärt: »Wir werden zur See zurückkehren«, aber da sie keine Seeleute sind, negiert sich diese Aussage selbst.

Jones (5). Nach einer Pause erklärt Jones, er sei liebeskrank, habe eine heimliche Liebe. Dies könnte eine Antwort auf Smiths verbindliche Äußerung über die Seeleute sein, doch er leugnet die Möglichkeit, daß er über Smith spricht, oder läßt die Frage zumindest offen.

Smith (6 und 7). Smith scheint dies als potentielle Äußerung über ihre Beziehung zu akzeptieren, da er verlegen lacht und bemerkt, er habe keine heimliche Liebe.

Jones (8). Jones erklärt dann, daß er nicht über sich selbst oder Smith spreche, sondern über jemanden, der ihm ähnlich sieht und »dort umhergeht«. Da dort niemand umhergeht, qualifiziert er seine vorherige Bemerkung über Liebe mit einem Dementi, daß er über *sich* oder Smith gesprochen habe.

Smith (9). Smith erklärt, seine Liebe gelte dem Haifisch und es empfehle sich, ihm aus dem Weg zu gehen. Er leugnet, daß er seine Beziehung zu Jones definiert, indem er über sich und einen Haifisch spricht.

Jones (10). Jones antwortet mit einer Äußerung, die zu erkennen gibt, daß er sich verfolgt oder abgelehnt fühlt, aber er leugnet, daß er sich auf Smith bezieht, indem er sagt: »Wissen *die* nicht, daß ich auch was vom Leben haben möchte?«

Smith (11). Nach einer weiteren Pause unternimmt Smith wieder einen freundlichen Annäherungsversuch, negiert ihn aber als Äußerung über ihre Beziehung durch eine Inkongruenz hinsichtlich des Ortes. Er nennt das Krankenhaus einen Flughafen.

Jones (12). Jones antwortet ziemlich aggressiv mit einer Bemerkung über sein Alter. Dabei leugnet er seinen Patientenstatus, indem er sein Alter als Grund für seine Arbeitsunfähigkeit bezeichnet, als wolle er sagen: »Ich kann nichts dafür, mein Alter ist schuld daran.« Er kontert sein Dementi jedoch durch eine Äußerung, die ihm widerspricht, wenn er erklärt, er sei 33 Jahre alt. Hätte er gesagt, »Ich bin 68«, so hätte er sein Alter in kongruenter Weise als Grund für seine Untätigkeit angeführt. So aber leugnet er seine Leugnung. Die Inkongruenz dieser dritten Ebene der schizophrenen Kommunikation ist einer der grundlegenden Unterschiede zwischen dem Schizophrenen und dem Normalen. Fast jede Aussage in dieser Aufzeichnung besteht nicht nur aus Dementis, sondern überdies aus Negationen dieser Dementis. Wenn Jones sich als »McDougal« vorstellt, so tut er das in einem Tonfall, der erkennen läßt, daß McDougal nicht sein richtiger Name ist. Die Untersuchung dieser dritten Ebene erfordert wahrscheinlich kinetische Analysen mittels »Kinesics« und Linguistik und sei hier lediglich am Rande erwähnt.

Smith (13). Smith selektiert aus dieser Aussage den unwichtigsten Teil, die Tatsache, daß Jones im Juni 33 wird. Eine solche Antwort unterscheidet sich kraß von einer denkbaren Erwiderung, mit der er auf Jones' qualifizierende Äußerung, »Haben Sie etwas dagegen«, eingehen hätte können. Statt dieses »Haben Sie etwas dagegen?« als Äußerung über die Art des Verhaltens zu bewerten, das in der Beziehung stattfinden soll, und sich vielleicht zu entschuldigen, daß er Arbeit erwähnt hat, greift Smith den Monat Juni auf. Auf diese Weise leugnet er, daß Jones' »Haben Sie etwas dagegen?« eine Bemerkung zur Definition der Beziehung ist.

Jones (14). Jones macht eine kongruente Bemerkung über den Kontext, indem er von einem Krankenhaus spricht, qualifiziert sie jedoch durch die Äußerung, daß er nichts weiter zu tun brauche, als die Zigaretten aufzugeben. Er negiert seine Aussage, die impliziert, daß ihm eigentlich nichts fehle, sofort wieder, indem er erklärt, er sei eine Erscheinung aus dem Weltraum.

Smith (15). Smith pflichtet ihm lachend bei und erklärt, er sei ebenfalls ein Raumschiff. Obwohl sie wechselseitig ihre Beziehung definieren, negieren sie diese Definition durch die Äußerung, daß sie nicht zwei Menschen seien, die etwas miteinander gemein haben, sondern zwei Wesen aus dem Weltall. Dadurch werden ihre Erklärungen über die Beziehung zu Aussagen über eine fiktive Beziehung.

Jones (16). Jones qualifiziert den Kontext nochmals kongruent, indem er von Leuten spricht, die »verrücktes Zeug« reden, er qualifiziert diese Äußerung jedoch sofort mit einer Reihe von Aussagen, die damit und miteinander inkongruent sind, indem er über Ripley und die Comics-Seite spricht und zum Schluß »zuviel allein« sagt.

Smith (17 und 18). Smith reagiert auf diese Äußerungen, indem er mit sich selbst und nicht mit dem anderen spricht.

Jones (19). Als Smith vom Baden spricht, mischt sich Jones in seinen Monolog ein und macht nochmals eine Bemerkung, die das Gemeinsame ihrer Situation andeutet. Er negiert diese Bemerkung, indem er sie durch eine Aussage qualifiziert, daß sie im Dienst (service hat auch die Bedeutung »Militär«, wie auch »airbase« Militärflughafen bedeutet – Übers.) seien.

Smith (20). Smith schließt sich seiner Leugnung an, daß dies ein Krankenhaus sei, indem er von einem Hafen (port) spricht.

Jones (21 und 22). Nach einer Pause macht Jones eine direkte kongruente Aussage zur Definition ihrer Beziehung: »Was haben die mit uns vor?«, und er wiederholt sie sogar, als Smith fragend reagiert. Diese Aussage und die Art und Weise, in der er sie qualifiziert, sind kongruent, und in diesem Sinne kann man die Bemerkung als vernünftig bezeichnen. Er manövriert, um die Beziehung zu definieren, ohne zu leugnen, daß er das tut.

Smith (23). Smith wehrt dieses Manöver ab. Er bemerkt zuerst: »Wie soll ich wissen, was die mit uns vorhaben? Ich weiß, was sie mit mir vorhaben.« Diese Aussage ist kongruent mit Jones' Bemerkung und definiert seine Beziehung zu Jones, wenn er auch Jones ablehnt. Insofern handelt es sich um eine vernünftige Antwort. Smith qualifiziert seine kongruente Aussage dann jedoch durch eine vollständige Negation. Durch seine Aussage, »Ich habe das Gesetz gebrochen, dafür muß ich büßen«, leugnet er, daß sie sich in einem Krankenhaus befinden, leugnet, daß er über sich selbst spricht, da er das Gesetz nicht gebrochen hat, und leugnet, daß er und Jones Patienten sind, indem er ihren Aufenthaltsort als Gefängnis bezeichnet. Durch diese eine Botschaft vermeidet er es, seine Beziehungen mit Jones zu definieren und wischt die Versuche von Jones beiseite, zu einer wechselseitigen Definition ihrer Beziehung zu gelangen. Diese Leugnung beendet das Gespräch und die Beziehung.

In dieser kurzen Analyse bin ich nur auf eine Hälfte der Interaktion zwischen Smith und Jones eingegangen. Ich habe die Art und Weise, in der sie auf die gegenseitigen Äußerungen eingehen, nicht gründlich untersucht. Es scheint jedoch offenkundig, daß sie die Aussagen des jeweils anderen durch Botschaften qualifizieren, die leugnen, daß sie von dem anderen stammen, leugnen, daß es Botschaften sind, leugnen, daß sie an den anderen gerichtet sind, und schließlich den Kontext leugnen, in dem sie stattfinden. Der Schizophrene vermeidet es nicht nur, seine Beziehung zu einem anderen

Menschen zu definieren, er versteht es auch überaus geschickt, sein Gegenüber daran zu hindern, seine Beziehung zu ihm zu definieren. An solchen Reaktionen liegt es, daß man oft das Gefühl hat, einen Schizophrenen nicht »erreichen« zu können.

Wodurch sich das Verhalten dieser beiden Männer von dem anderer Menschen »offenkundig« unterscheidet, ist die extreme Inkongruenz zwischen ihren Äußerungen und der Art und Weise, wie sie diese qualifizieren. Zwei normale Menschen, die sich zum erstenmal begegnen, würden sich vermutlich vorstellen und dann etwas über den Background des anderen in Erfahrung zu bringen suchen, um festzustellen, ob gemeinsame Interessen vorhanden sind. Wenn der Kontext einigermaßen dazu geeignet ist, würden sie sich bemühen, ihre Beziehung zueinander klarer zu definieren. Wenn der eine etwas unpassend Scheinendes sagen würde, so zöge dies vermutlich eine Frage des anderen nach sich. Sie wären nicht nur fähig, ihre Äußerungen kongruent zu qualifizieren, sondern sie wären auch imstande, über ihre Kommunikation zu sprechen, um ihre Beziehung zu klären. Im Falle von Meinungsverschiedenheiten würden sie sich um eine Lösung bemühen. Ist jedoch einer der Gesprächspartner entschlossen zu leugnen, daß seine Äußerungen etwas mit der im Entstehen begriffenen Beziehung zu tun haben, dann wird das Gespräch zwangsläufig die disjunktive Qualität schizophrener Kommunikation annehmen.

Versucht man, den menschlichen Beziehungen irgendein Ziel oder einen Zweck zu unterlegen, so müßte man sich auf eine hohe Ebene der Abstraktion begeben. Die Ehefrau, die ihren Mann zu einer bestimmten Handlung zu manipulieren sucht, beabsichtigt letztlich mehr, als daß er diese Handlung vollführt. Ihr höhergestecktes Ziel scheint mit dem Versuch zu tun zu haben, zu einer Definition ihrer Beziehung zu gelangen. Während eher normale Menschen sich um eine wechselseitige Definition ihrer Beziehung bemühen und sich gegenseitig auf dieses Ziel hinmanövrieren, scheint der Schizophrene diesem Ziel verzweifelt aus dem Weg zu gehen und um jeden Preis die Definition seiner Beziehung zu einem anderen vermeiden zu wollen. Daraus ergibt sich logischerweise, daß die Psychotherapie eines solchen Menschen so geartet sein muß, daß der Schizophrene gezwungen ist zuzugeben, daß seine Handlungen in Beziehung zu einer anderen Person stehen.

Der Kontext der Psychotherapie

Obwohl nicht-hospitalisierte Schizophrene manchmal in Privatpraxen behandelt werden, ist der traditionelle Behandlungskontext eine Anstalt, in der das gesamte Leben des Patienten durch die über ihn verfügenden Personen eingeschränkt wird (28 a). Dem Betreuungspersonal obliegen die Entscheidungen darüber, was der Patient zu essen bekommt, welche Kleider er trägt, wann und wo er schläft und womit er sich beschäftigt. In diesem Kontext totaler Verfügungsgewalt versucht der Therapeut, den Patienten durch persönliche Gespräche zu verändern. Es ist wichtig, den Kontext hervorzuheben, denn er gibt den Rahmen für den Dialog zwischen den beiden Menschen ab. Die Situation ist eine völlig andere bei neurotischen Patienten, über deren Leben der Therapeut wenig oder gar keine Kontrolle hat. Natürlich haben auch die Therapeuten in vielen geschlossenen Anstalten aufgrund administrativer Zwänge oder Konflikte zwischen dem Personal keine totale Verfügungsgewalt, aber vom Standpunkt des Patienten ist der Therapeut ein Teil der Krankenhaushierarchie und bestimmt, was mit ihm zu geschehen hat. Es ist ein großer Unterschied, ob sich ein Therapeut permissiv verhält, der die Kontrolle über die Aktivitäten eines Patienten ausübt, oder ein Therapeut, der nicht mehr Macht besitzt, als der Patient bereit ist, ihm zuzugestehen. Ein ähnlicher Unterschied besteht, wenn der Therapeut den Patienten zu einer bestimmten Handlung auffordert. Kann der Therapeut seinem Befehl durch physische Gewalt Nachdruck verleihen, dann hat seine Aufforderung einen ganz anderen Charakter, als wenn er dies nicht kann, obwohl diese physische Gewalt praktisch nie angewandt werden mag.

Abgesehen von dem autoritären Rahmen, arbeitet der Therapeut des Schizophrenen in einem Kontext, in dem die Kontrolle über den Patienten vermeintlich nur dessen Wohl dient, da er sich in dem Krankenhaus aufhält, um Hilfe und Heilung zu finden. Dieser wohlwollende therapeutische Rahmen wirkt sich auch auf alle Maßnahmen aus, die der Therapeut gegenüber dem Patienten ergreift. Geht ein Therapeut im Rahmen freundlicher Hilfsbereitschaft mit einem Patienten streng um, so hat seine Strenge eine andere Qualität, als wenn er sich innerhalb einer Institution so verhielte, die zur Mißhandlung von Menschen dient.

Ein ebenso bedeutsamer Aspekt des Kontexts ist der »unfreiwillige« Charakter der Beziehung. Wenn sich ein Patient, wie bei anderen Formen der Psychotherapie, freiwillig in Behandlung begibt, akzeptiert er durch diesen Akt eine bestimmte Art von Beziehung. Der Therapeut des Schizophrenen muß sich in der Regel dem Patienten aufzwingen und jemandem eine Beziehung oktroyieren, der seine Gesellschaft nicht gesucht hat.

Ein autoritärer Ansatz

Das erste hier angeführte Beispiel einer therapeutischen Interaktion ist kennzeichnend für eine bestimmte Methode der Schizophrenenbehandlung. Das Gespräch findet in einem wohlwollenden Kontext statt. Der Therapeut hat den Patienten in einem privaten Haushalt untergebracht, wobei Pflegepersonal die alleinige Verfügung über die Lebensumstände des Patienten hat. Dieser spezielle paranoide Schizophrene war zuvor entflohen, dann in eine geschlossene Anstalt eingewiesen worden und kurz vor diesem Interview gegen seinen Willen zu der Familie zurückgebracht worden. Das Gespräch findet in Anwesenheit mehrerer Pfleger und Besucher im Wohnzimmer statt. Die Mutter des Patienten hält sich in Hörweite in der Küche auf, obwohl Verwandte bei den Sitzungen dieses Therapeuten gewöhnlich nicht anwesend sind. Nachstehend ein Exzerpt einer Tonbandaufzeichnung des Gesprächs:

Therapeut: Glauben Sie, daß Sie dieses Mal gesund werden, oder werden Sie wieder im Irrenhaus landen?
Patient: Nun, von dort bin ich ja weggegangen und – äh – wenn ich draufkomme, wie ich – wo ist meine Mutter?
Pfleger: Sie ist in der Küche.
Therapeut: Sie ist hier. Ich – ich werde sie hinausschicken – sie muß machen, was ich sage.
Patient: Nein, nein, Sie müssen tun, was *sie* sagt, ich ...
Therapeut: Wissen Sie nicht, wer hier der Herrgott ist?
Patient: Ich bin der Herrgott. (Im Hintergrund Lachen.)
Therapeut: Sie!
Patient: Ja.
Therapeut: Sie verrückter Dummkopf (lacht).
Knien Sie sich vor mir nieder!
Patient: Nein, knien Sie sich vor mir nieder!
Therapeut: Leute, zeigt ihm, wer Gott ist.
(Die Pfleger ringen mit dem Patienten und zwingen ihn vor dem Therapeuten in die Knie.)
Patient: Hören Sie mal ...
Therapeut: Knien Sie vor mir!
Patient: Sie haben kein Recht, gegen mich Gewalt anzuwenden.
Therapeut: Reden Sie keinen Unsinn. Ich bin der Chef.
Pfleger: Jetzt liegt er auf den Knien.
Therapeut: Was machen Sie jetzt?
Patient: Hallo, Mutter!
Therapeut: Was machen Sie mit dem Herrgott?
Patient: Hallo, Mutter!
Therapeut: Laßt ihn aufstehen, Leute.
Patient: Unter gewissen Bedingungen ...
Therapeut: Wer ist hier der Chef?

Patient:	Gehorchen Sie mir, und wir werden uns auf Bedingungen einigen ...
Therapeut:	Ganz recht, es gibt keine Bedingungen.
Patient:	Ich bin der Schöpfer, und wenn Sie nicht tun, was ich sage, dann äh – was können wir ...
Therapeut:	Wer hat – vor wem gekniet?
Patient:	Äh – ich werde Sie vernichten.
Therapeut:	Sie können mich nicht vernichten, weil ich Gott bin.
Patient:	Nein, ich bin Gott.
Therapeut:	Nein, ich bin Gott.
Patient:	Nun, ich bin ein besserer Denker als Sie und ein besserer Anführer von Menschen, und ich denke nach, wer ich bin, und ich erkenne, daß ich Gott bin, und ich sehe, wer Sie sind und äh –
Therapeut:	Zeigt es ihm noch einmal, Leute, es hat keinen Sinn, mit einem Irren zu streiten.
Pfleger:	Knien Sie vor Gott.
Patient:	Hören Sie – äh – Mutter! (Wildes Handgemenge, bis sie ihn in die Knie gezwungen haben.)
Therapeut:	Sanft, sanft.
Pfleger:	Warum muß Gott nach seiner Mutter rufen? (Wieder Lärm und Durcheinander.) Warum muß Gott nach seiner Mutter rufen?
Therapeut:	Das stimmt, daran habe ich nicht einmal gedacht. Das stimmt, was er sagt.
Patient:	Hören Sie zu, Sie haben kein Recht, Gewalt gegen mich anzuwenden.
Therapeut:	Ich bin hier der Chef.
Patient:	Sie haben kein Recht dazu – Sie sind nicht der Chef.
Therapeut:	Wer ist Gott?
Patient:	Ich bin Gott.
Therapeut:	Nun, warum stehen Sie dann nicht auf?
Patient:	Ich werde sie wegschleudern – sagen Sie ihnen, sie sollen mich auslassen.
Therapeut:	Okay, Leute, laßt ihn aus.
Patient:	Das war ein Fehler, ich hätte sie wegschleudern sollen. (Der Patient lacht, alle lachen.) Ich hätte sie auslöschen sollen.
Pfleger:	(Lachend) Auslöschen, ja.
Therapeut:	Auslöschen, ja, ja. (Pause.) Sie sind absolut hilflos. (Das Gespräch geht weiter.)

Ich werde die subtileren Aspekte dieser Interaktion hier weitgehend außer acht lassen und nur die Hauptthemen beleuchten. Der offenkundigste Konflikt zwischen den beiden Männern dreht sich um die Frage, wer zu bestimmen hat. Ob es nun darum geht, wer Gott oder wer der Chef ist – es läuft darauf hinaus, welcher der beiden Männer das Verhalten des anderen bestimmen und damit die Bedingungen dafür festlegen kann, welche Beziehung sie zueinander haben werden. Der Therapeut forciert dieses Thema, anscheinend weil er es für entscheidend hält. Der Patient reagiert, als ob auch er ihm größte Bedeutung beimesse. Wenn der Therapeut befiehlt: »Knien Sie vor mir nieder!«, antwortet der Patient: »Nein, knien Sie vor mir nieder!« Wenn der Patient behauptet, er sei Gott, entgegnet der Therapeut, *er* sei es. Obwohl er offensichtlich im Nachteil ist, versucht der Patient, diesen Wettstreit des gegenseitigen Übertrumpfens zu gewinnen. Der Patient kann sich dabei nur auf seinen Mutterwitz stützen, während der Therapeut nicht nur die ärztliche Autorität auf seiner Seite hat, sondern auch die Mutter des Patienten, eine Schar starker Helfer und obendrein fast 20 Kilo mehr wiegt als der Patient.

Ein solches Wortgefecht könnte der Patient am leichtesten gewinnen, indem er sagt: »Okay, wenn Sie Chef sein wollen, ich habe nichts dagegen.« Indem er dem Therapeuten die Erlaubnis gibt, die Führung zu übernehmen, behält er selbst die Zügel in der Hand. Durch ein solches Manöver würde er in einem Ringen dieser Art dem Therapeuten den Wind aus den Segeln nehmen. Ein solches Manöver ist jedoch im Verhaltensrepertoire des Schizophrenen nicht vorgesehen. Um selbst die Führung zu übernehmen, oder um anzuerkennen, daß der Therapeut die Führung innehat, müßte der Patient einräumen, daß eine Beziehung zu dem Therapeuten besteht. Statt dessen beharrt der Patient rigide darauf, daß er Gott sei (und deshalb keine Beziehung zu dem Therapeuten habe) und daß der Therapeut tun müsse, was Gott bestimmt.

Definition eines Beziehungstypus

Ein grundlegendes Charakteristikum des Schizophrenen, ob es sich um einen chronischen Fall oder eine akute Episode handelt, ist seine mangelnde Bereitschaft, sich Anordnungen zu fügen und zu tun, was man ihm anschafft. Er weigert sich jedoch nicht offen, Anweisungen zu befolgen. Der Schizophrene reagiert auf eine Anforderung nicht häufiger mit einem »Nein, das tue ich nicht« als mit einem »Ja, das tue ich«. Auf eine Handlungsanweisung reagiert der Schizophrene in der Regel so: er führt sie nicht aus, aber er übernimmt auch nicht die Verantwortung für seine Weigerung. Er kann so tun, als habe er nicht gehört, was man ihm sagte, oder als sei er mit seinen Gedanken oder »Stimmen« zu beschäftigt, um der Anordnung Folge zu leisten, oder als sei er hilflos und bewegungsunfähig, oder als habe er aufgrund seiner Wahnvorstellungen bezüglich der Situation die Anweisung mißverstanden, oder als sei er zu argwöhnisch oder zu erregt, um die Anweisung zu befolgen. Er kann aber auch einen völlig unplausiblen Grund als Ausrede heranziehen, weshalb er die Anordnung nicht befolgt.

Ein Schizophrener fügt sich einer Anweisung gewöhnlich nur, wenn Gewalt angedroht wird und ihm nichts anderes übrigbleibt, und auch dann wird er sich mit dem Auftrag Zeit lassen und ihn so ausführen, wie es ihm paßt.

Es kann sogar sein, daß er die Ausführung des Auftrags als zufällig hinstellt, beispielsweise wenn ein Schizophrener aufgefordert wird, einem Pfleger irgendwohin zu folgen, und dann scheinbar völlig ziellos umherwandert, um sich schließlich »zufällig« dem Pfleger anzuschließen und an den betreffenden Ort zu begeben. Es gibt jedoch auch Schizophrene, die ein ähnliches Ziel erreichen, indem sie Anweisungen buchstabengetreu befolgen. »Wächserne Katalepsie« ist ein Beispiel für diese Art von Verhalten; in milderer Form wurde es auch von meuternden Soldaten in der Armee an den Tag gelegt, die ihre Befehle so präzise ausführten, daß sie ihre Vorgesetzten in Verwirrung stürzten. Hier gehört auch das Beispiel des stummen Patienten her, der aufgefordert wurde, seine Abteilung zu verlassen und im Park des Krankenhauses spazierenzugehen. Er mußte mit einem Schubs aus der Tür befördert werden und ging dann schnurgerade auf einen Baum zu, vor dem er zum Ärger seines hilfsbereiten Arztes mit dem Gesicht gegen den Stamm gekehrt stehenblieb.

Nicht Wahnvorstellungen oder Halluzinationen führen zur Hospitalisierung eines Patienten; es ist möglich, von diesen geplagt zu sein und dennoch seinen Lebensunterhalt in der Gesellschaft verdienen zu können. Der Schizophrene wird in den Phasen in ein Krankenhaus eingewiesen, in welchen er nicht imstande ist, die banalsten zwischenmenschlichen Beziehungen aufrechtzuerhalten. Eine alltägliche Beziehung, die er nicht einzugehen bereit ist, ist die, in der ein Mensch einem anderen Anweisungen erteilt und dieser sie ausführt.

Selbst ein Mensch, der Anweisungen anderer nicht ausführt, könnte als soziales Wesen überleben, wenn er imstande wäre, anderen Anweisungen zu erteilen. Wird dem Schizophrenen jedoch die Führungsrolle übertragen, so sorgt er schnellstens dafür, daß er diese wieder los wird. Er handelt nicht, wenn es nötig ist, oder er erteilt keine Anweisungen oder erteilt so phantastische Befehle, daß andere gezwungen sind, für *ihn* Entscheidungen zu treffen. In dem zitierten Gespräch bestand der Patient darauf, als Gott behandelt zu werden, was zu implizieren scheint, daß er bereit ist, die Verantwortung über sein Leben und das anderer zu übernehmen. Wenn man ihm bei früheren Anlässen die Verantwortung für sich selbst übertragen hatte, ging er jedoch zur Polizei und erklärte, er sei entführt worden und er sei Gott, und zwang die Polizei auf diese Weise, ihn einzusperren und unter Aufsicht zu stellen.

Ein dritter notwendiger Beziehungstypus ist derjenige, der zwischen zwei Personen besteht, die einander als gleichrangig behandeln. Wenn man versucht, einen Schizophrenen als gleich zu behandeln, so weiß er dies rasch unmöglich zu machen. Sobald sich der Schizophrene in einer Konkurrenzsituation befindet, versagt er in der Regel und erzwingt somit eine Beziehung zwischen Ungleichen. Fordert man ihn auf, sich gleichberechtigt an einem gemeinsamen Unternehmen zu beteiligen, so wird er den von ihm erwarteten Beitrag nicht leisten. (Wenn Schizophrene imstande wären, auf der Basis der Gleichberechtigung zusammenzuarbeiten, würden sie sich vermutlich zu Banden zusammenschließen und nach Verbrecherart Krankenhauspersonal attackieren.)

Die verschiedenen Arten, seine Handlungen zu qualifizieren, identifizieren den Schizophrenen und machen es auch so schwierig, ihn zu »erreichen«. Von diesem Standpunkt aus könnte die Zielsetzung der Psychotherapie des Schizophrenen folgendermaßen formuliert werden: *Der Patient muß überredet oder gezwungen werden, so zu reagieren, daß er ständig zu erkennen gibt, welche Beziehung ihn mit dem Therapeuten verbindet, statt zu implizieren, daß seine Handlungen keine Reaktion auf den Therapeuten darstellen.*

Einem Neurotiker gegenüber muß der Therapeut versuchen, eine Änderung des Beziehungstypus herbeizuführen, den der Patient immer wieder herausbildet. Den Schizophrenen muß der Therapeut erst einmal so weit bringen, *irgendeine* Art von Beziehung herzustellen.

Wie man die Kontrolle über eine Beziehung erlangt

Die Psychotherapie von Schizophrenen erfordert ganz spezielle Techniken, da der Patient nicht im mindesten bereit ist, einzuräumen, daß seine Handlungen als Reaktion auf eine andere Person erfolgen. Um den Patienten zu veranlassen, sich auf einen bestimmten Beziehungstypus festzulegen, muß sich der Therapeut zunächst die Kontrolle über das reaktive Verhalten des Patienten verschaffen.

Die Methoden zur Erlangung der Kontrolle über das Verhalten eines anderen, die sich gegenüber Normalen und Neurotikern als wirksam erweisen, prallen am Schizophrenen ab. Man kann beispielsweise einen Menschen zu einer Handlung auffordern, und wenn er dieser Aufforderung Folge leistet, dann hat man sich ein gewisses Maß an Kontrolle über sein reaktives Verhalten verschafft. Ein solches Vorgehen erweist sich bei einem Schizophrenen als nicht praktikabel, da er Anweisungen nicht befolgt. Auch wenn sich der andere weigert, Anordnungen auszuführen, ist es möglich, sich die Kontrolle zu verschaffen. Indem man ihn zur Auflehnung herausfordert, erlangt man die Kontrolle über das Verhalten des anderen. Der Schizophrene weigert sich jedoch nicht, Anordnungen zu befolgen, er ignoriert sie einfach, und daher kann man ihn auch nicht leicht zur Auflehnung veranlassen.

Es ist auch möglich, sich die Kontrolle zu verschaffen, wenn jemand behauptet, er »könne« etwas nicht tun. Neurotiker und gegen Hypnose Resistente befolgen in der Regel Anweisungen nicht, behaupten jedoch, daß sie dazu außerstande seien. Der Hysteriker »kann« ein gelähmtes Glied nicht bewegen, der Phobiker »kann« eine angstbesetzte Handlung nicht ausführen, die resistente hypnotische Versuchsperson »kann« ihre Hand nicht heben oder nicht halluzinieren. Eine typische Methode, die Kontrolle über eine solche Person zu erlangen, besteht darin, sie aufzufordern, sich außerstande zu fühlen, einen Befehl auszuführen. Behauptet die Versuchsperson dann, sie sei unfähig, eine Anordnung auszuführen, so leistet sie der Aufforderung Folge. Die resistente hypnotische Versuchsperson wird beispielsweise ermutigt, den Anweisungen des Hypnotiseurs Widerstand zu leisten. Wenn sie dies tut, befolgt sie die Anweisungen des Hypnotiseurs, der damit die Kontrolle über ihr Verhalten ausübt. Der Schizophrene behauptet jedoch nicht, er »könne« etwas nicht tun. Man stellt sofort fest, wie anders der Schizophrene reagiert, sobald man versucht, einen solchen Patienten zu hypnotisieren. Die üblichen Techniken des Umgangs mit resistenten Probanden greifen einfach nicht, da der Patient sich vermutlich damit beschäftigen wird, auf seine »Stimmen« statt auf den Hypnotiseur zu reagieren. Wenn der Patient weder »ja« noch »nein« noch »ich kann nicht« sagen kann, so muß er auf eine Weise reagieren, daß sich alle seine Handlungen als nicht auf den anderen bezogen darstellen.

Die erzwungene Beziehung

Eine Möglichkeit, um sich die Kontrolle über das Verhalten eines Schizophrenen zu verschaffen, besteht darin, ihn in eine Situation zu bringen, in der er nicht leugnen kann, daß er auf den Therapeuten reagiert. Der Patient muß so in einer Falle gefangen werden, daß er Anweisungen befolgt, was immer er auch tut, und somit an einer Beziehung teilhat. Der oben erwähnte körperliche Angriff seitens des Therapeuten zwingt den Patienten, auf ihn zu reagieren. Der Patient kann sich selbst als Gott bezeichnen und auf diese Weise andeuten, daß nicht *er* reagiert, aber diese Fiktion ist schwer aufrechtzuerhalten, wenn er auf den Knien liegt. Dies ist eine Lage, in der sich ein hilfloser Patient befinden kann, nicht aber Gott. Er wird nicht nur auf die Knie gezwungen, sondern seine Leugnungen werden vom Therapeuten brüsk zur Seite gewischt. Als der Patient erklärt, er sei Gott, sagt der Therapeut: »Zeigt es ihm noch einmal, Leute, es hat keinen Sinn, mit einem Verrückten zu streiten.« Der Patient befindet sich in einem ziemlich hoffnungslosen Dilemma; wenn er leugnet, eine Beziehung zu dem Therapeuten zu haben, indem er sich als Gott bezeichnet, muß er zugeben, daß sich Gott dem Therapeuten unterwerfen muß – eine unhaltbare Position. Leugnet er nicht, daß er zu dem Therapeuten in Beziehung steht, so gibt er zu, daß er im Rahmen einer komplementären Beziehung zu dem Therapeuten reagiert und sich somit nicht mehr auf schizophrene Weise verhält. Ein Großteil der Gewaltanwendung, die in einer Psychotherapie dieses Stils vorkommt, dient dem Ziel, dem Patienten das Eingeständnis abzuringen, daß er direkt auf den Therapeuten reagiert.

Die gütige Methode

Obwohl man einen Patienten durch Brachialgewalt zu einer direkten Reaktion zwingen kann, ist es möglich, das gleiche Ziel durch subtilere Techniken zu erreichen. Auch in einem ruhigen Gespräch kann man die Leugnungen des Patienten unwirksam machen. Fromm-Reichmann (24) behandelte einmal eine Patientin, die ein religiöses Wahnsystem hatte, in dem ein allmächtiger Gott herrschte. Die Patientin tat so, als stünden ihre Reaktionen in Beziehung zu diesem Gott und nicht zu anderen Menschen. Fromm-Reichmann forderte die Patientin auf, mit ihrem Gott zu sprechen. »Sage ihm, daß ich eine Ärztin bin und daß du von deinem siebten bis zu deinem sechzehnten Lebensjahr – das sind neun Jahre – in seinem Reich gelebt hast und daß er dir nicht geholfen hat, deshalb muß er jetzt mir gestatten, einen Versuch zu machen, um zu sehen, ob wir beide das Problem nicht zusammen lösen können.« Diese Patientin befindet sich ebenfalls in einer Position, in der sie sich, was immer sie auch tut, zu einer Reaktion auf die Therapeutin bekennen muß. Wenn sie ihrem Gott nicht mitteilt, was ihr aufgetragen wurde, lehnt sie sich nicht nur gegen Fromm-Reichmann auf, sondern stellt auch die Existenz ihres Gottes in Frage. Wendet sie sich an ihren Gott und sagt ihm, was ihr aufgetragen wurde, so erkennt sie nicht nur eine komplementäre Beziehung an, sondern räumt auch ein, daß die Therapeutin mächtiger als Gott ist. Wenn sie an ihrem Gott festhält, muß sie ihn gleichzeitig in Zweifel ziehen. Wenn sie sich gegen Fromm-Reichmann auflehnt, muß sie sie gleichzeitig anerkennen.

Ruhige Anweisungen können ebenso wie das extreme Gegenteil von der physischen Gewaltanwendung formale Ähnlichkeit mit dem gewaltsamen Niederzwingen eines Patienten auf die Knie haben. Das andere Extrem könnte beispielsweise darin bestehen, daß ein Therapeut einen katatonen Patienten hätschelt und füttert. Viele Therapeuten behandeln extrem zurückgezogene Schizophrene in der Regel auf diese Weise. Diese Technik wurde von Ferreira eingehend beschrieben, der meint, diese Art von Interaktion sei am zutreffendsten als »Bemuttern« zu beschreiben (19). Einige Auszüge aus seinem Artikel geben einen Begriff von dieser Technik. Er schildert die Behandlung von zwei stummen chronischen Schizophrenen und schreibt über die erste Patientin:

Das Haar zerzaust, saß sie entrückt und in wächserner Immobilität auf einem Stuhl und starrte vor sich hin, während die Speisen auf dem Tablett, das sie im Schoß hielt, erkalteten. Ich saß neben ihr und fragte sie sanft, warum sie nicht esse. Sie streifte mich langsam mit einem Blick, blieb jedoch unbeweglich. Ich begann mit ihr über das Essen zu sprechen, daß es auskühlen werde, während sie, die vermutlich hungrig und durstig war, es nicht anzurühren wagte. Ich fügte hinzu, daß ich nicht zulassen würde, daß sie Durst leide oder sterbe, daß ich sie selber füttern würde. Ich hob ein Glas Milch an ihre halb geöffneten Lippen und fuhr fort, mit sanfter und leiser Stimme zu ihr zu sprechen, zärtlich und warm, als spräche ich mit einem Säugling. »Komm, trink ... das ist Milch ... so gut, so weiß, so frisch ... Mmm, ist das eine gute Milch ... es ist *meine* Milch ... ich gebe sie dir.«

Obwohl sich diese Methode des »Bemutterns« drastisch von einem gewaltsamen Niederzwingen des Patienten auf die Knie unterscheidet, besteht auch in diesem Fall der Therapeut auf einer komplementären Beziehung, indem er zu erkennen gibt, daß er die Führung übernimmt und die Patientin seinen Anweisungen Folge leisten soll. Er fährt fort:

Sie sah mich mit einem etwas merkwürdigen Ausdruck an, ein halbes Lächeln auf ihren unbeweglichen Lippen, einen Funken in den Augen. Langsam griff sie nach dem Glas. Ich bemerkte: »Ich weiß, daß du allein trinken kannst«, und überließ ihr das Glas. Sie nahm ein paar Schlucke, während ich weiter über die »Frische« der Milch und das angenehme Gefühl des Trinkens sprach. Ich fütterte sie mit dem Löffel. Allmählich wurde sie aktiv – sie nahm wieder Milch zu sich und etwas von den Speisen. Sie brauchte etwa eine halbe Stunde, um die Hälfte ihres Essens zu sich zu nehmen und ein Glas Milch zu trinken. Dann begann sich ihre negativistische Haltung wieder deutlicher zu äußern. Ohne im mindesten zu insistieren, verließ ich sie mit einem Lächeln und dem Versprechen, sie am nächsten Tag wieder zu besuchen.

Wenn der Therapeut das Glas an die Lippen der Patientin setzt, ist sie in einer Situation, in der es schwierig für sie ist, nicht auf ihn zu reagieren. Wenn sie trinkt, akzeptiert sie die komplementäre Beziehung. Wenn sie ihren Kopf abwendet oder ihre Zähne zusammenbeißt, lehnt sie sich gegen ihn auf und definiert somit eine Beziehung. Statt dessen reagiert die Patientin, indem sie das Glas ergreift, und der Therapeut akzeptiert sofort dieses symmetrische Manöver. Ähnliches gilt für das vorige Beispiel: Als sich der Patient direkt an den Therapeuten wandte und ihn bat, die Helfer aufzufordern ihn loszulassen, erfüllte der Therapeut diese Bitte sofort. In beiden Fällen besteht der Therapeut auf einer komplementären Reaktion, wenn der Patient andeutet, daß er nicht auf den Therapeuten reagiere. Wenn der Patient daraufhin auf symmetrische Weise reagiert, so akzeptiert der Therapeut auch diese Definition der Beziehung.

Die Technik des Bemutterns schließt die »Übernahme« des Patientenverhaltens auch in anderer Hinsicht ein:

> Ich sprach fast ständig direkt zu ihr gewandt. Den Blick auf sie gerichtet und freundlich lächelnd, drang ich in ihr Schweigen und ihren Mutismus mit vielen Äußerungen und Fragen ein, denen ich dann gleich die Antworten nachschickte. »Sie sitzen immer im gleichen Sessel? Wahrscheinlich haben Sie diesen Sessel lieber ... das gibt Ihnen das Gefühl, daß es *Ihr* Sessel ist, nicht wahr? Ja ich weiß, daß Sie mir das nicht sagen wollen ... Sie müssen es auch nicht ... aber ich frage mich doch, ob Sie sich nicht sehr einsam fühlen, weil Sie nur einen einzigen Sessel haben, auf dem Sie sitzen ... einen einzigen Sessel, den *Sie* mögen, meine ich ...«

Die Patientin kann sich schwerlich weigern, sich auf den Therapeuten zu beziehen, wenn er ihr gesamtes Verhalten als reaktiv darstellt, indem er nicht nur jede geringste Reaktion persönlich nimmt, sondern sogar ihre Reaktionslosigkeit. Wenn er beide Rollen in dem fiktiven Dialog mit ihr übernimmt, definiert er sie als in einer komplementären Beziehung zu ihm befindlich. Sie kann dies nicht bestreiten, ohne auf ihn zu reagieren. Sie kann nicht einmal »zufällig« in diesem Sessel sitzen, nachdem er ihn als ihren Sessel bezeichnet hat. Von diesem Augenblick an riskiert sie, ob sie in diesem Sessel sitzt oder nicht, durch diese Handlung auf ihn zu reagieren.

Die Leugnung der Patientin, daß sie auf den Therapeuten reagiert, indem sie so tut, als werde sie von »Stimmen« geleitet, wird folgendermaßen gehandhabt:

> Sie nickte zustimmend, als ich ihr Schweigen interpretierend erklärte: »Stimmen verbieten Ihnen zu sprechen?« Ich dramatisierte daraufhin die Situation. Mit leiser, konspirativer Stimme sagte ich zu ihr: »Wir werden diese Stimmen gemeinsam bekämpfen.« Dann wandte ich mich der leeren Ecke des Zimmers zu und rief den unsichtbaren Stimmen wütend

zu: »Verschwindet, laßt Cathy in Ruhe!« Die Patientin registrierte mein Gebrüll mit ungewöhnlicher, erstaunter Aufmerksamkeit und begann später bei ähnlichen Gelegenheiten laut zu lachen. Dies war das erstemal, daß das Pflegepersonal und ich sie lachen hörten.

Wenn ein Patient fortfährt, auf »Stimmen« zu reagieren, steht zwar der Therapeut in einer Beziehung zum Patienten, dieser etikettiert jedoch alles, was geschieht, als von diesem unabhängig. Um ein solches Manöver zu durchkreuzen, ist es notwendig, daß sich der Therapeut die Kontrolle über das Symptom verschafft. Der Therapeut tut dies hier, indem er sich mit der Patientin gegen die »Stimmen« verbündet. Reagiert die Patientin dann auf diese Stimmen, so reagiert sie gleichzeitig auch auf den Therapeuten, der den Eindruck erweckt hat, daß diese Stimmen quasi unter seiner Regie auftreten.

Sobald der Patient anfängt, eine komplementäre Beziehung zu akzeptieren, treibt er die Sache in der Regel bis zum Exzeß und zwingt den Therapeuten auf diese Weise, sein disziplinierendes oder bemutterndes Verhalten fortzusetzen. Im zweiten von Ferreira referierten Fall begann der Patient nicht nur Dinge von ihm anzunehmen, sondern ließ sich auch von ihm zu Bett bringen und zudecken. Häufig masturbierte er auch angeregt in seiner Gesellschaft. Der Therapeut reagierte darauf nicht ablehnend, sondern verbalisierte für den Patienten dessen Lustempfindungen. Der Therapeut akzeptiert nicht nur eine komplementäre Beziehung, so extrem diese auch sein mag, sondern er akzeptiert und fördert auch jeden Schritt in Richtung auf Symmetrie. Beispielsweise war er zuerst bereit, die Patientin mit dem Löffel zu füttern, und dann:

> Ich brachte auch einen Karton Milch für mich selbst mit, ein Vorgehen, das den konventionellen Aspekt unserer Beziehung verstärkte. Später ersetzte ich die Milch durch Orangensaft oder Cola; als es der Patientin besser ging, sah ich wieder davon ab, ein Getränk für mich mitzubringen.

Psychotherapie und Ätiologie

Obwohl es einer beinahe absurden Vereinfachung gleichkommt, wenn man Monate oder Jahre der Psychotherapie auf einige formale Muster zu reduzieren sucht, erscheint dies dennoch sinnvoll, wenn der Nachweis erbracht werden kann, daß diese Schemata für den Charakter und die Ätiologie des Problems relevant sind. Die verschiedenen vorhandenen Theorien der Schizophrenie wurden zu einer Zeit entwickelt, als die Schizophrenen als unbehandelbar galten. Die erste und immer noch nachwirkende Theorie des Problems, die

Vorstellung, daß Schizophrenie auf einem organischen Defekt beruhe, erklärt nicht, weshalb bestimmte therapeutische Techniken heute bei Patienten Fortschritte zu bewirken scheinen. Auch die intrapsychische Theorie, wonach Schizophrenie einen Rückgriff auf archaisches und primitives Denken darstellt, läßt sich nicht leicht mit therapeutischen Techniken in Beziehung setzen. Wenn Ich sein sollte, wo Es ist, muß man sich fragen, wie es möglich ist, diese beiden Instanzen zu vertauschen, indem man einen Patienten füttert oder ihn auf die Knie zwingt. Auch das Argument, daß ein Patient in seinen ersten Lebensmonaten durch mütterliche Deprivation unwiderruflich geschädigt wurde, hilft einem nicht, die Reaktionen zu verstehen, die der Therapeut von einem erwachsenen Patienten erhält. Das Argument, daß es sich bei der Schizophrenie um einen Reifungsdefekt handle, erschiene relevant, wenn wir mehr über den Reifungsprozeß wüßten. Wenn man sich die Reifung als Stufen auf der Leiter der psychosexuellen Entwicklung vorstellt, wobei der Schizophrene ganz unten auf der oralen Stufe steht, so ist noch nicht klar, wie sein Reifungsprozeß vorangebracht werden kann. Es ist jedoch eine Theorie der Schizophrenie im Entstehen, die sowohl für die Reifungstheorie als auch für die hier beschriebenen therapeutischen Techniken relevant ist.

Wenn wir »Reifung« als eine Sequenz von Lernerfahrungen in einer Familie definieren, dann könnte ein Reifungsdefekt auf eine gestörte Familiensituation zurückzuführen sein. Obwohl wir wenig über die subtilen Interaktionsprozesse in einer Familie wissen, die es dem Kind gestatten, sich normal zu entwickeln, wissen wir, daß ein Kind die Möglichkeit haben muß, sich von einer komplementären Beziehung zu seinen Eltern in der Kindheit zu einer stärker symmetrischen Beziehung in seinen späteren Jahren, wenn es seinen eigenen Weg geht, weiterzuentwickeln. Es hat den Anschein, daß die hier beschriebene Psychotherapie von Schizophrenen diesen formalen Prozeß in Gang setzt.

Der kindliche Organismus bedingt, daß ein Kind gepflegt werden muß, wenn es nicht sterben soll. Es muß Nahrung erhalten und diese annehmen, es muß beaufsichtigt werden und sich beaufsichtigen lassen, es muß Anweisungen erhalten und diese befolgen, wenn es mit anderen zusammenleben soll. Während das Kind lernt, seine Beziehung zu seinen Eltern als komplementär zu definieren, muß es gleichzeitig auch beginnen, als Vorbereitung auf den Tag, an dem es seine Eltern verläßt und selbst eine Familie gründet, symmetrisches Verhalten zu erlernen. Es muß sich selbst »behaupten«, es muß ohne Stütze gehen lernen, es muß versuchen, mit anderen zu konkurrieren oder sie zu überflügeln, um sich schließlich unter seinen Altersgenossen als gleichrangig durchzusetzen. Der Durchschnittsfamilie gelingt es auf irgendeine Weise, einen Lernkontext zu schaffen, in dem das Kind lernen kann, sowohl komplementäre als auch symmetrische Beziehungen herzustellen. Die bisherigen Forschungen über die Familien von Schizophrenen haben ergeben, daß das schizophrene Kind diese Chance nicht hat. Obwohl eine Darstellung der Familie des Schizophrenen anhand eines Überblicks über die Literatur, die sich mit der laufenden Forschung befaßt, hier nicht praktikabel ist, seien einige Aspekte dieser Familien, über die allgemeine Einigkeit besteht und die für die Psychotherapie relevant sind, hier kurz angeführt.

Die Familie des Schizophrenen

Von größter Relevanz für jede Therapie von Schizophrenen dürfte die Tatsache sein, daß die Familie des Patienten einen Bestandteil des Behandlungskontexts bildet. Der Patient kam bei seiner Überweisung in eine Anstalt aus einer Familie und er muß in der Regel nach Abschluß der Behandlung nach Hause zurückkehren. Sein Kontakt mit Familienmitgliedern dauert nicht nur aller Wahrscheinlichkeit nach während seiner Therapie an, auch die Tatsache, ob er Fortschritte macht oder nicht, dürfte weniger von der therapeutischen Technik abhängen als von seiner Einstellung zu der Familie, die ihn im Falle seiner Freilassung am Tor erwartet.

Der Einfluß der Familie auf diesen Patiententypus ist deshalb so bedeutsam, weil er gewöhnlich wenig oder keine Erfahrungen mit Menschen außerhalb seiner Familie sammeln konnte. Den Erwartungen seiner Eltern entsprechend, entwickelt das schizophren werdende Kind keine unabhängigen Beziehungen außerhalb seiner Familie. Viele Jahre lang erlebt es nur das seiner Familie eigentümliche reaktive Verhalten und leidet an einem fast völligen Mangel an Erfahrung mit Leuten, die anders reagieren. Wenn Alter und Umstände es dem Jugendlichen schließlich erlauben, seine Familie zu verlassen und in die Welt hinauszugehen, ist er zu normalen gesellschaftlichen Kontakten unfähig. Es fehlt ihm nicht nur die Erfahrung im Umgang mit Menschen, sondern er bricht ein tief eingewurzeltes Familientabu gegen Außenbeziehungen, wenn er sich außerhalb der Familie in intime Beziehungen verstrickt. Es überrascht daher nicht, daß der Psychotherapeut dem Schizophrenen seine Gesellschaft aufzwingen und den Patienten dadurch der Verantwortung entheben muß, eine Beziehung herzustellen, die ihm verboten ist und die zu gestalten ihm schwerfällt. Die therapeutische Veränderung des Patienten hat auch Auswirkungen, die über sein eigenes Leben hinausgreifen. Viele Forscher vertreten die Ansicht, daß die Schizophrenie eines Kindes in diesem Familientypus eine stützende oder homöostatische Funktion erfüllt (34). Sobald sich der Patient »normaler« verhält, treten bei den Eltern Störungen auf oder die Geschwister entwickeln Symptome. Auch kann der ständige Konflikt zwischen den Eltern offener zutage treten und deren Trennung drohen. Solange der Patient krank ist, wird die Familie durch diese gemeinsam getragene Last zusammengehalten. Den Familienmitgliedern bleibt es erspart, sich den Schwierigkeiten zu stellen, die sie miteinander haben, indem sie sich ganz auf ihr Sorgenkind konzentrieren. Obwohl es möglich ist, schizophrene Symptome als Abwehr des Patienten gegen inakzeptable Vorstellungen zu sehen, ist es auch möglich, sie als Mittel zur Perpetuierung eines bestimmten Familiensystems zu betrachten. Therapeutische Fortschritte eröffnen dem Patienten daher nicht nur die bedrohliche Aussicht auf eine Änderung der eigenen Lebensweise, sondern bürden ihm auch unter Umständen die Verantwortung für eine zerstörte Familie und den Zusammenbruch einer anderen Bezugsperson auf.

Für die meisten Menschen ist die Familie der Ort, an dem sie lernen, verschiedene Arten von Beziehungen herzustellen, und an dem es ihnen freisteht, diese zu praktizieren. Der Reifungsdefekt in der Familie des Schizophrenen hat zentral mit der Unfähigkeit der Eltern zu tun, dem schizophrenen Kind die Möglichkeit zu geben, sich in komplementären und symmetrischen Beziehungen zu üben, trotz der Millionen von Botschaften, die sie im Laufe der Jahre miteinander austauschen. Wenn sich das Kind auf eine Weise verhält, die erkennen läßt, daß es eine komplementäre oder »umsorgende« Beziehung herstellen will, verlangen die Eltern gewöhnlich, das Kind solle weniger Ansprüche an sie stellen und sich somit ihnen gegenüber symmetrischer verhalten. Benimmt sich das Kind jedoch symmetrisch, so werfen sie ihm vor, es schätze ihre Fürsorglichkeit nicht. Diese ständige Disqualifizierung seiner Angebote zur Herstellung von Beziehungen ist ein zentrales Thema ihres Zusammenlebens. Wenn das Kind Nähe sucht, wird es auf Distanz verwiesen. Wenn es versucht, zwischen sich und seinen Eltern Distanz herzustellen, reagieren sie wie auf Kritik und signalisieren ihm, daß es sich um Nähe bemühen solle. Bittet das Kind um etwas, dann stellt es zu viele Ansprüche. Bittet es nicht, dann ist es zu unabhängig. Das Kind ist in einem Geflecht paradoxer Beziehungen gefangen, in welchem alle seine Reaktionen als falsch etikettiert werden. Was andere Eltern als normales Verhalten betrachten würden, etwa daß das Kind Forderungen an sie stellt, sie kritisiert, ihre Handlungen ablehnt, sich unabhängig zu machen versucht, und so weiter – diese Eltern verdammen derartiges Verhalten. Selbst auf positives oder zärtliches Verhalten seitens des Kindes reagieren sie in negativer Weise, als fürchteten sie, daß zu große Erwartungen an sie gestellt werden. Diese ständige Disqualifizierung kann in Form einer sofortigen Reaktion auf den Patienten erfolgen – dies ist speziell bei denjenigen der Fall, die es später aufgeben, ihre Eltern erreichen zu wollen –, oder sie kann verspätet erfolgen. Paranoide Patienten erlebten häufig zunächst eine scheinbare Billigung ihres Verhaltens, gefolgt von einer späteren Disqualifizierung. Ihr früheres Verhalten wird dann zu etwas anderem umetikettiert, so daß sie in einer Welt voller Fußangeln leben.

Auch das Kind akzeptiert das Verhalten seiner Eltern nicht bereitwillig; in der Regel disqualifiziert es ebenso wie sie, was auch immer sie ihm anbieten. Infolge der Unfähigkeit der Familie, einen Beziehungstypus mit dem Kind aufrechtzuerhalten, herrscht in Familien dieser Art gewöhnlich auch eine heillose Verwirrung in bezug auf Güte und Strenge. Bemühungen, das Kind zu disziplinieren, enden gewöhnlich in Konfusion, Unentschlossenheit und Konflikt. Wenn die Eltern versuchen, autoritär zu sein, zerrinnt dieser Versuch gewöhnlich zu Hilflosigkeit und übertriebener Fürsorge für das Kind. Versuchen sie hingegen, gütig zu handeln, so endet dieser Anlauf meist mit grimmigen und vergeblichen Disziplinierungsmaßnahmen. Selten bringen es die Eltern fertig zu verlangen, daß das Kind etwas tut, weil *sie* es so wollen; sie müssen immer versichern, es sei zu seinem eigenen Besten, gleichgültig wie offenkundig es ist, daß ihre Anforderung der Befriedigung ihrer eigenen Bedürfnisse dient.

Die Selbstaufopferung der Eltern gilt in diesen Familien als Tugend; Mütter gehen soweit zu behaupten, sie hätten in ihrem ganzen Leben nichts für sich selbst und alles nur für das Kind getan. Solche Mütter sind aufgrund ihres hartnäckigen Bestrebens, dem Kind alles abzunehmen, was andere Mütter das Kind selbst tun lassen würden, als »überfürsorglich« (over-protective) bezeichnet worden. Sie helfen nicht nur herangewachsenen Kindern beim Essen, sondern sie führen mit schweigenden Kindern Gespräche, in denen sie beide Seiten des Dialogs selbst übernehmen.

Disziplinierungsmaßnahmen erfolgen in diesen Familien gewöhnlich nur sporadisch und gelegentlich unter Gewaltanwendung. Manche Väter erwecken den Anschein, streng autoritär zu sein, aber ihre Weisungen werden gewöhnlich nicht befolgt. Entweder mischt sich die Mutter ein und macht es dem Vater unmöglich, sich durchzusetzen, oder er macht einen Rückzieher, sobald man seinen Anordnungen nachkommt. Der ständige Konflikt zwischen den Eltern, ob der eine oder der andere mit dem Kind zu mild oder zu streng sei, kann durch das Kind leicht geschürt werden, das sich Disziplinierungsmaßnahmen entziehen kann, indem es sich auf hilflose oder gestörte Art verhält. Selbst Eltern, die fest entschlossen sind, gemeinsam Autorität auszuüben, beginnen zu streiten, wenn das Kind außer sich gerät. Es ist nicht nur so, daß der Konflikt zwischen den Eltern den Patienten verstört, sondern der Schizophrene kann auch den Konflikt zwischen den Eltern provozieren, indem er sich auf gestörte Weise verhält.

In dieser Art von Familie ist die Frage, wer wessen Verhalten zu bestimmen hat, ein zentrales Problem. Die Eltern scheinen jeden Versuch des Kindes, eine bestimmte Art von Beziehung herzustellen, als Manöver zu interpretieren, mit dem es die Kontrolle über sie zu erlangen sucht. Reagiert das Kind jedoch angemessen auf eine durch sie initiierte Beziehung, so verhalten sich die Eltern ebenfalls, als sei dies ein Manöver, um die Herrschaft über sie zu erlangen. Bittet das Kind beispielsweise seine Mutter, etwas für es zu tun, so gibt diese durch ihr Zögern zu erkennen, daß das Kind zu große Ansprüche stellt. Aber auch wenn die Mutter von sich aus etwas für das Kind tut und das Kind ihr Verhalten akzeptiert, reagiert sie, als richte das Kind zu große Anforderungen an sie. Wenn das Kind umgekehrt zu erkennen gibt, daß es etwas selbst tun möchte, hält sie dem Kind vor, daß dies eigentlich ihre Aufgabe wäre. Selbst Konflikte über geringfügige Angelegenheiten werden zu einem großen Problem, wenn jede Reaktion als Versuch gewertet wird, die Kontrolle über die Beziehung zu erlangen. Die Lösung des Schizophrenen besteht darin, so zu tun, als habe sein gesamtes reaktives Verhalten keine Beziehung zu seinen Eltern und indiziere somit auch keinen Beziehungstypus. Aber auch dieses psychotische Verhalten stellt keine befriedigende Lösung dar; seine Eltern sind darüber unglücklich, weil er nicht auf sie reagiert. Versucht er direkt auf sie zu reagieren, so verhalten sie sich gestört und ermutigen ihn zu leugnen, daß seine Handlungen eine Reaktion auf sie darstellen.

Psychotherapie und Familie

Zwischen den hier beschriebenen Behandlungsmethoden und dem Familiensystem des Patienten bestehen mehrere bedeutsame Unterschiede. Vom Standpunkt einer Lerntheorie aus erscheint es logisch, daß diese Unterschiede die Ursache therapeutischer Veränderung sind. Die psychotherapeutische Situation ist keinesfalls grundlegend anders als die Eltern-Kind-Beziehung in der Familie. Die oben dargestellte autoritäre Technik des ersten Therapeuten erinnert an disziplinarische Maßnahmen, denen manche Patienten zu Hause ausgesetzt sein mögen. Das »Bemuttern« des zweiten Therapeuten erinnert an Dinge, die die Mutter des Patienten für diesen tun mag, obwohl er durchaus fähig ist, sie selbst zu tun. Die Behandlungssituation weist nicht nur häufig eine merkwürdige Mischung aus übertriebener Fürsorge und autoritärer Strenge auf; was in Wirklichkeit den Bedürfnissen des Personals dient, wird auch häufig als den Bedürfnissen des Patienten dienend bezeichnet. Es scheint zunächst paradox, Parallelen zwischen den Prozessen, die die Pathologie lindern sollen, und dem Prozeß, der sie hervorruft, festzustellen. Abgesehen von dem Druck, den der Schizophrene auf seine Umwelt ausübt, um sie nach seinen Erwartungen zu gestalten, muß man jedoch auch berücksichtigen, daß es nötig ist, sich auf eine dem Patienten vertraute Weise zu verhalten, wenn man von ihm verstanden werden will. Die Veränderung setzt vermutlich dann ein, wenn das Bekannte neu definiert wird und somit eine andere Qualität annimmt.

Das therapeutische Paradox

Wenn ein Kind gezwungen wird, auf zwei verschiedene Arten von Anweisungen seitens seiner Eltern zu reagieren, die miteinander unvereinbar sind, so ist es in einem Paradox gefangen. Beispielsweise können sie es auffordern, ihnen selbstsicherer gegenüberzutreten, gleichzeitig darf es sie aber nicht kritisieren. Oder das Kind wird angewiesen, in einer Weise auf die Eltern zu reagieren, die für eine bestimmte Art von Beziehung angemessen ist, es darf jedoch nicht klarstellen, welche Art von Beziehung es zu ihnen hat. Wenn sich ein Kind diesen inkongruenten Forderungen ausgesetzt sieht, löst es das Problem, indem es zu erkennen gibt, daß sich seine Reaktionen nicht auf die Eltern beziehen, und erscheint somit der Realität entfremdet.

Auch von dem Psychotherapeuten könnte man behaupten, daß er den Patienten mit Paradoxen konfrontiere. Der Patient wird durch diese Paradoxe jedoch nicht gezwungen, schizophren zu reagieren, er wird nur gezwungen zuzugeben, daß er auf den Therapeuten reagiert. In dem oben zitierten Beispiel hindert der Therapeut die Patientin daran, so zu tun, als reagiere sie auf »Stimmen« und nicht auf ihn. Er »übernimmt« die Stimmen, indem er ihnen Befehle erteilt und mit der Patientin gegen sie Partei ergreift. Von diesem Augenblick an kann die Patientin ihre »Stimmen« nicht mehr dazu benutzen, um eine Reaktion auf den Therapeuten zu leugnen; wenn sie auf die »Stimmen« reagiert, erkennt sie ihr Bündnis mit dem Therapeuten gegen diese an. Reagiert sie nicht mehr auf »Stimmen«, so bekräftigt sie ebenfalls ein Bündnis mit dem Therapeuten, da es sein Ziel ist, sie von solchen Symptomen zu kurieren.

Ein noch eindringlicheres Beispiel eines therapeutischen Paradoxes, das durch das Eingehen auf die Stimmen gesetzt wird, wurde uns von dem ersten hier zitierten Therapeuten berichtet. Einigen Patienten gegenüber, die früher »Stimmen« gehört und inzwischen Fortschritte gemacht hatten, bestand der Therapeut darauf, daß der Patient die Stimmen nochmals hören sollte. Wenn der Patient die »Stimmen« auf Befehl hört, so befolgt er die Weisung des Therapeuten und reagiert in der Beziehung zu ihm, statt die »Stimmen« zu benutzen, um diese Beziehung zu leugnen. Wenn er die »Stimmen« nicht auf Befehl hört, beugt er sich ebenfalls den Anweisungen des Therapeuten, dessen übergreifende Verhaltensanweisung den Patienten ermutigt, keine »Stimmen« mehr zu hören. Sooft der Therapeut im Rahmen der therapeutischen Hilfeleistung, die den Patienten von seinem symptomatischen Verhalten befreien soll, zu symptomatischem Verhalten ermutigt, sieht sich der Patient in diesem Paradox gefangen. Ein ähnliches Beispiel ist der Therapeut, der den paranoiden Patienten ermutigt, mißtrauisch zu sein. Der Patient kann ihn nicht durch mißtrauisches Verhalten auf Distanz halten, wenn er ermutigt wird, sich so zu betragen. Ob er in dieser Situation mißtrauisch ist oder nicht: er befolgt die Weisung des Therapeuten und befindet sich somit in einer Beziehung zu diesem.

Während sich die Eltern des Patienten in seiner Gegenwart wohler fühlen mögen, wenn der Patient leugnet, auf sie zu reagieren, versucht der Therapeut, eine solche Leugnung zu verhindern. In der Regel ermutigt er entweder die Leugnung und übernimmt sie somit, oder er nimmt die Leugnung persönlich, so daß sie ihre Wirksamkeit verliert. Beispielsweise sagt der Therapeut etwa zu einem Patienten, der an psychotischen Wahnvorstellungen leidet: »Warum behandeln Sie *mich* auf so verrückte Art?« Der Patient kann dann nicht so tun, als seien seine Wahnideen keine Reaktion auf den Therapeuten.

Sobald der Therapeut dem Patienten das Eingeständnis abringt, daß er, was immer er auch tut, auf den Therapeuten reagiert, kann der Patient seine schizophrenen Symptome nicht mehr beibehalten. Der weitere therapeutische Prozeß besteht dann in der Klärung, welche Art von Beziehung sie zueinander haben, und der Ermutigung von Suchverhalten beim Patienten, um verschiedene Arten von Beziehungen zum Therapeuten definieren zu lernen.

Das Akzeptieren einer Beziehung

Die Bereitschaft des Therapeuten, den direkten Umgang des Patienten mit ihm zu akzeptieren, kann auf eine schwere Probe gestellt werden. Wenn der Patient seine Leugnungen aufgibt und erkennen läßt, daß er sich eine fürsorgliche Beziehung wünscht, dann wird ihn der Therapeut bemuttern. Der Patient kann dann diesen Anspruch bis an die Toleranzgrenze des Therapeuten, wenn nicht darüber hinaus treiben. Umgekehrt kann der Patient den Therapeuten auch dazu provozieren, lange Zeit hindurch disziplinierendes Verhalten auszuüben.

Wenn der Patient auf direkte Weise mit ihm umgeht, geschieht dies oft in einer so intensiven Art, daß der Therapeut versucht ist, den Patienten zu ermutigen, sein schizophrenes Verhalten wieder aufzunehmen. Der dem Schizophrenen nachgesagte »Einblick« in das Unbewußte kann auch als Neigung verstanden werden, den Therapeuten so lange an seinen wunden Punkten zu treffen, bis er zurückschlägt. Die Fortschritte eines Patienten provozieren aber unter Umständen nicht nur den Therapeuten, sondern können auch Konflikte zwischen dem Therapeuten und dem Anstaltsarzt des Patienten heraufbeschwören. Zwischen Therapeut und Abteilungsarzt muß schon eine sehr gute Beziehung bestehen, um die Stürme zu überdauern, die durch die Fortschritte des Patienten ausgelöst werden.

Außer seiner Bereitschaft, einen bestimmten Beziehungstypus beizubehalten, so schwierig ihm der Patient dies auch machen mag, muß der Therapeut auch gewillt sein, eine Veränderung des Beziehungstypus mitzumachen, falls der Patient dazu die Initiative ergreift. Auch wenn der Therapeut ursprünglich eine »bemutternde« Haltung gegenüber dem Patienten eingenommen hat, wird er nicht auf dieser Art von Beziehung beharren, falls der Patient zu erkennen gibt, daß er einen anderen Typus vorziehen würde. In dem angeführten Beispiel überläßt die Therapeutin der Patientin sofort das Glas Milch, als diese danach greift, und läßt sie allein trinken. Die wirkliche Mutter der Patientin würde eher dazu neigen, den Wunsch der Patientin, etwas selbständig zu tun, als Kritik an sich aufzufassen und deshalb zu unterbinden.

Obwohl der Therapeut bereit ist, den Patienten einen neuen Beziehungstypus herstellen zu lassen, bedeutet das nicht, daß der Patient die Kontrolle über die Situation innehat. Der Therapeut gibt zu erkennen, daß er dem Patienten *gestattet*, die Beziehung so zu definieren, wie er es wünscht. Die Summe der Autorität, die der Therapeut in bezug auf die Lebensgestaltung des Patienten hat, liefert den Kontext, der anzeigt, daß alles, was der Patient tut, mit der Erlaubnis des Therapeuten geschieht. Welche Art von Beziehung der Patient auch immer initiiert, es geschieht innerhalb eines komplementären Rahmens auf höherer Ebene. (Die Interaktion ist etwas anders geartet, wenn der Therapeut einen nicht-hospitalisierten Schizophrenen in seiner Privatpraxis behandelt.)

Der Rahmen der Psychotherapie

Der Hauptunterschied zwischen Behandlungsmethode und familiärer Situation liegt vielleicht im speziellen Charakter der Psychotherapie als eine dem Alltag nicht vergleichbare Form der Interaktion. Weder Patient noch Therapeut können faktisch eine »wirkliche« Beziehung zueinander definieren; sie sind weder Freunde noch Verwandte noch Bekannte, nicht einmal Arzt und Patient im herkömmlichen Sinn. Der Therapeut benimmt sich zwar in der Regel, als sei er dem Patienten eng verbunden, aber in Wirklichkeit ist er dies nicht. Sowohl Patient als auch Therapeut gehen nach der Sitzung ihre eigenen getrennten Wege. Die Intimität, die zwischen ihnen zu existieren scheint, endet mit dem Abschluß des therapeutischen Gesprächs, im Gegensatz zu einer Beziehung zwischen Freunden, die sich auch auf ein gemeinsames gesellschaftliches Leben erstreckt, oder zu einer Beziehung zwischen Verwandten, die gemeinsam unter einem Dach leben.

Vom Standpunkt des Patienten aus ist es überaus schwierig, die Kontrolle über die Beziehung zu dem Therapeuten zu erlangen, wenn diese Beziehung so flüchtiger Natur ist. Der Patient kann nicht annehmen, daß der Therapeut einfach unfreundlich sei, da er ja bemüht ist, ihm zu helfen. Er kann aber auch nicht annehmen, daß der Therapeut nur gütig und fürsorglich sei, da sich ihre Beziehung gewöhnlich in einem ziemlich frostigen autoritären Rahmen abspielt. Oft versucht der Patient, im Therapeuten eine Elternfigur zu sehen, und viele Therapeuten von Schizophrenen fördern dies, indem sie wörtlich erklären: »Ich bin Ihre Mutter und ich werde mich um Sie kümmern«, oder indem sie eine solche Beziehung durch ihr Verhalten implizieren. Doch der Therapeut ist sichtlich keine Elternfigur; es gibt kein Familienleben zwischen ihnen, nur eine Reihe von Gesprächen. Patient und Therapeut können auch eine freundschaftlichere Beziehung herstellen als üblich, dennoch bewegen sie sich nicht in den gleichen gesellschaftlichen Kreisen. Vielleicht sind es die multiplen Paradoxe in der Beziehung, die es für den Patienten so schwierig machen, eine Angriffsfläche zu finden, um den Therapeuten zu manipulieren.

Ihre Beziehung ist nicht nur keine gewöhnliche: Eine der Prämissen, auf die sie sich einigen, ist: »Dies ist nicht die Realität« oder »Dies ist eine Art von Spiel«. Innerhalb dieses Rahmens können diese beiden Menschen eine starke Bindung zueinander entwickeln, aber dies trifft auch für viele Spiele zu. Wie ein Spiel ist ihre Interaktion auf bestimmte Zeiträume beschränkt; zum Unterschied von einem Spiel gelten jedoch nur die Regeln, die von den beiden Teilnehmern im Laufe ihrer Zusammenarbeit entwickelt werden. Im

Verlauf ihrer Interaktion müssen sie nicht nur die Regeln definieren, sie müssen auch den Konflikt lösen, wer von ihnen die Regeln aufstellen soll. Es gibt keine äußere Autorität, die sie befragen könnten, auf welchen Regeln ihre Beziehung aufgebaut werden sollte, sie können auch nicht die Regeln anderer Beziehungstypen heranziehen, da diese Beziehung keiner anderen gleicht. Im Verlauf dieses Lernprozesses versucht der Patient, die in seinen Familienbeziehungen üblichen Regeln anzuwenden, muß aber feststellen, daß diese nicht funktionieren.

Die spielähnliche Qualität der Interaktion zwischen Schizophrenem und Therapeut tritt in dieser Art von Psychotherapie deutlicher zutage als in jeder anderen. In jeder Psychotherapie ist der Therapeut gleichzeitig mit dem Patienten »involviert« und dabei genügend distanziert, um die stattfindende Interaktion beobachten zu können. In dieser Form der Psychotherapie ist das gleiche Verhalten festzustellen, aber es ist aktiver; der Patient ist einem Menschen konfrontiert, der verschiedene Formen einer ernsthaften Bindung »ausagiert«, während er gleichzeitig die Situation auf spielerische Weise etikettiert. Im ersten Beispiel zwingt der Therapeut den Patienten auf seine Knie und besteht darauf, daß er Gott sei, er tut dies jedoch in einer so übertriebenen Weise vor einer Schar von Zuschauern, daß es wie ein Spiel anmutet. Obwohl es sich um eine so schwere Störung wie Schizophrenie handelt, hat auch dieses Gespräch einen spielerischen Aspekt und reizt alle Beteiligten zum Lachen. Einmal lacht der Patient auch selbst, als er darauf hinweist, daß er einen Fehler gemacht habe, weil er es unterließ, die Pfleger »auszulöschen«.

Auch im Falle des zweiten Therapeuten hat die Interaktion dieselbe spielerische Qualität. Indem der Therapeut das »Bemuttern« übertreibt, deutet er an, daß es nicht »wirklich« ist, was ja nicht möglich wäre. Diese Basis wird auch durch den Therapeuten hervorgehoben, der mit dem Patienten Partei gegen die »Stimmen« ergreift und diesen dramatisch befiehlt, sich zum Teufel zu scheren, was den Patienten zum Lachen reizt.

Vom Kommunikationsstandpunkt aus beantwortet der Therapeut die vom Schizophrenen manifestierte Inkongruenz der Botschaftsebenen seinerseits durch eine vergleichbare Inkongruenz. Die Botschaft des Patienten, der sich selbst als Gott bezeichnet, könnte beispielsweise folgendermaßen verbalisiert werden: Ich spreche, qualifiziert durch die Aussage, daß Gott spricht, qualifiziert durch die Hilflosigkeit, die beweist, daß nicht Gott spricht. Die Antwort des Therapeuten lautet: Ich gehe grob mit dir um, qualifiziert durch den Rahmen wohlwollender Hilfe, qualifiziert durch die Andeutung, daß es sich um eine Art von Spiel handelt. Ebenso, wie es dem Therapeuten schwerfällt, sich auf eine Ebene der multiplen Botschaft des Schizophrenen zu konzentrieren, fällt es auch dem Patienten schwer, aus der Botschaft des Therapeuten eine einzige Ebene herauszugreifen und auf diese zu reagieren.

Die spielerische Qualität der therapeutischen Interaktion fällt um so deutlicher ins Auge, wenn man sie mit dem erbitterten realen Ringen zwischen dem Patienten und seinen wirklichen Eltern vergleicht. Der Therapeut mag darauf bestehen, daß der Patient sich auf eine bestimmte Weise verhält, er mag auch alles, was der Patient tut, persönlich nehmen, aber er bleibt doch in seinen Reaktionen flexibel und kann die Situation leichtnehmen. Die Eltern des Patienten halten dagegen rigide an ihrer Gewohnheit fest, alles abzulehnen, was er anbietet, und ihn gleichzeitig zu drängen, es mit weiteren Angeboten zu versuchen. Die Eltern reagieren auch verunsichert, wenn der Patient Äußerungen über ihr Verhalten macht. Der Therapeut ermutigt dagegen derartige Äußerungen und kann sie nach Gutdünken annehmen oder ablehnen, je nachdem, ob sie sich in den therapeutischen Gesamtrahmen fügen oder nicht. Natürlich hat der Therapeut in einem länger dauernden Ringen mit dem Patienten einen Vorteil, den die Eltern nicht haben. Die Eltern müssen ja in der Regel ständig mit dem Patienten zusammenleben und fühlen sich daher unausgesetzt für ihn verantwortlich. Der Therapeut kann die spielerische Qualität aufrechterhalten, indem er sich absentiert, wann immer er will, wobei die disziplinären Probleme dann dem bezahlten Pflegepersonal überlassen bleiben.

Gegenübertragung und elterliches Verhalten

Wenn sich der Therapeut mit einem Schizophrenen zu stark »einläßt«, gerät die Therapie in Schwierigkeiten. Die spielerische Qualität geht verloren und der Patient kann den Therapeuten leicht in eine ungünstige Situation bringen oder ihn provozieren, sich in einer Art und Weise zu verhalten, die er lieber vermeiden möchte. In einem solchen Augenblick gewinnt die Supervision des Therapeuten an Bedeutung, die ihm helfen kann, sich vor einer zu persönlichen Verstrickung zu bewahren und der Interaktion ihren psychotherapeutischen Rahmen zu erhalten. Die Kontrolle darüber, welche Art von Verhalten zwischen Therapeut und Patient stattfinden soll, geht dadurch wieder in die Hände des Therapeuten über.

Es besteht Übereinstimmung darüber, daß die Psychotherapie eines Schizophrenen vom rechten Kurs abgekommen ist, wenn der Therapeut folgende Dinge tut: a) wenn er sich durch den Patienten provozieren läßt, auf eine Weise zurückzuschlagen, die den Patienten ermutigt, sich in schizophrene Symptome zurückzuziehen; b) wenn der übermäßig engagierte Therapeut darauf besteht, einen Patienten zu bemuttern, obwohl dieser den Wunsch nach größerer Autonomie erkennen läßt; c) wenn der Therapeut den Patienten zu Selbständigkeit oder Unabhängigkeit drängt, obwohl dieser erkennen läßt, daß er mehr Fürsorge wünscht; d) wenn der Therapeut disziplinäre Maßnahmen ergreift und diese widerruft, sobald der Patient verstört reagiert; und e) wenn der Therapeut die Wahrnehmungen des Patienten über ihn selbst leugnet, obwohl diese zutreffend sind, weil er bestimmte Kommentare über sein eigenes Verhalten nicht ertragen kann. Eines der überzeugendsten Argumente, daß die Schizophrenie familienbedingt ist, ergibt sich aus der Tatsache, daß diese Liste von Verhaltensweisen, die der Therapeut gegenüber dem Schizophrenen vermeiden sollte, identisch ist mit den Verhaltensweisen der Eltern gegenüber dem Patienten.

Gegenübertragung kann als Fehlwahrnehmung des Patienten durch den Therapeuten gesehen werden; der interpersonale Kontext eines solchen Phänomens ist jedoch wesentlich. Die Augenblicke, in denen ein Beobachter den Eindruck hätte, daß Gegenübertragung stattfindet, können als Momente gesehen werden, in denen der Therapeut die Kontrolle über die Beziehung verloren hat und vom Patienten zu bestimmten Verhaltensweisen gezwungen wird. Subjektiv mag es so sein, daß der Therapeut verschiedene Vorstellungen auf den Patienten projiziert; formal betrachtet, verhält er sich wie die wirklichen Eltern des Patienten.

Fassen wir zusammen: Schizophrenes Verhalten kann als Verhaltensmuster beschrieben werden, indem der Patient ständig so tut, als hätten seine Handlungen keinerlei Zusammenhang mit der Beziehung, in der er sich befindet. Ein solches Verhalten des Patienten kann durch eine familiäre Situation hervorgerufen sein, in der er durch die Beschaffenheit des Familiensystems genötigt ist, jeden Hinweis zu vermeiden, welcher Art seine Beziehungen zu den Familienangehörigen sind. Die therapeutische Taktik besteht in erster Linie darin, eine paradoxe Situation herbeizuführen, die der Patient nicht auflösen kann, solange er sich auf schizophrene Weise verhält. Das der Heilung dienende Paradox, vor das der Patient durch den Therapeuten gestellt wird, erinnert an die pathogenen Paradoxe, die in seiner Familie auftreten. In beiden Situationen wird der Patient in einem Kontext des Wohlwollens einer Tortur unterworfen. In beiden Situationen wird der Patient in einem Kontext, der ihm helfen soll, sich zu verändern, ermutigt, seine üblichen Verhaltensweisen beizubehalten. Sobald sich der Patient jedoch dieser »unmöglichen« Situation entzieht, indem er normal reagiert und seine Beziehung definiert, belohnt ihn der Therapeut und akzeptiert seine Reaktion.

Psychotherapeuten, die spezialisierte Techniken für die Arbeit mit schizophrenen Patienten entwickelt haben, hatten meist keine Gelegenheit, den Patienten bei der Interaktion mit seiner Familie zu beobachten. Die allgemein anerkannten therapeutischen Verfahren, die sie entwickelten, schließen jedoch Verhaltensweisen ein, die denen der wirklichen Eltern des Patienten gleichen; in entscheidenden Momenten verhalten sie sich aber anders. Der Schluß liegt nahe, daß eine noch gründlichere Untersuchung des Familiensystems des Schizophrenen noch effektivere Behandlungsmethoden ergeben wird.

Sechstes Kapitel

Ehetherapie

Obwohl es sich einzubürgern beginnt, daß Ehepaare von Psychotherapeuten gemeinsam befragt werden, gibt es kein orthodoxes Verfahren für die Behandlung einer Ehe. Ja, es gibt keine formalisierte Darstellung pathologischer Ehen und damit auch keine Theorie darüber, welche Veränderungen herbeizuführen sind. Der psychodynamische Ansatz beziehungsweise die Rollentheorie konzentriert sich auf die Erörterung individueller Probleme der Partner und nicht auf die Erforschung der ehelichen Beziehung.

Ich werde mich hier vorrangig um die Darstellung verschiedener Beziehungstypen in der Ehe bemühen, jedoch keinen Versuch machen, die Eheproblematik in ihrer ganzen Komplexität aufzurollen; der Akzent wird auf ehelichen Schwierigkeiten und Symptombildungen liegen. Nach der Darstellung bestimmter Beziehungstypen werde ich mich mit den auftretenden Konflikten beschäftigen und schließlich die Interventionen untersuchen, mit denen der Ehetherapeut einen Wandel in der Beziehung herbeiführen kann.

Wann ist Ehetherapie indiziert?

Die Paartherapie unterscheidet sich insofern von der Einzeltherapie, als der Akzent hier auf der Partnerbeziehung und nicht auf der intrapsychischen Dynamik des Individuums liegt. Sie unterscheidet sich auch von der Familientherapie, bei der der gesamte Familienverband im Brennpunkt steht, wobei in der Regel ein Kind zum Problemträger ernannt wird. Genaugenommen sollte der Terminus auf die Behandlungsform beschränkt bleiben, in der der Therapeut das Paar gemeinsam behandelt. Es gibt jedoch viele Variationen: Manche Therapeuten sprechen mit den Partnern getrennt, andere sehen einen Partner regelmäßig und führen mit dem anderen nur gelegentlich Gespräche, wieder andere Therapeuten behandeln einen Partner und überweisen den anderen an einen zweiten Therapeuten, mit dem sie zusammenarbeiten. De facto ist es so, daß der Psychotherapeut, der nur Einzeltherapie betreibt und sich weigert, den Partner eines verheirateten Patienten mitzubehandeln, eine indirekte Paartherapie durchführt. Es wird nicht nur ein großer Teil der individuellen Behandlungszeit für die Erörterung ehelicher Probleme aufgewendet, die eheliche Beziehung verändert sich auch – oder bricht auseinander –, sobald sich das Individuum verändert.

Es gibt bestimmte Situationen, in denen Ehetherapie spezifisch indiziert ist:

a) Ehetherapie ist immer dann angezeigt, wenn die Methoden der individuellen Psychotherapie versagt haben. In solchen Fällen ist der Patient häufig in eine Ehebeziehung eingebunden, die ihn daran hindert, Fortschritte zu machen, und die sein Leiden in einem Maße perpetuiert, daß sich die individuelle Therapie als zu schwacher Hebel erweist, um tiefgreifende Veränderungen zu erzielen. So machte beispielsweise eine Patientin, die an ständig wiederkehrenden Angstanfällen und Schlaflosigkeit litt, trotz gründlicher Erforschung ihrer Kindheit in der Einzeltherapie keine Fortschritte. Als ihr Mann in die Behandlung einbezogen wurde, stellte sich heraus, daß er sich ständig in verantwortungsloser und unvorhersehbarer Weise verhielt. Er stand nicht nur vor dem geschäftlichen Ruin, ohne irgendwelche Schritte zur Abwendung des Unheils zu unternehmen, sondern er schrieb immer wieder ungedeckte Schecks aus, obwohl er seiner Frau versprochen hatte, dies nie wieder zu tun. Ihre Angstanfälle hatten zur Zeit seiner ersten geschäftlichen Pleite – ein Ereignis, das er leichtfertig bagatellisierte – begonnen. Der ständige Konflikt zwischen den Partnern, ausgelöst durch seine Weigerung, berufliche und familiäre Verantwortung zu übernehmen, rief bei der Ehefrau wiederholte Anfälle hilfloser Angst hervor. Ihr Problem war somit mehr partnerbezogen als individuell.

b) Ehetherapie ist immer dann indiziert, wenn die Methoden individueller Therapie nicht angewandt werden können. Da die individuelle Therapie großenteils daraus besteht, die Angebote des Patienten zu kontern, ist der Therapeut handlungsunfähig, wenn der Patient nichts anbietet. Die Ehetherapie eröffnet dann einen der wenigen Auswege. So fürchtete sich beispielsweise eine Patientin, die unter Angstanfällen litt, vor einem Herzversagen. Dies zwang sie, ihre Stellung zu kündigen und das Haus zu hüten, da sie sich unfähig fühlte, irgendwo allein hinzugehen. Sie begab sich in Psychotherapie und wurde vom Therapeuten aufgefordert, alles zu äußern, was ihr in den Sinn kam. Sie sagte nichts. Spezifische Fragen beantwortete sie so knapp wie möglich, aber sie war nicht bereit, sich über ihre Gefühle oder ihr Leben im allgemeinen zu äußern. Nach zwei Sitzungen, in denen sowohl die Patientin als auch der Therapeut geschwiegen hatten, brach die Patientin die Behandlung ab und suchte einen anderen Therapeuten auf. Die Patientin durchkreuzte damit die Strategie des Therapeuten, sie zappeln zu lassen, in der Hoffnung, die Kosten der Behandlung würden sie schließlich zwingen, mit ihren Schwierigkeiten herauszurücken. Als die Patientin in Anwesenheit ihres Mannes mit der Ehetherapie begann, wurde sie gesprächiger. Ihr Mann wurde über die Probleme seiner Frau befragt, und das veranlaßte sie, ihn zu korrigieren. Sie brachte es nicht fertig, die Darstellung, die er von ihren Schwierigkeiten gab, so stehenzulassen. Um seine Version zu revidieren, mußte sie ihre eigene dagegensetzen und ihre Gefühle ihm gegenüber offenbaren. Damit war der Hebel gegeben, mit dem eine Veränderung bewerkstelligt werden konnte.

c) Ehetherapie dürfte indiziert sein, wenn ein Patient in einer ehelichen Konfliktsituation einen plötzlichen Ausbruch von Symptomen erleidet. Obwohl die meisten Patienten mit Symptomen dazu neigen, ihre ehelichen Schwierigkeiten zu bagatellisieren – das Symptom wird faktisch dazu benutzt, eheliche Probleme zu leugnen –, gibt es Zeiten, da Symptome in offenkundigem Zusammenhang mit dem Partner ausbrechen. So litt beispeilsweise ein Ehemann an Angstzuständen, die ihn ans Bett fesselten und ihn seinen Arbeitsplatz kosteten. Dieser Zusammenbruch trat ein, als seine Frau gegen seinen Willen berufstätig wurde. In einem anderen Fall erkrankte eine Frau während des gemeinsam mit ihrem Mann verbrachten Urlaubs an einer Reihe hysterischer Symptome. Sie hatten gestritten und der Mann hatte das ganze Urlaubsgeld verspielt, weil er wußte, daß seine Frau, deren Vater ständig das Haushaltsgeld verspielt hatte, nichts auf der Welt mehr fürchtete als Glücksspiele. Obwohl der Ausbruch eines Symptoms immer als Produkt einer Veränderung einer Familienbeziehung gesehen werden kann, ist der Zusammenhang in manchen Fällen so offenkundig, daß eine Paarbehandlung angezeigt ist.

d) Eine Therapie dieser Art ist selbstverständlich auch indiziert, wenn sie von einem Paar gewünscht wird, das sich in einer Konfliktsituation befindet, unter der es leidet und die es nicht lösen kann. (Selbst unter diesen Umständen ist es jedoch nicht ungewöhnlich, daß die Partner von manchen Therapeuten den Rat erhalten, sich getrennt in individuelle Behandlung zu begeben.) In der Regel bemüht sich der eine Partner, gewöhnlich die Frau, aktiv um Ehetherapie, während der andere nur zögernd folgt. Zuletzt kommen dann meist doch beide Partner zur Behandlung, wenn auch der eine oft einer speziellen Aufforderung bedarf; denn wenn ein Ehepartner unglücklich ist, so ist es auch der andere.

Ehetherapie ist schließlich auch dann angezeigt, wenn es den Anschein hat, daß die Fortschritte eines Patienten zur Scheidung führen werden, oder wenn sie bei seinem Partner einen Ausbruch von Symptomen hervorrufen. Wenn ein Patient mit schweren Symptomen behauptet, seine Ehe sei tadellos, und wenn diese Einschätzung auch von seinem Partner unterstützt wird, dann ist die Wahrscheinlichkeit groß, daß eine Besserung des Patienten zur Scheidung führen oder zumindest den Partner unglücklich machen wird. Obwohl es schwierig ist, die Auswirkungen therapeutischer Veränderungen abzuschätzen, ist die hartnäckige Versicherung eines Patienten, daß sein Familienleben ideal sei, als Anzeichen dafür zu werten, daß früher oder später mit pathologischen Entwicklungen bei einem Familienangehörigen zu rechnen ist. Der Therapeut übernimmt gegenüber den Angehörigen eines Patienten eine Verantwortung, wenn er bei diesem eine Veränderung bewirkt.

Die traditionelle Eheproblematik

Eine Ehe ist eine überaus komplexe, in ständigem Wandel befindliche Verbindung. Einige Aspekte der ehelichen Beziehung auszuwählen und hervorzuheben heißt, der außerordentlichen Verwobenheit zweier Menschen, die viele Jahre miteinander gelebt haben, Gewalt anzutun. Ich möchte hier nur einige der herkömmlichen Themen, die für eheliche Differenzen und Symptombildung besonders relevant sind, herausgreifen.

Wenn ein Mann und eine Frau beschließen, ihren Bund feierlich zu besiegeln und zu legalisieren, dann stellen sie sich selbst vor ein Problem, das sie während ihrer ganzen Ehe verfolgen wird: bleiben sie jetzt, da sie verheiratet sind, zusammen, weil sie es wünschen oder weil sie es müssen? Die unvermeidlichen Konflikte, die in einer Ehe auftreten, ereignen sich innerhalb des Rahmens einer mehr oder weniger freiwilligen Beziehung. Es geht weniger darum, ob eine Ehe faktisch eine freiwillige oder eine erzwungene Beziehung *ist,* als vielmehr darum, wie das Paar selbst diese Beziehung von sich aus definiert. Eine Frau kann beispielsweise bei ihrem Mann zu bleiben wünschen, aber nicht bereit sein, einzugestehen, daß sie ihre Wahl freiwillig trifft; sie behauptet vielmehr, sie könnten sich aus religiösen Gründen nicht trennen. Eine andere Frau betont vielleicht, daß sie ihren Mann jederzeit verlassen könne, und definiert die Beziehung damit als freiwillig, obwohl ihre Lebensgeschichte erkennen läßt, daß sie seiner dringend bedarf und zu einer Trennung nicht fähig wäre.

Eine Ehe scheint dann am besten zu funktionieren, wenn ein gewisses Gleichgewicht zwischen den freiwilligen und unfreiwilligen Aspekten besteht. In einer glücklichen Ehe definieren die Partner ihre Verbindung als frei gewählt; dennoch bieten Gesetz und Sitte genügend Zwänge, die sie beisammenhalten, wenn Konflikte auftreten. Wenn die Scheidung zu leicht gemacht wird, sind in der Ehe zuwenig Zwänge vorhanden, um Probleme durchzustehen. Ist die Scheidung zu schwierig, dann kann das Paar argwöhnen, daß sie beisammen sind, weil sie es müssen, und nicht, weil es ihr freier Wille ist. In beiden Extremfällen kann eine Ehe in Schwierigkeiten kommen.

Das Beispiel einer Ehe, die so zwanglos war, daß sich die Frau an ihren Mann in keiner Weise gebunden fühlte, sei zur Illustration herangezogen. Die Frau, vor ihrer Eheschließung selbständige Geschäftsinhaberin, verkaufte auf Wunsch ihres Mannes ihren Betrieb, weil der Mann die Familie allein zu erhalten wünschte. Die Kaufsumme legte sie in ihrem eigenen Namen auf die Bank, »für den Fall, daß die Ehe nicht gutgeht«. Die Ehe scheiterte wegen dieses Vorgangs. Der Mann hatte das Gefühl, daß die Frau nicht bereit sei, sich an ihn zu binden; die Frau verhielt sich, als sei die Ehe eine befristete Verbindung, der sie sich jederzeit wieder entziehen könne, so daß sie in der Beziehung zu ihrem Mann keine Konzessionen zu machen brauche.

Am anderen Extrem siedelt der Beziehungstypus, bei dem sich die Partner benehmen, als seien sie gezwungen, zusammenzubleiben. Diese Beziehungsform liegt vor, wenn strikte religiöse Eheregeln beachtet werden, wenn einer der Partner an Symptomen leidet, die seine Handlungsfähigkeit stark einschränken, oder wenn ein Partner »unmögliches« Verhalten seitens des anderen akzeptiert.

Eine auf Zwang begründete Ehe gleicht der Beziehung zwischen Zellengenossen in einem Gefängnis. Die zwei Leute kommen miteinander aus, weil sie es müssen, aber sie sind nicht sicher, ob sie sich entschließen würden zusammenzubleiben, wenn sie die freie Wahl hätten. Eine Frau, die an lähmenden Depressionen leidet, wird ihrem Mann zu verstehen geben, daß sie allein nicht lebensfähig ist. Ein Mann, der jedesmal zu trinken beginnt, wenn seine Frau für einen Tag verreist oder wenn sie ihn zu verlassen droht, wird sie zu überzeugen suchen, daß er nicht ohne sie leben kann. Es wird nicht unbedingt als Kompliment aufgefaßt, wenn ein Partner zu erkennen gibt, daß er ohne seinen Ehegefährten nicht leben kann; einem solchen Arrangement liegt ja implizit die Überzeugung zugrunde, daß sie nur gezwungenermaßen zusammen sind und daß vielleicht auch jeder andere Hausbewohner den gleichen Dienst erfüllen würde, aber kein anderer den Betreffenden haben will. Sobald die Ehepartner anfangen, ihre Beziehung als Zwang zu empfinden, entstehen negative Gefühle.

Eine Ehe kann auch von Anfang an auf einer unfreiwilligen Beziehung beruhen. So versuchte beispielsweise ein Mann, seine Verlobung aufzulösen, worauf das Mädchen aus seinem geparkten Auto sprang und kopflos über die verkehrsreiche Straße lief. Später sagte sie ihm, sie werde sich umbringen, wenn er sie nicht heirate. Er heiratete sie, aber zweifelte fortan, ob sie ihn wirklich heiraten wollte oder nur den desperaten Wunsch hatte, ihrer schrecklichen familiären Situation zu entrinnen. Die junge Frau konnte ihrerseits nie sicher sein, ob er sie geheiratet hatte, weil dies sein Wunsch war, oder weil er fürchtete, sie werde sich umbringen.

Wenn ein Partner an der Ehe festhält, obwohl der andere ihn schlecht behandelt, haben wir es mit einer zwanghaften Beziehung zu tun. Wenn sich ein Mann von seiner Frau mehr gefallen läßt, als recht und billig ist, dann kann sie den Eindruck haben, daß er bei ihr bleibt, weil er muß, und nicht, weil er will. Die Folge ist, daß die Ehe in Schwierigkeiten gerät. Manchmal scheint sich ein Partner vergewissern zu wollen, ob der andere wirklich an ihm hängt, indem er den anderen fast bis zum Bruch treibt. Es scheint, als sage er sich: »Wenn sich mein Partner alles von mir gefallen läßt, dann mag er mich wirklich.« Besteht der Gefährte jedoch die Probe und nimmt das unerträgliche Verhalten hin, dann fühlt sich der andere nicht sicher, daß er wirklich geliebt wird, sondern gelangt zur Überzeugung, der andere verhalte sich nur deshalb so, weil er nicht fähig sei, ihn zu verlassen. Sobald sich dieses Muster eingespielt hat, tendiert es dazu, sich selbst zu verewigen. Eine Frau, die sich einbildet, daß ihr Mann nur aufgrund seiner inneren Verzweiflung bei ihr bleibt und nicht, weil er sie liebt, wird seine Zärtlichkeiten nicht als Beweise echter Zuneigung werten können, sondern nur als Mittel, um ihre Anwesenheit zu erkaufen. Wenn sie seine Zuneigung mißachtet, wird er sich noch mehr um sie bemühen und dadurch ihre Überzeugung weiter festigen, daß er nur aus Verzweiflung und nicht aus freiem Willen bei ihr bleibt. Sobald der Mann die Situation nicht länger ertragen kann, wird er drohen, sie zu verlassen. In dem Augenblick, in dem er zu erkennen gibt, daß er auch ohne sie auskommt, beginnt der Frau zu dämmern, daß er freiwillig bei ihr geblieben war, und sie fühlt sich wieder zu ihm hingezogen. Eine solche Frau wird jedoch ihren Mann später wieder durch extremes Verhalten auf die Probe stellen. Reagiert er tolerant, so wird sie erneut den Eindruck haben, er sei unfähig, sie zu verlassen, und damit setzt sich der Teufelskreis fort.

Die extremen Schwankungen, die in einer Ehe auftreten können, sind für jene Fälle charakteristisch, in denen ein Paar zum Therapeuten kommt und ihn um Hilfe bei der Trennung voneinander bittet. Manche Paare trennen und versöhnen sich im Laufe der Jahre immer wieder; sie sind ebenso unfähig zusammenzuleben wie endgültig auseinanderzugehen. Wenn man einem an der Schwelle der Trennung stehenden Paar helfen will, muß man zunächst das Hauptproblem lösen, nämlich herausfinden, in welche Richtung es sie am stärksten zieht. Manchmal will ein Paar von einem Außenseiter lediglich einen Vorwand geliefert bekommen, um sich wieder zu versöhnen, damit keiner von beiden das Risiko eingehen muß, als erster für das Zusammenleben zu plädieren. Bei komplexeren wiederholten Trennungen ist es gewöhnlich so, daß ein Partner so lange den Wunsch äußert, die Ehe zu beenden, bis der andere einwilligt; dann kommt es zu einer vorübergehenden Versöhnung. Ein junges Paar geriet nach einigen Ehejahren in Schwierigkeiten, als die Frau eine außereheliche Affäre hatte. Der Mann verzieh ihr niemals. Nachdem sie sich auf eine zweite Beziehung eingelassen hatte, trennten sie sich. Nach einer Weile versuchten sie wieder zusammenzuleben, aber ihre Seitensprünge waren noch immer nicht vergessen. Ihr Mann fuhr fort, ihr deshalb Vorwürfe zu machen; die Frau beschuldigte ihn, sie müsse durch ihn so viel entbehren, daß sie gezwungen sei, sich anderen Männern zuzuwenden. Sie trennten sich erneut, hielten jedoch den Kontakt aufrecht. Als sie die Therapie begannen, wollte der Mann wieder mit der Frau zusammenleben, ohne sich dessen ganz sicher zu sein. Die Frau, die inzwischen eine Beziehung zu einem anderen Mann unterhielt, wollte nicht zu ihrem Mann zurückkehren, wünschte jedoch die Verbindung mit ihm fortzusetzen und die Möglichkeit einer künftigen Versöhnung offenzuhalten. Der Mann bestand abwechselnd auf sofortiger Scheidung, um im nächsten Augenblick wieder um Versöhnung zu bitten. Jedesmal, wenn er entschlossen über seine Scheidungspläne sprach, begann die Frau, die guten Seiten ihrer Ehe zu erörtern und von ihrer großen Zuneigung zu ihm zu sprechen. Sobald der Mann ein erneutes Zusammenleben vorschlug, erinnerte ihn die Frau daran, wie unglücklich sie in ihrer Ehe gewesen seien. Nachdem es nicht gelungen war, die Situation im Laufe mehrerer Sitzungen zu klären, wurde eine Entscheidung schließlich erzwungen, indem man die Fortsetzung der Behandlung davon abhängig machte, daß sich das Paar mit einem probeweisen Zusammenleben einverstanden erklärte. Mit der Aussicht konfrontiert, zu ihrem Mann zurückkehren zu müssen, lehnte die Frau ab. Dem Mann gelang es, die Scheidung durchzusetzen, aber sobald er sich aus seiner zwanghaften Abhängigkeit von ihr gelöst hatte, fühlte sich seine Frau wieder zu ihm hingezogen.

Die Entwicklungsstadien einer Ehe

Auch wenn zwei Partner nur wenig über einander wissen, haben sie zur Zeit ihrer Eheschließung bereits einen Beziehungsmodus, eine Art und Weise des Umgangs miteinander etabliert. Der Akt der Eheschließung, in der Regel das Eingeständnis, daß zwei Partner einander wirklich mögen, erfordert eine veränderte Art der Beziehung und kann ziemlich abrupte Verhaltensänderungen auslösen. So verzeiht beispielsweise manche Frau ihrem Bräutigam bis zur Hochzeit alle seine Fehler und beginnt danach, ihn umzuerziehen. Ein Mann toleriert vielleicht die Unfähigkeit seiner Verlobten, ihm ihre Zuneigung zu zeigen, aber sobald sie verheiratet sind, erwartet er von ihr, daß sie sich grundlegend ändere. Ein Mann, der sich freute, eine so fügsame Frau zu finden, muß nach der Hochzeit vielleicht die Entdeckung machen, daß sie entschlossen ist, ihm ihren Willen aufzuwingen. In der Regel bestanden jedoch die Verhaltensmuster, die in einer Ehe auftreten, in der einen oder anderen Form auch schon vor der Hochzeit. Die Menschen haben eine bemerkenswerte Fähigkeit, sich denjenigen Partner zu suchen, der ihren Bedürfnissen entspricht, auch wenn sie später versichern, sie hätten überhaupt nicht gewußt, was sie erwartet. Eine Frau, die schlecht behandelt werden möchte, findet meist jemand, der ihr diesen Wunsch erfüllt, und wer glaubt, an das Leben nur sehr geringe Ansprüche stellen zu dürfen, der begegnet gewöhnlich auch einer Partnerin, die ebenso denkt; beide bekommen, was sie suchen.

Die Gestaltung einer befriedigenden ehelichen Beziehung kann als Prozeß verstanden werden, in dem meist unausgesprochen bleibende gegenseitige Übereinkünfte zwischen zwei Menschen ausgesprochen werden. Beim Zusammenleben zweier Menschen gibt es eine Vielzahl von Bereichen, über die Einigkeit bestehen muß. Beispielsweise die Frage, ob der Mann entscheiden darf, welchen Beruf er ausübt, oder ob seine berufliche Position von den Prestigewünschen seiner Frau diktiert wird. Hat der Mann das Recht, die Haushaltsführung seiner Frau offen zu kritisieren, oder ist das ihre Domäne? Wer verwaltet das Wirtschaftsgeld? Soll die Frau ihren Mann trösten, wenn er unglücklich ist, oder soll sie ihm zürnen? In welchem Maße dürfen sich Außenstehende in die Ehe einmischen? Sind angeheiratete Verwandte Außenstehende? Wird die Frau oder der Mann in der Ehe die Rolle des Unverantwortlichen spielen?

Jede Situation, in die ein jungverheiratetes Paar gerät, muß durch die Aufstellung impliziter oder expliziter Spielregeln bewältigt werden. Tritt die Situation ein zweites Mal ein, so werden die geschaffenen Regeln entweder verstärkt oder abgeändert. Dieses Reglement schließt folgendes ein: a) alle Regeln, die das Paar ausspricht, beispielsweise die Übereinkunft, daß der Mann einen Abend in der Woche mit seinen Freunden verbringen kann, b) alle Regeln, die das Paar nicht ausspricht, denen die Partner aber zustimmen würden, falls die Sprache darauf käme, beispielsweise der Grundsatz, daß der Mann vor größeren Entscheidungen seine Frau einbezieht, und c) alle Verhaltensmuster, die einem Beobachter auffallen, die das Paar aber vermutlich bestreiten würde, beispielsweise das Prinzip, daß sich die Frau ständig in der Defensive befindet und der Mann ihr laufend Vorwürfe macht, nie aber umgekehrt. Es ist wesentlich, sich darüber im klaren zu sein, daß die Partner es nicht vermeiden können, derartige Spielregeln festzulegen: mit dem Abschluß jeder Transaktion wird eine Regel etabliert. Selbst wenn sie fest entschlossen wären, sich stets völlig spontan zu verhalten, würden sie die Regel festlegen, sich in der genannten Weise zu betragen.

Die Partner müssen nicht nur Spielregeln festlegen, sie müssen auch Einigkeit darüber erzielen, wer von ihnen in jedem einzelnen Bereich ihrer Ehe das Recht hat, die Regeln zu gestalten. Der Prozeß der Ausformung einer bestimmten Regel ist von der Lösung der Frage abhängig, wer diese Regel schafft. Eine Frau kann beispielsweise damit einverstanden sein, daß ihr Mann abends allein ausgeht – es sei denn, er reklamiere ein besonderes Recht darauf; dann kann es sein, daß sie Bedenken äußert, ihre Einwände erfolgen jedoch auf einer anderen Ebene. Ebenso kann es sein, daß ein Mann nichts dagegen hat, wenn seine Frau ihrer Mutter Geld zu senden wünscht. Deutet die Frau jedoch an, daß er in dieser Angelegenheit nichts zu sagen habe, dann wird er sich vermutlich dagegen zur Wehr setzen. In den ersten Wochen einer Ehe sind beide Partner meist in liebenswürdiger Weise bereit, dem anderen in den verschiedenen Bereichen ihrer Beziehung die Führungsrolle zuzugestehen, es bleibt jedoch nicht aus, daß es früher oder später über dieses Problem zu einer Auseinandersetzung kommt.

Im Verlaufe des Ringens um Einigung über die Spielregeln für ihr Zusammenleben etabliert das Paar zwangsläufig eine weitere Reihe von Regeln – Verhaltensmuster für die Lösung von Meinungsverschiedenheiten. Die Bemühungen, den Konflikt über die Spielregeln zu bereinigen, ergeben eine Reihe von Metaregeln, das heißt, Regeln zur Erarbeitung von Regeln. Beispielsweise können zwei Leute die Regel schaffen, eine Meinungsverschiedenheit erst dann beizulegen, wenn der Mann die Sache zur Sprache gebracht hat. Die Frau testet seine Anteilnahme, indem sie ihn so lange provoziert, bis er einer Frage Bedeutung beimißt, dann führen sie sie einer Lösung zu. Oder ein Paar einigt sich auf die Metaregel, niemals völlige Einigkeit über irgendeine Regel zu erzielen und damit in einem Zustand der Unentschiedenheit zu verharren. Auch die Aussparung bestimmter Gesprächsthemen kommt der Festlegung einer Metaregel gleich, wie diese Themen zu behandeln sind.

Wenn es zur Gestaltung einer ehelichen Beziehung genügen würde, sich zu einigen, wer die Regeln festlegt, wie sie zustande kommen sollen, und dann nach diesen Regeln zu leben, dann wäre eine Ehe eine völlig rationale Angelegenheit. Offenkundig ist sie dies nicht. Immer wieder ertappen sich die Partner dabei, wie sie mit großer emotionaler Intensität in überaus irrationaler Weise über geringfügige Dinge streiten. Daß die Frage, wer in der Ehe die Regeln zu bestimmen hat, eine so intensive gefühlsmäßige Beteiligung auslöst, dürfte mehrere Ursachen haben. Ein Hauptgrund scheint die Tatsache zu sein, daß beide Ehepartner in einer Familie aufgewachsen sind und daher ein langes und gründliches Training mit impliziten und expliziten Regeln hinter sich haben, wie Menschen miteinander umgehen sollten. Wenn ein Mensch heiratet, muß er mit einem Partner zurechtkommen, der quasi in einer anderen Institution ausgebildet wurde. Das Paar muß langfristige Erwartungen in Einklang bringen, denen die emotionale Kraft von Naturgesetzen innewohnt. Eine Ehefrau, die in einer Familie aufwuchs, in der es verboten war, seine Gefühle offen zu zeigen, wird beunruhigt reagieren, wenn ihr Mann seinen Gefühlen freien Lauf läßt, obwohl sie ihn vielleicht gerade deshalb geheiratet hat, weil sie sich in diese Richtung zu entwickeln wünscht. Dem Mann, dessen Mutter sich brüstete, eine ausgezeichnete Hausfrau zu sein, fällt es vielleicht schwer, sich mit einer Frau abzufinden, die dies nicht ist, und er neigt unter Umständen dazu, ihr diesbezügliches Unvermögen als persönliche Stellungnahme zu ihm und nicht als bloße Ineffizienz aufzufassen. Es ist manchmal schwierig, sich klarzumachen, wie subtil die Verhaltensmuster sind, die wir in unserer Familie erlernen, in der wir im Laufe der Jahre Millionen von Botschaften ausgesetzt sind. So ist zum Beispiel die »richtige« Distanz, die man gegenüber einem Gesprächspartner einnehmen sollte, von Familie zu Familie verschieden. Jemand kann sich unbehaglich fühlen, weil ihm der andere zu nahe kommt oder zu weit entfernt von ihm ist, ohne sich je bewußtzumachen, daß beide verschiedene Vorstellungen vom richtigen Abstand haben. Der Übergang von der Herkunftsfamilie zu der neu geschaffenen Beziehung erfordert beträchtliche Kompromisse und bringt zwangsläufig Konflikte mit sich.

Die Ehe als Institution zur gemeinsamen Gestaltung von Regeln für das Zusammenleben zu betrachten heißt nichts anderes, als in ihr einen Prozeß zur Definition von Beziehungen zu sehen. Durch jede von einem Paar aufgestellte Verhaltensregel wird ein bestimmter Beziehungstypus definiert. Die Regel, daß ein Mann seine Frau zu trösten hat, wenn sie sich schlecht fühlt, definiert eine Beziehung als *komplementär*. Hingegen ist die Übereinkunft, daß die Frau in bezug auf das Budget das gleiche Mitspracherecht hat, als gemeinsame Definition einer *symmetrischen* Beziehung in diesem Bereich anzusehen. In jeder einigermaßen befriedigenden Ehe ist das Paar fähig, in den verschiedenen Bereichen seines Zusammenlebens sowohl komplementäre als auch symmetrische Beziehungen herzustellen.

Der Mann kann sich seiner Frau gegenüber fürsorglich verhalten, und sie kann dies akzeptieren, wie auch er ihr fürsorgliches Verhalten ihm gegenüber annehmen kann, und sie sind darüber hinaus imstande, gleiches Verhalten auszutauschen. Ist ein Paar unfähig, eine der genannten Beziehungsformen herzustellen, so engt dies die Basis der Ehe ein. Wenn einer der beiden Partner mit bestimmten Beziehungstypen in der Vergangenheit schlechte Erfahrungen gemacht hat, so ist er vielleicht außerstande, diese Beziehungsform in der Ehe zuzulassen. Angenommen, die Frau hat in komplementären Beziehungen mit ihren Eltern Enttäuschungen erlebt, so wird sie auf die Versuche ihres Mannes, sich ihr gegenüber fürsorglich zu verhalten, in einer Weise reagieren, die deutlich macht, daß sie eine symmetrische Form der Beziehung vorziehen würde. Eine Frau kann auch außerstande sein, Anweisungen ihres Mannes zu befolgen, wenn ein derartiges Verhalten in der Vergangenheit für sie mit zu hohen Kosten verbunden war. Als eine Ehefrau einmal gefragt wurde, weshalb sie sich nicht an die Anordnungen ihres Mannes halte, antwortete sie: »Ich würde ja vollkommen von der Bildfläche verschwinden. Ich hätte keine eigene Identität.« In ähnlicher Weise weigert sich mancher Mann, die Anweisungen seiner Frau zu befolgen oder sich auch nur von ihr pflegen zu lassen, wenn er krank ist (und bleibt deshalb erst dann im Bett, wenn er am Ende seiner Kräfte ist). Er gibt ihr vielleicht zu verstehen, daß er gern bereit sei, sie als gleichberechtigt zu akzeptieren, daß er jedoch von ihr nicht »bemuttert« werden will. Die Unfähigkeit, ein breites Spektrum von Beziehungsformen zu akzeptieren, führt zu einer Ehe, die zu einem gewissen Grad für beide Partner mit Entbehrungen verbunden ist.

Konflikte in der Ehe

Ehekonflikte haben ihren Ursprung in a) Differenzen über die Spielregeln des Zusammenlebens, b) Differenzen darüber, wer diese Regeln festlegt und c) Versuchen, Regeln durchzusetzen, die miteinander unvereinbar sind.

Während der Schonfrist der Flitterwochen sind beide Partner bereit, die auftretenden Schwierigkeiten zu übersehen. Wenn der Mann von seiner Frau auf eine Weise behandelt wird, die ihm nicht gefällt, so erwähnt er dies nicht, um ihre Gefühle nicht zu verletzen. Wenn die Frau eine Seite an ihrem Mann entdeckt, die sie irritiert, so bringt sie die Sache nicht zur Sprache, weil sie jeden Konflikt vermeiden möchte. Nach einiger Zeit kommt es zu einem Riesenkrach, bei dem sich die beiden gegenseitig die Meinung sagen. Nach einem solchen Streit sind meist beide zu Kompromissen bereit und nehmen gewisse Änderungen an ihrem Verhalten vor. Häufig überkompensieren sie ihren Streit und gehen in ihrer Nachgiebigkeit gegeneinander zu weit. Diese Überkompensation bereitet den Boden für den nächsten Konflikt.

Wenn Partner unfähig sind, einen Streit auszutragen, und alles zur Sprache zu bringen, was sie beschäftigt, werden sie zu Rückzugstaktiken Zuflucht nehmen und es vermeiden, bestimmte Bereiche ihrer Beziehung zu erörtern. Mit jedem Vermeiden wird der Themenkreis, der nicht besprochen werden kann, größer, bis es zuletzt nichts mehr gibt, worüber sie angstfrei sprechen können. Eine der Funktionen des Ehetherapeuten kann darin bestehen, ein Paar zu einem Streit zu provozieren, damit beide Partner endlich aussprechen, was sie auf dem Herzen haben, statt sich ständig indirekt gegenseitig für Vergehen zu bestrafen, die sie noch nie als Anklagen formuliert haben. Wenn ein Paar nicht streiten kann, vermeidet es alle Themen, die die Definition eines bestimmten Beziehungsbereichs erfordern würden. Ein solches Paar mag die Mahlzeiten gemeinsam einnehmen und Seite an Seite vor dem Fernseher sitzen, dennoch wird es ihrem Leben an Nähe und Intimität mangeln. Am anderen Extrem der Skala befindet sich das Paar, das eine Beziehung stabilisiert hat, die aus ständigem Streit besteht. Die Partner überschütten einander zwar immer wieder mit Beweisen großer Zuneigung, aber sie können sich nicht friedlich einigen, wer von ihnen in der Ehe was zu bestimmen hat.

Die leichter lösbaren Konflikte einer Ehe sind diejenigen, in denen es darum geht, welche Spielregeln sich das Paar zu eigen machen soll. Die Partner mögen zwar über einen Aspekt ihres Zusammenlebens oder des Umgangs miteinander uneinig sein, aber sie können einen Kompromiß schließen, der das Problem aus der Welt schafft. Die Aufteilung der Hausarbeit, Beziehungen zu Freunden oder die Gestaltung gesellschaftlicher Kontakte sowie Probleme der gegenseitigen Rücksichtnahme in verschiedenen Lebensbereichen können zu Differenzen führen, die einigermaßen leicht zu bereinigen sind.

Obwohl Meinungsverschiedenheiten meist über die Frage entstehen, welche Regeln befolgt werden sollen, werden emotionale Auseinandersetzungen meistens darüber geführt, *wer* über die Regeln zu entscheiden hat, und dieses Problem ist nicht so leicht durch Kompromisse aus der Welt zu schaffen. Nehmen wir an, eine Frau besteht darauf, daß ihr Mann seine Kleider in den Schrank hängt, damit sie nicht hinter ihm aufräumen muß wie ein Dienstbote. Der Mann stimmt seiner Frau vielleicht zu, daß er sich nicht von ihr bedienen lassen soll, und ist somit auch mit ihrer Definition der Beziehung einverstanden, aber er kann trotzdem nicht vertragen, daß *sie* diejenige sein soll, die ihm vorzuschreiben hat, was er mit seinen

Kleidern tun soll. Es ist leichter, darüber zu diskutieren, welche Regel befolgt werden soll, als darüber, wer zu bestimmen hat, welche Regeln angewendet werden sollen. Der Prozeß der Einigung darüber, wer in einer Ehe das Recht hat, die Regeln festzulegen, ist zwangsläufig in jeder Partnerschaft mit einem Kräftemessen verbunden. Die Taktiken in diesem Ringen sind die gleichen wie bei jedem Machtkampf: Drohungen, physische Gewalt, Rückzug, Sabotage, passiver Widerstand und Hilflosigkeit oder physische Unfähigkeit, die Wünsche des anderen zu erfüllen. Dieses Ringen ist keineswegs pathologisch; es wird erst dann pathologisch, wenn einer der Partner das Verhalten des anderen mit der Begründung einzuschränken versucht, daß er nicht anders könne. Diese Art der Verhaltensetikettierung setzt symptomatisches Verhalten voraus und ist ein Produkt pathologischer Beziehungen.

Wenn es zwischen zwei Menschen um die Frage geht, wer die Regeln festsetzen darf, dann werden sie sich so verhalten, als würden ihre Grundrechte verletzt. Auch der innere Groll, den Partner hegen, die sich voneinander zurückgezogen haben und nicht mehr miteinander sprechen, rührt meist von einem Konflikt darüber her, wer zu befinden hat, welcher Art ihre Beziehung zueinander sein soll. Während sich die beiden Partner anschweigen, sind sie innerlich meist eifrig damit beschäftigt, sich auf ein Streitgespräch miteinander vorzubereiten; in diesem Streitgespräch kommen meist Wendungen vor wie: »Wofür hält er sich eigentlich«, und: »Wenn sie glaubt, daß ich mir das gefallen lasse, wird sie ihre Überraschungen erleben«. Bei jeder Auseinandersetzung erfordert die Frage der persönlichen Rechte einen komplizierten Etikettierungsvorgang. Eine Frau hat vielleicht nichts dagegen, von ihrem Mann Ratschläge anzunehmen, und fügt sich somit bereitwillig in eine komplementäre Beziehung, wenn er ihr seinen Rat genau in der richtigen Weise anbietet oder wenn sie ihn darum gebeten hat. Sie kann eine derartige Beziehung jedoch entschieden ablehnen, wenn sie von ihrem Mann ausging oder wenn er sie erzwingen will. In ähnlicher Weise kann ein Mann bereit sein, seine Frau in einem bestimmten Bereich als gleichberechtigt anzuerkennen, sobald sie dies aber von ihm fordert, kann es sein, daß er sich dagegen sträubt. Die Tätlichkeiten, zu denen es oft aus geringfügigen Anlässen kommt, sind auf dieses Ringen auf der Herrschaftsebene der Ehe zurückzuführen. Ob man in das eine oder das andere Kino gehen soll, kann Auseinandersetzungen bis zur Scheidungsdrohung auslösen, wenn sich der Konflikt im Grunde darum dreht, wer in der Ehe wem was vorschreiben darf.

Wenn die Ehepartner nur auf einer einzigen Botschaftsebene miteinander kommunizieren, wären die Konflikte leichter lösbar, da es nicht zu kreisförmigen Auseinandersetzungen käme. Wenn der Mann beispielsweise nur eine komplementäre Beziehung anstrebt und die Frau entweder nur akzeptierend reagiert oder das Gegenangebot einer symmetrischen Beziehung macht, dann kann das Problem von ihnen gelöst werden. Die Menschen kommunizieren jedoch nicht nur auf einer einzigen Ebene, sondern bieten einander Botschaften an, die auf der einen Ebene den einen Beziehungstypus definieren und auf der anderen Ebene einen damit nicht zu vereinbarenden Typus. Der daraus resultierende Konflikt ist nicht leicht zu lösen und provoziert gewöhnlich Reaktionen, die den Konflikt verewigen. Wenn eine Frau beispielsweise ihrem Mann *befiehlt*, sie zu *beherrschen*, ist das Paar in einem Netz widersprüchlicher Definitionen der Beziehung gefangen. Wenn der Mann auf ihren Wunsch hin dominiert, ist er derjenige, der dominiert wird. Anders ausgedrückt, wenn er sich mit der sekundären Rolle einer komplementären Beziehung zufriedengibt, indem er ihr die Führung überläßt, sieht er sich einem Paradox konfrontiert, wenn sie von ihm fordert, daß er die Führung übernehme. Es handelt sich um das gleiche Paradox, das in der Aussage, »Gehorche mir nicht«, enthalten ist. Wenn der Adressat nicht gehorcht, so gehorcht er, und wenn er gehorcht, gehorcht er nicht. Eine ähnliche Situation tritt ein, wenn ein Mann seiner Frau befiehlt, die Leitung zu übernehmen oder sich um ihn zu kümmern. Mit einem ähnlichen Paradox haben wir es zu tun, wenn eine Frau verlangt, daß sich ihr Mann gegenüber seiner Mutter durchsetze und sich nicht wie ein »Muttersöhnchen« verhalte, indem er sich von einer Frau beherrschen lasse. Je mehr er durch seine Frau gezwungen wird, sich seiner Mutter gegenüber zu behaupten, desto mehr akzeptiert er, daß man ihn beherrscht. Zwei inkompatible Beziehungstypen werden ihm gleichzeitig aufgezwungen. Manche Frau erklärt ausdrücklich, daß sie von ihrem Mann auf eine bestimmte Weise, die sie festlegt, beherrscht werden wolle – ohne sich der Unvereinbarkeit ihrer Forderungen bewußt zu sein.

Angebote für zwei inkompatible Beziehungsformen können immer dann erfolgen, wenn eine Unvereinbarkeit zwischen a) der Regel, die eine Beziehung definiert und b) dem Beziehungstypus vorliegt, der sich aus der Frage ergibt, *wer* die Beziehung definiert. Wenn eine Frau beispielsweise ihren Mann auffordert, seine Kleider wegzuräumen, gibt sie damit zu erkennen, daß ihre Beziehung symmetrisch sein sollte; beide Partner sollten ihre Kleider selbst in den Schrank tun. *Durch ihre Aufforderung, dies zu tun*, definiert sie die Beziehung jedoch als komplementär – sie befiehlt, und er soll ihren Befehlen gehorchen. Der Mann sieht sich somit zwei verschiedenen Definitionen der Beziehung konfrontiert: wie er auch reagiert, er kann nicht beide Aufforderungen gleichzeitig befolgen. Akzeptiert er die symmetrische Definition und räumt seine Kleider auf, dann befolgt er ihre Weisung und akzeptiert somit eine komplementäre Definition. Er kann die eine Definition nicht ohne die andere akzeptieren, es sei denn, er kommentiert die Situation in einer Weise, die diese neu definiert. Wahrscheinlicher ist, daß er einen Wutausbruch haben wird, ohne genau zu wissen, worüber er wütend ist. Seine Frau wird ähnlich empört reagieren, weil er wegen einer so bescheidenen Bitte aufbrauste.

Ein weiterer Konfliktbereich entsteht in einer Partnerbeziehung, wenn eine Unvereinbarkeit zwischen a) den Metaregeln, die zur Bereinigung von Differenzen über Spielregeln und b) diesen Spielregeln selbst besteht. Beispielsweise kann sich ein Paar darauf einigen, daß im Falle eines Konflikts hinsichtlich der Spielregeln für den Umgang miteinander der Ehemann die letzte Entscheidung treffen und die Regeln festlegen solle. Seine letzte Entscheidung könnte jedoch in der Versicherung bestehen, daß er und seine Frau gleichberechtigt seien bzw. sich in einer symmetrischen Beziehung befänden. Wenn sie gleichberechtigt sind, kann er nicht derjenige sein, der die Regeln festlegt, dennoch ist dies die Regel, die er verkündet. Oder ein Paar kann sich auf die Spielregeln einigen, alle Meinungsverschiedenheiten auf eine für beide befriedigende Weise aus der Welt zu schaffen – durch Diskussion und Kompromisse. Versucht die Frau dann jedoch, zu einem bestimmten Thema ihre Meinung zu sagen, so weist der Mann vielleicht darauf hin, daß durch emotionale Reaktionen nichts gewonnen sei und er nicht bereit sei, weiterzudiskutieren, da sie ihm nicht zuhöre. Sein Verhalten, durch das er die Beziehung in bezug auf ein bestimmtes Thema als komplementär definiert, ist mit ihrer Übereinkunft unvereinbar, Probleme symmetrisch zu lösen. Beiderseitige Unzufriedenheit und Empörung ist die Folge.

Fassen wir zusammen: Konflikte zwischen Ehepaaren können in verschiedenen Bereichen entstehen: a) Konflikte darüber, welche Spielregeln im Umgang miteinander befolgt werden sollen und welche Art von Beziehung sie somit haben; b) Konflikte darüber, wer die Regeln festlegen soll, wobei der Beziehungstypus durch die Art und Weise definiert wird, in der dieser Konflikt gelöst wird; und c) ein Konflikt über die Unvereinbarkeit dieser beiden Ebenen; eine Beziehung, die auf der ersten Ebene in einer bestimmten Weise definiert wurde, konfligiert mit der Beziehung, die auf der zweiten Ebene anders definiert wurde. Außer den genannten Konflikten kann ein weiterer durch d) eine Unvereinbarkeit zwischen dem Prozeß der Konfliktlösung und den Konflikten selbst auftreten, so daß die Lösungsergebnisse der einen Ebene mit den Lösungsergebnissen der anderen unvereinbar sind.

Fast jeder auftretende Ehekonflikt läßt sich im Rahmen des genannten formalen Schemas beschreiben, obwohl sich die Beschreibung auf zwei Ebenen beschränkt, während sich die menschlichen Beziehungen auf mannigfachen Kommunikationsebenen abspielen. Es ist anzunehmen, daß dieses Schema auch für eheliche Beziehungen in anderen Kulturen Gültigkeit hat, da es sich nicht um eine Beschreibung von Regeln handelt, die ein Paar befolgt und die kulturspezifisch wären, sondern um eine Darstellung auf einer abstrakteren Ebene. In jeder Kultur muß sich ein Paar damit auseinandersetzen, welche Spielregeln es befolgen soll, wer sie festzulegen hat und welche Regeln zur Bereinigung von Differenzen befolgt werden sollen. In einer im Umbruch befindlichen Kultur wird es, ebenso wie in kulturellen Mischehen, zwangsläufig mehr Konflikte geben. Der veränderte Status der Frauen in Amerika hatte den Zusammenbruch eines großen Teils des genau festgelegten komplexen Systems zur Definition von Beziehungen zwischen den Geschlechtern zur Folge, das bis dahin als bloße Formalität für selbstverständlich genommen worden war. Die Folge ist, daß sich mancher Mann nun einer Frau gegenübersieht, die verlangt, als gleichberechtigt behandelt zu werden, und die gleichzeitig erwartet, im Rahmen einer komplementären Beziehung von ihm umsorgt zu werden.

Wenn man eheliche Beziehungen in Form konfligierender Kommunikationsebenen beschreibt, so ist dies eine komplexe Angelegenheit, aber jede weniger komplexe Darstellungsweise übersimplifiziert zu stark, um brauchbar zu sein. Stellt man beispielsweise fest, eine Ehe bestehe aus »einer dominierenden Frau und einem abhängigen Mann«, so läßt man die Möglichkeit außer acht, daß der Mann die Frau dazu provozieren könnte, zu dominieren, so daß er de facto in der Frage »dominiert«, welcher Art ihre Beziehung sein soll. In ähnlicher Weise kann die »fügsame« Frau in Wirklichkeit diejenige sein, die durch hilflose Manöver bestimmt, was in der Beziehung geschieht.

Der Bereich der sexuellen Beziehung eignet sich zur Verdeutlichung typischer Konfliktmuster in einer Partnerschaft. Die sexuellen Hemmungsprozesse beruhen nicht nur auf Schuldgefühlen, die in die Ehe mitgebracht werden, sondern sind auch ein Ergebnis des Ringens zweier Menschen um die Definition ihrer Beziehung. Damit beide Partner ihre sexuelle Beziehung genießen können, ist ein eher subtiles Zusammenspiel der entsprechenden physischen Reaktionen beider Partner sowie entsprechende Verhaltensreaktionen aufeinander, die diese physischen Reaktionen auslösen, vonnöten. Wenn es Differenzen darüber gibt, welche Art von Beziehung der sexuelle Akt impliziert, oder darüber, wer definiert, welcher Art die Beziehung ist, werden die nötigen Reaktionen ausbleiben.

Anhand der Art und Weise, wie der Sexualakt eingeleitet wird, kann man die verschiedenen Konflikte verdeutlichen, die entstehen können. Ein Paar kann sich beispielsweise implizit darauf einigen, daß sexuelle Annäherungen vom Mann auszugehen haben und daß die Frau darauf reagieren soll, wenn dies eintritt. Die Beziehung ist in diesem Punkt komplementär – er bietet an und sie empfängt, obwohl sie ihn insgeheim und indirekt dazu reizen kann, die Initiative zu ergreifen. Ein anderes Paar mag sich auf das umgekehrte Arrangement einigen und es als ebenso befriedigend empfinden, wenn die Frau die sexuelle Initiative ergreift. Wieder andere Paare definieren ihre Beziehung in diesem Punkt als symmetrisch, das heißt, beide Partner haben das Recht, sexuelle Kontakte zu initiieren.

Konflikte können unter verschiedenen Umständen auftreten. Ein Konflikt über die Spielregeln ist die Folge, wenn der Mann darauf besteht, daß er intime Begegnungen initiieren sollte, und die Frau einwendet, damit müsse sie ihm jederzeit zur Verfügung stehen, ohne eigene Rechte zu haben, und durch diesen Einwand die Beziehung auf symmetrischere Weise definieren möchte. Oder eine Frau kann die Ansicht vertreten, daß nur der Mann den Liebesakt einleiten solle, während der Mann mit diesem Arrangement unzufrieden ist, weil er ein symmetrischeres vorziehen würde. Konflikte der genannten Art, die sich darum drehen, wie die Beziehung beschaffen sein soll, werden gewöhnlich in den laufenden Interaktionen einer Ehe ausgetragen.

Der Konflikt auf der nächsten Ebene – wer darüber zu bestimmen hat, wie die Beziehung beschaffen sein soll – ist hingegen weniger leicht zu lösen. Wenn eine Frau beispielsweise ihrem Mann im Bett den Rücken zuwendet, in der Annahme, daß er sie schon umdrehen werde, falls er eine Umarmung wünsche, kann es passieren, daß der Mann aus ihrem Verhalten schließt, sie habe keine Lust auf Sex, und sie deshalb nicht anrührt. Beide Partner können dann das Gefühl haben, daß der andere nicht interessiert sei, und beide können sich mit Recht frustriert fühlen. Wenn sich dieser Konflikt darüber abspielt, welcher Art ihre Beziehung sein soll, kann er als Mißverständnis gelöst werden. Ein Gespräch und die Korrektur der Signale, um die es geht, werden zu einer positiveren Beziehung führen. Liegt das Paar jedoch in einem Kampf miteinander, wer die Art ihrer Beziehung definieren darf, so wird eine Diskussion über die Situation nicht notwendigerweise eine Lösung des Problems bewirken. Die Frau kann es auch nach dem Gespräch immer noch für ein Naturgesetz halten, daß nur der Mann die sexuelle Initiative ergreifen dürfe, und sie wird es ihm daher nicht gestatten, ihr eine andere Beziehung aufzuzwingen. Der Mann mag es weiterhin für richtig halten, sich seiner Frau nicht aufzudrängen, solange sie kein

Interesse gezeigt hat; sie gibt ihm jedoch keinerlei Hinweise, wie er sich zu verhalten habe. In diesem Ringen kann es geschehen, daß er sie als frigide und sie ihn als unmännlich bezeichnet.

Wenn ein Paar darum kämpft, wer die Führung in der Beziehung innehat, dann wird das Vergnügen an sexuellen Begegnungen zu einer peripheren Angelegenheit, falls es nicht völlig erlischt. Die sexuelle Beziehung wird zu einem Instrument zur Austragung des Beziehungskonflikts. Wenn eine Frau beispielsweise das Gefühl hat, daß sie in eine sekundäre Position gerät, wenn er sich ihr sexuell nähert, weil er dadurch in ihren Augen dominiert, so kann sie verschiedene Taktiken anwenden; sie kann sich ihm verweigern, sie kann sich ihm gegenüber gefühlskalt zeigen, oder sie kann selbst die sexuelle Initiative ergreifen. Falls sie sich ihm verweigert, kann der Mann reagieren, als seien seine Rechte verletzt worden, und eine Zeitlang weitere Annäherungsversuche unterlassen, womit er den Boden für künftige Probleme bereitet. Falls sie kühl reagiert, kann er sich entweder zurückziehen oder bei künftigen Versuchen vorsichtiger vorgehen, um zu erkennen zu geben, daß er den Verkehr nur wünscht, wenn sie dazu Lust hat, oder er kann sich auch darauf beschränken, nur zu reagieren, falls sie ihm Avancen macht. Ist er jedoch wirklich verärgert, so wird er sich beim nächsten Mal, wenn sie die Initiative ergreift, aus Rache für ihre Zurückweisung selbst ablehnend verhalten.

Der Prozeß der Beseitigung eines sexuellen Problems ist ein Teil des umfassenderen Problems, eine Beziehung auf eine für beide Partner befriedigende Weise zu definieren. Die subtilen Manöver, die zwischen einem Paar als Vorspiel des Liebesakts stattfinden, haben formale Ähnlichkeit mit anderen Vorgängen ihres Zusammenlebens. Eine Frau, die zu ihrem Mann nicht »nein« sagen kann und deshalb häufig ohne rechte Lust beim Koitus mitspielt, wird sich auch in anderen Bereichen ihres Zusammenlebens oft ähnlich verhalten. Eine Frau, die ihren Mann »auf die Probe stellt«, indem sie sich zunächst sträubt, »um zu sehen, ob ihm wirklich daran liegt«, wird zu einem ähnlichen Verhaltensmuster neigen, ob es sich um sexuelle Beziehungen oder um die Frage handelt, ob man zusammen auswärts zu Abend essen soll. Ein Mann, der bei seinen sexuellen Avancen zögernd vorgeht und übermäßig sensibel auf die Stimmungen seiner Frau reagiert, wird sich ihr gegenüber ähnlich verhalten, wenn es darum geht, einen gemeinsamen Einkauf für den Haushalt zu tätigen. Die expliziten sexuellen Aspekte einer Ehe müssen in der Ehetherapie nicht notwendigerweise behandelt werden: In dem Maße, in dem es den Partnern gelingt, ihre Beziehung in anderen Bereichen zu verbessern, wird auch die sexuelle Sphäre konfliktfreier werden.

Das Vorhandensein symptomatischen Verhaltens bei einem Partner belastet die Gestaltung einer sexuellen Beziehung. Eine Frau, die häufig Kreuzschmerzen oder Schwindelanfälle bekommt, wenn sie sich niederlegt, oder die im entscheidenden Augenblick an Angstanfällen leidet, kann dadurch erreichen, daß es zu intimen Begegnungen nur kommt, wenn ihr die Umstände passen und sie Lust dazu hat. Der Mann kann nicht mit ihr verkehren, wann er möchte, ohne rücksichtslos zu erscheinen. Das Problem ist deshalb schwer zu bewältigen, weil Versuche, die Situation zu verbessern, auf die Schwierigkeit stoßen, daß ein Symptom seiner Definition nach etwas ist, wofür der Betreffende »nichts kann«. Wenn eine Frau ihrem Mann gegenüber andeutet: »Du mußt es anders anfangen, dann werde ich dir stärker entgegenkommen«, so kann er entweder darauf eingehen oder mit ihr darüber diskutieren. Erklärt sie jedoch, »Ich habe schreckliche Kopfschmerzen«, sobald er sich ihr nähert, so kann er sich nur frustriert zurückziehen, ihr aber weder Vorwürfe machen noch das Problem lösen. Ebenso befindet sich eine Frau, deren Mann an Impotenz oder Ejaculatio praecox leidet, in einer Position, in der sie ständig Enttäuschungen riskiert, wenn sie ihn zu sexuellen Kontakten herausfordert. Sie muß es ihm überlassen, wenn es zum Beischlaf kommt, und dennoch kann sie ihm nicht für etwas Vorwürfe machen, was sich seiner Kontrolle entzieht. Der Partner eines Patienten, der an Symptomen leidet, sieht sich inkompatiblen Botschaften konfrontiert: Sein Verhalten wird durch den Partner diktiert, aber gleichzeitig wird es nicht durch den Partner diktiert, da dessen Verhalten als »unabsichtlich« etikettiert ist.

Wenn in einer Ehe paradoxe Kommunikation stattfindet, hat das Konflikte zur Folge, die für ein Paar überaus schwierig allein zu lösen sind. Solche Situationen treten nicht nur ein, wenn Symptome vorliegen, sondern können durch jede Sequenz inkompatibler Botschaften ausgelöst werden. Beispielsweise liegt ein Paradox vor, wenn ein Mann den Wunsch äußert, seine Frau solle sich für Sex interessieren und diesbezüglich die Initiative ergreifen, falls sie es tut, jedoch kühl reagiert, weil sie zu fordernd und bestimmend sei. Wenn ein Mann die Avancen seiner Frau als zu fordernd erlebt und deren Fehlen als Prüderie verurteilt, dann setzt sich die Frau ins Unrecht, was immer sie auch tut. In ähnlicher Weise kann eine Frau ihren Mann ermutigen, sexuelle Initiativen zu ergreifen, doch sobald er es tut, gibt sie ihm das Gefühl, er dränge sich ihr auf; tut er hingegen nichts dergleichen, so wirft sie ihm vor, er interessiere sich nicht für sie.

Wenn diese Paradoxe im sexuellen Bereich auftreten, repräsentieren sie Themen, die auch auf allen übrigen Gebieten der Ehe

170

als inkompatible Definitionen der Beziehung vorhanden sind. Ein Mann definiert die Beziehung als symmetrisch, wenn er seine Frau ermutigt, in sexueller Hinsicht die Initiative zu ergreifen. Deutet er gleichzeitig an, daß sie das nicht tun sollte, so definiert er die Beziehung als komplementär. Diese beiden inkompatiblen Definitionen in diesem Bereich konfrontieren die Frau mit einer paradoxen Situation: Wie auch immer sie reagiert, um sich seiner Definition der Beziehung anzuschließen, er wird ihr Verhalten als falsche Definition ablehnen. Die Frau könnte eine Lösung darin sehen, daß sie ihrerseits inkompatible Definitionen der Beziehung setzt. Sie kann dies auf »normale« Weise tun oder indem sie Symptome entwickelt. Um ein Beispiel eines »normalen« Vorgehens zu zitieren, wie die Frau ihrerseits eine inkompatible Definition der Beziehung liefern könnte: sie könnte davon sprechen, daß auch sie das Recht habe, sexuelle Kontakte zu initiieren, und die Beziehung damit als symmetrisch definieren, de facto aber alle solche Initiativen ihrem Mann überlassen, wodurch die Beziehung als komplementär definiert wäre. Oder sie könnte zuerst ein Interesse an Intimitäten bekunden und sich dann gleichgültig verhalten, so daß ihr Mann sie bedrängen muß; sie hat dann einen Sexualakt initiiert, aber doch auch wieder nicht, da der entscheidende Schritt ihm überlassen blieb.

Symptome können als Produkt oder als Mittel des Umgangs mit einer Beziehung gesehen werden, in der inkompatible Definitionen der Beziehung wirksam sind. Die Annahme liegt nahe, daß die Symptome einer Frau, welche die sexuelle Beziehung behindern, nur Ausdruck ihrer Schuldgefühle und ihrer Angst vor der Sexualität seien, aber es kann auch sein, daß sie ihrem Mann auf diese unwillkürliche Weise Zurückhaltung auferlegt, weil er ihr zu verstehen gegeben hat (und zwar so, daß sie es ihm nicht vorwerfen kann), daß sie dies tun solle. Wenn ein Mann seine Frau auffordert, Interesse an sexuellen Begegnungen zu bekunden, und sie dann zurückweist, wenn sie es tut, kann die Frau Symptome entwickeln, die sie dazu unfähig machen. In ähnlicher Weise kann eine Frau, die es nicht erträgt, sich ihrem Mann in einer komplementären Beziehung »hinzugeben«, aber darauf besteht, daß er in der Beziehung die Führung übernehme, bei ihrem Mann Impotenz hervorrufen, wodurch das Dilemma für beide gelöst ist. Wenn man aufgefordert wird, etwas zu tun, und gleichzeitig, es nicht zu tun, so besteht eine mögliche Reaktion darin, es nicht tun zu können – das heißt, zu erkennen zu geben, daß das eigene Verhalten unwillentlich sei. Die menschliche Physis spielt in einer solchen Situation sogar so weit mit, daß sie somatische Symptome produziert.

Ein Ehepaar, das miteinander Schwierigkeiten hat, kann an das Problem nur schwer rational herangehen. Beide Partner wissen oft sehr gut, wie sie einander behandeln sollten, um ihr Leiden zu verringern, trotz der Mauer von Mißverständnissen zwischen ihnen, dennoch fahren sie fort, sich selbst und dem anderen das Leben zu verbittern. Ein Therapeut, der sich um Veränderung bemüht, hat zwei zentrale Probleme, die eine Veränderung der Beziehung hemmen.

Das eine Problem, das der Veränderung entgegensteht, ist die Hartnäckigkeit, mit der die Partner einander schonen. Auch wenn sie wütende Angriffe gegeneinander loslassen oder einander ständig in Grund und Boden kritisieren, stellt sich bei näherer Untersuchung gewöhnlich heraus, daß sie einander auf verschiedene Weise schützen und dadurch das System stabil erhalten. Beispielsweise überschüttete eine Frau, die in der Ehe die Hosen anhatte, ihren Mann mit Vorwürfen wegen seines Trinkens, seiner Rücksichtslosigkeit, seines schlechten Benehmens und seiner allgemeinen Rüpelhaftigkeit. Als sie eines Tages mit dem Therapeuten allein war, erklärte sie, das eigentliche Problem sei die Tatsache, daß ihr Mann in Wirklichkeit ein großes Kind sei und sie es satt habe, ihn zu bemuttern. Als der Therapeut sie fragte, weshalb sie dies nicht in Anwesenheit ihres Mannes vorgebracht habe, war die Frau von der Vorstellung schockiert, seine Gefühle auf diese Weise zu verletzen. Sie ließ ständig durchblicken, daß er in ihren Augen infantil sei, ohne diese Anklage je auszusprechen, so daß sich der Mann damit auseinandersetzen hätte können.

Eine der Funktionen eines offenen Ehekrachs scheint darin zu bestehen, daß er den Partnern gestattet, vorübergehend aufzuhören, einander zu beschützen. In der Regel signalisieren die Partner einander, welche Bereiche zu heikel für eine Erörterung sind. Sobald einer dieser Bereiche berührt wird, reagieren sie so ängstlich oder so wütend, daß es zu keiner weiteren Diskussion kommt. Hält ein Partner einen dieser tabuisierten Bereiche für ein zentrales Problem der Beziehung, dann bringt er dieses Thema, häufig aus Rücksichtnahme auf die Empfindlichkeit des anderen, nicht zur Sprache. Dennoch sind Veränderungen oft nur möglich, wenn es zur Diskussion kommt, nicht unbedingt weil eine Einigung erzielt wird, sondern weil die Regeln darüber abgeändert werden, wer über was sprechen soll. Mit anderen Worten, wenn eine Frau die implizite Regel aufgestellt hat, daß ein bestimmtes Thema nicht erörtert werden soll, und der Mann dieses dann doch zur Sprache bringt, bewirkt sein Akt eine Veränderung der Beziehung, unabhängig vom Aufklärungswert der betreffenden Diskussion.

Obwohl man es als natürlichen Aspekt der Ehe ansehen könnte, daß die Partner einander beschützen, gibt es Formen von Fürsorglichkeit, die weniger positiv zu werten sind. Wenn eine Frau einem Thema ausweicht, weil sie glaubt, ihr Mann könne es nicht verkraften, beweist sie ihm gegenüber einen Mangel an Achtung, der ungerechtfertigt sein mag und der von ihrem Mann vielleicht als Überheblichkeit empfunden wird. Das zentrale Problem dieser Ehe liegt möglicherweise eher in ihrem Mangel an Respekt für ihren Mann als im Inhalt des tabuisierten Bereichs. Auch eine Frau, die ihre eigenen Fähigkeiten und Leistungen herunterspielt, um ihren Mann nicht in den Schatten zu stellen, tut ihm damit nicht unbedingt einen Gefallen. Beispielsweise entschloß sich eine Frau, ihr Studium nicht fortzusetzen und keinen akademischen Abschluß zu machen, weil sie dadurch einen höheren akademischen Status erreicht hätte als ihr Mann. Wenn eine Frau beschließt, sich aus einem solchen Grunde zurückzuhalten, verhält sie sich nicht nur ihrem Mann gegenüber gönnerhaft, es kann auch sein, daß sie diese Rücksichtnahme als Vorwand benutzt, wenn es nämlich eine Reihe anderer Gründe gibt, weshalb sie sich nicht um einen höheren Studienabschluß bemüht. Wenn ein Partner gegenüber dem anderen eine protegierende Haltung einnimmt, werden meist unausgesprochen Bedürfnisse befriedigt. Beispielsweise kann man es mit einem Tauschhandel zu tun haben. Wenn ein Mann seine Frau in einer bestimmten Sache schützt, so geschieht dies oft mit der impliziten Übereinkunft, daß sie *ihm* dafür in einem anderen Punkt nicht zu nahe tritt. Dies mag in Ordnung sein, solange die Ehe nicht in Schwierigkeiten ist. Treten Probleme auf, so ist dies gewöhnlich ein Anzeichen, daß einer der beiden Partner bei dem Handel benachteiligt wird. Kündigt der eine die Rücksichtnahme auf, so tut es auch der andere, und Veränderungen können eintreten. Ein weiterer Aspekt der gegenseitigen Schonung ist die gelegentlich auftretende Verwirrung darüber, wer eigentlich wen schützt. Es ist fast die Regel, daß ein Partner, der ein Thema vermeidet, um den anderen zu schonen, gewissen Selbsttäuschungen unterliegt. Beispielsweise mag ein Mann andeuten, daß seine Frau keine Erörterung sexueller Fragen ertragen könne, während in Wirklichkeit er derjenige ist, der sich in einer solchen Diskussion unbehaglich fühlt, dennoch läßt es seine Frau zu, in diesem Punkt als die Empfindliche hingestellt zu werden.

Mit einer ernsteren Form des Widerstands gegen Veränderung in einer Ehe haben wir es zu tun, wenn einer oder beide Partner Symptome zu entwickeln beginnen. Das Symptom wird dann von den Partnern in der gleichen Weise benutzt, wie ein gestörtes Kind von der Familie benutzt wird, nämlich um der Definition ihrer Beziehung aus dem Weg zu gehen und sich dadurch mit den ehelichen Schwierigkeiten nicht auseinandersetzen zu müssen. Charakteristischerweise behauptet das Paar dann etwa, daß es vollkommen glücklich wäre, wenn der Mann bloß nicht diese Kopfschmerzen hätte oder wenn die Frau nicht unter solchen Angstanfällen litte. Sobald das Symptom jedoch gelindert wird, ist von diesem Glück nichts zu bemerken; ja ihr Konflikt kann sich sogar so sehr verschärfen, daß das Verschwinden des Symptoms Trennung oder Scheidung bedeutet. Psychotherapeuten, die nur Einzelpatienten behandeln, übersehen häufig, wie tiefgreifend die Beziehung zu einem nahen Angehörigen das Tempo der Fortschritte des Patienten beeinflußt.

In der Regel schützen die Symptome nicht nur das Individuum als intrapsychische Abwehr, sondern sie schützen auch den Ehepartner und die Ehe als solche. Eine Frau mit einer Vielzahl hysterischer Symptome wurde in Gesprächen behandelt, bei denen auch ihr Mann zugegen war. Der Mann hatte zunächst gezögert, sich in Therapie zu begeben, weil er überzeugt war, daß die Probleme bei seiner Frau und nicht bei ihm selbst oder der Ehe lagen. Auch die Frau äußerte, daß sie nicht verstehen könne, was ihr Mann mit den körperlichen Beschwerden zu tun habe, unter denen sie litt. Als sich ihre Symptome besserten, begann das Paar offener zu streiten. Der Frau fiel es leichter, ihrer Unzufriedenheit Ausdruck zu verleihen. Im Verlauf der Behandlung enthüllte die Frau auch beinahe zufällig, daß sie seit vielen Jahren an Klaustrophobie gelitten habe. Da sie nicht in einem Fahrstuhl fahren konnte, war es dem Paar nicht möglich, in einer beliebten Bar im obersten Stock eines Wolkenkratzers einen Cocktail einzunehmen. Als die Frau vom Therapeuten ermutigt wurde, sich zu einem Besuch dieses Lokals aufzuraffen, zeigten sowohl sie als auch ihr Mann Anzeichen von Unruhe. Die Frau erklärte, ihr Symptom behindere sie nicht und sie ziehe es vor, es beizubehalten. Weitere Fragen ergaben, daß der Mann an Höhenangst litt. Diese Angst war aufgrund der »Übereinkunft« zwischen den beiden, daß sie Probleme habe, er jedoch nicht, nie zur Sprache gebracht worden. Sobald diese Frau ihre Furcht vor engen Räumen überwand und einen Fahrstuhl benutzen konnte, würde sie die Unfähigkeit ihres Mannes offenbaren, sie zu begleiten. Ein solches Eingeständnis würde eine Revision der Grundprämisse erfordern, daß es sich bei ihrer Ehe um eine komplementäre Beziehung handle, in der der Mann der Starke sei, während die Frau an Symptomen und Schwierigkeiten leide.

Wenn man eine symptomatische Ehe untersucht, stellt sich charakteristischerweise heraus, daß jeder Partner Symptome hat, die in die Symptome des anderen integriert sind. Beispielsweise könnte man einen Mann, der befürchtete, jeden Augenblick an Herzversagen zu sterben, für einen klassischen Fall von Herzphobie halten, wenn man ihn allein behandelt. Wird seine Frau nur kurz zugezogen, so entsteht der Eindruck, daß sie in einer schwierigen Situation ihr Bestes tue. Behandelt man jedoch Mann und Frau zusammen, so entsteht ein anderes Bild. Sooft die Frau deprimiert war und sich von ihm zurückzog, begann der Mann, sich über sein Herz besorgt zu zeigen, indem er seinen Puls maß und sie bat, den Arzt zu rufen. Seine Frau reagierte darauf ärgerlich und erregt, sie versicherte ihm, sein Herz sei in Ordnung, aber sie kam wieder aus ihrer Depression heraus. Sobald es dem Mann besser ging, begann sich die Frau wieder von ihm zurückzuziehen und in Depressionen zu versinken. Obwohl ihre Depressionen damit zusammenhingen, daß sie einen Mann mit einer Herzphobie hatte, stand seine Phobie auch in Bezug zu ihrer Depression. Die Genesung eines Partners kann für den anderen oder für die Ehe eine ernsthafte Bedrohung darstellen.

Es ist faktisch unmöglich, daß ein Partner schwere Symptome hat, ohne daß der andere in die Situation hineingezogen wird, aber manchmal sind die kooperativen Aspekte eines Symptoms nicht auf den ersten Blick erkennbar. Beispielsweise kann eine Frau aufgrund ihrer emotionalen Probleme hilflos und funktionsunfähig erscheinen, bei näherer Untersuchung erweist sich jedoch, daß ihr Mann noch weitaus hilfloser und untüchtiger ist. Die Schwierigkeiten seiner Frau zwingen ihn aber ständig, die Fiktion aufrechtzuerhalten, daß er für *sie* sorgen müsse. Trotz der scheinbaren Hilflosigkeit der Frau stellt sich in solchen Fällen häufig heraus, daß sie das Haushaltsgeld verwaltet, die Unternehmungen der Familie organisiert, die Beziehungen zur Umwelt aufrechterhält und den Haushalt führt. Aufgrund einer stillschweigenden Übereinkunft genießt jedoch der Mann das Ansehen des Stärkeren in der Familie.

In einer Ehe dieser Art entwickelt die Frau oft Symptome, wenn der Mann einen Schicksalsschlag erleidet, unter dem er zusammenzubrechen oder symptomatisch zu reagieren droht. In diesem Augenblick beginnt die Frau, Probleme zu haben, und der Mann muß sich zusammennehmen, um ihr helfen zu können. Manchmal treten bei der Frau Symptome auf, wenn der Mann einen Schritt vorwärts macht und beginnt, sich mit stärkerem Selbstvertrauen in der Ehe durchzusetzen. Sobald er größere Anforderungen an sie richtet, verschafft sich die Frau die Kontrolle über die Beziehung, indem sie zu »krank« wird, um seinen Ansprüchen zu genügen. Manchmal treten diese beiden Umstände gleichzeitig auf; der Mann erzielt berufliche Erfolge, die ihn veranlassen, sich zu Hause stärker durchzusetzen, die ihn aber gleichzeitig auch verunsichern, da er sich vor zusätzlicher Verantwortung scheut. Zwischen dem Zusammenbruch unter der Last größeren Erfolges einerseits und stärkerer Selbstbehauptung andrerseits hin und her schwankend, bietet er seiner Frau inkompatible Definitionen der Beziehung an, und sie kooperiert durch die Entwicklung von Symptomen, welche die Situation stabilisieren.

Exemplarisch für eine Konstellation dieser Art ist der Student, der promoviert und seine erste Stelle antritt. Durch eine Veränderung seiner Beziehung zur Umwelt bedroht, weil er nach einem jahrelangen Studentendasein zum ersten Mal mit den Menschen als gleichrangiger Erwachsener verkehren muß, gerät er in diesem Augenblick des Erfolgs in eine Krise. In einem speziellen Fall war es die Frau des Studenten, die ihn während seiner ganzen Studienzeit erhalten hatte, welche nun einen Kollaps erlitt. Sie hatten nun plötzlich eine Veränderung ihrer Beziehung zu verkraften, als er den Beruf aufnahm und für ihren Unterhalt aufzukommen begann. Er trat einerseits zu Hause selbstsicherer auf, war aber andererseits durch seine neue Verantwortung im Leben stark verunsichert. In dem Augenblick, in dem er seine Unsicherheit äußerte, ob er seinen neuen Job verlassen und wieder an die Universität zurückkehren solle, reagierte die Frau mit Angstanfällen. Aufgrund dieser Attacken war sie unfähig, ihren Beruf weiter auszuüben oder auch nur das Haus allein zu verlassen, und er war daher gezwungen, an seiner neuen Stelle zu bleiben und sie weiter zu erhalten. Als die Frau allmählich wieder auf die Füße zu kommen schien, zeigte der Mann Anzeichen eines Zusammenbruchs. Versuchte der Mann jedoch, in der Ehe stärker die Führung zu übernehmen, wie es die Frau gewünscht hatte, so reagierte sie unkooperativ, gab aber zu verstehen, daß sie »nichts dafür könne«. Immer wenn sich das Paar mit seinem Beziehungskonflikt auseinanderzusetzen suchte, versicherte die Frau, daß sie ihrem Mann anders entgegenkommen würde, wenn sie nicht diese Angstzustände hätte. Der Mann stellte sich auf den Standpunkt, daß das Problem nicht ihre Beziehung betraf, sondern von ihrer inneren Angst herrührte. Solange beide alles auf die Symptome der Frau zurückführten, wenn ihnen Veränderungen drohten, war es nicht möglich, die eheliche Beziehung befriedigender zu gestalten.

Die therapeutische Intervention

Der Ehetherapeut bestellt in der Regel ein Paar zu sich und fordert die Partner auf, sich zu äußern und die Mißverständnisse zu klären, die aufgetreten sind, und ihre Gefühle auszudrücken, um schließlich Einblick in ihre Schwierigkeiten zu erlangen. Daß diese Strategie zur Veränderung dem Ehepaar so dargestellt wird, bedeutet jedoch nicht notwendigerweise, daß der therapeutische Wandel durch Selbstausdruck, die Bereinigung von Mißverständnissen oder tiefere

Einsicht in die Schwierigkeiten bewirkt werden kann. Die Erklärung, die ein Patient über die Vorgänge erhält, die eine Veränderung herbeiführen können, sollte nicht damit verwechselt werden, was tatsächlich einen Wandel bewirkt.

Das Argument, daß Einsicht und Selbsterkenntnis die primären Faktoren zur Erzielung von Veränderung seien, kann nicht hinreichend gestützt werden. Manche Paare machen Veränderungen durch, weil sie Anweisungen befolgten, ohne Einsicht zu erlangen. Andere Paare verfügen zwar über beträchtliches Verständnis, speziell hinsichtlich ihrer unbewußten Motivationen und der Auswirkungen der Vergangenheit auf ihr gegenwärtiges Verhalten, und dennoch fahren sie fort, in unbefriedigender Weise miteinander umzugehen. Noch wichtiger ist, daß Verständnis und Selbstausdruck nicht von der Auswirkung des therapeutischen Kontexts getrennt werden können, in denen sie auftreten. Veränderungen in der Beziehung zum Therapeuten können einen Wandel bewirken, der als Vertiefung des Verständnisses erscheinen kann. So kann beispielsweise eine Frau »entdecken«, daß sie aufgrund der Unzulänglichkeiten ihres Vaters, unter denen sie früher zu leiden hatte, nicht bereit ist, ihren Mann zu Hause als Autorität anzuerkennen. Falls sie diese Entdeckung in der therapeutischen Situation macht, präsentiert sie diesen Gedanken dem Therapeuten und akzeptiert ihn somit in diesem Punkt als Autorität. Die eintretende Veränderung wird vielleicht nicht durch ihre Selbsterkenntnis bewirkt, sondern dadurch, daß sie den Therapeuten als Autorität anerkennt, während sie nie zuvor irgend jemandem diese Position eingeräumt hat.

Die Wirkung der dritten Person

Wenn sich ein Paar zum Ehetherapeuten begibt, können allein durch die Existenz des therapeutischen Dreiecks Veränderungen in ihrer Beziehung eintreten. Die Ehepartner können verschiedene Motivationen für die Aufnahme einer Therapie haben, einschließlich der Entschlossenheit, zu beweisen, daß der andere der »Böse« in der Ehe ist. Die Art und Weise, wie sich Partner dritter Personen bedienen, ist oft genau das, was an ihrer Beziehung geändert werden muß. Die meisten Paare haben es gelernt, Verwandte, enge Freunde oder Kinder gegeneinander auszuspielen. Der Ehetherapeut, der sich beiden Partnern gegenüber fair zu verhalten sucht, geht anders mit ihnen um, als andere dies vor ihm getan haben. Weil er sich nicht dazu provozieren läßt, einen der beiden Partner zu verurteilen, entwaffnet sie der Therapeut und verhindert viele ihrer üblichen Manöver. (Schon allein aufgrund seines Honorars befindet er sich gegenüber dem Paar in einer anderen Beziehung als Angehörige der Familie.)

Die bloße Anwesenheit des Therapeuten als fairer Teilnehmer zwingt die Partner, miteinander anders umzugehen. Jeder von ihnen muß sowohl auf den Therapeuten als auch auf seinen Partner reagieren, statt sich bloß auf den Partner einzustellen. Beispielsweise wird ein Mann, der seine Frau »kleinkriegt«, indem er sich in Schwierigkeiten zurückzieht, feststellen, daß er in der therapeutischen Situation schwerlich an diesem Manöver festhalten kann. Statt sich durch sein Schweigen völlig hilflos zu fühlen, kann die Frau mit dem Therapeuten darüber sprechen und es als Beweis für ihre Darstellung benutzen. Der Mann muß im Umgang mit den beiden anderen seine Taktik ändern. Viele Manöver, deren sich ein Partner gewohnheitsmäßig bedient, um beim andern eine Reaktion auszulösen, können ihre Wirksamkeit verlieren, wenn sie gegen zwei Menschen gleichzeitig verwendet werden, speziell wenn sich der Dritte nicht leicht provozieren läßt.

Obwohl es dem Ehetherapeuten nicht möglich ist, einem Paar gegenüber »objektiv« zu sein, da er rasch zum Teilnehmer der Interaktion wird, kann er zuerst die Partei des einen Partners und dann die des anderen ergreifen und auf diese Weise fair sein. Manche Therapeuten ziehen sich mit dem Argument aus der Affäre, daß sie in ehelichen Auseinandersetzungen nicht Partei ergriffen, sondern nur das »widerspiegelten«, was die Partner ausdrücken. Eine solche Argumentation setzt beträchtliche Naivität voraus. Wenn ein Therapeut die Klagen einer Frau anhört und sich dann ihrem Mann mit der Frage zuwendet: »Was meinen Sie dazu?«, dann kann er diese klassische Äußerung nicht machen, ohne daß seine Frage in gewissem Sinn direktiv wirkt. Ein Therapeut kann keinen neutralen Kommentar abgeben; seine Stimme, sein Gesichtsausdruck, der Zusammenhang oder schon allein die Tatsache, daß er eine bestimmte Äußerung herausgreift und sie mit einer Frage verbindet, wirken in der Situation als Einflußnahme. Wenn sich der Therapeut direktiv verhält, werden Bündnisse definiert oder umgestoßen. Ein entscheidender Aspekt dieser Art von Therapie sind ja gerade die ständig wechselnden Koalitionen zwischen Therapeut und jedem der beiden Partner. Die Frau, die ihren Mann in die Ehetherapie schleppt, muß bald feststellen, daß der Therapeut sie nicht bei ihrer Verurteilung des Mannes unterstützt, und der mitgebrachte Ehemann entdeckt mit einiger Erleichterung, daß gelegentlich auch die Frage in den Mittelpunkt rückt, wie schwierig seine Frau sein kann.

Ein weiterer Effekt der Anwesenheit des Therapeuten ist die von beiden Partnern ausgelöste Veränderung, wenn sie Gelegenheit haben, den anderen im Umgang mit dem Therapeuten zu beobachten. So muß beispielsweise ein Mann, der den Protesten seiner Frau nur wenig Aufmerksamkeit geschenkt hatte, stillsitzen und miterleben, wie eine Autoritätsperson sie in symmetrischer Weise behandelt, indem sie ihr aufmerksam zuhört und sie ermutigt, sich weiter zu äußern. Unter solchen Umständen treten nicht nur Bündnisfragen auf, sondern der Partner erhält auch ein Vorbild zur Nachahmung. Ein Therapeut kann auch eine Frau oder einen Mann davon abhalten, ihn so zu behandeln, wie er oder sie gewohnheitsmäßig den Ehepartner zu provozieren pflegt. So kann der Therapeut durch seine Bemerkungen darüber, wie man mit ihm umgeht, ein Beispiel geben, wie man mit solchen Provokationen fertig werden kann.

Die Schwierigkeit, die ein Paar bei der Hinnahme einer komplementären Beziehung zueinander hat, wird stark durch die Tatsache beeinflußt, daß sie sich individuell und kollektiv in eine komplementäre Beziehung zu dem Ehetherapeuten begeben, indem sie ihn um seine Dienste bitten. Kooperiert der Therapeut, indem er die Führung übernimmt, wozu die meisten Ehetherapeuten ohnedies neigen, so akzeptiert er diese Art von Beziehung. Obwohl sich ein solcher Therapeut nicht unbedingt offen autoritär gibt – dies mag außer in besonderen Umständen auch weder geboten noch möglich sein –, ist er doch bereit zuzuhören, die Probleme zu erforschen und Anweisungen zu geben, wie man das von ihm als Experten erwartet. Wenn das Paar auf ihn hören soll, so muß er eine Autoritätsfigur sein, wenn auch nicht so omnipotent, daß sich das Paar bemüßigt fühlt, ihn von seinem Podest zu stürzen. Ihr Akzeptieren einer Autoritätsfigur und damit das Akzeptieren einer komplementären Beziehung wird zu einem Teil des Prozesses, in dem sie lernen, verschiedene Beziehungen zueinander aufzubauen.

Die Definition der Spielregeln

Abgesehen von dem Einfluß, den der Ehetherapeut durch seine bloße Anwesenheit ausübt, interveniert er auch aktiv, indem er die Interaktion der beiden Partner neu etikettiert oder definiert. Im Anfangsstadium der Behandlung werden seine Kommentare und Direktiven eher permissiv sein, da es ihm darum geht, das Paar zu ermutigen, sich in einem Klima zu äußern, in dem beide in fairer Weise Gehör finden. Anschuldigungen und Proteste werden gefördert, damit soviel wie möglich ans Licht kommt. Ein Weg, um eine freie Diskussion zu erreichen, besteht darin, den Beratungsraum als einen speziellen Ort, ein »Niemandsland« zu definieren, in dem andere Regeln gelten als in gewöhnlichen Situationen. An diesem speziellen Ort ist es in Ordnung, Dinge vorzubringen, die die Partner belasten, über die sie jedoch bisher zu sprechen vermieden. Obwohl diese Etikettierung der therapeutischen Situation als milde Direktive erscheinen mag, akzeptieren viele Paare die Vorstellung, daß sie einander in diesem Raum weniger schonen können. Manchmal verbietet der Therapeut dem Paar, bestimmte Themen zwischen den Sitzungen zu erörtern, so daß die Gespräche darüber diesem speziellen Ort vorbehalten bleiben.

Sobald sich ein Paar zu äußern beginnt, kommentiert der Therapeut ihre Aussagen. Seine Kommentare lassen sich in zwei Gruppen einteilen: zum einen die Kommentare, mit denen er die positive Seite ihrer Interaktion hervorhebt, und zum anderen die Kommentare, mit denen er die Situation anders, wenn nicht entgegengesetzt definiert als sie selbst.

Mit einer Betonung der positiven Aspekte haben wir es in der Regel dann zu tun, wenn der Therapeut die Motive oder Zielsetzungen des Paares neu definiert. Wenn sich beispielsweise der Mann über das ständige Nörgeln seiner Frau beklagt, kann der Therapeut etwa bemerken, die Frau versuche ihren Mann zu erreichen und bemühe sich, ihm näherzukommen. Beklagt sich eine Frau darüber, daß sich der Mann ständig von ihr zurückziehe, so könnte der Therapeut argumentieren, daß der Mann Streit vermeiden möchte und auf eine freundschaftliche Beziehung Wert lege. Besonders brutale Manöver wird der Therapeut nicht zu bagatellisieren suchen, sondern als Reaktionen auf Enttäuschung (und nicht als Bösartigkeit) bezeichnen. Im allgemeinen wird der Therapeut, wann immer es möglich ist, die Partner als Menschen darstellen, die sich um Freundschaft und Nähe bemühen, aber dabei entweder falsch vorgehen, einander mißverstehen oder Mächten ausgeliefert sind, die sich ihrem Einfluß entziehen. Auch die Art, wie sich die Partner gegenseitig charakterisieren, kann auf positive Weise neu definiert werden. Wenn ein Mann seiner Frau unverantwortliches und desorganisiertes Verhalten vorwirft, kann der Therapeut diese Eigenschaften als »weiblich« bezeichnen. Ist der Mann passiv und träge, so kann er ihn als stabil und ausdauernd charakterisieren. Wenn der Therapeut einen Partner auf positive Weise umdeutet, so stützt er ihn damit nicht nur, sondern macht es dem Paar auch schwer, seine bisherige Klassifizierung beizubehalten. Außerdem weist sich der Therapeut, wenn er einen Partner neu definiert, als derjenige aus, der das Paar klassifiziert. Durch Hervorhebung des Positiven übt er diese Klassifikation auf eine Weise aus, daß sich die beiden schwer gegen ihn auflehnen können.

Durch die Kommentare der zweiten Gruppe hebt der Therapeut das Gegenteil dessen hervor, was das Paar als wichtig erachtet. Wenn beide Partner versichern, sie blieben nur deshalb verheiratet, weil sie es müssen, sei es aus religiösen Gründen oder um der Kinder willen, so arbeitet der Therapeut die freiwilligen Aspekte ihrer

Beziehung heraus. Er erinnert sie daran, daß sie einander gewählt haben und so viele Jahre zusammengeblieben sind, und er spielt die in der Beziehung vorhandenen Zwänge herunter. Wenn die Partner betonen, daß ihre Beziehung eine völlig freiwillige sei und sie sich jederzeit trennen könnten, weist der Therapeut sie darauf hin, daß sie trotz ihrer Schwierigkeiten so lange beisammen geblieben seien und daß sie offenkundig eine tiefe Abneigung dagegen hätten, ihre Verbindung zu beenden.

Der Therapeut gibt auch der Art der Beziehung eines Paares eine neue Deutung. Wenn eine Frau versichert, daß sie in der Familie die Verantwortung zu tragen habe und ihren Mann überwachen müsse, äußert der Therapeut nicht nur Bedauern darüber, daß sie sich selbst schade, indem sie bei einem solchen Arrangement mitspiele, sondern er weist auch auf die Fürsorge und die verantwortlichen Handlungen des Mannes hin. Vielleicht gibt er der Frau auch zu bedenken, daß der Mann sie bewußt in die Verantwortung dränge, wodurch sich die Frage stellt, wer in Wirklichkeit die Fäden in der Hand hält. Wenn der Mann umgekehrt seine Frau als hilflos darstellt, versucht ihnen der Therapeut bewußtzumachen, daß sie ihren Willen sehr wohl durchzusetzen vermag. Durch eine subtile Verlagerung des Akzents auf den entgegengesetzten oder einen anderen Aspekt der Beziehung unterminiert der Therapeut die Art und Weise, wie das Paar seine Beziehung zu sehen gewohnt ist. Er zwingt es dadurch, seine Beziehung anders zu definieren und somit Veränderungen durchzumachen.

Wenn die Partner ermutigt werden, über einander zu sprechen, so zeitigt das ein weiteres Ergebnis: viele der impliziten oder verdeckten ehelichen Spielregeln kommen ans Licht. Sobald sie offen zutage liegen, ist es schwieriger, sie zu befolgen. Wenn zwischen einem Paar beispielsweise eine implizite Übereinkunft besteht, *seine* Angehörigen zu besuchen, aber nicht ihre, so kann der Therapeut nachfragen, ob sie beide mit dieser Regelung zufrieden sind. Falls sie über diese Angelegenheit nicht offen gesprochen haben, wird diese Frage nun diskutiert und kann einer Entscheidung zugeführt werden. Oder es kann eine implizite Übereinkunft bestehen, daß die Frau ihren Mann nie sprechen läßt. Wenn der Therapeut darauf hinweist, daß sie ihren Mann ständig unterbricht, bevor er Gelegenheit hat, sich zu äußern, so wird es die Frau künftig schwerer haben, so zu verfahren, obwohl der Therapeut keine Änderung vorgeschlagen, sondern »lediglich« festgestellt hat, was passiert. Auch die gegenseitige Schonung kann durch einen Kommentar einen Teil ihrer Wirksamkeit verlieren. Durch eine Bemerkung gegenüber dem Mann, daß ihn seine Frau wie ein rohes Ei zu behandeln scheine, kann der Therapeut eine offenere Diskussion bewirken. Konflikte darüber, welche Spielregeln befolgt werden sollen, können gelöst werden, indem man ein Paar ermutigt, sein Zusammenleben zu besprechen und Kompromisse zu erarbeiten, wobei der Therapeut wiederum die positiven Aspekte betont. Konflikte darüber, wer das Recht hat, die Spielregeln festzulegen, erfordern hingegen aktivere Interventionen seitens des Therapeuten.

Die Lösung des Problems, wer die Regeln festlegt

Obwohl die Hauptkonflikte einer Ehe in dem Problem wurzeln, welcher der beiden Partner das Recht hat, dem anderen vorzuschreiben, wie er sich unter bestimmten Umständen zu verhalten habe, bespricht der Therapeut diesen Konflikt vielleicht nie offen mit dem Paar. Wenn ein Mann seinen Ärger darüber ausdrückt, daß seine Frau immer ihren eigenen Willen durchsetze und ihn ständig überwache, dann hebt der Therapeut nicht den Machtkampf hervor, sondern weist auf die starken Gefühle hin, die in der Situation zum Tragen kommen. Wird das Machtproblem offen angesprochen, so kann es sich verhärten. Spezifische Anweisungen des Therapeuten sind jedoch dann am wirksamsten, wenn sie einer Lösung des Konflikts dienen, wer in der Beziehung die Spielregeln festlegen darf.

Jeder Kommentar eines Therapeuten hat direktive Aspekte, zumindest enthält er den Hinweis: »Achten Sie darauf.« Der Ehetherapeut fordert das Paar jedoch oft zu spezifischem Verhalten auf. Diese Direktiven können aus praktischen Erwägungen in zwei Kategorien eingeteilt werden: erstens die Weisungen, daß das Paar sein Verhalten ändern solle, und zweitens die Aufforderungen, das bisherige Verhalten fortzusetzen.

Der Ehetherapeut wird einen Partner nur dann zu einer Änderung seines Verhaltens auffordern, wenn es sich um einen geringfügigen Konflikt handelt oder wenn es wahrscheinlich ist, daß sich der Betreffende ohnehin so verhalten möchte und nur nach einem Vorwand dafür sucht. So wird man beispielsweise einen Mann, der seine Frau nie ausführt, auffordern, sie zum Abendessen in ein Restaurant einzuladen, aber in der Regel nur, wenn der Mann schon eine gewisse Bereitschaft dazu zeigt. Ein solcher Vorschlag gestattet es dem Paar, einen gemeinsamen Abend außer Haus zu verbringen, ohne daß einer von ihnen eingestehen muß, daß sie dies wünschen. Gibt man einem Paar lediglich den Rat, einander besser zu behandeln, so wird dieser selten befolgt oder der Versuch geht in die Binsen. Ebenso wie ein einzelner Patient kann auch ein Paar nur in produktivere Richtungen gelenkt, aber nicht gezwungen werden, sich ins Gegenteil zu verkehren. Fordert man ein Paar auf, miteinander freundlicher umzugehen, so gibt man ihm weder neue Informationen an die Hand, noch bereitet man ihm eine Gelegenheit, die Weisung zu befolgen. Was noch schwerer wiegt: wenn der Therapeut das Paar anweist, sich anders zu verhalten, so wurde er häufig durch das Paar zu dieser Direktive veranlaßt und reagiert damit auf dessen Direktive. Ein in Not befindliches Paar veranlaßt viele Menschen, ihm den Rat zu erteilen, sich vernünftiger zu verhalten; derartige Ratschläge beweisen den beiden nur, daß der Partner sie nicht versteht. An ihrem Leidensdruck ändert sich nichts. Wenn sich der Therapeut dazu provozieren läßt, Ratschläge zu erteilen, so wird sein Rat im allgemeinen den Wünschen der Person entsprechen, die ihn dazu provoziert hat, und wird daher an der Notlage nichts ändern. Wenn eine Frau beispielsweise zum Therapeuten sagt: »Finden Sie nicht auch, daß mein Mann zu Hause bleiben sollte, statt jeden Abend auszugehen?«, dann gerät der Therapeut in eine Falle, falls er ihr zustimmt. Statt sich auf ihre Seite zu stellen und eine solche Empfehlung auszusprechen, wird der Therapeut etwa erklären: »Ich glaube, es ist wichtig zu verstehen, worum es dabei geht.« Dadurch fördert er nicht nur das gegenseitige Verständnis, sondern macht auch klar, daß er Ratschläge nur dann erteilt, wenn ihm dies richtig erscheint, und nicht, wenn er dazu provoziert wird. Dies bedeutet jedoch nicht, daß der Therapeut keine Ratschläge oder Weisungen aussprechen soll, wenn er dies für richtig hält. Der psychoanalytische Ansatz besteht darin, dem Paar nur zuzuhören; durch dieses Verhalten vermeidet der Therapeut, sich durch das Paar zu Direktiven verleiten zu lassen. Obwohl es theoretisch Rechtfertigungen geben mag, weshalb der Therapeut schweigen soll, etwa um tiefere Schichten des intrapsychischen Konflikts zu erreichen, besteht die Hauptfunktion des Schweigens darin, der Gefahr zu entgehen, sich nach dem Willen des Patienten zu verhalten. Ein Therapeut, der schweigt, unterläßt es jedoch auch, jene Maßnahmen zu ergreifen, die die Beziehung eines Paares in eine befriedigendere Richtung lenken könnten. Zu schweigen, wenn man durch das Paar provoziert wird, mag notwendig sein; zu schweigen, wenn der Therapeut nach seinem Dafürhalten Anweisungen geben könnte, die Veränderungen bewirken würden, ist Zeitverschwendung.

Ein Paar kann angewiesen werden, sein Verhalten zu verändern, wenn es um eine Sache geht, die geringfügig genug ist, daß die Implikationen der Veränderung nicht sofort zutage treten. Wenn ein Mann beispielsweise berichtet, daß er immer nachgebe und seiner Frau gestatte, ihren Willen durchzusetzen, so kann man ihn auffordern, einmal in der Woche in irgendeinem Punkt zu seiner Frau »nein« zu sagen. Wird dies in Gegenwart seiner Frau ausgesprochen, so wird dieser Vorschlag leichter befolgt werden können. Die Aufgabe wird weiter erleichtert, wenn eine Begründung dazu geliefert wird, wie beispielsweise die Bemerkung, daß jede Frau das Gefühl haben sollte, tun zu können, was sie will, im Vertrauen darauf, daß ihr Mann Einspruch erheben werde, falls sie zu weit geht. Ein Paar, das eine solche Anweisung erhält, mag dem gelegentlichen »Nein« keine große Bedeutung beimessen. Sobald es sich jedoch um eine wichtige Frage handelt oder wenn die Instruktion mehrere Wochen lang befolgt wurde, werden sich Auswirkungen auf die Beziehung ergeben. Je starrer die vorherige »Abmachung« war, daß die Frau immer ihren Kopf durchsetzen kann, desto ausgeprägter werden beide reagieren, wenn er »nein« sagt und dadurch die Beziehung anders definiert. Der Umstand, daß er dies unter Anleitung und somit im Rahmen einer komplementären Beziehung tut, wird die Situation erleichtern. Aber da die Botschaft von ihm ausgeht, wird die Frau reagieren. Umgekehrt kann eine übermäßig verantwortungsbewußte Frau aufgefordert werden, sich im Laufe der Woche einen kleinen Leichtsinn zu leisten, etwa indem sie sich für ein paar Mark etwas kauft, was sie nicht braucht. Wenn die bisherige Abmachung darin bestand, daß ihr die Rolle der Verantwortlichen und ihrem Mann die Rolle des Leichtsinnigen zufiel, so wird durch eine kleine Aufforderung dieser Art diese Definition der Beziehung unterminiert. Obwohl sich die Frau unter therapeutischer Anleitung leichtsinnig verhält und damit dem Therapeuten gegenüber nur ihre Pflicht erfüllt, gibt sie trotzdem Geld für etwas aus, das sie nicht braucht, und verhält sich somit leichtfertig. Im großen und ganzen gilt jedoch, daß Anweisungen für Verhaltensänderungen, die dem Mann oder der Frau gegeben werden und die den von ihnen geschaffenen Beziehungsregeln zuwiderlaufen, so geringfügige Dinge betreffen sollten, daß man sie für trivial halten könnte.

Praktisch ist es überaus schwierig, Eheleuten eine Anweisung zur Verhaltensänderung zu geben, wenn ihr bisheriges Verhalten widersprüchlich war. Tatsache ist doch, daß eine Frau, die sich als die Verantwortliche in der Ehe bezeichnet, sich gewöhnlich auf einer anderen Ebene unverantwortlich verhält. Beispielsweise kann sie in bezug auf das Haushaltsgeld so verantwortungsbewußt sein, daß sie sich de facto verantwortungslos verhält, da sie den finanziellen Aspekt auf Kosten ihres Mannes und ihrer Kinder überbewertet. Fordert man sie auf, etwas Leichtsinniges zu tun, so legt man ihr nicht unbedingt etwas Ungewohntes nahe. Auch der Mann, der zu seiner Frau niemals direkt »nein« sagt, ist in der Regel ein Mensch, der ständig durch passiven Widerstand »nein« signalisiert. Fordert man ihn auf, »nein« zu sagen, so ersucht man ihn nur um eine teilweise Verhaltensänderung. Selbst wenn man den Mann, der seine Frau kühl behandelt, auffordert, auf seine Frau mehr Rücksicht zu nehmen, mag dies kein Ersuchen um Verhaltensänderung sein, da eine kühle Behandlung von einer Frau dieser Art vielleicht gerade als rücksichtsvoll empfunden wird. Wenn ihr Mann sie herzlicher behandeln würde, so hätte sie vielleicht das Gefühl, daß große Ansprüche an sie gestellt würden, oder sie wäre so überwältigt von Schuldgefühlen, daß unvermutete Herzlichkeit seinerseits in Wirklichkeit rücksichtslos wäre.

Eine Direktive kann oft als Aufforderung zu verändertem Verhalten erscheinen, ohne dies zu sein. So hatte sich beispielsweise ein Mann jahrelang bemüht, seiner Frau zu einem Orgasmus zu verhelfen. Er hatte die Sache so aufgebauscht und sich ihr gegenüber so verärgert und frustriert gezeigt, daß dieses Thema zu einem erbitterten Zankapfel zwischen den Partnern geworden war. Der Frau wurde in Gegenwart ihres Mannes mitgeteilt, daß sie bei der nächsten Gelegenheit, wenn sie sexuelles Vergnügen empfinde, ihrem Mann sagen solle, daß es ihr keinen Spaß mache. Wenn ihr Mann wissen wolle, ob sie wirklich kein Vergnügen empfunden habe oder bloß die Anweisung befolge, solle sie sagen, daß sie wirklich nichts davon gehabt habe. Diese Direktive diente verschiedenen Zwecken, darunter der Absicht, einen Unsicherheitsfaktor in die Situation einzuführen und den Mann von seiner übertriebenen Sorge um die Gefühle seiner Frau zu befreien (er litt an Ejaculatio praecox). Aus den Gesprächen war jedoch hervorgegangen, daß die Frau sexuell durchaus erlebnisfähig war, es aber leugnete; die Direktive war also faktisch eine Ermutigung ihres üblichen Verhaltens.

Paradoxerweise ist die Ermutigung des bisherigen Verhaltens eine der schnellsten Methoden, um Veränderungen zu erzielen. Eine solche Direktive kann kalkuliert sein oder sie kann sich als natürliche Folge der Ermutigung eines Paares, sich selbst auszudrücken, ergeben. Eine Frau äußert beispielsweise den Wunsch, ihr Mann möge aufhören, so schwach und passiv zu sein, worauf der Therapeut antwortet, daß er sich vielleicht manchmal so verhalten müsse und sie versuchen sollte, seine Gründe dafür zu verstehen. Wenn der Therapeut eine solche Äußerung macht, gestattet er dem Mann – wenn er ihn nicht geradezu ermutigt –, sich weiterhin kraftlos zu verhalten. Die meisten Prozeduren, die nach außen hin den Zweck verfolgen, das Verständnis zu fördern, können als subtile Ermutigung des bisherigen Verhaltens aufgefaßt werden. Man beachte, daß sich ein solches Vorgehen grundlegend von der Art und Weise unterscheidet, wie der Partner in der Regel mit dem Problem umgeht: Ein Partner fordert den anderen gewöhnlich auf, ein bestimmtes Verhalten abzulegen, mit dem Ergebnis, daß der andere es beibehält. Wenn der Therapeut das bisherige Verhalten gestattet und fördert, so neigt der Betreffende eher dazu, es abzulegen.

Wenn der Therapeut das Verhalten eines Paares »akzeptiert«, so beginnt er die Kontrolle über dieses Verhalten zu erlangen. Er sieht sich sofort mit dem Kern ihres Problems konfrontiert: Wer hat das Recht, die Spielregeln für die Beziehung zu bestimmen? Obwohl sich das Paar nicht leicht gegen die Art der Beziehung, die ihnen der Therapeut vorschreibt, auflehnen kann, wenn sie bereits auf diese Weise interagieren, so können sie doch auf die Vorstellung reagieren, daß jemand anderer ihre Beziehung für sie definiert, und diese Reaktion wird eine Veränderung zur Folge haben. Wenn eine Frau beispielsweise ihren Mann gängelt, indem sie sich selbst aufopfert und so tut, als diene ihr Verhalten nur dem Besten anderer, kann sich der Mann schwer gegen sie zur Wehr setzen, obwohl es ihm vielleicht gar nicht gefällt, in einer komplementären Beziehung zu ihr die zweitrangige Position einzunehmen. Eine solche Frau wird dazu neigen, auch den Therapeuten auf ähnliche Weise zu behandeln. Wird sie jedoch vom Therapeuten ermutigt, sich selbst aufzuopfern, so gerät sie in eine schwierige Position. Sie kann ihn nicht in der geschilderten Art manipulieren, wenn er sie ausdrücklich darum gebeten hat. Wenn sie fortfährt, sich auf diese Weise zu verhalten, räumt sie ein, daß sie sich vom Therapeuten manipulieren läßt. Gibt sie ihr bisheriges Verhalten auf, dann muß sie zu einer anderen Art von Beziehung übergehen. Wenn der Therapeut noch weitergeht und die Frau ermutigt, sich selbst aufzuopfern, und dem Mann suggeriert, sich vergeblich dagegen aufzulehnen, dann muß das Paar seine Beziehung zueinander verändern, um der Manipulation seitens des Therapeuten zu entgehen.

Ziehen wir ein typisches Problem als Beispiel heran: Wenn der Therapeut ein Paar, das ständig miteinander streitet, auffordert, nach Hause zu gehen und friedlich zu sein, dann wird dies wohl kaum eintreten. Befiehlt er jedoch dem Paar, nach Hause zu gehen und miteinander zu streiten, so wird diese Auseinandersetzung eine andere Qualität haben, falls es überhaupt dazu kommt. Der Unterschied mag nur in der Tatsache liegen, daß sie nunmehr auf Befehl eines Dritten streiten, es kann aber auch sein, daß der Therapeut ihr Streiten dadurch verändert hat, daß er es anders interpretierte. Beispielsweise könnte ein Mann behaupten, er streite ständig mit seiner Frau, weil diese ihm dauernd in den Ohren liegt. Die Frau meint vielleicht, sie stritten deshalb, weil der Mann sie nicht versteht und nie auf ihre Wünsche eingeht. Der Therapeut kann ihre Auseinandersetzungen auf verschiedene Art neu interpretieren: Er kann zu bedenken geben, daß ihr Streit wirkungslos sei, weil sie nicht offenbaren, was sie wirklich belastet; er kann die Ansicht vertreten, daß ihr Streit den Zweck habe, den Partner zu einer emotionalen Reaktion zu veranlassen, und daß sie beide diese Reaktion dringend brauchten, er kann die Vermutung äußern, daß sie

beide in Panik geraten, wenn sie einander näherkommen, und daß
sie deshalb streiten, oder er kann die Auffassung vertreten, daß sie
sich in die Haare geraten, weil sie innerlich das Gefühl hätten,
keine glückliche Ehe zu verdienen. Sobald ihr Streit mit diesem neuen
Etikett versehen ist und das Paar aufgefordert wird, nach Hause zu
gehen und miteinander zu streiten, stellen die Partner fest, daß ihr
Konflikt in einer Weise neu definiert wurde, die es für die beiden
schwierig macht, ihre bisherigen Verhaltensmuster beizubehalten. Die
Versuchung, sich zu Hause friedlicher zu verhalten, ist besonders
groß, wenn der Therapeut erklärt, sie *müßten* miteinander streiten,
und zwar aus bestimmten Gründen, die ihnen nicht zusagen. Das
Paar kann den Therapeuten nur widerlegen, indem es weniger streitet.

Wenn der Ehetherapeut ein Paar ermutigt, sich weiterhin so zu
verhalten wie bisher, verschafft er sich die Kontrolle über ihr Verhalten, denn was danach geschieht, ereignet sich faktisch unter seiner
Anleitung. Von diesem Augenblick an kann er die Richtung ändern,
um einen Wandel herbeizuführen. Bei der Veränderung, die er bewirkt, kann es sich um eine Erweiterung der Grenzen des Beziehungstypus handeln, der ein Paar verbindet, oder um den Übergang
zu einer neuen Beziehungsform.

Als Beispiel für die Erweiterung der Grenzen einer bestimmten Beziehungsform mag ein klassischer Fall dienen, den Milton Erickson
berichtet. Erickson wurde von einer Frau konsultiert, die ihm erzählte, sie und ihr Mann seien endlich im Begriff, ein Haus zu
kaufen, was sie sich während ihrer ganzen Ehejahre gewünscht hatten. Ihr Mann sei jedoch ein Tyrann und gestatte ihr nicht, bei der
Auswahl des Hauses und der Einrichtung mitzureden. Ihr Mann
bestand darauf, daß alles, was mit dem neuen Haus zusammenhing,
völlig seiner Entscheidung überlassen bleibe, und daß sie in dieser
Angelegenheit nichts zu sagen habe. Die Frau war angesichts dieser
extremen Version einer komplementären Beziehung sehr unglücklich.
Erickson sagte der Frau, er wolle ihren Mann sehen. Als der alte
Herr erschien, hob Erickson die Tatsache hervor, daß ein Mann der
absolute Herr im Haus zu sein habe. Sein Gegenüber stimmte ihm
völlig zu. Beide waren sich auch völlig einig darüber, daß der Ehemann allein bestimmen solle, welches Haus gekauft wird und wie es
einzurichten ist. Nachdem sie eine Zeitlang miteinander geredet hatten, kam Erickson auf den Typ von Mann zu sprechen, der *wirklich* Herr im Hause ist. Als sein Gesprächspartner Neugier zeigte,
welche Art von Mann wirklich Herr im Hause sei, erklärte Erickson,
wirklich souverän sei der Mann, der sich seiner Herrschaft so sicher
sei, daß er es sich leisten könne, seinen Untergebenen in kleineren
Dingen ein Mitspracherecht einzuräumen. Ein solcher Mensch halte

alle Fäden in der Hand, aber er könne es *zulassen*, daß bestimmte Entscheidungen von den ihm unterstellten Personen getroffen würden. In diesem Sinne argumentierend, brachte Erickson den tyrannischen alten Herrn dazu, zwanzig Grundrisse und zwanzig Einrichtungspläne zur Wahl zu stellen. Der Mann gestattete dann seiner Frau, unter *seinen* Plänen zu wählen. Sie wählte ein Haus und eine Einrichtung, die ihr gefielen. Auf diese Weise vollzogen sich alle Aspekte des Hauskaufs immer noch unter Leitung des Ehemanns, aber die Frau konnte wählen, was ihr zusagte. Die Grenzen einer komplementären Beziehung wurden ausgeweitet, um die Bedürfnisse beider Partner zu befriedigen.

Akzeptiert der Therapeut, was ein Paar anbietet, oder ermutigt er es zunächst, sich wie bisher zu verhalten, und schlägt später Veränderungen vor, kann auch dies einen Wandel der Beziehungsform zur Folge haben. So beklagte sich beispielsweise eine Frau, daß ihr Mann ihr aus dem Wege gehe und den Eßtisch verlasse, wenn die Familie ihre Mahlzeiten einnehme. Er ziehe sich dann allein ins Wohnzimmer zurück und bereite sich später ein Abendessen. Obwohl der Mann zunächst behauptete, er wisse nicht, warum er sich so verhalte, erwähnte er dann doch, daß seine Frau beim Abendessen ständig an den Kindern und an ihm herumnörgle. Als der Frau dieses Betragen bei Tisch vorgehalten wurde, verteidigte sie sich, sie müsse die Kinder bei Tisch zurechtweisen, weil er dies nie tue. Der Mann erklärte, wenn er dies versuche, so unterbreche sie ihn, und es lohne nicht, darüber zu streiten.

Die Frau wurde aufgefordert, die Kinder in der folgenden Woche bei Tisch zu rügen und zu beobachten, welche Wirkung dies auf ihren Mann habe. Der Ehemann wurde angewiesen, zu beobachten, wie seine Frau mit den Kindern umgehe. Wenn er ihr Verhalten stark mißbillige, sollte er aufstehen und den Tisch verlassen. Die Instruktion besagte praktisch nichts anderes, als daß sie ihr bisheriges Verhalten fortsetzen sollten. Sobald sie diese Anweisung erhalten hatten, fiel es den Partnern schwer, sich wie bisher zu benehmen, da ihnen ihr Verhalten nun bewußt wurde und unter Zwang erfolgte. Nach einer Woche wurde dem Paar aufgetragen, sein Verhalten zu verändern: Während der folgenden Woche sollte die Frau aller Verantwortung für die Disziplin bei Tisch enthoben sein und einfach ihr Essen genießen dürfen, und der Ehemann sollte die Aufsicht bei Tisch übernehmen. Der Frau wurde nicht einmal gestattet, auf eines der Kinder zu zeigen, um ihren Mann aufmerksam zu machen, daß er eingreifen müsse. Da ihr Verhalten auf Anweisung des Therapeuten erfolgte und nicht von ihnen selbst ausging, konnte das Paar die Veränderung bei Tisch tolerieren, die schließlich auch auf andere Aspekte ihres Zusammenlebens übergriff.

Mit ähnlichen Ermutigungen kritischen Verhaltens haben wir es zu tun, wenn der Therapeut ein distanziertes Paar auffordert, eine Zeitlang eine bestimmte Distanz zueinander einzuhalten und keine zu große Nähe zu riskieren; wenn er ein konfliktscheues Paar anweist, einen Streit zu vermeiden, aber sich insgeheim zu überlegen, was sie einander gerne sagen möchten; wenn er einen Partner, der immer nachgibt, auffordert, eine Zeitlang nachzugeben usw. Ein solches Verfahren gibt dem Therapeuten nicht nur eine gewisse Kontrolle über das Verhalten des Paares und bereitet den Boden für eine spätere Veränderung, es nutzt auch die latent vorhandenen Auflehnungstendenzen des Paares.

Oft hat eine Anweisung, die einem Partner in Gegenwart des anderen gegeben wird, ihre Auswirkungen auf beide. Beispielsweise erleben zwei Partner, die ständig miteinander streiten, wobei die Frau ihrem Ehemann dauernd ihre Seitensprünge unter die Nase hält, ihre Auseinandersetzungen von einem bestimmten Standpunkt aus. In der Regel empfinden sie alles, was sie einander antun, als Vergeltung. Wenn der Therapeut der Ehefrau von seiner Warte des Experten aus die Deutung nahelegt, daß sie durch ihre Flirts mit anderen Männern im Grunde ihren Mann schone, da er sich in bezug auf Sex unsicher fühle, sieht sich die Frau mit einem völlig anderen Blickpunkt konfrontiert. Wird ihr Verhalten, das sie als rachsüchtig empfindet, als schützend bezeichnet, so fällt es ihr fortan schwer, es beizubehalten, speziell wenn der Therapeut andeutet, daß sie es beibehalten sollte, um ihrem Mann auf diese Weise zu helfen. Wird eine solche Bemerkung in Gegenwart des Mannes gemacht, so ist er nahezu verpflichtet zu beweisen, daß er einen solchen Schutz nicht nötig hat; dazu muß er sich um eine intensivere Beziehung zu seiner Frau bemühen. Natürlich wird das Paar einer solchen Interpretation nicht zustimmen, aber der Gedanke wird ihnen weiterhin im Kopf herumspuken. Falls sie genügend heftig protestieren, kann der Therapeut ein Experiment vorschlagen: Wenn sie ihre Beziehung enger gestalten, werden sie in Panik geraten, prophezeit er. Um ihn zu widerlegen, müssen sie eine engere Beziehung herstellen. Falls sie sich durch die Annäherung verunsichert fühlen, akzeptieren sie die Interpretation des Therapeuten und akzeptieren somit ihn als jemand, der eine Veränderung bewirken kann. Können sie die Annäherung ertragen, so gestaltet sich ihre Beziehung enger, was ja das Ziel des Therapeuten ist.

Wenn ein Therapeut den Rahmen beisteuert, der eine Veränderung herbeiführen soll, und das Paar ermutigt, innerhalb dieses Rahmens ihr bisheriges Verhalten fortzusetzen, dann ist das Paar mit einer Situation konfrontiert, die es kaum bewältigen kann, ohne sich einer Veränderung zu unterziehen. Wenn es ihnen der Therapeut noch dazu zur Qual macht, sich auf die bisherige Weise zu verhalten, dann stehen die Partner vor einem noch größeren Problem. Wird ihr Verhalten mit einem neuen Etikett versehen, so ist es oft noch quälender für das Paar, an seinen gewohnten Reaktionsmustern festzuhalten. Diese Umdeutung kann darin bestehen, daß negatives Verhalten als etwas Positives bewertet wird oder auch umgekehrt. Der Therapeut kann erklären, daß ein bestimmtes Verhalten eines der Partner, das beide als positiv ansehen, in Wirklichkeit negativ sei. Zum Beispiel kann der Therapeut Fürsorge als ein Zeichen von Egoismus deuten, weil dadurch die Bedürfnisse des fürsorglichen Partners befriedigt werden. Ein anderes Verfahren besteht darin, die Frage aufzuwerfen, wie die Ehepartner einander gewöhnlich bestrafen. In der Regel behaupten sie, dies gar nicht zu tun, aber wenn Bestrafung als das Verhalten definiert wird, das der andere Partner als bestrafend empfindet, dann werden sie gesprächiger. Die Paare nennen dann Verhaltensweisen wie Zurückziehen, Streiten, Weigerung, auf die Wünsche des anderen einzugehen, und so weiter. Durch eine solche Diskussion kommen viele der Manöver ans Licht, die die Partner gegeneinander anwenden, und in der Folge werden diese Manöver auch neu etikettiert. Es wird möglich, sich mit dem Gedanken vertraut zu machen, daß symptomatisches Verhalten bestrafend wirken kann. Da die Symptome eines Partners für den anderen immer schwer zu ertragen sind, kann die Idee in den Raum gestellt werden, daß das Symptom ein Mittel zur Bestrafung des anderen sei. Ein Partner, der an Übergewicht, Kopfschmerzen, hysterischen Symptomen oder Zwängen leidet, zieht es in der Regel vor, das Symptom als etwas zu definieren, das unabhängig vom Partner auftritt. Wird ein solches Symptom als Mittel der Bestrafung bezeichnet, dann kann es nur noch unter Schwierigkeiten weiter existieren. Man kann einen Partner auffordern, den anderen zu fragen: »Warum bestrafst du mich?«, wenn sich der andere über sein Symptom beklagt. Eine solche Frage hat eine Leugnung zur Folge, aber sie wirkt darüber hinaus auch hemmend auf die symptomatische Erfahrung. Diese Technik gleicht jener der Neuetikettierung von Symptomen, um diese anders zu charakterisieren und dadurch eine Veränderung herbeizuführen. Beispielsweise kann man einen Partner in Gegenwart des anderen auffordern, in einem Augenblick, in dem er unter dem Symptom weniger leidet, über eine Verschlechterung zu klagen. Eine solche Instruktion verstärkt die Unsicherheit über den Ernst des Symptoms und bereitet den Boden für eine Veränderung.

Das Prinzip, ein Paar zur Fortsetzung seines bisherigen Verhaltens zu ermutigen, kann insofern abgewandelt werden, als der Therapeut einen Partner anweisen kann, den anderen zur Demonstration symptomatischen Verhaltens zu ermutigen. In der Regel ist es ja so, daß der Partner eines mit Symptomen behafteten Patienten sich gleichzeitig gegen das symptomatische Verhalten auflehnt und dieses fördert. Fordert der Ehetherapeut einen Partner auf, das symptomatische Verhalten des anderen nur zu ermutigen, ist oft eine recht drastische Reaktion die Folge. Als Beispiel diene der Fall einer Frau, die an Angstzuständen litt, sooft sie das Haus allein zu verlassen suchte. Immer wenn sie auszugehen versuchte, wurde sie von Angstgefühlen überwältigt und hatte schreckliche Schmerzen in den Augen. Sie hatte seit Jahren an diesem Problem gelitten, und ihr Mann hatte sie ständig aufgefordert, allein auszugehen, und hatte ihr versichert, daß es völlig ungefährlich sei. Er unterstützte aber andererseits ihr Symptom auch, indem er alle Einkäufe erledigte, sie überallhin begleitete und unruhig wurde, wann immer sie versuchte, allein wegzugehen. Nach einigen Stunden Ehetherapie wurde der Mann in Gegenwart seiner Frau aufgefordert, etwas zu tun, was ihm dumm erscheinen würde. Er wurde angewiesen, seiner Frau jeden Morgen, bevor er zur Arbeit ging, einzuschärfen, sie solle zu Hause bleiben und nicht allein das Haus verlassen. Er könne dies ernst oder spaßhaft, oder wie er sonst wolle, vorbringen. Der Mann versprach, diese Anweisung zu befolgen. Am dritten Tag, an dem er sie daran erinnert hatte, zu Hause zu bleiben, ging die Frau zum ersten Mal seit acht Jahren allein einkaufen. Beim nächsten Gespräch mußte sich der Therapeut mit den Sorgen des Ehemannes auseinandersetzen, der sich den Kopf zerbrach, was seine Frau tun könnte, wenn sie allein ausgehe, wo sie hingehen könnte, wen sie kennenlernen könnte, und ob sie vielleicht sogar eine Stelle annehmen und so unabhängig werden könnte, daß sie ihn schließlich verlassen würde.

Die Direktive an den Mann, seine Frau aufzufordern, zu Hause zu bleiben, war faktisch eine doppelte Ermutigung des bisherigen Verhaltens: der Ehemann wurde angewiesen, seine Frau zu ermuntern, zu Hause zu bleiben, was er auf verdeckte Art ohnehin bereits getan hatte, und die Frau wurde von ihrem Mann aufgefordert, zu Hause zu bleiben, was sie ebenfalls bisher getan hatte. Das Ergebnis einer solchen Anweisung ist eine Veränderung des Beziehungstypus. Obwohl die Frau bisher die Hilflose gespielt hatte, *bestimmte sie selbst* über ihre Hilflosigkeit, indem sie darauf bestand, zu Hause zu bleiben. Sobald ihr Mann sie aufforderte, das Haus nicht zu verlassen, erhob sich die Frage, *wer* die Spielregeln für ihre Beziehung festzulegen hatte. Die Frau reagierte mit einem symmetrischen Schritt, sie verließ das Haus, denn das war ihre einzige Möglichkeit, in dieser Situation die Führung zu behalten. Obwohl es als eine sehr schwache Direktive erscheint, wenn der Therapeut einen Partner auffordert, den anderen zu seinem bisherigen Verhalten zu ermuntern, resultiert daraus zwangsläufig ein Umbruch der Partnerbeziehung, weil eine solche Direktive das zentrale Problem jeder Ehe berührt: wer das Recht hat, zu bestimmen, welche Art von Beziehung die beiden Partner zueinander haben sollen.

Die Stabilität eines Systems erschüttern – Zusammenfassung

Ein in Schwierigkeiten befindliches Ehepaar neigt dazu, seine Not zu verewigen, indem es den Konflikt auf eine Weise zu lösen versucht, die ihn erhält. Der Ehetherapeut setzt sich nicht nur das Ziel, die Beziehungsformen eines Paares zu verändern oder zu erweitern, sondern auch eine Veränderung in der Art und Weise zu bewirken, in der die Partner ihr Beziehungssystem stabil erhalten. Eine solche Veränderung setzt eine Beeinflussung der korrektiven Variablen des Systems voraus, damit das System selbst einen Wandel durchmachen kann.

Wenn ein Paar einen Ehetherapeuten aufsucht, so stellt dies essentiell einen Versuch der Partner dar, befriedigendere Mittel zur Fortsetzung ihrer Beziehungen zu finden. Der Therapeut schafft auf verschiedene Weise die Voraussetzungen einer Veränderung: Er ermutigt Gespräche, die der Konfliktlösung eher dienen als bisher angewandte Methoden wie Rückzug und Schweigen; er fungiert als möglichst unparteilicher Ratgeber und Richter; er ermutigt das Paar, sich auf Motivationen hin zu untersuchen, die ihm bisher nicht bewußt gewesen sein mögen; er bringt viele Manöver ans Licht und erschwert dadurch ihre weitere Anwendung; und er übt mit den Partnern die Behandlung heikler Themen. Obwohl es richtig ist, daß im Kontext der Ehetherapie Gespräche geführt, Verständnis gefördert und neue Gesichtspunkte angeboten werden, gibt es eine weitere Quelle der Veränderung, die hier hervorgehoben wurde – die paradoxe Position, in die ein Paar gerät, wenn es während der Therapie sein konflikterzeugendes Verhalten fortsetzt. Die paradoxen Strategien des Ehetherapeuten haben formale Ähnlichkeit mit denjenigen des Individualtherapeuten.

Das Paar ist mit einem Paradox bzw. mit einem Konflikt von Botschaften auf verschiedenen Ebenen konfrontiert, wenn der Therapeut ihm wohlwollende Hilfe anbietet und die Partner innerhalb dieses Rahmens zwingt, eine Tortur durchzumachen, die sie als Bestrafung empfinden mögen. Es ist nicht leicht für ein Paar, seine Probleme und kleinlichen Konflikte zu offenbaren – gerade die Situationen, die dem Paar am peinlichsten sind, werden am gründlichsten erforscht. Mit einer weiteren Dimension des Paradoxes haben wir es zu tun, wenn der Therapeut die Partner ermutigt, an ihrer Notlage nichts zu ändern, während er ihnen gleichzeitig auf einer anderen Ebene signalisiert, daß er im Begriff ist, ihnen aus dieser Lage herauszuhelfen. Auch nimmt er die Pose eines Experten an, weigert sich aber häufig, direkte Ratschläge zu erteilen, wie dies von einem Experten erwartet wird.

Die Frage, warum in der Therapie paradoxe Situationen eintreten, hängt mit der anderen Frage zusammen, wie Veränderungen bewirkt werden können und wie schwierig es für ein Paar ist, ohne Hilfe von außen eine Veränderung zu erreichen. Man möchte meinen, daß, wenn ein Paar seine Schwierigkeiten durch sein Verhalten offenkundig noch verschlimmert, es dieses Verhalten aufgeben würde, speziell wenn es vernünftige Ratschläge in dieser Richtung erhält. In der Therapie werden jedoch in der Regel keine solchen Ratschläge erteilt, und falls doch, werden sie gewöhnlich nicht befolgt. Es ist möglich, sich auf tiefverwurzelte psychodynamische Ursachen zu berufen, um zu erklären, warum Partnerbeziehungen so schwer zu verändern sind, aber es ist ebensogut möglich, an das Problem von einem Beziehungsstandpunkt aus heranzugehen, statt es individuell zu sehen. Die Partner einer Beziehung neigen dazu, auf das Verhaltensspektrum des jeweils anderen Einfluß zu nehmen, und wenn einer von ihnen eine Veränderung erkennen läßt, sträubt sich der andere zunächst dagegen, obwohl sie eine Verringerung des subjektiven Leidensdrucks zur Folge haben könnte. Wie manchmal gesagt wird: wenn eine Frau möchte, daß ihr Mann so bleibt, wie er ist, sollte sie ihn zu ändern versuchen.

Auch ein Paar neigt dazu, auf die Beziehung zu einem Therapeuten in ähnlicher Weise zu reagieren wie ein einzelner. Direkte Hinweise auf Veränderung werden mit einem hartnäckigen Festhalten am bisherigen Verhalten beantwortet. Verschiedene Taktiken, durch die der Therapeut versuchen muß, Hinweise auf eine Veränderung zu vermeiden, offenbaren das Paradoxe an der therapeutischen Situation, da er Wege finden muß, um Veränderungen herbeizuführen, ohne ausdrücklich darum zu bitten.

Tatsächlich ist es so, daß er die größte Chance hat, Veränderungen zu bewirken, wenn er paradoxerweise zu einer Verstärkung des konflikterzeugenden Verhaltens auffordert, und zwar innerhalb des Rahmens, der zu dessen Überwindung dient.

Obwohl der Ehetherapeut in der Regel dem Paar gegenüber die Notwendigkeit der Selbsterkenntnis betont, gibt es wenig Anzeichen dafür, daß ein vertieftes Verständnis Veränderungen der ehelichen Beziehung bewirkt. Es scheint eher so, daß die Ehetherapie einen Kontext bietet, in dem die Partner alternative Verhaltensweisen lernen können und gleichzeitig gezwungen werden, ihre früheren Verhaltensmuster, die sie in Schwierigkeiten brachten, aufzugeben. Durch Rat, Aufklärung und persönliches Beispiel bietet der Therapeut Methoden der Konfliktlösung an. Durch die Einführung therapeutischer Paradoxe zwingt und befreit der Therapeut das Paar gleichzeitig, so daß es neue Wege des Umgangs miteinander entwickeln kann.

Siebtes Kapitel

Familienkonflikte und ihre Lösung

Mit der Verlagerung des Akzents in der Psychotherapie vom Individuum auf die zwischenmenschliche Beziehung rückt die Familie zwangsläufig in den Brennpunkt der Behandlung. Obwohl auch schon in der Vergangenheit einige der Einzeltherapeuten familienorientiert gewesen sind, hat es sich erst Anfang der fünfziger Jahre eingebürgert, die ganze Familie gemeinsam, als Gruppe, zu behandeln. Die Überzeugung, daß alle Mitglieder einer Familie gleichzeitig beobachtet und behandelt werden sollten, hat bestimmte Konsequenzen, über die man sich erst klar zu werden beginnt und die die Psychotherapie und die Sozialwissenschaften insgesamt auf Wege führt, die nie zuvor beschritten worden sind.

In der Regel werden zwei Prämissen als Gründe geäußert, weshalb die ganze Familie vorgeladen werden sollte, wenn ein Familienmitglied Symptome aufweist. Diese Gründe gelten ebenso für die Behandlung von Paaren, wenn ein Partner Symptome aufweist, wie auch für die Behandlung der ganzen Familie, wenn ein Kind oder ein Elternteil in Schwierigkeiten ist. Es wird argumentiert, daß der Symptomträger in der Familie eine Funktion erfülle, indem er die Psychopathologie erleide; er befriedige die Bedürfnisse der Beziehungen in der Familie, indem er als Sündenbock diene, die Unzufriedenheit der Familie auf sich ziehe, und so weiter. Es wird weiter darauf hingewiesen, daß, sobald das Familienmitglied mit dem vorgeschobenen Problem Fortschritte macht, andere Angehörige unter Leidensdruck geraten, Symptome manifestieren oder gar die Auflösung des Familienverbands droht.

Geht man von diesen Prämissen aus, so entsteht ein klinisches Porträt, das einen Bruch mit den Vorstellungen der traditionellen Psychiatrie über die Psychopathologie darstellt. Der Familientherapeut vertritt die Auffassung, daß die Psychopathologie des Individuums ein Produkt der Art und Weise ist, wie es seine engsten Beziehungen handhabt, wie diese Personen mit ihm umgehen und wie es von den anderen Familienmitgliedern in deren Beziehungen zueinander einbezogen wird. Er ist auch der Ansicht, daß das Auftreten symptomatischen Verhaltens eine Funktion bei der Aufrechterhaltung eines bestimmten Familiensystems erfüllt. Die Folge ist,

195

daß Veränderungen beim einzelnen nicht nur Auswirkungen auf die engsten Bezugspersonen haben, sondern daß solche Veränderungen nur eintreten können, wenn sich das gesamte Familiensystem verändert, wobei sich der Widerstand gegen die Veränderung in den Beziehungen zu anderen Familienmitgliedern konzentriert.

Dieses klinische Bild erscheint revolutionär, wenn man es mit früheren psychologischen Auffassungen vergleicht. Dem herkömmlichen Verständnis entsprechend, das in der Psychoanalyse eine extreme Ausformung fand, sind sowohl die Symptome als auch der Widerstand gegen Veränderung in den internen Prozessen des Individuums konzentriert. Die Symptome haben die Funktion, eine intrapsychische Balance aufrechtzuerhalten, während die Beziehungen zu den Familienmitgliedern für die Probleme, die die Psychotherapie zu lösen hat, von sekundärer, wenn nicht peripherer Bedeutung sind. Die These, daß durch die Symptome das Gleichgewicht des Familiensystems und nicht das Gleichgewicht der intrapsychischen Kräfte aufrechterhalten wird, erforderte eine völlige Neuorientierung des psychotheapeutischen Denkens.

Man könnte ja für eine umfassende, flexible Sicht der Dinge plädieren und sagen, daß sowohl der auf das Individuum als auch der auf die Familie konzentrierte Standpunkt richtig seien, aber durch eine solche naive Toleranz werden die theoretischen und deskriptiven Probleme durcheinandergebracht. Wer so zu denken versucht, muß bald feststellen, daß er über unbewußte Kräfte in Familienbeziehungen und über Familienbeziehungen im Individuum spricht. Solche Metaphern mögen unterhaltsam sein, aber sie führen nicht zu wissenschaftlicher Exaktheit. Die Tatsache ist unübersehbar, daß *sich die Deskription des »Individuums« ändern muß, wenn seine Beziehungen in die Deskription einbezogen werden.* Wird die in der Vergangenheit entwickelte Beschreibung des Individuums benutzt, dann muß der Familienkontext ignoriert werden. Was ein Mensch tut, warum er es tut und wie er verändert werden kann, erscheint in einem anderen Licht, wenn sich die Beschreibung von *ihm allein* auf den Kontext verlagert, in welchem er funktioniert. Dieser neue Gesichtspunkt ist der Fokus der Familienarbeit.

Der Übergang auf diesen neuen Standpunkt wird unter anderem durch die Annahme erschwert, daß es sich nicht um eine grundsätzlich neue Interpretation handle, sondern nur um eine Ergänzung früherer Auffassungen. Wir haben es jedoch vielmehr mit einer diskontinuierlichen Entwicklung zu tun. Das bedeutet, daß wir alles, was wir über das »Individuum« wissen, entweder beiseite legen oder in einem völlig neuen Licht sehen müssen. Vielleicht erweist sich die folgende Analogie als hilfreich. Früher wurde angenommen, daß jeder Mensch genau wisse, was oben und was unten sei.

Auf der Erde stehend, konnte man nach oben und nach unten zeigen, ohne an der eigenen Vorstellung vom Charakter dieses Oben und Unten zweifeln zu müssen. Als entdeckt wurde, daß die Erde rund ist, war eine Revolution im Denken unvermeidlich. Ein Mensch, der nach »unten« zeigte, wies in die gleiche Richtung, wie jemand, der auf der anderen Seite des Erdballs nach »oben« zeigte. Die Veränderung des Ausgangspunkts erforderte ein radikales Umdenken hinsichtlich eines deskriptiven Problems. In ähnlicher Weise werden heute alle jene, die jetzt *wissen*, was ein Individuum *ist*, oder die darauf bestehen, daß der »innere Zustand« des Individuums der Punkt sei, an dem eine Deskription ansetzen müsse – alle diese werden jetzt aufgefordert, ihren Ansatzpunkt zu verändern und einen größeren Kontext einzubeziehen. Diese Veränderung muß zu einer neuen Konzeption des »Individuums« führen.

Die Deskription einer Familie

Der Übergang zum Familienstandpunkt hat sich sowohl in der Theorie als auch in der therapeutischen Praxis schrittweise vollzogen. Es herrscht immer noch Uneinigkeit darüber, ob eine Familie als eine Ansammlung von Einzelwesen oder als ein eigenes System angesehen und behandelt werden sollte. Ein Bereich, in dem der Übergang zur Familienorientierung unübersehbar war, ist das Krankheitsbild der Schizophrenie. Der Schizophrene wurde zuerst als isoliertes Individuum beschrieben, dessen Probleme nichts mit seinen Beziehungen zu tun hatten, weil er »sich aus der Realität zurückgezogen hatte«. Wenn man von seinen Eltern überhaupt Notiz nahm, so in der Überzeugung, daß der Leidensdruck und die Verhaltensabweichungen, die sie eventuell manifestierten, darauf zurückzuführen seien, daß sie ein so armes Kind hätten. Dann wurde die These aufgestellt, daß die Mutter des Schizophrenen für dessen Psychopathologie bedeutsam sei: In den vierziger Jahren wurde der Terminus »schizophrenogene Mutter« geprägt. Die Mutter, die im Freudschen Schema nur ein Liebesobjekt gewesen war, begann nun in Ungnade zu fallen. So wurde behauptet, daß das anscheinende Hängenbleiben des Schizophrenen in der oralen Phase auf die Entbehrungen zurückzuführen sei, die ihm seine Mutter in der Kindheit zugemutet hatte. Ihr unmittelbarer Einfluß auf ihn wurde jedoch zunächst ignoriert, so daß die Schizophrenie theoretisch und praktisch weiterhin ein individuelles Problem blieb. Es wurde jedoch darauf hingewiesen, daß die Mutter des Schizophrenen aufgrund ihrer eigenen Bedürfnisse *gegenwärtig* einen krankmachenden Einfluß auf ihn ausübe. Um diese Hypothese zu untermauern, war es notwendig, zwei Mutter-Kind-Beziehungen (und nicht zwei Individuen) zu beschreiben und miteinander zu kontrastieren An diesem Punkt setzte in der Psychotherapie ein tiefgreifender Wandel ein. Es war nunmehr nötig, den unmittelbaren Einfluß der Familienmitglieder in das therapeutische Bild einzubeziehen. Das Problem der psychiatrischen Deskription verlagerte sich von der Klassifizierung und Differenzierung einzelner nach klinischen Kategorien auf die Klassifizierung und Differenzierung von Beziehungen. Mit der späteren Entdeckung, daß auch Väter zur Entstehung der Schizophrenie ihrer Kinder beitragen, war das deskriptive Feld auf die gesamte Familie ausgeweitet.

Parallel zu diesem Wandel in der Sicht der Schizophrenie änderte sich auch die Deskription anderer psychopathologischer Erscheinungsformen. Das gestörte Kind wurde zuerst als individuelles Phänomen beschrieben, dann vermutete man, daß es in den ersten Lebensjahren von den Eltern beeinflußt worden sei, und schließlich vertrat man die Auffassung, daß der aktuelle elterliche Einfluß die Störung des Kindes »verursache«. Bei den Behandlungsmethoden ergab sich zwangsläufig ein Wechsel von der Arbeit mit dem Kind allein über die Befürwortung individueller Therapie für jeden Elternteil bis zur gemeinsamen Behandlung von Kind und Eltern als Familieneinheit.

Unter dem Einfluß traditioneller Auffassungen konzentrierte man sich bei den ersten Versuchen, Familien zu beschreiben, auf Forschungen, die ergeben sollten, ob sich die Individuen der einen Familie von den Individuen einer anderen unterschieden oder nicht. Die Resultate dieser individuellen Tests ließen keine eindeutigen Schlüsse zu, speziell nicht für die Schizophrenie (vgl. Literaturangabe Nr. 2), aber dies wurde nicht als ausreichende Evidenz betrachtet, daß die Eltern ohne Belang für die Psychopathologie des Kindes seien. Es wurde argumentiert, daß das elterliche Verhalten *dem Kind gegenüber* der relevante Faktor sei, nicht Persönlichkeit und Charakter der Eltern, wie diese sich in individuellen Reaktionen bei Tests niederschlugen. Mit anderen Worten, es hatte sich der Verdacht entwickelt, daß sich das »Individuum« in seiner Familie anders verhält als in anderen Kontexten. An diesem Punkt wurde es notwendig, Familien als Gruppen zu untersuchen, um ihre Beziehungen untereinander zu klären, aber auch um sie gemeinsam zu behandeln.

Den Fortschritten, die in der praktischen Frage erzielt wurden, wie man am günstigsten Daten über die Interaktion von Familien sammelt, entsprachen keine vergleichbaren Erfolge bei der Verarbeitung dieser Daten zu neuen Theorien. Die Forscher, die Familienbeziehungen zu beschreiben versuchen, bedienten sich dabei weiterhin der auf das Individuum zugeschnittenen Konzepte. Die Folge war, daß eine Anzahl von Pseudo-Beziehungsstudien und -tests veröffentlicht wurden. So wurden beispielsweise einzelne Familienmitglieder getestet, um festzustellen, wie jeder die Beziehungen in seiner Familie wahrnimmt. Dabei scheint es um die Erforschung von Beziehungen zu gehen, aber im Grunde hat man es bloß mit einer Untersuchung individueller Wahrnehmung zu tun. Andere Forschungsarbeiten konzentrieren sich auf individuelle Wahnvorstellungen oder Denkstörungen, die von mehreren Familienmitgliedern geteilt werden: die Konflikte zwischen individuellen Wertsystemen; Minderwertigkeitsgefühle der einzelnen Familienmitglieder; ihre frustrierten Erwartungen, die sie aufeinander richten, und so weiter. Diese Darstellungen beschränken sich insofern auf das Individuum, als jeweils der einzelne Mensch und nicht die Beziehung zwischen zwei oder mehr Personen erfaßt wird.

Es gibt bis heute noch kein adäquates theoretisches Konzept, das die untereinander verflochtenen Beziehungen in der Familie in den Kategorien eines Systems beschreibt. Zwangsläufig hat auch die therapeutische Behandlung von Familien unter diesem Mangel gelitten, mit der Folge, daß die Zielsetzungen der Familientherapie sowie die therapeutische Taktik in der Regel im Hinblick auf das einzelne Familienmitglied formuliert werden.

Der Konflikt: Eine Parallele zwischen der individuellen und der familienbezogenen Deskription

Der Charakter jeder Beschreibung wird durch ihren Zweck bestimmt. Stellt man eine Familie als soziale Institution dar, so wird die Beschreibung ganz anders ausfallen, als wenn man eine Familie im Hinblick auf deren wechselnde Interaktionsmuster beschreibt. Ebensowenig wie man daran interessiert ist, Individuen zu psychotherapeutischen Zwecken nach ihrer Haarfarbe zu klassifizieren, ist man an der Darstellung der mannigfaltigen Aspekte des Familienlebens interessiert, wenn es in erster Linie um die Behandlung geht. Diese Daten, die man durch Beobachtung einer einzigen Familie gewinnen kann, sind so reichhaltig, daß man über einzelne Augenblicke oder einzelne Aspekte des Alltags einer Familie ganze Bücher schreiben könnte. Die hier angestrebte Form der Beschreibung konzentriert sich auf diejenigen Aspekte zyklischer familiärer Verhaltensmuster, die Leiden verursachen bzw. die für die Herbeiführung von Veränderungen relevant sind. Eine solche klinische Ausrichtung muß eine Deskription hervorbringen, die für abstraktere Probleme wie die Klassifizierung von Familien nach Typen oder ihre Beschreibung als Systeme für andere Zwecke nur partiell relevant ist. Insbesondere soll durch die hier vorgenommene Betonung von Konflikten und Auseinandersetzungen nicht impliziert werden, daß sie der wichtigste Aspekt des Familienlebens seien oder daß alle Familien sich ständig in Konfliktsituationen befinden oder daß eine Familie, die eben einen Konflikt durchlebt, immer so sei. Die Mitglieder »normaler« Familien sind manchmal, diejenigen »gestörter« sind meistens in Machtkämpfe verwickelt, die von zentraler ursächlicher Bedeutung für das Leiden der einzelnen Familienmitglieder sind.

Dieser Machtkampf steht im Brennpunkt der hier versuchten Deskription, und die therapeutischen Taktiken werden als Versuche zu seiner Lösung definiert. Sobald dieser Konflikt gelöst ist, tritt er gegenüber wichtigeren Aspekten des Familienlebens wie der Freude an Gruppen- oder Einzelunternehmungen zurück.

Die Psychopathologie des Individuums ist charakteristischerweise von Anfang an in Kategorien des Konflikts gesehen worden. Die Metaphern, die zur Darstellung des intrapsychischen Lebens herangezogen wurden, betreffen miteinander in Widerstreit liegende Kräfte; danach enthält die menschliche Psyche verschiedene Elemente, die verschieden benannt werden. Die Psychopathologie wird als Produkt des Machtkampfs zwischen diesen Elementen gesehen. Nach dieser Darstellung gilt für das Individuum folgendes: Es ist mit Instinkten oder Trieben ausgestattet, die mit den in seinem Über-Ich internalisierten gesellschaftlichen Zwängen in Konflikt geraten; seine Es-Impulse liegen in Widerstreit mit seinen hemmenden Kräften; seine unbewußten, ins Bewußtsein drängenden Vorstellungen fallen Verdrängungsmechanismen zum Opfer; seine Erinnerungen an die Vergangenheit konfligieren mit seiner gegenwärtigen Wahrnehmung; es hat ein Ich, das in der Psychose von den Kräften des Es überwältigt wird; seine Traumvorstellungen prallen auf die Verdrängungskräfte und produzieren getarnte symbolische Inhalte; seine Wünsche ringen mit seinen Ängsten; seine Abwehr kämpft bestimmte Vorstellungen nieder; und es besitzt eine Phantasie, die dieses Ringen des Menschen mit sich selbst widerspiegelt. Das Konfliktkonzept spielt beim Studium der Neurose und Psychose eine solche Rolle, daß man zur experimentellen Auslösung einer Neurose die Versuchsperson in eine Situation versetzt, die konfligierende Ängste oder Wünsche hervorruft. Die zentrale Idee der Freudschen Lehre, der Ödipuskonflikt, repräsentiert einen Standpunkt, der für den individuellen Ansatz charakteristisch ist: der Knabe hat sexuelle Triebregungen gegenüber seiner Mutter, die mit seiner Angst in Konflikt geraten, daß ihn sein Vater kastrieren wird, was zu einer Verdrängung der mit diesen Impulsen verbundenen Vorstellungen führt und einen anhaltenden Konflikt zwischen diesen Impulsen und der gegen sie errichteten Abwehr zur Folge hat. In der gesamten auf das Individuum zugeschnittenen psychotherapeutischen Literatur dominiert dieses Thema des inneren Machtkampfs und der daraus resultierenden neurotischen und psychotischen Symptome.

Der familienbezogene Ansatz widerlegt diese traditionelle Darstellung des intrapsychischen Konflikts nicht. Eine solche Widerlegung ist vielleicht unmöglich. Wenn man die Daten so betrachtet wie Freud dies tat, läßt sich der Ödipuskonflikt sowohl aus den Äußerungen des Individuums als auch aus den Romanen und Dramen, die der Mensch geschaffen hat, ablesen. Auch wenn man die Aussagen eines Patienten aufzeichnet und sie als symbolischen Ausdruck des Kampfes zwischen Triebregungen und Verdrängungsmechanismen interpretiert, erweisen sich die Metaphern intrapsychischen Konflikts als angemessen. Der familienbezogene Ansatz bietet einerseits eine *andere* Sichtweise der gleichen Daten und fordert andererseits zur Sammlung einer neuen Art von Daten auf. Ein formal ähnliches Thema zieht sich durch die psychiatrische Deskription von Familien, wenn die Daten auch anders interpretiert werden. Es wird festgestellt, daß: Familienmitglieder miteinander in Konflikt liegen; dominierende Mütter sich mit passiven Vätern herumschlagen; Kinder bei Auseinandersetzungen zwischen den Eltern als Sündenböcke dienen; die Kernfamilie durch Koalitionen mit Angehörigen der angeheirateten Familie gespalten ist; daß Familienmitglieder sich aus gegenseitiger Aggression zurückziehen, angreifen und einander sabotieren; daß Zwietracht entsteht, wenn ein Mitglied der Familie sein Verhalten ändert; es ist von Konflikten zwischen Familienbedürfnissen und der Belastung durch Umwelteinflüsse, wie berufliche Veränderungen, Wirtschaftskrisen, Kriege und von den gesellschaftlichen Erwartungen beim Heranwachsen der Kinder die Rede; und es wird darauf hingewiesen, daß die Konflikte offen oder verdeckt sein und die verwendeten Taktiken von Handgreiflichkeiten bis zu völliger Hilflosigkeit reichen können. Die Folge dieser Konflikte innerhalb der Familie ist ein Mitglied, das neurotische oder psychotische Symptome manifestiert.

Obwohl der familienbezogene Ansatz ebenfalls den Konflikt und das Ringen zwischen feindlichen Kräften hervorhebt, wird der Schauplatz aus dem Individuum hinaus in den Kontext seiner tatsächlichen Beziehungen verlagert. Das heißt, die Psychopathologie ist nunmehr das Produkt eines Machtkampfes zwischen Personen und nicht mehr zwischen seelischen Kräften. Diese Verlagerung des Konfliktes von innen nach außen erfordert ein erneutes Durchdenken psychotherapeutischer Theorie. Vom Familienstandpunkt aus können die Äußerungen des Individuums als Metaphern interpretiert werden, die seine *tatsächlichen* Beziehungen beschreiben. Im Hinblick auf den Charakter der Metaphern sind die beiden Standpunkte am weitesten voneinander entfernt. Für den individuumorientierten Betrachter ist nicht nur eine symbolische Aussage eine Metapher für innere Konflikte, sondern er hält den Beziehungskonflikt als solchen für einen metaphorischen Ausdruck, ein »Ausagieren« eines inneren Dramas. Das Gegenteil gilt für den familienbezogenen Standpunkt: äußere Konflikte lösen innere aus, die sie reflektieren.

Ein Beispiel: Nehmen wir an, ein junger Mann berichtet, er habe sich an einem bestimmten Abend zu Hause unbehaglich gefühlt und sei deshalb weggegangen. Der Psychotherapeut stellt fest, daß der junge Mann an diesem Abend mit seiner Mutter allein zu Hause war. Wenn der Patient den gleichen Vorfall mehrmals berichtet, wird der Psychotherapeut in dieser Äußerung eine Metapher eines Konflikts zu sehen beginnen. Ist er auf das Individuum bezogen, so könnte er diese Mitteilung als Ausdruck eines Ödipuskonflikts interpretieren. Der Patient empfindet sexuelle Triebregungen, wenn er mit seiner Mutter allein ist, und reagiert mit Angst. Von seinen unbewußten Begierden bedroht, wehrt er diese Wünsche ab, indem er das Haus verläßt.

Der familienorientierte Psychotherapeut würde, wenn er den gleichen jungen Mann behandelte, die Sache anders sehen. Er würde von der Prämisse ausgehen, daß sich der junge Mann in einer tatsächlichen Gefahr befindet. Falls er sich für den sexuellen Aspekt der Situation interessierte, würde er wissen wollen, ob sich die Mutter dem jungen Mann gegenüber verführerisch verhielt, wenn sie mit ihm allein war. (In letzter Zeit hat sich auch die Psychoanalyse stärker dafür interessiert, ob sich manche Mütter ihren Kindern gegenüber verführerischer verhalten als andere, was einen Schritt in Richtung auf den Beziehungsstandpunkt bedeutet.) Er würde sich auch für das Koalitionsproblem zu Hause interessieren: Versucht die Mutter, wenn sie mit ihrem Sohn allein ist, sich mit ihm gegen den Vater zu verbünden? Wirkt es sich am nächsten Tag auf die Vater-Sohn-Beziehung oder auf die Beziehungen der Geschwister untereinander aus, wenn Mutter und Sohn allein miteinander einen Abend zu Hause verbrachten? Mit anderen Worten, ein familienorientierter Betrachter würde annehmen, daß das Weggehen des jungen Mannes eine Reaktion auf eine reale Situation und nicht auf eine Phantasie darstellt.

Die Frage des Ödipuskonflikts ist in der Psychoanalyse immer problematisch gewesen. Es wurde in Frage gestellt, ob jedes männliche Kind ihn erlebt oder nicht, und falls ja, wurde speziell von Otto Rank zur Diskussion gestellt, ob der Konflikt ätiologisch signifikant für eine bestimmte psychiatrische Erkrankung sein könnte. Wenn gesagt wird, ein Mann habe einen »größeren« Ödipuskonflikt als ein anderer, erhebt sich das Problem der Quantifizierung. Beschreibt man ihn als Phantasie, so wird das Konzept notwendigerweise simplifiziert, so daß nur wenige Variationen möglich sind: Der Knabe hat den unbewußten Wunsch – viel mehr läßt sich nicht darüber sagen, außer daß dieser »schwächer« oder »stärker« sein könnte, wodurch sich erneut das Problem der Quantität stellt.

Wird der Ödipuskonflikt jedoch als Beschreibung eines wirklichen Familiendreiecks gesehen, dann bietet sich sofort eine Klassifizierung der Varianten an. Jedes männliche Kind mit zwei Elternteilen ist zwangsläufig mit dem Problem der Koalition konfrontiert; es kann ihm nicht entgehen. Dieses Bündnisproblem kann auf verschiedene Weise gehandhabt werden, wie es auch unter verschiedenen Umständen und zu verschiedenen Zeiten unterschiedlich ausgeprägt sein kann. Wenn es sich beispielsweise um eine Koalition mit der Mutter gegen den Vater handelt, sind verschiedene Möglichkeiten denkbar; die treibende Kraft kann das Kind oder die Mutter oder sogar der Vater sein, falls er ein Bündnis gegen sich selbst provozieren möchte. Entsprechend unterschiedlich können auch die Reaktionen ausfallen; die Mutter kann ein Bündnis anstreben, das Kind dies ablehnen, so daß es zu einem Konflikt zwischen Mutter und Kind kommt. Oder das Kind kann sich darum bemühen und bei der Mutter auf Ablehnung stoßen, und so weiter. Faßt man ein solches Dreieck als *reale* Situation auf, so sind zahllose Varianten möglich. Das in einer bestimmten Dreieckskonstellation aufwachsende Kind wird vermutlich ein andres Verhalten erlernen als das in eine völlig andere Konstellation hineingeborene, obwohl die Problematik eines solchen Dreiecks universell ist.

Für den familienbezogenen Ansatz spricht nicht zuletzt die Hoffnung, daß es gelingen könnte, die Psychotherapie auf ein Fundament beobachtbarer Daten zu stellen und sie damit zu einer Wissenschaft zu machen. Interpretiert man die Aussagen eines Patienten als symbolischen Ausdruck angenommener Objekte oder Kräfte in der Psyche des Individuums, dann kann die Verifizierung nur durch weitere Äußerungen des Patienten erfolgen, die ebenfalls als symbolischer Ausdruck der gleichen vermuteten Objekte gewertet werden. Eine Verifizierung der Hypothesen in Form von beobachtbarer Realität ist nicht möglich. Sieht man die Aussagen des Patienten hingegen als Hinweise auf seine realen Lebensumstände an, dann kann man beobachten und verifizieren. Wenn ein Patient beispielsweise andeutet, daß seine Mutter sich ihm gegenüber verführerisch verhalte, und dies als Projektion seiner unbewußten Triebregungen ihr gegenüber gewertet wird, dann kann diese Interpretation nur durch weitere Interpretationen anderer ähnlicher Äußerungen unterstützt werden. Sieht man seine Aussage hingegen als realitätsbezogen an, dann kann man seine Interaktion mit seiner Mutter beobachten, um die Interpretation seiner Äußerung zu überprüfen. Eine solche Verifizierung setzt jedoch ein System zur Beschreibung und Klassifizierung von Verhalten in Beziehungen voraus.

Die Beschreibung von Konflikten

Wenn man zum familienbezogenen Standpunkt übergeht und den Versuch unternimmt, die Interaktion zwischen Menschen zu beschreiben und verschiedene Beziehungstypen voneinander zu unterscheiden, wird sofort offenkundig, daß uns die rudimentärste Terminologie für eine solche Aufgabe fehlt. Der Wechsel von einer intrapsychischen Orientierung auf einen verhaltensbezogenen Standpunkt ist schon schwierig genug, geht man jedoch weiter und versucht, zwei oder mehr Personen in einer Beziehung zu beschreiben, so gerät man an komplexe deskripte Probleme. Früher gebräuchliche psychologische und psychiatrische Deskriptionen sind nicht hilfreich und können sich sogar als Handikap erweisen, selbst wenn man sich auf die bisher üblichen Verhaltensbeschreibungen beschränkt und die Darstellungen angenommener seelischer Prozesse außer acht läßt. Jemand beispielsweise als »infantil« zu bezeichnen oder eine Frau als dominierend und einen Mann als passiv zu beschreiben ist noch weit von einer systematischen Deskription von Beziehungstypen entfernt. Simple dichotome Darstellungsweisen werden der Familiensituation nicht gerecht, da sie die interaktiven Prozesse und die Kommunikation auf mehreren Ebenen außer acht lassen.

Um die sich wiederholenden Interaktionen zwischen Menschen zu beschreiben, brauchen wir zumindest drei Begriffsgruppen. Wir brauchen Bezeichnungen für a) die Taktiken bzw. das Verhalten des einzelnen, b) die Interaktion von Taktiken zwischen Menschen, um das Ergebnis als einen bestimmten Beziehungstypus klassifizieren zu können, und c) das Gesamtsystem, das sich aus einem bestimmten Beziehungsgeflecht ergibt, mithin Bezeichnungen für die verschiedenen Familiensysteme.

Zur Verdeutlichung des deskriptiven Problems wollen wir die folgende Sequenz untersuchen, die eine Familie in repetitiver Weise bei den gemeinsamen Sitzungen präsentierte. Das Kind treibt irgendeinen Unfug, es bückt sich beispielsweise und schaut unter den Tisch. Der Vater ermahnt es daraufhin, gerade zu sitzen. Die Mutter stellt den Vater zur Rede und hält ihm vor, er hätte das Kind nicht in diesem Augenblick oder in dieser Weise rügen sollen. Der Vater erwidert, er habe den Jungen nur zurechtgewiesen, weil es ihm nötig erschien. Die Mutter zeigt sich über ihren Mann verärgert.

Um eine solche Sequenz auf ein formales Schema reduzieren zu können – ein Schema, das mit verschiedenen Inhalten immer wiederkehrt –, brauchen wir eine Nomenklatur für das Verhalten jedes einzelnen Beteiligten, für den Beziehungstypus, der zwischen dem Jungen und seinem Vater, zwischen Vater und Mutter und zwischen der Mutter und dem Jungen perpetuiert wird, sowie eine Terminologie zur Klassifizierung des Systems, in das diese Beziehungen eingebettet sind und das durch sie definiert wird. Die Systembeschreibung müßte auch die Funktion dieser erwähnten Sequenz berücksichtigen; beispielsweise könnte diese Sequenz immer in den Augenblicken der Interaktion auftreten, wenn eine Beziehung oder das System als Ganzes von Veränderung bedroht ist. Das heißt, derartige Sequenzen können auf der einen Ebene als Bestandteil eines Systems und auf einer anderen Ebene als homöostatischer Mechanismus, der als Regulator des Systems funktioniert, angesehen werden.

Versucht man für eine Sequenz dieser Art eine Terminologie zu entwickeln, so ist zu berücksichtigen, daß die einzelnen Kategorien sich zu einem konzeptionellen Schema zusammenfügen müssen. Dieser theoretische Rahmen muß eine Methode zur Beschreibung des ausgetauschten Verhaltens einschließen, damit klar wird, daß es ein Produkt ähnlicher Sequenzen ist und seinerseits vergleichbare Sequenzen hervorbringt. Es versteht sich von selbst, daß man gut daran tut, nach der »Ursache« eines bestimmten Verhaltens in einer solchen Sequenz erst zu suchen, nachdem man das Gesamtsystem beschrieben hat. Es wäre unzutreffend zu behaupten, der Junge habe zwischen Mutter und Vater Zwietracht provoziert. Die Ungezogenheit des Jungen kann vielmehr als Produkt einer früheren Sequenz verstanden werden. Wenn sich die Sequenz wiederholen soll, muß der Vater mitspielen, indem er ihn ermahnt, und die Mutter, indem sie den Vater zurechtweist. Am brauchbarsten dürfte sich eine Konzeption erweisen, die verdeutlicht, daß jedes einzelne Familienmitglied dazu beiträgt, das System in Gang zu halten. Um eine therapeutische Taktik zur Veränderung dieser Sequenz zu entwerfen, erscheint es nötig, nicht nur das Verhalten einer Person zu verändern, sondern auch die Reaktionen der Mitakteure. Wenn man bloß das Kind dazu bringt, keinen Unfug zu treiben, ändert sich das System nicht, denn dann wird der Vater vermutlich zu dem Jungen sagen: »Warum bist so still?«, und die Mutter wird entgegnen: »Er kann still sein, wann es ihm paßt, laß ihn in Ruhe!«, und der Vater wird antworten: »Es ist mir bloß aufgefallen«, und die Mutter wird eine wütende Miene aufsetzen. Das heißt, die Veränderung eines einzelnen Familienmitglieds kann nur eine Anpassung oder vielleicht eine Neuetikettierung seines Verhaltens zur Folge haben, während das System unverändert bleibt.

Ein Familienmodell

Wenn man feststellt, daß das Verhalten eines Familienmitglieds die anderen Angehörigen beeinflußt, und wenn man weiter bemerkt, daß eine Veränderung im Verhalten einer Person Reaktionen bei anderen Familienmitgliedern auslöst, so wird offenkundig, daß die hier vorgeschlagene theoretische Konzeption aus der Kybernetik stammt. Menschen, die lange Zeit miteinander in Verbindung stehen, sind zweifellos nicht bereit, jegliches Verhalten voneinander hinzunehmen; sie setzen einander bestimmte Grenzen. Sofern Familienmitglieder einander Grenzen setzen, ist es möglich, ihre Interaktion als selbstregulierende Prozesse innerhalb des Gesamtsystems zu beschreiben. Die Familienmitglieder reagieren auf Abweichungen (wie ein Thermostat), sobald ein Familienmitglied eine bestimmte Grenze überschreitet. Dieser Prozeß wechselseitig reaktiven Verhaltens definiert die »Spielregeln« des Familiensystems. In diesem Sinne ist die Familie ein System, das einen Regelungsprozeß enthält. Es gibt jedoch nicht nur einen einzigen Regler für das System; jedes Familienmitglied fungiert gegenüber den anderen als Regler; auf diese Weise wird das System erhalten.

In einem selbststeuernden Regelkreis, wie etwa dem thermostatischen System einer Heizung, kann man den Thermostat als Regler des Systems ansehen, da er die Temperatur des Heizkessels und somit auch die Zimmertemperatur kontrolliert. Es ist jedoch auch möglich, alle Elemente des Systems als Bestandteile des Regelprozesses anzusehen. Der Heizkessel reagiert auf das Signal des Thermostats, aber der Thermostat reagiert seinerseits auf die Zimmertemperatur, die wiederum auf die Hitze der Radiatoren reagiert. Kein einzelnes Element kann »beschuldigt« werden, weil jedes eine Funktion im Gesamtsystem erfüllt. Um Abhilfe zu schaffen, wenn die Zimmertemperatur zu hoch ist, genügt es nicht, einfach die Fenster zu öffnen, da die Zimmertemperatur ja nur ein Element des Systems darstellt. Die eindringende kalte Luft senkt zwar die Zimmertemperatur, veranlaßt aber gleichzeitig den Thermostat, die Leistung des Heizkessels zu steigern und damit die Zimmertemperatur wieder zu erhöhen. Um eine Veränderung im Bereich eines Elements des Systems zu bewirken, muß man mindestens zwei Elemente gleichzeitig, das heißt das »Setting« des Systems verändern.

Das Modell eines einfachen homöostatischen Systems wie ein Haushaltsthermostat erweist sich für die Beschreibung einer Familie als unzulänglich. In einem solchen System reagieren die einzelnen Elemente in abweichungsorientierter Weise auf Veränderungen in ihrem Bereich; der Bereich, das heißt die Bandbreite, wird jedoch durch einen Metaregler (= jemand, der außerhalb des Systems steht) festgesetzt.

Ein Mensch stellt beispielsweise den Thermostat des Hauses auf 22 Grad ein, und das System schwankt dann um diese Marke. Die Elemente des Systems beeinflussen zwar auch diesen Einstellwert, aber nur über eine andere Rückkopplungsschleife; das Gesamtsystem beeinflußt seinerseits die Person, die die Bandbreite des Systems festlegt. In der Familie setzt kein Außenseiter die Grenzen des Familienverhaltens fest, obwohl man der Kultur zumindest teilweise diese Funktion zuschreiben könnte. Die Grenzen des Familiensystems werden von den Familienmitgliedern im Verlauf ihres gegenseitigen Beeinflussungsprozesses festgelegt. Bei der Beschreibung einer Familie müssen deshalb zwei Ebenen des Regelungsprozesses berücksichtigt werden: a) die von einer abweichungsaktivierten Reaktion eines Mitglieds, wenn ein anderes Mitglied eine bestimmte Verhaltensbandbreite überschreitet, und b) die Versuche der Familienmitglieder, sich zum Metaregler aufzuschwingen, das heißt, zur Position desjenigen, der die Grenzen der Bandbreite bestimmt. Auf dieser Ebene der Metaregelung kommt das Herrschaftsproblem ins Blickfeld, weil sich der Regelungsprozeß auf dieser Ebene als Kampf aller Familienmitglieder um die Position desjenigen darstellt, der die Verhaltensgrenzen für die anderen festlegt. Die Sachlage wird weiter durch die Existenz von Subsystemen innerhalb der Familie kompliziert, die sich gegenseitig regeln; das Subsystem der Schwiegereltern übt einen Einfluß auf die Kernfamilie aus, das Subsystem der Geschwister beeinflußt die elterliche Beziehung usw. Der hinzugezogene Familientherapeut ist nicht bloß ein Metaregler eines einzigen Systems, sondern der miteinander verklammerten Subsysteme, deren jedes einen reziproken Einfluß auf den Therapeuten ausübt.

Diese beiden Ebenen des Regelungsprozesses, die abweichungsaktivierte Reaktion und die Metaregelung treten typischerweise in einer einzigen Transaktion auf. Wenn beispielsweise ein Ehemann äußert, er habe Kopfschmerzen, und seine Frau bittet, ihm ein Aspirin zu bringen, und die Frau ihm die Bitte nicht erfüllt oder das Aspirin widerwillig bringt, dann sind zwei Regelebenen im Spiel. Indem sie das Aspirin nicht bringt oder es unwillig bringt, gibt die Frau zu erkennen, daß ihr Mann eine bestimmte Bandbreite »erlaubten« Verhaltens überschritten habe. Sie bringt aber auch zum Ausdruck, daß *sie* zu bestimmen habe, welches Verhalten er offerieren soll und somit, wie ihre Beziehung geartet sein soll. Mit einer einzigen Reaktion signalisiert sie ihm, daß er einen Fehler gemacht habe, und versucht sie, zu bestimmen, welche Art von Verhalten er darbieten solle.

Das heißt, sie zeigt einen Regelverstoß an und nimmt die Position desjenigen in Anspruch, der die Regeln festlegt. Ihre unwillige Reaktion kann durch die *Art und Weise* provoziert worden sein, wie ihr Mann seine Bitte äußerte, oder es kann sich auch um eine Reaktion auf der Ebene der Entscheidung handeln, *wer* bestimmen darf, ob sie eine Beziehung des »Gebens« und »Nehmens« zueinander haben. Auf dieser Metaregelungsebene, auf der entschieden wird, »wer den Beziehungstypus bestimmt«, werden die Taktiken des Machtkampfs relevant für die Beschreibung von Familien.

Das Wörterbuch definiert »Macht« als den Besitz von Verfügungsgewalt oder die Ausübung beherrschenden Einflusses über andere. Um Macht zu kämpfen heißt, um die Position desjenigen zu kämpfen, der diesen beherrschenden Einfluß hat. Wenn man eine gestörte Familie unter diesem Gesichtspunkt betrachtet, steht man vor dem Problem, welche therapeutische Taktik sich zur Beilegung von Machtkämpfen empfiehlt. Dieses Problem wäre leichter zu lösen, wenn eine adäquate Darstellung der Taktiken des Machtkampfes existierte. Obwohl sich der Kampf des Menschen gegen den Menschen durch die ganze Geschichte zieht, haben es die Sozialwissenschaftler und Philosophen geradezu geflissentlich vermieden, sich mit den taktischen Aspekten dieses Kampfes auseinanderzusetzen. Wir verfügen über keine Systematik der Machttaktik und können daher nicht sagen, diese Familie benutzt diese Art von Taktik und jene Familie jene. Terminologie und hierarchische Klassifizierung solcher Taktiken müssen erst entwickelt werden.

Wenn wir eine Familie im Hinblick auf die Taktiken untersuchen, deren sich die Familienmitglieder in ihren Kämpfen untereinander bedienen, und wenn wir feststellen, daß diese Taktiken aufeinander abgestimmt sind, so daß eine Veränderung der Taktik eines Familienmitglieds bei den anderen Lernreaktionen auslöst, dann scheint das Problem, wie man Veränderungen herbeiführen kann, keine einfache Sache zu sein. Wenn Individuen in »Gruppen mit gemeinsamer Geschichte« auf komplexe Weise miteinander verklammert sind und jede die Reaktionen der anderen beeinflußt und wir nicht einmal über die Terminologie zur Beschreibung ihres interaktiven Verhaltens verfügen, dann versteht es sich von selbst, daß es nicht leicht ist, Verfahren zur Induktion von Veränderung in systematischer Weise zu präsentieren. Aus der Theorie und aus empirischer Beobachtung von Familien wissen wir jedoch, *daß die Funktion von Reglern ihrer Definition nach darin besteht, Veränderungen zu minimieren, und daß man deshalb bei dem Versuch, in einem Regelkreis Veränderungen zu bewirken, mit ständigen Widerständen rechnen muß.*

Wenn ein Familientherapeut klug genug wäre um zu wissen, inwiefern sich die Mitglieder einer Familie ändern sollten, und ihnen diesbezügliche Ratschläge erteilen würde, so wären sie nicht imstande, diesem Rat zu folgen und sich zu ändern. Zwei Hauptfaktoren hemmen die Veränderung einer Familie: die Komplikationen, die in einem selbstregulierenden System entstehen, wenn sich ein Element anders verhält, und die Tatsache, daß der Therapeut, sobald er in das Familiensystem einbezogen ist, auf der Ebene agieren muß, auf der die Familienmitglieder im Kampf miteinander liegen – die Ebene, auf der entschieden wird, wer über wessen Verhalten zu entscheiden hat.

Widerstand gegen Veränderung: Konflikt der Ebenen

Wenn man die Vorstellung akzeptiert, daß eine Familie als kybernetisches System beschrieben werden kann, akzeptiert man eine Reihe von Prämissen, deren eine ihrem Wesen nach paradox ist. Wenn man feststellt, daß Familienmitglieder in abweichungsorientierter Weise aufeinander reagieren, damit das Familiensystem stabil erhalten wird, ergibt sich daraus, daß die Verstärkungen, die das System stabil erhalten, durch die Versuche der Mitglieder entstehen, eine Veränderung herbeizuführen. Das heißt, je mehr sich der einzelne bemüht, Veränderungen des Systems herbeizuführen, desto stärker aktiviert er die Prozesse, die das System unverändert erhalten. Daraus ergibt sich auch, daß sich die Familienmitglieder um so mehr um Veränderungen bemühen werden, je »unzufriedener« sie sind, und daß sie dadurch die unveränderte Perpetuierung des Systems verstärken. Dies ist die Tragödie der »gestörten« Familie.

Wenn man die Familie im Hinblick auf die verschiedenen Ebenen des Regelungsprozesses untersucht, erkennt man, wie komplex das System ist und wie leicht Konflikte entstehen können. Die Eltern sind bei der Erziehung eines Kindes mit schwierigen Problemen konfrontiert. Wenn sie die Fürsorge für das Kind übertreiben und somit nur eine komplementäre Beziehung zu ihm herstellen, bieten sie dem Kind nicht den Lernkontext, in dem es gleichberechtigtes Verhalten ihnen gegenüber erfahren kann. Betonen sie jedoch den Aspekt der Gleichheit zu stark, und etablieren sie nur eine symmetrische Beziehung, dann ist das Kind nicht nur außerstande, mit einer solchen Beziehung in der realen Situation des Versorgtwerdens umzugehen, es lernt auch nicht, die Erfahrung des Versorgtwerdens zu machen. Es ist geradezu typisch für die gestörte Familie, daß die Eltern in eines der beiden Extreme verfallen oder versuchen, dem Kind gegenüber beide Beziehungstypen gleichzeitig herzustellen und es dadurch mit einer paradoxen Situation zu konfrontieren. So bitten sie es beispielsweise um Erlaubnis – und definieren die Beziehung damit als symmetrisch –, ihm vorschreiben zu dürfen, wie es sich zu verhalten habe – wodurch die Beziehung als komplementär definiert wird. Was auch immer das Kind dann tut, kann falsch sein. Wenn es bloß tut, was man ihm anschafft, reagiert es nicht symmetrisch, und wenn es die Erlaubnis verweigert, akzeptiert es die komplementäre Beziehung nicht. Eine solche Situation entsteht immer dann, wenn die Eltern versuchen, dem Kind ihre Befehle oder Strafen schmackhaft zu machen; sie bitten quasi einen Gleichberechtigten, sich als nicht gleichberechtigt behandeln zu lassen, und setzen damit ein Paradox. Eine Mutter drückte es so aus: »Es ist leicht zu erreichen, daß ein Kind etwas tut. Man sagt: ›Willst du es tun? Dann tue es!‹« Die Tatsache, daß ihr Kind gestört war und ihren Befehlen nicht gehorchte, könnte mit dieser Widersprüchlichkeit zusammenhängen, denn wenn man ein Kind fragt, ob es etwas tun will, und ihm gleichzeitig befiehlt, es zu tun, setzt man inkongruente Definitionen der Beziehung. Oft sind solche Mütter außerstande, dem Kind ganz einfache Anweisungen zu erteilen, denn wenn sie den Kindern gegenüber diese »autoritäre« Position einnehmen, wirkt sich das auf ihre Beziehung zu ihren Ehemännern aus. Manche Mütter verhalten sich hilflos, um den Vater zu veranlassen, mehr Verantwortung zu übernehmen, aber durch dieses hilflose Verhalten wachsen ihnen die Kinder über den Kopf, und deshalb versuchen sie, gleichzeitig hilflos und streng zu sein.

Wenn ein Kind in einer Familie aufwächst, in der ein ständiger Machtkampf herrscht, nehmen alle seine Handlungen für die anderen Familienmitglieder besondere Signifikanz an, weil sie auf der Ebene der Entscheidung darüber, wer über wen bestimmen darf – der Ebene des Meta-Reglers –, beantwortet werden. Wenn ein gestörtes Kind bloß einen Spaziergang macht, so kann dieser Akt als Ausdruck der Unabhängigkeit aufgefaßt werden und wird damit zu einem Akt, der bestimmt, welche Art von Beziehung es zu seinen Eltern haben will. Inhaltlich gesehen, kann der Spaziergang als Kritik oder indirekter Kommentar über das Zuhause und nicht als bloßer Wunsch, einen Spaziergang zu machen, aufgefaßt werden. Weil allen seinen Handlungen solche Bedeutung beigemessen wird, verfügt das Kind in der gestörten Familie über eine Macht – speziell wenn es in einer Leidenssituation ist –, die andere Kinder nicht besitzen. Die größenwahnsinnig erscheinenden Äußerungen eines Patienten haben somit eine gewisse reale Basis. Eine spezielle Art von Macht, die ein solches Kind typischerweise besitzt, ist die Macht, seine Eltern zu entzweien und sie gegeneinander auszuspielen. Je mehr die Eltern auf der Meta-Ebene gegeneinander kämpfen, desto sicherer wird ihr spezieller Zwist durch das symptomatische Verhalten des Kindes perpetuiert.

Wenn der Therapeut versucht, in einem homöostatischen System eine Veränderung zu bewirken, indem er nur ein Familienmitglied beeinflußt, wird er feststellen, daß die Probleme der Kommunikationsebenen einer Veränderung im Wege stehen. Beispielsweise kann ein unfolgsames Kind an den Schwierigkeiten der Familie schuld sein, weil es den Anweisungen der Eltern nicht gehorcht, sondern sich so verhält, daß es praktisch die Eltern zu einem bestimmten Verhalten zwingt, und sei es nur, indem es sie, sooft es will, zu verärgerten Reaktionen provoziert. Die Eltern reagieren mit hilfloser Wut, irritiert, aber unfähig, eine komplementäre Beziehung zu erzwingen. Falls es dem Therapeuten gelingt, das Kind zu veranlassen, diese Beziehung zu verändern und sich künftig bereit zu zeigen, den elterlichen Befehlen zu gehorchen, dann wird das für die ganze Familie Konsequenzen haben. Die Eltern müssen dann bereit sein, dem Kind Verhaltensmaßregeln zu geben, und das bedeutet, daß sie vielleicht ihre Beziehung zueinander ändern müssen, um mit dem Kind auf diese neue Weise umgehen zu können. Vielleicht müssen sie auch ihre Beziehung zu den Geschwistern dieses Kindes modifizieren, um sie der neuen Situation anzupassen. Abgesehen von diesen Konsequenzen, sehen sich die Eltern möglicherweise einem Paradox konfrontiert, wenn ein Kind eine solche Veränderung erkennen läßt. Wenn das Kind, vereinfacht ausgedrückt, erklärt: »Okay, sagt mir von jetzt an, was ich tun soll, und ich werde es tun«, dann akzeptiert es nicht bloß diese Art von Beziehung, sondern es bestimmt, wie diese Beziehung beschaffen sein soll. Die Tatsache, daß das Kind die Veränderung herbeiführt, kann so interpretiert werden, daß es den Eltern befiehlt, ihm zu befehlen. Wenn sie sich seiner Forderung fügen, tun sie weiterhin, was das Kind ihnen befiehlt. Wer »fordert«, Anweisungen zu erhalten, setzt ein Paradox, das dem Problem vergleichbar ist, das entsteht, wenn eine Frau ihrem Mann »befiehlt«, das Kommando zu übernehmen. Dominiert er, dann läßt er sich dominieren, weil er es auf ihren Wunsch tut. Wenn das unfolgsame Kind sich plötzlich fügsamer zeigt, kann es sein, daß seine Eltern reagieren, als ob es sie zu beherrschen versuche, das heißt, sie reagieren mit hilfloser Wut, so wie sie immer auf seine Forderungen reagiert haben. Das Kind fühlt sich dadurch natürlich ermutigt, wieder zu seiner unfolgsamen, rebellischen Haltung zurückzukehren. (Ein naiver Therapeut könnte dann den Eltern vorwerfen, sie akzeptierten die Bereitschaft des Kindes nicht, sich von ihnen lenken zu lassen, ohne die paradoxe Position zu erkennen, in der sie sich befinden; wenn sie dem Kind Anweisungen erteilen, beugen sie sich seinen Anweisungen, wie sie es immer getan haben.) Obwohl es für jedes Familienmitglied schwierig ist, in einem homöostatischen System eine Veränderung zu bewirken, kann dies manchmal gelingen, wenn die Verhaltensänderung auf den Therapeuten zurückgeführt wird. Die Familienangehörigen können es leichter ertragen, daß ein Mitglied den Beziehungstypus bestimmt, wenn sein Verhalten der Initiative des Therapeuten zugeschrieben werden kann. Sie können jedoch auch auf die Lenkungsversuche des Therapeuten ähnlich ablehnend reagieren, und die Sachlage wird dadurch weiter kompliziert, daß eine Veränderung innerhalb des Systems nur dann stattgefunden hat, wenn die Initiative für das neue Verhalten den Familienmitgliedern selbst zugeschrieben werden kann. Der Therapeut muß irgendwann hervorheben, daß das veränderte Verhalten eines Familienmitglieds *in Wirklichkeit* nicht auf seinen Einfluß zurückzuführen sei, sondern von diesem selbst initiiert wurde. Wenn ein Therapeut dies zum Ausdruck bringt, befolgt er damit die Grundregel jeder Psychotherapie; er formuliert das therapeutische Paradox: »Ich beeinflusse dich, aber die eintretende Veränderung erfolgt spontan.« Bevor ich näher auf die merkwürdig paradoxen Botschaften eingehe, die der Therapeut aussendet, muß ich mich mit einem weiteren Widerstand befassen, der die Veränderung einer Familie hemmt.

Widerstand gegen Veränderung: Widerstand gegen den Therapeuten

Wenn es in den zwischenmenschlichen Beziehungen kein Herrschaftsproblem gäbe und man es lediglich mit Informationsmangel oder falschen Interpretationen zu tun hätte, könnte der Therapeut die Familienmitglieder anweisen, miteinander vernünftiger umzugehen, er könnte ihre Mißverständnisse aufklären, die fehlenden Informationen ergänzen, und das System würde sich verändern. Die Familienmitglieder reagieren auf ein solches Vorgehen jedoch nicht. Wenn der Therapeut für eine Familie genügend Bedeutung erlangt hat, um sie beeinflussen zu können, ist er zu einem Teil des Familiensystems geworden (und falls er diese Bedeutung nicht erlangt hat, werden sie ihn ignorieren). Das bedeutet, daß sich die Familienmitglieder dagegen wehren werden, von ihm gelenkt zu werden, genauso wie sie sich in dieser Hinsicht untereinander bekriegen. Wenn er ihnen den Rat gibt, sich vernünftiger zu verhalten, dann werden sie auf der Meta-Ebene, der Ebene der Entscheidung darüber, wer ihren Verhaltensspielraum festsetzen oder eingrenzen darf, reagieren. Um das Eingeständnis zu vermeiden, daß er sie lenkt, müssen sie entweder seinen Rat ignorieren oder dafür sorgen, daß er ein schlechtes Resultat zeitigt. Gelingt es der Familie dagegen, den Therapeuten zu *provozieren,* ihnen einen guten Rat zu geben, dann haben sie die Kontrolle über sein Verhalten erlangt. Wenn die Familienmitglieder die Bedingungen für das Verhalten des Therapeuten bestimmen, dann wird er sie dabei unterstützen, das System unverändert zu perpetuieren.

Wenn der Therapeut ein gewisses Maß an Kontrolle bzw. eine Metareglerfunktion in einer Familie erlangt, dann nur im Hinblick auf bestimmte Weichenstellungen für die Beziehungen innerhalb des Systems. Seinem Einfluß auf viele Aspekte des Familienlebens sind definitive Grenzen gesetzt, was auch völlig in Ordnung ist, da die Familienideologien so vielfältig sind. Die eine Familie kann mit einem bestimmten Lebensstil durchaus befriedigend funktionieren, eine andere hingegen mit einem völlig anderen. In diesem Sinn verändert der Therapeut eine Familie nicht, er wirkt nur auf den Machtkampf ein, der die Familienmitglieder lähmt.

Die therapeutische Intervention

Jetzt, da sich die Methoden der Familientherapie den zahlreichen existierenden Methoden der Einzeltherapie hinzugesellen, bietet sich die Gelegenheit, nach gemeinsamen Faktoren Ausschau zu halten in der Hoffnung, die »Ursachen« therapeutischer Veränderung zu entdecken. Ich vertrete hier im großen und ganzen das Argument, daß die Familientherapie insofern formale Ähnlichkeit mit den bereits erörterten individuellen Methoden hat, als der Therapeut erzieherischen Einfluß auf die Familien nimmt, um ihnen zu einem anderen Verhalten zu verhelfen, und therapeutische Paradoxe setzt, um sie dazu zu zwingen.

Wie auch hinsichtlich anderer therapeutischer Methoden enthält die veröffentlichte Literatur über Familientherapie mehr Erörterungen der Natur der Probleme als der Taktiken, um mit ihnen fertig zu werden. Die Darstellung der hier präsentierten familientherapeutischen Methoden bezieht sich zum Teil auf Publikationen und beruht zum anderen Teil auf Beobachtungen, die der Autor in der Praxis von Familientherapeuten anstellte.

Der familientherapeutische Kontext unterscheidet sich grundlegend von den meisten anderen Methoden der Psychotherapie. Obwohl es gängige Praxis ist, die gesamte Familie zum Therapeuten zu bestellen und mit ihnen gemeinsame Gespräche zu führen, ist dies nicht das einzige Verfahren, das angewendet wird. Manche Therapeuten empfangen die Familienmitglieder getrennt und führen nur gelegentlich gemeinsame Gespräche durch, dennoch geht es ihnen in erster Linie darum, eine Veränderung im Familiensystem zu bewirken (17). Andere Therapeuten ziehen es vor, zuerst mit den Eltern zu sprechen und die Kinder erst später hinzuzuziehen (8). Ein Therapeut benutzt ein ganz außergewöhnliches Arrangement. Er lädt die Familie in seine Praxis ein, in der sich zwei durch einen Einwegspiegel voneinander getrennte Räume befinden. Die Familie unterhält sich in einem Raum miteinander, während der Therapeut vom anderen Raum aus zusieht und regelmäßig hereinkommt, um die Vorgänge zu kommentieren und zu interpretieren (26). Eine Gruppe von Familientherapeuten behandelt die Familien in deren Wohnungen (21), eine andere Gruppe arbeitet zwei oder drei volle Tage lang intensiv mit der Familie und schaltet dann längere Pausen ein (42). Verschiedene Methoden sehen die Mitarbeit von zwei oder mehr Therapeuten vor, und ein extremes Verfahren erfordert die Hospitalisierung der gesamten Familie zur Beobachtung und zur Behandlung (10).

Obwohl es noch keine »konservative« Methode der Familienbehandlung gibt, wird allgemein angenommen, daß das günstigste Verfahren darin besteht, alle Familienmitglieder zusammen vorzuladen und die Probleme der Familie gemeinsam zu explorieren. Die Methode der Exploration ist vom Behandlungsstil des Therapeuten abhängig. Drei verschiedene Verfahrensweisen oder Behandlungsstile haben sich eingebürgert. In der *Einzeltechnik* behandelt der Therapeut jedes Familienmitglied einzeln in Gegenwart der anderen. So spricht er beispielsweise zunächst mit dem Vater und exploriert mit ihm dessen früheres und jetziges Leben, während die anderen Familienmitglieder nur zuhören. Dann wendet er sich einem anderen Familienmitglied zu und wiederholt den Vorgang. Alle Äußerungen des Therapeuten gegenüber den einzelnen Beteiligten erfolgen unter besonderer Berücksichtigung der Tatsache, daß die anderen Familienmitglieder einen Teil des Kontexts bilden.

Eine weitere Verfahrensweise ist die »*Therapeut-als-Trichter-Technik*«. Alle Familienmitglieder beteiligen sich am Gespräch, aber jeder einzelne spricht mit dem Therapeuten und nicht mit den übrigen Angehörigen. Der Therapeut interpretiert und klärt in der Regel die Äußerungen eines Teilnehmers und ersucht dann einen anderen um eine Stellungnahme, die er wiederum interpretiert und klarstellt.

Anders wird bei der Technik des *forcierten Familiengesprächs* verfahren, bei der die Familienmitglieder aufgefordert werden, nicht mit dem Therapeuten, sondern miteinander zu sprechen. Versucht sich etwa der Ehemann dem Therapeuten gegenüber zu rechtfertigen, so wird ihm nahegelegt, dies lieber seiner Frau zu sagen. Der Therapeut rekapituliert oder kommentiert die Gespräche und verhindert, daß die Debatten außer Kontrolle geraten, aber in erster Linie bemüht er sich darum, das Gespräch zwischen den Familienmitgliedern in Gang zu halten.

Während manche Therapeuten den jeweiligen Umständen entsprechend alle drei Techniken verwenden, beschränken sich andere strikt auf eine einzige Methode. Abgesehen von den Unterschieden in Arrangement und Behandlungsstil, gehen die Therapeuten auch mit unterschiedlichen Einstellungen an das Problem heran: während manche die Auswirkungen der Vergangenheit auf das gegenwärtige Verhalten hervorheben, konzentrieren sich andere auf die Klärung von Botschaften. Eine dritte Gruppe bemüht sich speziell um die Aufklärung von Mißverständnissen und interpretiert alles, was geschieht, so positiv wie möglich. Alle versuchen jedoch, den Fokus vom deklarierten Patienten auf die Gesamtfamilie zu verlagern.

Viele Taktiken der Familientherapie haben formale Ähnlichkeit mit den Techniken, die im Kapitel über Ehetherapie behandelt wurden, und sollen daher hier nicht nochmals aufgeführt werden. Wenn sich der Brennpunkt von einem gestörten Kind auf den Konflikt zwischen den Eltern verschiebt, geschieht es nicht selten, daß die Kinder aus der Therapie ausscheiden und die Eltern allein weiterarbeiten. Manche Therapeuten bestehen jedoch darauf, daß alle Familienmitglieder vom Beginn bis zum Abschluß der Therapie anwesend sind. Es geht mir hier darum, die Ähnlichkeiten zwischen Familien- und Einzeltherapie herauszuarbeiten, wobei ich generell die Auffassung vertrete, daß die beiden Methoden nicht so verschieden sind, wie es auf den ersten Blick scheint. Eine der offenkundigsten Parallelen ist das typische Herangehen an das Symptom bei beiden Methoden: Bei der Einzeltherapie weist der Therapeut den Patienten gewöhnlich darauf hin, daß das Symptom nur eine Manifestation, nicht aber das eigentliche Problem sei; es müsse herausgearbeitet werden, was sich darunter verberge – die »Wurzeln« der Störung. Bei der Familientherapie wird der deklarierte Patient, gewöhnlich ein Kind, als das Problem bezeichnet, während der Therapeut die Familie darüber aufklärt, daß das Kind nur eine Manifestation des eigentlichen Problems sei und daß man erforschen müsse, was sich dahinter verberge – die »Wurzeln« der Familienstörung.

Familien- und Einzeltherapie: Parallelen

Untersucht man die Einzel- und die Familientherapie im Hinblick auf ihr theoretisches Fundament, so scheinen die Unterschiede gravierend. Vergleicht man sie jedoch in der Praxis, so sind nur wenige Differenzen festzustellen. In der Vergangenheit hat es kaum Beschreibungen therapeutischer Praxis gegeben – Berichte darüber, wie der Therapeut mit dem Klienten de facto umgeht. So befassen sich die Darstellungen der psychoanalytischen Methode in der Regel mit dem theoretischen Prozeß und nicht damit, was Therapeut und Patient in ihrer Beziehung zueinander real tun. Dies gilt selbst für Autoren, die versucht haben, das Schwergewicht auf die Praxis zu legen (44). Besondere Bedeutung wird der Übertragung und der Enthüllung von unbewußten Vorstellungen eingeräumt. Vom theoretischen Standpunkt aus ist es wichtig, daß die Übertragungsbeziehung nicht durch die Einmischung Außenstehender gestört wird – am allerwenigsten durch die Verwandten des Patienten, wie Freud hervorhob. Der behutsame Umgang mit der Abwehr ist ein weiteres Beispiel dafür, wie sich die Einzeltherapie durch die theoretische Brille gesehen ausnimmt. Der Interaktionsprozeß zwischen Therapeut und Patient wird als sorgsames Freilegen von verdrängten Vorstellungen des Patienten, gegen die sich dieser zur Wehr setzt, verstanden. Wenn man davon ausgeht, daß die Übertragung und die Bearbeitung der inneren Widerstände in der Einzeltherapie für die Veränderung von entscheidender Bedeutung sind, dann unterscheiden sich die verschiedenen Methoden zur Behandlung ganzer Familien nicht nur drastisch von diesem Ansatz, sondern könnten geradezu als antitherapeutisch bezeichnet werden. Die Übertragungsbeziehung wird durch die Anwesenheit anderer Familienmitglieder empfindlich gestört, und die Abwehrmechanismen können nicht systematisch angegangen werden, wenn sich die Familienmitglieder gegenseitig Anschuldigungen um die Ohren schlagen, die bis zu inzestuösen Wünschen und Handlungen reichen.

Die Einzeltherapie braucht jedoch nicht nur aus dem engen Blickwinkel früherer Theorien gesehen werden, speziell wenn diese nicht auf einer Beschreibung der tatsächlichen Vorgänge beruhen, sondern auf Mutmaßungen, was aufgrund vorgegebener theoretischer Überlegungen passieren sollte. Wenn wir bloß die offenkundige Tatsache festhalten, daß die Einzeltherapie ein Gespräch zwischen zwei Menschen ist, so sieht das Verfahren nicht nur anders aus, als frühere Darstellungen vermuten lassen, sondern es treten auch Ähnlichkeiten mit bestimmten Formen der Familientherapie zutage. Auf der deskriptiven Ebene erschöpft sich der Unterschied zwischen den beiden Methoden weitgehend in der Anwesenheit bzw. Abwesenheit anderer Familienmitglieder im Behandlungszimmer. Andere Unterschiede sind schwer auszumachen, und scheinbare Unterschiede entpuppen sich bei näherer Untersuchung als Ähnlichkeiten. Beispielsweise könnte man die Einzeltherapie formal gesehen als ein Zwei-Personen-System und die Familientherapie als ein Drei- oder Mehr-Personen-System bezeichnen. Mit diesem Unterschied hängt auch die Art und Weise zusammen, wie der Familientherapeut in die Familie integriert wird und wie ihn die Familienmitglieder in ihrem Umgang miteinander benutzen. Aber auch die Einzeltherapie ist im Grunde kein Zwei-Personen-System, selbst wenn der Therapeut nach außen hin eine solche Restriktion durchsetzt. Die Familie des Patienten ist durch seine Ausführungen im Raum gegenwärtig, seine Frau fragt ihn zu Hause, worüber er in der Therapie spricht, und er berichtet seiner Familie über die Einblicke, die er in der Therapie gewonnen hat, und macht damit auch zu Hause vom Therapeuten Gebrauch. Der Therapeut wird rasch zu einem Bestandteil des Machtkampfs in der Familie, obwohl die anderen Familienmitglieder alle ihre Informationen über ihn nur durch den Patienten beziehen. Der Unterschied liegt wie gesagt nur in der physischen Abwesenheit der anderen Familienmitglieder bei den Sitzungen, wenn sie auch in den Diskussionen präsent sein mögen oder als indirekte Überwacher der Aussagen, die in den Sitzungen gemacht werden, fungieren.

Man könnte argumentieren, daß sich die Einzel- und die Familientherapie deswegen gleichen, weil viele Therapeuten den Patienten helfen, sich besser verstehen zu lernen und ihre Gefühle auszudrücken. Selbst wenn man die implizite Prämisse akzeptiert, daß Selbsterkenntnis und Ausdruck von Gefühlen die Quelle therapeutischen Wandels sind, ist offenkundig, daß in den verschiedenen Verfahren verschiedene Formen von Verständnis angestrebt werden. Noch unübersehbarer ist die Tatsache, daß Einzel- und Familientherapie zu verschiedenen Resultaten führen müssen. Wenn ein Ehemann im Gespräch mit dem Einzeltherapeuten seine Gefühle ausdrückt, wird der Therapeut diese Äußerungen nicht unbedingt persönlich nehmen. Seine Frau wird jedoch so reagieren, wenn sie bei dem Gespräch ebenfalls anwesend ist, da sie sich dafür verantwortlich fühlen wird, wie ihrem Mann zumute ist (der Therapeut mag nach mehrjähriger Behandlung eines Patienten so reagieren).

Training in Metakommunikation

Die Familientherapie vertritt den Standpunkt, daß sich der einzelne nur ändern kann, wenn sich sein Familiensystem ändert. Daraus ergibt sich logischerweise, daß es der Einzeltherapie irgendwie gelingen muß, eine Veränderung im Familiensystem herbeizuführen, die es dem Patienten gestattet, sich selbst zu verändern. Aus familientherapeutischer Sicht wird der Klient in der Einzeltherapie als Hebel benutzt, um in seiner Familie eine Veränderung zu bewirken. Eine wichtige Frage ist deshalb, was der Patient in der Einzeltherapie lernt, das er dazu benutzen kann, sein Familiensystem zu beeinflussen.

Wenn man zu verstehen sucht, was sich in der Einzeltherapie abspielt, das der Familientherapie vergleichbar wäre, fällt ein wichtiger Faktor ins Auge. Die Einzeltherapie ist ein Übungsfeld für die Verbalisierung der eigenen Beziehungen zu anderen. Der Patient wird ständig ermuntert, über sich und andere einschließlich des Therapeuten zu sprechen, wobei von der Prämisse ausgegangen wird, daß sich durch das Reden die Gefahr verringert, daß der Patient ausagiert oder somatisiert. Die unausbleibliche Folge ist, daß der Einzelpatient seine neuerworbene Fähigkeit, Ereignisse zu kommentieren, in seine Familie mitnimmt. Wenn beispielsweise eine Patientin, die an Kopfschmerzen leidet, das Verhalten ihres Mannes zur Sprache bringt, statt demonstrativ zu leiden und sich zurückzuziehen, zwingt sie ihn, anders mit ihr umzugehen als in der Vergangenheit, und somit ändern beide ihr Verhalten. Durch ihren verbalen Kommentar über das Kommunikationsverhalten eines Familienmitglieds führt die Patientin eine Veränderung im Familiensystem herbei.

Die Ermutigung zu verbaler Metakommunikation ist ein Faktor, der den verschiedenen Formen von individueller Therapie gemeinsam ist, und auch in der Familientherapie besteht das grundlegende Verfahren darin, die Familienmitglieder in einem Kreis zu versammeln und sie über ihre Beziehungen zueinander sprechen zu lassen. Da sie miteinander sprechen und genötigt werden, sich über das Kommunikationsverhalten der anderen zu äußern, ersetzen sie ihre vorherigen Taktiken durch verbale Kommentare. Die Folge ist, daß das System einer Veränderung unterworfen wird.

Bündnisse: Der Therapeut als Vorbild

Obwohl wir keine Systematik der Taktiken haben, deren sich die Menschen bei Machtkämpfen bedienen, wissen wir, daß die Bündnisfrage ein absolut essentieller Aspekt solcher Kämpfe ist. Die meisten der üblichen Taktiken, wie Drohungen, Versprechungen, Sabotage, passiver Widerstand, physische Gewalt usw., werden zur Erhaltung oder Veränderung von Bündnissen eingesetzt. Wenn ein Familienmitglied Symptome aufweist, hat der Machtkampf gewöhnlich das Stadium stabiler Koalitionen erreicht, die aber dennoch in gewissem Sinne bedroht sind, sonst würden sich die Familienangehörigen nicht um Hilfe von außen bemühen. Da in Machtbeziehungen ein erzielter Vorteil zu weiteren Vorteilen führen kann, droht der Familie möglicherweise ein Machtungleichgewicht, weshalb die eine Partei nach der Unterstützung durch einen Außenseiter, etwa den Staat, ruft, um die Stabilität wiederherzustellen. In diesem Sinne bedeutet die Hospitalisierung eines Familienmitglieds nicht, daß der Betreffende aus dem System ausgestoßen wird. Gewöhnlich stabilisiert die Familie ihre Bündnissysteme, indem sie das Hospital als Drohmittel benutzt oder das System mit Hilfe des Krankenhauspersonals intakt zu halten versucht. Auch der Familientherapeut wird erheblichem Druck ausgesetzt, seinen Einfluß zur Aufrechterhaltung des Familiensystems geltend zu machen.

Sobald ein Therapeut in den Sog des Machtkampfs einer Familie gerät, stellt sich sofort die Frage: Wie wird er in das Bündnissystem eingefügt werden? Jede der feindlichen Parteien wird versuchen, ihn auf ihre Seite zu ziehen. Wenn sich der Therapeut auf eine bestimmte Seite schlägt, wenn er etwa die Eltern in ihrer Überzeugung unterstützt, daß das Kind das Problem sei; oder wenn er auch nur die Vorstellung akzeptiert, daß er Partei ergreifen müsse, dann wird er wahrscheinlich in dem gleichen Sumpf enden, in dem sich die Familie befindet, und wird in ihren Kampf verstrickt werden. Die Art und Weise, wie er sich in die Situation einführt, kann beträchtliche Auswirkungen auf den Verlauf der Therapie haben.

Die bloße Tatsache, daß man in Gegenwart einer äußeren Autorität miteinander spricht, übt einen Einfluß auf die Familie aus, es ist jedoch daran zu zweifeln, ob sie grundlegende Veränderungen bewirkt, obwohl viele Familien, die sich in Therapie begeben, ein einstündiges Gespräch miteinander bereits als einmaliges Erlebnis empfinden. Die Hinzuziehung des Therapeuten, der ja nicht bloß ein Außenseiter, sondern ein Teilnehmer ist, schafft einen ungewohnten Kontext für die Familie, wenn er sich anders verhält als dies in der Familie üblich ist.

Das Verhalten des Therapeuten unterscheidet sich in verschiedener Hinsicht von dem der Familienmitglieder. Beispielsweise verhält er sich anders, wenn er der familientherapeutischen Tradition entsprechend die demokratischen Tugenden fördert: Jede Person soll etwa die gleiche Redezeit haben, auch Minderheiten sollen ihre Ansichten äußern können, und jeder wird angehalten, zum Besten der Gruppe Kompromisse zu schließen. Allein schon diese Zielsetzung beeinflußt die momentanen Machtbeziehungen in der Familie und stellt klar, daß der Therapeut nicht die Partei einer bestimmten Gruppe ergreift. Therapeuten aller Schulen heben immer wieder hervor, wie wichtig es ist, fair zu sein und nicht die Partei eines einzelnen Familienmitglieds zu ergreifen. Dies bedeutet gewöhnlich, daß der Therapeut wechselnde Bündnisse eingeht, daß heißt, daß er sich in einem Augenblick auf dieser und im nächsten auf jener Seite befindet. Manche Therapeuten kündigen schon im voraus an, daß sie sich so verhalten werden. Idealerweise ergreift der Therapeut gleichzeitig die Partei aller, indem er sich auf eine Ebene begibt, auf der es ihm möglich ist, alle Beteiligten in die gleiche Kategorie einzuordnen. So kann er beispielsweise mit den Eltern sympathisieren, weil sich das Kind schlecht benimmt, er kann aber auch mit dem Kind sympathisieren, weil es provoziert wird, sich schlecht zu benehmen. Wenn der Therapeut die Familie nicht in ihrem Glauben unterstützt, daß ein bestimmtes Mitglied das Problem sei, und sie vielmehr auffordert, die gesamte Familie als ein Problem zu betrachten, dann hat er sich auf eine höhere Ebene begeben, auf der er sich mit allen Beteiligten für die gemeinsame Sache verbünden kann.

Der Therapeut liefert der Familie entweder implizit oder explizit ein Vorbild für die Behandlung disziplinärer Probleme. Die gestörte Familie ist in der Regel eine inkonsequente Familie. Extremes Verhalten wird abwechselnd gestattet, dann abgelehnt und dann wieder gestattet. Übermäßige Nachsicht und harte Strafen folgen aufeinander, und dem problematischen Mitglied werden gewöhnlich kaum konsequente Schranken gesetzt. Durch seinen Rat und durch die Art und Weise, wie er sich gegenüber der Familie im Behandlungszimmer verhält, führt der Therapeut vor, wie die Familienmitglieder konsequenter miteinander umgehen können.

Außer daß er Schranken setzt und metakommunikatives Training bietet, dient der Therapeut auch insofern als Vorbild, als er sich nicht von den Familienmitgliedern provozieren läßt. Insbesondere läßt er sich nicht zu Bündnissen verleiten, die durch symptomatisches Verhalten oder das Leiden eines Familienmitglieds bewirkt werden sollen. Beispielsweise kann sich der Familienvater durch gequälte Blicke oder Tränen seiner Frau stets zu Entschuldigungen oder Unmutsäußerungen provozieren lassen, der Therapeut läßt sich dadurch jedoch weder zu Feindseligkeit noch zu einer Allianz verleiten. Ebenso kann ein Kind, das furchtbar unglücklich aussieht, die Eltern provozieren, nicht aber den Therapeuten, und der Ehemann kann durch sein unverantwortliches Verhalten erreichen, daß ihn seine Frau verurteilt, aber er wird feststellen, daß sich der Therapeut dieser Verdammung nicht anschließt. Gewöhnlich gibt der Therapeut ein Beispiel der Metakommunikation, indem er zu der Art und Weise Stellung nimmt, wie er behandelt wird, statt einfach auf die andere Person nach deren Erwartungen zu reagieren und damit dem System in die Falle zu gehen.

Indem er nicht nach den Erwartungen des Patienten reagiert, wenn dieser symptomatisches oder leidendes Verhalten zeigt, zwingt der Therapeut sowohl in der Einzel- als auch in der Familientherapie den Patienten, mit ihm auf andere Weise umzugehen. Ein Unterschied liegt in der Tatsache, daß in der Familientherapie die anderen Angehörigen miterleben können, wie der Therapeut auf Provokationen reagiert, eine Erfahrung, die sie später selbst verwerten können. In der Einzeltherapie hat nur der Patient diese Chance, wenn er beobachtet, wie man ihn selbst behandelt. Er kann dann die Techniken des Therapeuten auf seine Familie übertragen, wie Leute bestätigten, die mit therapeutischen Klienten zusammengelebt haben.

Bündnisse: Der Aspekt der Kontrolle

In den vorangegangenen Kapiteln wurde erörtert, wie sich ein Therapeut in den verschiedenen Formen der Psychotherapie die Kontrolle über die Beziehung zu den einzelnen Patienten verschaffen kann und welche Strategien ihm gegenüber Ehepaaren offenstehen. Ein ähnlicher Prozeß findet auch in der Familientherapie statt, mit dem zusätzlichen Problem, daß der Therapeut mit zwei oder mehr Menschen gleichzeitig zu tun hat.

Der Familientherapeut übernimmt die Führung, indem er die allgemeinen Spielregeln für die Familie festlegt, und innerhalb dieses Rahmens überträgt er der Familie die Entscheidung darüber, was im Behandlungszimmer passiert. Stets die Bedeutung der Eigeninitiative bei der Lösung der Familienprobleme betonend, weist er manchmal sogar darauf hin, daß die Angehörigen die besten Therapeuten füreinander seien. Durch dieses Verhalten nimmt der Therapeut ohne dies zuzugeben die Position eines Metareglers ein, während sich die Familie in einer Position befindet, in der ihre üblichen Methoden, sich einer Beziehung zu bemächtigen, durch den Verantwortlichen gefördert und sogar erbeten werden. Wenn sich der Therapeut in passives Schweigen zurückzieht, steht die Familie vor einem Paradox, das im Grunde dem des psychoanalytischen Verfahrens gleicht. Aktivere Therapeuten schaffen zunächst den Rahmen, der sie als den verantwortlichen Experten ausweist, und ziehen sich dann nach und nach aus der Verantwortung zurück, so daß die Führung immer mehr auf die Familie übergeht. Wenn beispielsweise eine Mutter fragt, was sie mit ihrer widerspenstigen Tochter tun solle, gibt ihr der Therapeut keine Anweisungen. Er fragt sie vielleicht, was sie gern tun würde, er schlägt weitere Diskussionen zur Klärung der Situation vor, er stellt fest, daß sie sich in dieser Situation hilflos zu fühlen scheine, er erhebt vielleicht die Frage, weshalb dies ein solches Problem für sie sei, und so weiter. Indem er die Verantwortung dafür, was mit der Tochter zu geschehen habe, auf sie verlagert, überträgt er der Mutter die Verfügungsgewalt, so daß sie nicht über ihn verfügen kann. Auch die Tochter kann ihn in dieser Frage nicht in einen Machtkampf verwickeln, weil er die Verantwortung auf die Familie beschränkt. Manche Familientherapeuten sagen der Familie direkt, was sie tun solle, aber der nächste Schritt besteht gewöhnlich darin, die Initiative der Familie zu übertragen.

Wie bei einem Machtkampf nicht anders zu erwarten, liegt der Kern des Kontrollproblems für den Therapeuten in den Versuchen der Familienmitglieder, Bündnisse mit ihm herzustellen. In der Regel gestaltet der Therapeut die Situation so, daß die entstehenden Koalitionen seinen Intentionen entsprechen. Die Manöver der Familienmitglieder können darin bestehen, ihn zur Parteinahme mit anderen oder mit ihnen selbst zu veranlassen, sie können sowohl aktiv als auch passiv sein. So fragt die Mutter vielleicht: »Finden Sie nicht auch, daß mein Mann arbeiten gehen sollte?«, und lädt ihn dadurch zu einem Bündnis gegen ihren Mann ein, oder sie gibt sich bloß hilflos, ängstlich und unterstützungsbedürftig und fordert dadurch zu einer Allianz gegen die Familienmitglieder heraus, die an ihrem Leiden schuld sind. Läßt sich der Therapeut auf das Bündnis ein, so versucht er, für beide Partei zu ergreifen. Beispielsweise könnte er sagen: »Natürlich möchten Sie, daß Ihr Mann zu seiner Arbeit zurückkehrt, aber vielleicht fühlt er sich innerlich noch nicht bereit dazu.« Dadurch stellt er sich auf die Seite der Frau, aber auch auf die des Mannes, indem er dessen Recht hervorhebt, in der Frage mitzuentscheiden. Soll er durch Hilflosigkeit oder Not zu einem Bündnis verführt werden, so bemerkt der Therapeut vielleicht: »Ist Ihnen aufgefallen, daß sich die anderen unbehaglich fühlen, wenn Sie die Fassung verlieren?« Dadurch gibt er zu erkennen, daß er die Interessen aller vertritt. Manchmal ist es schwer, Koalitionen aus dem Weg zu gehen. Zum Beispiel verhalten sich manche Mütter von Schizophrenen wie eine Art von Chor für den Therapeuten. Jeder seiner Äußerungen stimmen sie mit einem »das stimmt, ja, das stimmt« zu, so daß der Therapeut die Mutter ständig auf seiner Seite hat, selbst wenn er das gar nicht will. Er steht dann vor dem Problem, sich solche Unterstützung ihrerseits zu verbitten, ohne sich von ihr in Harnisch bringen oder in ein Bündnis mit jemand anderem drängen zu lassen.

Die meisten Taktiken der Familientherapie gleichen im Grunde jenen der Ehetherapie, sobald sich das Augenmerk vom deklarierten Patienten auf die Familie als Ganzes oder den elterlichen Konflikt verlagert hat. Diese Verschiebung des Brennpunkts vom designierten Patienten weg ist jedoch nicht leicht zu bewerkstelligen und setzt voraus, daß das System einer Veränderung unterzogen wurde. Aufgrund der Macht, die der Patient durch sein symptomatisches Verhalten hat, sowie aufgrund des Gebrauchs, der in den Fraktionskämpfen von ihm gemacht wird, steht der Patient häufig im Mittelpunkt der Aufmerksamkeit. Ein Kind, das sich weigert zu sprechen, wie etwa ein stummer Schizophrener, kann größeren Einfluß auf ein Familiengespräch haben als der eloquenteste Elternteil. Charakteristischerweise ist ein solches Kind nur verbal stumm; wenn das Gespräch eine bestimmte Richtung einschlägt, beginnt es sich unruhig zu bewegen und lenkt damit schlagartig die Aufmerksamkeit der ganzen Familie auf sich. Umgekehrt kann ein Kind in dem Augenblick, in dem in anderen Beziehungen der Familie eine Veränderung droht, einschließlich der Verlagerung der Aufmerksamkeit auf ein anderes Mitglied, einen psychotischen Wortschwall loslassen oder mit irgendeiner Handlung drohen. Gewöhnlich provoziert das Kind die anderen zu widersprüchlichen Reaktionen: einerseits empfinden sie Mitleid mit ihm und möchten seine Partei ergreifen, andererseits sind sie über das Kind verärgert und möchten deshalb gegen dieses Partei ergreifen. Das Problem des Therapeuten besteht darin, so zu reagieren, daß seine Handlungen nicht auf Veranlassung des Kindes erfolgen, sonst werden auch seine Reaktionen widersprüchlich sein.

Benimmt sich das Kind nicht provozierend, wenn Veränderungen drohen, so wenden sich die Eltern in solchen Augenblicken häufig ihm zu oder nehmen auf es Bezug. Wenn Mutter und Vater beispielsweise einen offeneren Konflikt zwischen sich zutage treten lassen und damit die Regeln des Systems verletzen, wird einer von ihnen (oder beide) diesen Moment wählen, um zu sagen: »Nun ja, wenn unser Sohn keine Schwierigkeiten hätte, wäre alles in Ordnung.«

Obwohl die Therapeuten auf diese Hervorhebung des Kindes gewöhnlich damit reagieren, daß sie jedes Mal darauf aufmerksam machen, so bewirken solche Kommentare gewöhnlich keine Veränderung. Ein Patentrezept für die Lösung dieses Problems ist noch keineswegs gefunden. In der Regel schaltet sich der Familientherapeut selbst ein, wenn eine solche Sequenz auftritt. Dafür stehen ihm mehrere Taktiken zur Verfügung: Er kann sagen, daß etwas das Kind zu beunruhigen scheine, und vorschlagen, die eben gemachten Äußerungen zu untersuchen, um herauszufinden, ob ein heikles Familienproblem berührt wurde und zum Fehlverhalten des Kindes Anlaß gab. Oder er kann noch weitergehen und dem Kind mitteilen, daß es hilfreich wäre, wenn es sich künftig immer dann beunruhigt zeigen würde, wenn die Eltern über Dinge sprechen, auf die sie zu empfindlich reagieren (wodurch er den Patienten ausdrücklich zum Thermometer elterlicher Spannungen ernennt). Oder der Therapeut kann das Gespräch unterbrechen, sich mit der Störung auseinandersetzen und dann genau an den Punkt zurückkehren, an dem das Gespräch abgebrochen wurde, so daß die Störung ihre Funktion verliert. Manche Therapeuten definieren das Verhalten des Kindes als Versuch, die Eltern zu entzweien, und ermutigen sie dadurch, ein Bündnis gegen diese Provokationen einzugehen. Wieder andere arbeiten gelegentlich in Abwesenheit des Kindes mit den Eltern allein, so daß diese nicht durch das Kind von heiklen Themen abgelenkt werden.

Das Verhalten des Symptomträgers einer Familie, in der Familientherapie gewöhnlich ein Kind, ist sprechend genug, um eine Reaktion erkennen zu lassen, sobald in den interfamiliären Beziehungen Veränderungen eintreten. Aber auch bei Vater und Mutter sind ähnliche Reaktionen festzustellen. Wenn eine Verschiebung des Bündnisses zwischen Vater und Kind droht, reagiert die Mutter in einer

Weise, die Veränderungen hemmt, und wenn Mutter und Kind ihre Beziehung zueinander ändern, reagiert der Vater entsprechend.

Da das Problem, im Familienmachtkampf in Bündnisse manövriert zu werden, in der Familientherapie eine zentrale Rolle spielt, stünde zu erwarten, daß sich die verschiedenen Methoden, die bisher entwickelt wurden, vorrangig mit diesem Problem beschäftigen. Ob sich die Therapeuten im Rahmen ihrer jeweiligen Methode ganz bewußt um eine Lösung des Bündnisproblems bemühten oder nicht, sie sind in keinem Fall darum herumgekommen. So beginnt beispielsweise Bell (8) die Therapie, indem er die Eltern zunächst allein empfängt und sich damit scheinbar auf ihre Seite stellt. In der nächsten Sitzung bittet er sie, schweigend zuzuhören, während er mit dem Kind über die Familie spricht. Die Eltern müssen stumm dasitzen und zuhören, wie sich ein wohlwollender Therapeut in die Sicht des Kindes einzufühlen versucht. Auf diese Weise schafft Bell einen Rahmen der Parteinahme für die Eltern und ergreift dann innerhalb dieses Rahmens die Partei des Kindes, mit dem Endergebnis eines Bündnisses mit keiner der beiden Fraktionen, sondern mit der Familie als Ganzes. Durch die Verwendung von zwei Räumen hindert Fullweiler (26) die Familienmitglieder, ihn in Koalitionen hineinzuziehen, ganz einfach, indem er nicht im gleichen Raum anwesend ist. Er kommt und geht, wann er es für richtig hält. Durch das Alleinlassen der Familie in einem Raum hebt er hervor, daß die Familie und nicht ein bestimmter Teil von ihr das Problem darstellt. Die Verwendung mehrerer Therapeuten, wie in der Galveston-Schule (42), wo nicht nur jedes Familienmitglied einen eigenen Therapeuten erhält, sondern diese dann auch ausgetauscht werden, erschwert es den Familienmitgliedern, Bündnisse zustande zu bringen. Andere Schulen, die mit zwei Therapeuten arbeiten, erfahren die Intensität des Familienmachtkampfs, da sich die Therapeuten ständig unter Druck gesetzt fühlen, ihr eigenes Bündnis zu lösen und die Partei der verschiedenen Familienfraktionen zu ergreifen.

Wie man die Regler regelt

Um das »Setting«, die Regulierung eines Familiensystems, zu verändern, muß der Therapeut die Funktion eines Metareglers übernehmen. Wie bei dieser Aufgabe am besten vorzugehen ist, steht noch nicht endgültig fest. Der Therapeut kann vermeiden, daß die Familienmitglieder über ihn verfügen, indem er sich aus Bündnissen heraushält und ständig dazu Stellung nimmt, wie man ihn behandelt. Der Prozeß der Veränderung erfordert jedoch mehr als Vermeidungsverhalten seinerseits: er muß auch regelnd eingreifen. Jeder direkte Eingriff seinerseits wird jedoch auf Widerstand stoßen, ja de facto gerade das System festigen, das er zu verändern sucht. Je offener und direkter der Therapeut eine gestörte Familie umzuerziehen versucht, desto wahrscheinlicher ist es, daß er im System selbst-regulierende Prozesse in Gang setzt, die zu noch größerer Rigidität führen. Es scheint, daß der Therapeut, genau wie in der Einzeltherapie, die Familie nur dann erfolgreich lenken kann, wenn er ihr typisches Verhalten in einer Art und Weise zuläßt und ermutigt, die eine Veränderung dieses Verhaltens bewirkt.

Zu diesem Behufe bedienen sich die Familientherapeuten in der Regel dreier Taktiken. Die erste umfaßt die Gruppe von Direktiven, die so vieldeutig formuliert sind, daß man ihnen keinen Widerstand leisten kann. Wenn man beispielsweise jemandem den Befehl erteilt: »Legen Sie Ihre Füße auf diesen Tisch!«, dann kann sich der andere leicht weigern, falls er das will. Fordert man ihn hingegen auf, »seine Gefühle auszudrücken«, so kann er sich dieser Direktive nicht entziehen. Was auch immer er antwortet, kann als Ausdruck seiner Gefühle gewertet werden. Unter diesem Aspekt der Therapie gewinnt die Vieldeutigkeit der psychotherapeutischen Konzeptionen Bedeutung, aber allein aus taktischen Gründen. Wenn der offene Konflikt in einer Familie einen bestimmten Punkt erreicht hat, macht der Therapeut meist eine Äußerung im Sinne von: »Jetzt kommt es darauf an, die wahren Gefühle aufzudecken, die dieser Situation zugrunde liegen, versuchen wir also, sie auszudrücken.« Einer solchen Direktive kann man sich nicht entziehen, da selbst im Falle einer Weigerung wirkliche Gefühle ausgedrückt werden. Oder der Therapeut erklärt: »Nun gut, versuchen wir heute zu klären, was in dieser Krise am Wochenende passiert ist.« Da jede Krise überaus komplex ist und viele Aspekte des Familienlebens widerspiegelt, wird jede sich anschließende Diskussion in Einklang mit dieser Aufforderung stehen. Falls sich die Familie offen weigert, über das Wochenende zu sprechen, und nur andere Dinge erörtert, wird der Therapeut voraussichtlich am Ende der Sitzung sagen: »Anscheinend ist es Ihnen heute noch zu schwergefallen, über diese Krise zu sprechen, aber ich habe den Eindruck, daß auch die anderen Dinge, die wir heute besprochen haben, mit den Ereignissen des Wochenendes zu tun hatten.« Die Verwendung einer verschwommenen Terminologie, bei der es um Gefühle, Bedeutungen, gegenseitiges Verständnis, unbewußtes Verhalten sowie darum geht, den anderen zu erreichen, mag unstatthaft sein, wenn man sich um wissenschaftliche Exaktheit in der Beschreibung bemüht; handelt es sich jedoch darum, eine Familie so zu manipulieren, daß sie keinen Widerstand leisten kann, dann erweist sich eine derartige Sprache als überaus wirksam.

Die zweite bedeutsame Taktik in der Familientherapie ist die

Hervorhebung des Positiven. Wenn sich der Theapeut darauf beschränkte, einer Familie zuzustimmen, daß sich jeder fürchterlich benehme und das Leben unerträglich sei, dann würden seine therapeutischen Ergebnisse vermutlich eine derartige Auffassung bestätigen. Der Therapeut sucht vielmehr in den Unternehmungen der Familie nach positiven Aspekten und deutet negatives Verhalten, wann immer dies möglich ist, zu positiven Bestrebungen um. Eine solche Betonung des Positiven macht es schwierig, sich gegen den Therapeuten aufzulehnen. Wenn der Therapeut die Familie bittet, sich einer schmerzhaften Prozedur zu unterziehen, etwa eine Frage zu erörtern, der sie lieber ausweichen würde, hebt er hervor, daß seine Aufforderung dem positiven Ziel diene, jedem Familienmitglied zu nützen. Angesichts solchen Wohlwollens wird es den Familienmitgliedern schwerfallen, Widerstand zu leisten, ohne als widerspenstige Störenfriede zu erscheinen. Wenn der Therapeut hervorhebt, daß er die Partei der ganzen Familie ergreife und bei allen seinen Aktionen das Wohl der gesamten Familie im Auge habe, dann werden sich Splittergruppen innerhalb der Familie schwertun, ihm Schwierigkeiten zu machen, ohne selbstsüchtig und illoyal zu wirken. Der Therapeut bricht verhärtete Fronten auf, indem er negatives Verhalten eines Familienmitglieds als einen Versuch, die anderen Familienmitglieder zu erreichen, oder als mißverstandene Versuche, sich nützlich zu machen, ausgibt. In einer Familie, in der der Vater die Mutter mit einer Axt verfolgte und sie beinahe erwischte, brachte es der Therapeut fertig, die Situation so darzustellen, daß der Vater *in Wirklichkeit* versucht habe, eine engere Beziehung zu seiner Frau herzustellen und sie emotional zu erreichen.

Die dritte wichtige Taktik ist diejenige, der in diesem Buch unser Hauptaugenmerk gegolten hat – die Ermutigung des gewohnten Verhaltens, so daß sich Widerstand nur als Wandel manifestieren kann. Wenn man davon ausgeht, daß sich in der gestörten Familie der Konflikt in erster Linie darum dreht, wer über wen bestimmen darf, dann ergibt sich daraus, daß man die Kontrolle über dieses System erlangen könnte, indem man sich auf eine höhere Ebene begibt und die Familienmitglieder auffordert, ihr bisheriges Verhalten fortzusetzen. Wenn ihnen dies nahegelegt wird, können die Familienmitglieder nur opponieren, indem sie sich anders verhalten. Bei der Behandlung einer Familie, in der die Mutter stets die Führungsrolle beansprucht, wird der Therapeut sie beispielsweise auffordern, die Leitung zu übernehmen, entweder generell oder bei einer Sitzung oder für eine bestimmte Aufgabe. Angesichts einer solchen Direktive kann sie den Therapeuten nur zu gängeln versuchen, indem sie den anderen Familienmitgliedern gestattet, sie zu gängeln. (Die Reaktion einer solchen Mutter läßt sich leicht testen. Spricht sie stets für die Gruppe, dann wird sie sofort zögern, sobald der Therapeut sie auffordert, an diesem Tag für die Gruppe zu sprechen.)

Die Ermutigung gewohnten Verhaltens ist in vielen Instruktionen des Therapeuten implizit, die dem gegenseitigen Verständnis dienen sollen. So sagt der Familientherapeut beispielsweise: »Ich möchte, daß Sie jetzt miteinander sprechen, damit wir feststellen können, welches die Probleme sind.« Damit fordert er die Familie auf, ihr System zu demonstrieren, und ermutigt sie somit zu ihrem gewohnten Verhalten.

Der Widerstand der Familie gegen die Lenkung durch einen Therapeuten kann Schwierigkeiten machen, wenn sich der Zustand des designierten Patienten in der Behandlung zu bessern beginnt. Wenn sich nur das Kind verändert, so möglicherweise deshalb, weil der Therapeut im Familiensystem an die Stelle des Kindes getreten ist. Indem er die elterliche Aufmerksamkeit auf sich zieht, kann der Therapeut das Kind vom elterlichen Bündnisdruck befreien und es ihm dadurch ermöglichen, Veränderung und klinische Fortschritte zu manifestieren. Zieht sich der Therapeut dann jedoch aus der Szene zurück, ohne sich weiter um die Lösung der Familienkonflikte zu kümmern, dann kann das Kind wieder in die Position versetzt werden, die es vorher innehatte, und dadurch einen Rückfall erleiden. Die Besserung des Kindes kann auch von den übrigen Familienmitgliedern in ihren Beziehungen zueinander taktisch verwertet werden. Eine Mutter kann behaupten, diese Besserung beweise, daß der Vater nie etwas getaugt habe; wäre er mit der Familie umgegangen wie der Therapeut, dann wäre diese glücklicher gewesen. Ebenso kann der Vater das erfolgreiche Eingreifen des Therapeuten als ein Anzeichen dafür werten, daß die Mutter vorher ihre Pflichten gegenüber der Familie nur unzureichend erfüllte. Die Genesung eines Familienmitglieds zieht somit manchmal weitere Familienstörungen nach sich. In der Regel meistern die Therapeuten dieses Problem durch die Versicherung, daß die Fortschritte durch elterliche Aktivität oder Kooperation seitens des Kindes und nicht durch ihren eigenen Einfluß bewirkt worden seien. Wenn der Verdienst für den Wandel den Familienmitgliedern zugeschrieben wird, sind sie eher bereit, ihn zu akzeptieren.

Im Gegensatz zur Einzeltherapie vervielfachen sich die Probleme des Familientherapeuten durch die zusätzlichen Beziehungen, die er gleichzeitig bewältigen muß. Sein Einfluß auf ein Familienmitglied kann Auswirkungen auf seine Beziehungen zu anderen haben. Es ist ihm auch nicht möglich, bestimmte Taktiken der Einzeltherapie anzuwenden. Beispielsweise kann man eine Beziehung zu einem einzelnen Patienten weitgehend durch schweigsame Toleranz unter Kontrolle halten. Der Patient ist dadurch gezwungen, sich mit dem Therapeuten zu beschäftigen, so frustrierend dessen Reaktionsmangel auch sein mag. Eine Familie kann hingegen den schweigenden Therapeuten ignorieren und ihre gegenseitige Destruktion fortsetzen, ohne den Therapeuten einzubeziehen. Bei schwer gestörten Familien reicht die Schweigetaktik allein nicht aus, um Veränderungen herbeizuführen; der Therapeut muß sich in das Geschehen einbringen. Diese Teilnahme zieht all die Komplikationen nach sich, denen man begegnet, wenn man sich in das Zentrum eines Machtkampfes begibt.

Die Interventionen des Familientherapeuten sind paradoxer Natur und haben in der Tat überraschende Ähnlichkeit mit den Taktiken, die die Familienmitglieder gegeneinander anwenden. Ein Familientherapeut, der eine Quelle für neue Techniken sucht, wird sie in den Familien finden, die er behandelt. Beispielsweise schalten sich die Therapeuten nach eigenem Gutdünken in die Interaktion ein oder ziehen sich aus dieser zurück, und dasselbe gilt auch für die Familienmitglieder. Therapeuten sind, ebenso wie die Familienmitglieder, in ihren Anweisungen oft verschwommen und schwer zu fassen, und beide versuchen häufig, mit feindlichen Fraktionen gleichzeitig Bündnisse einzugehen, statt entweder für die eine oder für die andere Seite offen Partei zu ergreifen. Ebenso wie es der Therapeut ablehnt, die Verantwortung für die fachkundige Leitung der Familie zu übernehmen, so lehnen es die Eltern in gestörten Familien ab, die jüngeren Familienmitglieder oder einander verständnisvoll zu leiten. Die Familienmitglieder, ebenso wie der Therapeut, behaupten oft, ihre Handlungen, speziell wenn sie von den anderen als quälend empfunden werden, dienten dem Schutz und dem Wohl der anderen. Weiter sind Mütter und auch oft Väter gestörter Familien eifrig darum bemüht, den anderen zu Selbsterkenntnis, speziell in bezug auf ihre Fehler, zu verhelfen. Die therapeutische Taktik, Widerstand zu überwinden, indem man ihn fördert, wird von manchen Angehörigen häufig angewandt. Wie eine Mutter sagte, als ihr schizophrenes Kind sich dazu aufgerafft hatte, sie zu kritisieren: »Du hast schon recht, kritisiere mich nur, Liebling, ich bin gerne bereit, mir wehtun zu lassen, wenn es dir hilft.«

Der Unterschied zwischen dem Verhalten des Therapeuten und dem der Familienmitglieder scheint im Resultat zu liegen. Der Therapeut übt zwar eine schützende Funktion aus, aber er gestattet der Familie auch, ihre Probleme allein zu bearbeiten. Er ermutigt zum gewohnten Verhalten, aber in einem Rahmen, der dessen Fortsetzung erschwert, und wenn sich die Familienmitglieder anders benehmen, so akzeptiert er die Veränderung. Die Angehörigen können trotz ihres Konflikts zwar auch wohlwollend und hilfsbereit zueinander sein, aber sie lehnen sich in der Regel gegen Lösungen auf, die ohne ihre Mitwirkung zustande kamen, und wehren sich gegen drohende Veränderungen. Der Familientherapeut mag an die Familie nach dem Prinzip »Den Teufel mit dem Beelzebub austreiben« herangehen, aber das Ergebnis ist ein anderes, speziell was die verwendeten Paradoxe betrifft. Die Familienmitglieder können einander voll Wohlwollen quälen und dadurch ein Paradox setzen, versucht das Opfer jedoch, der unmöglichen Situation zu entfliehen, so macht man ihm Vorwürfe, daß es nicht bereit sei, das Wohlwollen zu akzeptieren. Der Therapeut unterzieht die Familie zwar auch wohlwollend einer Tortur, aber wenn diese unerträglich wird und die Familie sich verändert, dann akzeptiert und belohnt der Therapeut den Wandel. Die Distanzierung des Therapeuten vom System, die ebenso notwendig ist wie seine Teilnahme an diesem, verschafft ihm eine Position, in der er als vorübergehender Eindringling in das System fungiert und nicht als dauernder Bestandteil, der an dem Widerstand gegen Veränderung mitwirkt.

Ob ein Patient dem Therapeuten allein oder in Gesellschaft seiner Verwandten gegenübertritt, er findet sich in eine Beziehung verstrickt, die ihrer gesamten Natur nach vielfache therapeutische Paradoxe enthält, und um diese zu meistern, muß er sich einer Veränderung unterziehen. Die verschiedenen Spielarten von Paradoxen, die in allen Formen der Psychotherapie wiederkehren, werden im letzten Kapitel untersucht und rekapituliert werden.

Achtes Kapitel

Die therapeutischen Paradoxe

Je nach dem Problem, für das er Hilfe sucht, macht ein Mensch, der sich in der Psychotherapie wandelt, somatische Veränderungen, Modifikationen seiner emotionalen Intensität, seiner Ideologie oder Gedankensysteme sowie Veränderungen seines Verhaltens in den organisierten Beziehungen zu anderen Menschen durch. In den vergangenen fünfzig Jahren wurde eine Vielzahl von Verfahren entwickelt, um solche Veränderungen beim einzelnen, beim Ehepaar und bei der Familie herbeizuführen. Wie die einzelnen Methoden der Psychotherapie »bewirken«, daß sich ein Mensch verändert, ist jedoch ein Geheimnis geblieben.

Eine kausale Annahme, die von vielen Psychotherapeuten geteilt wird, ist die Vorstellung, daß der Wandel durch die Vertiefung des Verständnisses herbeigeführt wird, das der Patient sich selbst und seinen Schwierigkeiten entgegenbringt. Zwar haben die verschiedenen Therapeuten, die diese allgemeine Sicht teilen, verschiedene Definitionen von Verständnis im Auge, aber der Gedanke, daß sich ein Mensch in dem Maße verändert, in dem er sich über sein Handeln und dessen Beweggründe bewußter wird, ist in der psychotherapeutischen Tradition verankert. Von den Vertretern dieser Auffassung wird jedoch auch hervorgehoben, daß bloßes Verständnis nicht ausreiche; zusätzlich müsse eine Beziehung zum Therapeuten vorhanden sein, der Widerstand gegen gewisse Vorstellungen müsse durchgearbeitet werden und es müsse auch eine »emotionale Integration des Verständnisses« erfolgen, wie dies oft genannt wird. Abgesehen von der Uneinigkeit darüber, welche Art von Verständnis am besten ist, gibt es auch nicht wenige psychotherapeutische Schulen – wie die Konditionierungsmethoden und bestimmte Spielarten der hypnotischen und der direktiven Therapie –, die die Selbsterkenntnis überhaupt nicht fördern. Es hat somit den Anschein, daß die »Ursache« der psychotherapeutischen Veränderung bisher nicht zu jedermanns Zufriedenheit erklärt worden ist. Es bestehen Meinungsunterschiede zwischen Therapeuten, die Einzelbehandlungen neurotischer Patienten durchführen, und sobald sich Therapeuten in die Diskussion einschalten, die Psychotiker, Ehepaare oder ganze Familien behandeln, werden die Differenzen noch größer.

In dieser Debatte über die Ursache der Veränderung gibt es mehrere mögliche Deutungen. Vielleicht bewirkt Selbsterkenntnis allein die Veränderung, vielleicht Selbsterkenntnis ebenso wie irgendein anderer Faktor einer nicht auf Einsicht zielenden Therapie, oder vielleicht wird der Wandel durch einen Faktor hervorgerufen, den alle Formen der Psychotherapie miteinander gemein haben. Ich habe in diesem Buch die Auffassung vertreten, daß die »Ursache« der Veränderung auf etwas zurückzuführen ist, das alle Methoden der Therapie miteinander verbindet – die therapeutischen Paradoxe, die in der Beziehung zwischen Psychotherapeut und Patient wirksam sind.

Nachdem sich die Deskription der Psychotherapie in letzter Zeit so ausgeweitet hat, daß sie nun sowohl das Verhalten des Therapeuten als auch das des Patienten umfaßt, treten jetzt Faktoren zutage, die für die Veränderung relevant sind, die aber unbemerkt blieben, solange der Patient allein beschrieben wurde. Wenn nur eine Person im Blickfeld steht, müssen sich die Erklärungen auch auf diese eine Person beschränken. So gibt es beispielsweise eine Reihe von Leuten, die sich selbst zu analysieren versuchen, in der Hoffnung, Veränderungen bei sich bewirken zu können. Ein Mensch kann versuchen, seine Träume zu analysieren und in Tagträumen dem Einfluß seiner Kindheit auf sein gegenwärtiges Leben nachzuspüren. An einem bestimmten Punkt mag er dann eine gewisse Erleichterung empfinden und behaupten, er habe eine Veränderung durchgemacht. Natürlich wird er glauben, dieser Wandel sei das Ergebnis seiner neuen Selbsterkenntnis, wie jedermann annehmen würde, der nur ihn beschreibt. Eine vollständigere Deskription könnte jedoch andere relevante Faktoren zutage fördern. So ist es möglich, daß seine Ankündigung, eine Selbstanalyse zu beginnen, als Teil seiner Strategie im Umgang mit seiner Frau zu verstehen ist. Möglicherweise würde sich bei eingehenderer Untersuchung sogar herausstellen, daß er einen Traum analysierte und die »Ursache« eines bestimmten Verhaltens entdeckte, und daß er dieses Verhalten in dem Augenblick zu seiner eigenen Erleichterung aufgab, in dem sich seine Frau weigerte, dieses Verhalten seinerseits weiter zu tolerieren. Natürlich wird die Angelegenheit nicht ganz so einfach sein, aber wann immer behauptet wird, eine Vertiefung der Selbsterkenntnis habe eine Veränderung bewirkt, so empfiehlt es sich zu fragen, welche Veränderungen in den Beziehungen im Leben des Betreffenden zur Zeit des Wandels vor sich gingen.

Bei einer umfassenderen Deskription der Psychotherapie rückt ein Faktor ins Blickfeld, der allen Formen von Psychotherapie gemeinsam ist, nämlich die Art und Weise, wie der Therapeut den Patienten mit Paradoxen konfrontiert. Manchmal sind diese Paradoxe offenkundig, manchmal sind sie kaum merkbar, wenn ein Therapeut bestimmte Verfahrensweisen für so selbstverständlich hält, daß ihm die Implikationen seines Handelns nicht zu Bewußtsein kommen. Eine paradoxe Situation ist manchmal offensichtlicher, wenn sie außerhalb des gewohnten Bereichs auftritt. Als Beispiel kann hier ein Verfahren dienen, das beim Zen-Buddhismus zur Induktion von Veränderung dient. Ein Zen-Schüler, der in den Zustand von *Satori* gelangen, daß heißt, eine Veränderung seiner Sicht der Realität erreichen möchte, sucht einen Zen-Meister auf. In der Regel konfrontiert der Meister den Schüler mit Paradoxen. Diese Paradoxe können die Form von *Koans*, das sind unbeantwortete Fragen, annehmen, oder sie können direkter in der persönlichen Interaktion zwischen Meister und Schüler auftreten. Beispielsweise hält der Zen-Meister einen Stock über den Kopf des Schülers und sagt: »Wenn du sagst, daß dieser Stock wirklich ist, dann schlage ich dich. Wenn du sagst, daß er nicht wirklich ist, dann schlage ich dich. Wenn du gar nichts sagst, dann schlage ich dich.« Der Schüler ist in einer »unmöglichen« Situation, wenn er sie in einer Weise zu lösen versucht, wie er früher Probleme gelöst hat. Er ist in einem Paradox gefangen; natürlich ist ein Stock entweder wirklich oder nicht, und dennoch kann er keine der beiden Antworten geben, er muß aber antworten oder die Demütigung erleiden, von seinem Lehrer geschlagen zu werden.

Aus der Sicht des Meisters hat dieser ein Paradox gesetzt, das den Schüler zwingen kann, sich von seiner bisherigen Art und Weise, die Realität zu betrachten und Situationen zu meistern, zu befreien. Das Paradox, vor das der Schüler gestellt wird, ist folgendes: Die Situation wurde vom Meister durch dessen Ankündigung definiert, er werde die Auffassung des Schülers von der Realität verändern. Innerhalb dieses Rahmens legt der Meister dem Schüler nahe, an seiner bisherigen Auffassung der Realität festzuhalten – an seinen Prämissen, daß die Dinge entweder wirklich oder nicht wirklich sind und man immer tun soll, was die Meister sagen. Gleichzeitig führt der Lehrer eine Situation herbei, in der es für den Schüler sehr schmerzhaft ist, an seiner bisherigen Vorstellung von der Realität festzuhalten. Der Schüler kann das Problem nur durch eine Umgestaltung seines Bewertungssystems lösen; er muß entweder die Prämissen des Problems beiseite schieben oder seine Prämissen hinsichtlich seiner Beziehung zum Meister, die in der Problemstellung implizit sind. Er könnte beides tun, indem er den Stock ergreift.

Vom Standpunkt bestimmter Theorien der westlichen Psychotherapie, insbesondere der Psychoanalyse, übt der Zen-Meister sein Geschäft nicht richtig aus. Wenn er seinen Schüler zu verändern wünscht, sollte er diesen ermutigen, seine Auffassung von der Realität und seine Gefühle in bezug auf seine Lebensumstände zu erörtern. Dann sollte der Meister die Entwicklung der Auffassung des Schülers bis zu ihren Wurzeln in der Kindheit zurückverfolgen und mit seinen unbewußten Vorstellungen in Beziehung setzen. Sobald der Schüler sich der Quellen seiner Vorstellungen von der Realität genügend bewußt geworden ist, wird es ihm seine Selbsterkenntnis gestatten, sich selbst zu berichtigen und erleuchtet zu werden.

Untersucht man diese Methode, Veränderung herbeizuführen, vom Standpunkt der *Praxis* und nicht der *Theorie* der westlichen Psychotherapie, so sind erstaunliche Ähnlichkeiten der beiden Methoden festzustellen. Der Zen-Meister lockt den Schüler in die Falle einer paradoxen Situation, die im Grunde dieselbe ist, die wir bei den verschiedenen Formen von Psychotherapie konstatierten, die in diesem Buch erörtert wurden. Der Psychotherapeut a) schafft zunächst einen Rahmen des Wohlwollens, in dem seiner Definition nach Veränderungen stattfinden sollen, b) gestattet dem Patienten oder ermutigt ihn gar, sein bisheriges Verhalten fortzusetzen und c) unterzieht den Patienten einer quälenden Prozedur, die so lange andauert, bis der Patient sein Verhalten ändert.

Die Klasse aller Klassen

Die hier vertretene Auffassung geht davon aus, daß es zu psychopathologischen Erscheinungen kommt, weil der Mensch einen Hang zum Klassifizieren hat, und sie geht weiter davon aus, daß Veränderungen eintreten, wenn ein Mensch vor Paradoxe gestellt wird, die sein Klassifizierungssystem berühren. Weil wir die Welt als wirklich oder nicht wirklich klassifizieren können, werfen wir Probleme hinsichtlich der Natur der Realität auf, zu deren Lösung wir einen Zen-Meister brauchen. Und wenn wir Beziehungen als dominierend oder nicht, demütigend oder nicht, freiwillig oder nicht klassifizieren, dann verstricken wir uns in die Klassifizierungsprobleme, die für die psychiatrischen Symptome von zentraler Bedeutung sind.

Wenn ein Mensch die Phänomene der Welt, einschließlich seiner selbst, in Klassen einteilt, steht er vor dem gewaltigen Problem, verschiedene Ebenen von Klassen voneinander unterscheiden zu müssen. Schon durch den Akt des Klassifizierens können Probleme entstehen. Eine Klasse von Dingen zu schaffen heißt automatisch, eine zweite Klasse ins Leben zu rufen, die nicht diese Dinge umfaßt, und es gibt Menschen, die ihr Leben damit verbringen können, ein Nicht-Etwas zu verfolgen, wie eifrige Philosophen beweisen. Ein Mensch, der dem Schmerz aus dem Weg zu gehen sucht, hat die Welt in Schmerzhaftes und nicht Schmerzhaftes eingeteilt. Er kann nicht das eine ohne das andere haben, weil die eine Klasse ihre Existenz der anderen verdankt. Ähnlich verhält es sich mit dem Postulat des Guten, welches gleichzeitig das Böse erschafft.

Auf einer komplexeren Ebene bringt die Definition einer Klasse Probleme hinsichtlich der Beziehung zwischen der Klasse und ihren Elementen mit sich. Was auf der einen Ebene das Element einer Klasse bezeichnet, kann auf einer anderen, einer Metaebene, zum Namen dieser oder einer anderen Klasse werden. Wir können beispielsweise feststellen, daß eine gute Handlung für eine schlechte Sache getan werden kann, und damit gerät unser Klassifikationssystem von »gut« und »böse« in Schwierigkeiten. Das Problem der Klassifizierung wird noch verwirrender, wenn die Menschen einander ihre Klassen kommunizieren. Jede Botschaft, die sie austauschen, klassifiziert irgendeine andere Botschaft und wird ihrerseits von ihr klassifiziert, so daß immer dann ein Paradox entstehen kann, wenn ein Element einer Klasse gleichzeitig diese Klasse klassifiziert. Wenn ein Mensch sagt: »Ich lüge«, sagt er dann die Wahrheit? Seine Aussage ist ein Element in einer Klasse von Unwahrheiten, aber sie definiert gleichzeitig auch die Klasse, so daß er, wenn er lügt, die Wahrheit sagt.

Wenn diese Klassifikationsparadoxe im Umgang der Menschen miteinander auftreten, dann wird das menschliche Dilemma offenbar. Eine Frau, die beschließt, keine dominierende Frau zu sein, steht vor einem Klassifikationsproblem. Je hilfloser sie wird, um sich in die Klasse der nichtdominierenden Frauen einzufügen, desto mehr zwingt sie andere durch ihr hilfloses Verhalten, sich um sie zu kümmern. Im umgekehrten Fall könnte ein Mann zu der Überzeugung kommen, daß er nicht dominierend genug sei. Er wird versuchen, andere zu dominieren, und sich in einer Position hilfloser Abhängigkeit von deren Kooperationsbereitschaft wiederfinden. Sooft ein Mensch einem anderen eine Klasse von Verhalten anbietet, die mit einer qualifizierenden Klasse von Verhalten inkongruent ist, wird ein Paradox geschaffen. Der Missionar, der darauf besteht, daß alle gleich sein sollen, wird Gleichheit *diktieren* und damit für alle jene ein Paradox setzen, die er zu seinem eigenen Status heraufzuziehen versucht.

Die außerordentlichen Schwierigkeiten, denen die Menschen begegnen, wenn sie versuchen, miteinander zu kommunizieren, rühren in erster Linie von der Tatsache her, daß jede kommunizierte Botschaft eine andere Botschaft klassifiziert und ihrerseits von einer anderen klassifiziert wird, die wiederum die beiden anderen klassifiziert, und so weiter in endloser Folge. Wenn die Ebenen dieser Botschaften miteinander inkongruent sind, so müssen in einer Beziehung Verwirrung und Leid entstehen. Bestimmte Bereiche des menschlichen Lebens sind für Klassifikationsprobleme besonders anfällig; diese stehen im Brennpunkt der Psychotherapie. Ebenso wie das Grübeln des Zen-Schülers über Probleme der Realität durch Paradoxe beantwortet wird, die die Natur der Realität in Frage stellen, so werden die Psychotherapeuten in jenen Klassifikationsbereichen Paradoxe setzen, die für die Psychopathologie am relevantesten sind. Nachstehend eine Zusammenfassung der Paradoxe, die von allen Formen der Psychotherapie benutzt werden, welche in den vorangegangenen Kapiteln eingehender dargestellt wurden.

Die freiwilligen und die erzwungenen Beziehungen

Die Psychotherapie wird mit bestimmten Ausnahmen zunächst als freiwillige Beziehung definiert (ebenso wie die Beziehung zwischen Hypnotiseur und Versuchsperson und die Meister-Schüler-Beziehung im Zen). Dem Patienten wird bedeutet, daß er sich aus freien Stükken um Hilfe bemühe und daß der Erfolg seiner Behandlung von seiner Bereitschaft abhänge, mit dem Therapeuten zu kooperieren und die Beziehung zu ihm trotz aller Schwierigkeiten, die auftreten könnten, fortzusetzen. Innerhalb dieses Rahmens einer freiwilligen Beziehung gibt der Therapeut zu erkennen, daß die Beziehung auf Zwang beruht, indem er vom Patienten verlangt, daß dieser seine Termine einhält, und indem er seine Versuche, die Behandlung zu beenden, als Widerstand gegen Veränderung definiert. Aus der Sicht des Patienten gibt man ihm eine paradoxe Definition der Beziehung: sie beruht innerhalb eines Rahmens der Freiwilligkeit auf Zwang.

Bei den Formen von Psychotherapie, die nicht auf Freiwilligkeit beruhen, haben wir es mit der umgekehrten Situation zu tun. Bestimmte Arten von Patienten, insbesondere Psychotiker, werden manchmal gewaltsam in Psychotherapie gebracht. Diese Nötigung definiert die Beziehung als unfreiwillig. Doch der Therapeut wird in der Regel darauf hinweisen, daß er den Patienten nur deshalb zwinge, zu den Sitzungen zu erscheinen, weil der Patient dies in Wirklichkeit wolle, aber es nicht zugeben könne. Innerhalb des Rahmens der Unfreiwilligkeit definiert er die Beziehung als im Grunde freiwillig, wenn auch nur unbewußt. Im Verlauf der Behandlung macht der Therapeut gewöhnlich die Probe aufs Exempel, indem er dem Patienten erklärt, daß er nicht zu den Sitzungen zu kommen brauche, wenn er es nicht wünsche. Häufig akzeptiert der Patient dieses Etikett der Freiwilligkeit. Die Beziehung wird in diesem neuen Rahmen fortgesetzt, wobei der Therapeut Versäumnisse von Sitzungen rügt und einen vorzeitigen Abbruch der Behandlung ablehnt. Es kann aber auch vorkommen, daß der Patient sich weigert, zur Behandlung zu kommen. Von seiten der Anstalt wird dann so lange Druck auf ihn ausgeübt, bis die Freiwilligkeit der Beziehung erneut getestet werden kann. Wie auch immer der Rahmen der Beziehung anfangs definiert wurde: innerhalb dieses Rahmens wird sie entgegengesetzt definiert. Diese Problematik ist von zentraler Bedeutung, da der Patient während seiner gesamten Behandlung damit konfrontiert ist. Die Lösung des Problems signalisiert den Abschluß der Behandlung.

Das Gegenüber des Therapeuten, der Patient, ist immer in einer gewissen Unsicherheit, ob ihn der Therapeut gern behandelt oder nur weil er dafür bezahlt bekommt – freut er sich, ihn zu sehen, oder ist es purer Zwang? Gewöhnlich definiert der Therapeut die Beziehung als eine der intimsten, die es im menschlichen Leben gibt. Deshalb solle der Patient sein Innerstes gegenüber diesem Menschen enthüllen, der sich für alle Aspekte seiner Persönlichkeit interessiert. Gleichzeitig gibt der Therapeut jedoch zu erkennen, daß er nach Beendigung der Sitzung nicht daran interessiert ist, den Patienten außerhalb des Beratungszimmers zu sehen. Interesse und Anteilnahme des Therapeuten treten innerhalb einer Rahmensituation auf, die durch das Fehlen sonstiger gesellschaftlicher Berührungspunkte gekennzeichnet ist. Der Patient hat Schwierigkeiten, sich über das Maß an Interesse oder Desinteresse des Therapeuten und damit über die Freiwilligkeit oder Unfreiwilligkeit ihrer Beziehung klarzuwerden.

Wenn man zu erforschen wünschte, weshalb sich ein Mensch Sorgen macht, ob seine Beziehung zu einem anderen auf Zwang oder Freiwilligkeit beruht, so könnte man dazu die Familiengeschichte heranziehen. Speziell für psychiatrische Patienten ist es ein drängendes Problem, ob sich die Leute mit ihnen abgeben, weil sie es wünschen oder weil sie es müssen. Von den ersten Lebenstagen an bis zum Eintritt ins Erwachsenenalter kann ein junger Mensch in einer Atmosphäre der Unsicherheit aufwachsen. Haben sich seine Eltern ihn gewünscht oder nicht? (Dies ist der Beziehungsaspekt des Geburtstraumas.) Sorgen sie für ihn, weil es ihnen ein Bedürfnis ist oder weil sie es müssen? Um diese Fragestellungen kreist die Problematik der Abhängigkeit, der Verlassensdrohungen und der Trennungsängste. Tritt diese Frage in den Mittelpunkt, dann kann es vorkommen, daß ein Kind die Definition der Beziehung testet, indem es von zu Hause wegläuft oder Schwierigkeiten macht, um zu sehen, ob seine Eltern es wirklich gern haben. Oft verwirren solche Handlungen die Situation noch mehr, statt sie zu klären. Auch Eltern mögen sich manchmal fragen, ob ihr Kind gerne bei ihnen ist oder bloß keine andere Bleibe hat, bis es erwachsen ist. In bestimmten Arten von Familien, z. B. in Familien mit einem schizophrenen Kind, scheint man sich besonders große Sorgen zu machen, wenn sich das Kind mit familienfremden Leuten einläßt. Die Eltern suchen solche Beziehungen zu unterbinden; wenn es ihnen jedoch gelingt und das Kind zu Hause bleibt, fühlen sie sich nicht erleichtert, weil sie fürchten, es könne nur zu Hause bleiben, weil sie darauf bestehen. Deshalb ermutigen sie es oft, außerhalb der Familie Verbindungen aufzunehmen, und legen ihm dann Steine in den Weg, sobald es das tut.

Wenn ein Mensch erwachsen wird und seine Familie verläßt, kann er mit dem gleichen Problem konfrontiert sein, wenn er eine eigene Familie gründet. Beruht die eheliche Beziehung auf Freiwilligkeit, oder wird die Ehe aus Angst vor juristischen Sanktionen, um der Kinder willen oder aus Gewohnheit fortgesetzt? Der nagende Schmerz, der aus dieser Unsicherheit herrührt, speziell wenn der Partner die Beziehung gleichzeitig als freiwillig und auf Zwang beruhend definiert, kann zu einer unglücklichen Ehe und schließlich zu einer Beziehung mit einem Psychotherapeuten führen, in der diese Problematik im Mittelpunkt steht.

Die Beschuldigten und die Entschuldigten

Wird jemand einer Sache beschuldigt, so kann er die Schuld annehmen oder sie zurückweisen. Wird er von einer Schuld freigesprochen, so kann er sich darüber freuen oder sich zu seiner Verfehlung bekennen. In der Psychotherapie hat es der Patient mit einer Beziehung zu tun, in der er weder beschuldigt noch von Schuld freigesprochen wird: dennoch werden ihm beide Botschaften gleichzeitig übermittelt.

Im allgemeinen behandelt der Psychotherapeut den Patienten, als könne dieser Mensch nicht anders handeln, als er es tut. Es wird angenommen, daß er von Kräften angetrieben wird, die sich seiner Kontrolle entziehen, und daß ihn Gedanken und Phantasien bestürmen, deren er sich nicht bewußt ist. Wieviel Leid er sich selbst und anderen auch zufügt, es ist eindeutig nicht seine Schuld. Doch gleichzeitig beruht die Konzeption der Psychotherapie auf der Prämisse, daß der Patient sein Verhalten beeinflussen kann – deshalb ist er ja in Behandlung. Während er also zu erkennen gibt, daß der Patient für sein Verhalten nichts könne, macht der Therapeut andererseits auch Äußerungen wie: »Ich frage mich, warum Sie zu diesem Zeitpunkt das und das getan haben«, oder: »Das muß Ihnen sehr nahegegangen sein, da Sie so reagierten«, oder: »Versuchen wir zu ergründen, weshalb Sie so etwas getan haben.« Die Therapie spricht den Patienten einerseits von Schuld frei, untersucht aber andererseits, in welcher Weise der Patient zu seinem eigenen Leiden beigetragen hat. Die Behandlung der Schuld auf zwei verschiedenen

Ebenen entspricht der Art und Weise, in der der Therapeut mit dem Widerstand des Patienten umgeht. Er kann nichts dafür, daß er Widerstand leistet, dennoch wird von ihm erwartet, daß er diesen Widerstand überwindet.

Auch die Neigung des Patienten, anderen die Schuld zuzuschieben, wird auf paradoxe Weise akzeptiert. Seine Eltern machten sich schuldig, indem sie ihn falsch behandelten, dennoch sind sie unschuldig, weil sie nicht anders konnten (sie waren ebenso von übermächtigen Kräften getrieben wie er). In der Familientherapie tritt die Beschuldigung und gleichzeitige Entschuldigung der Eltern besonders deutlich zutage. In der Regel versichert der Familientherapeut den Eltern des gestörten Kindes, daß sie an dessen Schwierigkeiten nicht schuld seien. Gleichzeitig wird ihnen aber gesagt, daß es keine Schwierigkeiten haben werde, wenn sie es anders behandeln.

Die Dominanz der Nichtdominierenden

Wenn ein Patient mit seinen Problemen zu einem Therapeuten kommt, wünscht er, sich in die Hände eines Experten zu begeben, der ihm helfen kann und will. Doch sein Grundproblem ist gewöhnlich die Art und Weise, wie er mit Leuten umgeht, die ihm zu helfen suchen. Wenn er dem Psychotherapeuten begegnet, sieht er sich einem Experten gegenüber, der die Führung übernimmt, indem er sie dem Patienten überträgt. Der Therapeut trägt die Haltung eines Fachmanns zur Schau, innerhalb dieses Rahmens verzichtet er jedoch darauf, Expertenratschläge anzubieten, und legt die Initiative für das Geschehen in die Hände des Patienten. Wenn man offen von jemand dirigiert wird, so kann man dem entgegentreten. Wird man vom anderen überhaupt nicht dirigiert, taucht das Herrschaftsproblem gar nicht auf. Wird mein Verhalten von jemandem eingegrenzt, der zu erkennen gibt, daß er es nicht eingrenze, so befinde ich mich in einer paradoxen Situation. Wenn ein Hypnotiseur zum Probanden sagt: »Ich kann Sie nur hypnotisieren, indem ich mich von Ihnen leiten lasse, denn Sie hypnotisieren sich in Wirklichkeit selbst«, und er dann darangeht, den Probanden zu dirigieren und zu leiten, dann ist dieser mit einer »unmöglichen« Situation konfrontiert und reagiert durch eine Veränderung seines Verhaltens und seiner subjektiven Empfindungen. Dieses formale Schema des Lenkens bei gleichzeitiger Leugnung dieses Lenkens ist für die Psychotherapie charakteristisch. Der Patient kann nicht Weisungen befolgen oder sich weigern, sie zu befolgen, wenn er beide Botschaften gleichzeitig empfängt. Deshalb erweisen sich die Methoden, deren er sich bediente, um Lenkung zu provozieren oder abzuweisen, angesichts dieses therapeutischen Paradoxes als unbrauchbar.

In der nichtdirektiven Therapie ist dieses Paradox am offenkundigsten und tritt in dem Augenblick in Erscheinung, in dem der Patient versucht, den Therapeuten auf seine übliche Weise zu beherrschen – durch sein symptomatisches Verhalten. Der Therapeut wird sich dann einer oder beider der folgenden Taktiken bedienen: Er wird den Patienten auffordern, die Initiative für das Geschehen zu übernehmen und alles zu sagen, was ihm in den Sinn kommt, so daß sich der Patient ermutigt fühlt, sich auf seine gewohnte Weise zu verhalten. Er wird auch zu bedenken geben, daß die symptomatischen Beschwerden nicht das Wesentliche seien und daß sie sich mit dem beschäftigen müßten, was sich dahinter verberge. Fährt der Patient fort, die Symptome in den Vordergrund zu stellen, so verhält sich der Therapeut permissiv. Sowohl in der direktiven als auch in der nichtdirektiven Therapie werden die Versuche des Patienten, den Therapeuten durch symptomatisches Verhalten zu beherrschen, in einer Weise akzeptiert, daß sie nicht andauern können. Wenn dem Patienten gestattet wird oder er gar dazu aufgefordert wird, den Therapeuten zu beherrschen, muß er feststellen, daß er vom Therapeuten dirigiert wird, den Therapeuten zu dirigieren. Er sieht sich daher gezwungen, diese Art von Verhalten aufzugeben.

Sollte ein Patient den Versuch machen, seine Fortschritte oder seine Verschlechterung dazu zu benutzen, um die Kontrolle über den Therapeuten zu erlangen, so wird ihm vom Therapeuten entgegengehalten, daß die Quelle der Veränderung im Patienten selbst und nicht in der Beziehung liege. Dennoch findet diese Definition des Wandlungsprozesses als »spontan« innerhalb eines Rahmens statt, demzufolge der Therapeut die Veränderung bewirkt – dafür bezahlt der Patient ja schließlich sein Geld.

In diesem Problembereich ragt der Genius Sigmund Freuds besonders eindrucksvoll hervor. Da er es mit typischen psychiatrischen Patienten zu tun hatte, war Freud mit Personen konfrontiert, die gegen Weisungen oder Einflußnahme Widerstand leisteten. In seiner Methodik betonte Freud, daß den Patienten gegenüber so wenig Einfluß wie möglich ausgeübt werden sollte. Es sollte keine Ratschläge oder Anweisungen und keine analytische Einmischung in das »spontane« Verhalten und die Produktionen des Patienten geben. Durch diesen Vorsatz, den Patienten so wenig wie möglich zu beeinflussen, im Rahmen einer Beziehung, deren einziger Zweck die Beeinflussung des Patienten ist, setzte Freud das grundlegende Paradox seiner Methode.

Todernstes Spiel

Eine unserer Hauptaufgaben beim Umgang mit Menschen ist die Klassifikation, ob sie aufrichtig oder nicht, ernsthaft oder nicht, verspielt oder nicht sind und ob sie wirklich meinen, was sie sagen. Die Struktur der Psychotherapie ist eine merkwürdige Mischung aus Spiel und tödlichem Ernst. Sie ist eine Art von Spiel, in dem sich die Teilnehmer gegenseitig zu manövrieren trachten; auf der anderen Seite wird sie als die Quintessenz der Realität definiert. Der Beratungsraum wird als ein spezieller Ort bezeichnet, an dem andere Regeln gelten als im gewöhnlichen Leben, weshalb sich der Patient freier äußern könne. Innerhalb dieser Rahmensituation soll sich der Patient wie ein Menschenwesen gegenüber einem anderen verhalten. In der nichtdirektiven Therapie wird der Patient aufgefordert, sich einem Menschen gegenüber spontan und aufgeschlossen zu verhalten, der sich selbst als verschlossen und unspontan darstellt; dabei wird ihm der Therapeut klarmachen, daß die Schwierigkeiten, die der Patient im Umgang mit ihm hat, mit seinen Schwierigkeiten zusammenhingen, befriedigende Beziehungen zu anderen Menschen herzustellen. Der Patient wird gelehrt, davon auszugehen, daß der Therapeut Deutungen gibt, die nicht seinen wahren Gefühlen entsprechen, weil er sich bemühe, dem Patienten bestimmte Einsichten zu vermitteln. Stellt der Patient jedoch fest, daß der Therapeut ihm gegenüber nicht aufrichtig sei, so wird dieser mit ihm der Frage nachgehen, woher er einen solchen Gedanken haben könne. Die Beziehung, mit der es der Patient zu tun hat, ist mit keiner anderen im menschlichen Leben vergleichbar; aber innerhalb dieses Rahmens wird sich der Therapeut »die Frage stellen«, weshalb der Patient nicht in der üblichen Weise auf ihn reagiere.

Die gutgemeinte Tortur

Alle Formen der Psychotherapie dienen dem Zweck, den bedauernswerten Menschen zu helfen, die sich nicht selbst helfen können: die Grundlage der Psychotherapie ist somit Menschenfreundlichkeit. Innerhalb dieses Gesamtrahmens wird der Patient einer quälenden Tortur unterzogen, die je nach Therapieform variiert. Im allgemeinen ist es so, daß er alle heiklen Bereiche seines Lebens vor einem Menschen ausbreiten muß, der diese Vertraulichkeit nicht erwidert, ebenso wie er alle seine Mängel einem Menschen bekennen muß, der keine zu haben scheint. In der direktiven Therapie wird er oft aufgefordert, sich einer spezifischen Selbstbestrafungstortur zu unterziehen. In der Dekonditionierungstherapie wird er angewiesen, die Ängste heraufzubeschwören, die er immer zu vermeiden trachtete. In der Familientherapie muß die Familie die Einzelheiten ihrer jämmerlichen Existenz vor einem Menschen bloßlegen, der zweifellos ein erfolgreiches Familienleben als Gatte und Vater bzw. Mutter führt. In der Psychotherapie wird dem Patienten die Gesellschaft eines Therapeuten aufgezwungen, den er sich nicht ausgesucht hat, er wird in einer abweisenden Umgebung behandelt und muß zu seinem Wohl vielleicht auch rauhere Behandlungsformen wie Elektroschock und Lobotomie über sich ergehen lassen.

Würde ihm der Therapeut nur gütig entgegenkommen, so könnte der Patient mit ihm umgehen. Handelte es sich nur um einen Menschen, der andere straft und quält, dann könnte sich der Patient mit Recht in andere Gesellschaft begeben. Unterzieht ihn der Therapeut jedoch aus purem Wohlwollen einer quälenden Tortur, die erst dann aufhört, wenn der Patient sich ändert, dann bleibt dem Patienten nichts anderes übrig, als sich »spontan« zu ändern. Wenn dieser Wandel eintritt, mögen sowohl der Therapeut als auch der Patient es vorziehen zu glauben, er sei durch die Aufrichtigkeit ihrer Beziehung und die vertiefte Selbsterkenntnis des Patienten zustande gekommen.

Widerstand gegen Veränderung

Wenn man die Auffassung vertritt, daß die »Ursache« therapeutischen Wandels in den paradoxen Strategien zu suchen sei, die in der therapeutischen Beziehung zum Tragen kommen, dann wird damit offenkundig eine Reihe neuer Prämissen in bezug auf das Wesen der Veränderung präsentiert. Es ist möglich, viele der Paradoxe aufzulösen, die in diesem Buch erörtert wurden, aber nur, wenn man die Prämissen dieses neuen Standpunkts akzeptiert.

Die traditionelle psychotherapeutische Theorie besitzt ihre eigene innere Logik. Wenn ein Patient leidet, so erschiene es logisch, daß man ihm nur den Rat geben bzw. ihn überreden müßte, seine Lebensweise zu ändern, um seine Not zu lindern. Ändert der Patient seine Lebensweise trotz dieser vernünftigen Ratschläge nicht, so ergibt sich ebenso logisch, daß er dazu nicht imstande ist, weil er von inneren Kräften getrieben wird, die seine Versuche, sich zu ändern, vereiteln. Diese Kräfte können je nach der theoretischen Orientierung als unbewußte Triebe oder verdrängte Vorstellungen bezeichnet oder in Kategorien früherer Konditionierung ausgedrückt werden. Alle diese Erklärungen scheinen jedoch aus der Beobachtung abgeleitet zu sein, daß sich Patienten der Veränderung widersetzen, obwohl diese in ihrem eigenen Interesse liegt.

Heute wird klar, daß die Logik der traditionellen psychotherapeutischen Theorie davon ausgeht, daß das Individuum allein im Brennpunkt der Aufmerksamkeit steht. Verlagert man den Akzent vom Individuum auf seine Beziehungen, so erscheint es nicht minder logisch, den Widerstand des Patienten gegen Veränderung als ein Produkt des Netzes lebendiger Beziehungen zu verstehen, in das er eingebettet ist, einschließlich der Beziehung zu einem Therapeuten. Auch dieser Standpunkt hat seine eigene Logik, und aus dieser Sicht ist die Selbsterkenntnis weniger relevant für die Erklärung des Wandlungsprozesses als paradoxe Strategien.

Wenn wir den Fokus vom Individuum auf das Studium aktueller Beziehungen verlagern, fallen zumindest zwei wiederkehrende Muster ins Auge: zum einen die Muster, die auf bestimmte Beziehungsformen beschränkt sind, und zum anderen jene abstrakten Muster, die mit der Herstellung und Aufrechterhaltung von Beziehungen untrennbar verbunden zu sein scheinen. Als Beispiel der ersten Kategorie sei der Unterschied zwischen einer therapeutischen Beziehung und einer Freundschaft genannt. Von der Freundschaft nimmt man an, daß es sich um eine Form der Beziehung handelt, die sich nicht verändern wird. Eine therapeutische Beziehung basiert auf der Annahme, daß eine Veränderung unausbleiblich ist: der Patient, der als Hilfesuchender zum Therapeuten kommt, wird sich in einen Menschen verwandeln, der zu seinem Gegenüber eine gleichberechtigte Beziehung unterhält. In diesem Sinne beginnt die Beziehung als eine komplementäre, mit der eingebauten Erwartung einer Veränderung in Richtung auf Symmetrie. Die Frage nach dem Wesen der therapeutischen Veränderung ist im Lichte dieses Beziehungswandels zu sehen.

Eine Lösung oder Erklärung vieler der Paradoxe, die wir in therapeutischen Beziehungen vorgefunden haben, bietet sich jedoch auf der abstrakten Ebene der Verhaltensmuster an, die in allen Arten von Beziehungen wiederkehren. Es erscheint denkbar, daß Beziehungen nach Gesetzen oder Regeln hergestellt, perpetuiert und verändert werden, über die die Beteiligten wenig oder keine Kontrolle haben. Solchen Gesetzen könnte man nur durch das Studium bestehender Beziehungen auf die Spur kommen, nicht aber durch die Konzentration auf das Individuum oder die artifizielle Gruppe beziehungsloser Personen. *Ein* Gesetz, das für die Frage nach dem Paradox in der Psychotherapie relevant ist, kann anhand seiner Ableitung dargestellt werden.

Der in diesem Buch vertretene Standpunkt basierte auf der impliziten Annahme, daß aktuelle Beziehungen zwischen engen Vertrauten mit Hilfe kybernetischer Analogien beschrieben werden können. Die Menschen fungieren im Verhältnis zueinander als »Regler«, indem sie in »abweichungsorientierter« Weise auf das Verhalten des jeweils anderen reagieren. Wenn eine Ehefrau ein bestimmtes Verhaltensspektrum zu überschreiten beginnt, dann reagiert ihr Mann auf eine Weise, die geeignet ist, sie wieder auf die frühere Verhaltensskala festzulegen. Geht man davon aus, daß die Menschen in ihren Beziehungen zueinander als »Regler« fungieren, und geht man weiter davon aus, daß die Funktion eines Reglers darin besteht, Veränderungen zu minimieren, dann ergibt sich daraus das erste Beziehungsgesetz (32): *Läßt eine Person in ihrer Beziehung zu einer anderen einen Wechsel erkennen, dann wird die andere auf sie einwirken, um diese Veränderung zu verringern und zu modifizieren.* Erkennt man dieses Gesetz als gültig an, dann muß es ein Therapeut *vermeiden*, direkt zu Veränderungen aufzufordern, und muß einen Wandel herbeiführen, während er einen anderen Aspekt der Interaktion, etwa die Vertiefung der Selbsterkenntnis, hervorhebt. Indem er nicht zur Veränderung auffordert, schafft der Therapeut jedoch eine paradoxe Situation. In einer Rahmensituation, die der Veränderung dienen soll, fordert er nicht zur Veränderung auf. Daraus ergibt sich weiter, daß die Ermutigung symptomatischen Verhaltens als zweckmäßige therapeutische Taktik anzusehen ist. Fordert der Therapeut zu einer Verstärkung des symptomatischen Verhaltens auf, und der Patient reagiert mit dem Ziel, die angestrebte Veränderung zu minimieren, dann bleibt dem Patienten nichts anderes übrig, als sich in Richtung auf symptomatische Veränderung zu bewegen.

Das Postulat einer solchen Gesetzmäßigkeit in den menschlichen Beziehungen erklärt viele Aspekte der Psychotherapie, die zunächst merkwürdig und paradox erscheinen. Wenn die Menschen einem solchen Gesetz ebenso zwangsläufig gehorchen müssen wie dem Gesetz der Schwerkraft, dann ergibt sich daraus, daß die Beziehungen zwischen Paaren und Familienmitgliedern überaus stabil sein müssen. Jeder Versuch seitens eines Familienmitglieds, eine Veränderung im System zu bewirken, provoziert die anderen dazu, diese Veränderung zu minimieren und damit das Familiensystem zu stärken (obwohl ein Wandel das subjektive Leiden der Betroffenen verringern könnte). Ähnlich verhält es sich, wenn ein Therapeut eine helfende Beziehung zu einem Patienten herstellt; wenn er dann offen erklärt, daß eine Änderung in Richtung auf eine Beziehung zwischen Gleichen eintreten müsse, dann muß der Patient handeln, um diese Änderung zu minimieren. Dies bedeutet nicht, daß Veränderung nicht möglich ist, es bedeutet lediglich, daß der Widerstand gegen die Veränderung aufgrund der Natur der Beziehung in Rechnung gestellt werden muß und daß paradoxe Strategien eingesetzt werden müssen, um einen Kontext zu schaffen, in dem Wandlungsprozesse möglich sind.

Obwohl das Klima therapeutischer Veränderung beschrieben werden kann, bleibt das Wesen dieser Veränderung dunkel. Wenn man annimmt, daß Selbsterkenntnis Veränderung bewirkt, dann ist es leicht, den veränderten Patienten zu beschreiben – er ist jemand, der sich selbst besser kennt. Ist die Ursache der Veränderung jedoch eine Situation, die den Patienten zwingt, anders zu reagieren, dann ist sein Zustand am Ende des Wandlungsprozesses weniger leicht zu beschreiben. Man kann höchstens feststellen, daß er anders reagiert, kein symptomatisches Verhalten mehr zeigt und mit seinen Mitmenschen auf andere Weise in Beziehung tritt. Die Frage nach dem Wesen der Veränderung und wie diese bewirkt werden kann hat vielfältigere Implikationen als die Probleme der Psychotherapie. Es ist anzunehmen, daß die Wandlungsprozesse des einzelnen besser verstanden werden, wenn wir mehr über das Wesen der revolutionären Veränderungen in der Gesellschaft wissen. Die Organisationsmuster, die die Menschen in ihrer Familie erlernen, scheinen die politischen Strukturen der Kultur, welcher sie angehören, zu reflektieren und zu beeinflussen. Ob sich die hergebrachten Verhaltensmuster einer Nation nach einer revolutionären Umwälzung verändern, ist eine Frage, die mit der Modifikation der Verhaltensmuster von einzelnen und Familien nach der Psychotherapie zusammenhängt.

Der Wandlungsprozeß, mit dem wir es in der Psychotherapie zu tun haben, scheint nicht kontinuierlich, sondern in Schüben zu erfolgen. Obwohl ein Patient allmähliche Fortschritte machen kann, scheint die Veränderung in abrupten Schritten vor sich zu gehen. In einem Augenblick ist er zutiefst unglücklich, im nächsten empfindet er Erleichterung. In der Regel stellt er plötzlich fest, daß er bestimmten Aspekten seines Lebens gelassener gegenübersteht, die ihn vorher stark bedrückten. Seine Verstrickung mit dem Therapeuten wandelt sich oft von einem erbitterten Kampf zu einer Haltung relativer Gleichgültigkeit. Die verbissenen Auseinandersetzungen mit seinen engsten Bezugspersonen können einer gewissen Belustigung über die ganze Sache Platz machen. Die extreme Sorge über die Symptome schwindet in der Regel bis zur völligen Interesselosigkeit und wird durch die Entwicklung anderer Interessen ersetzt. Gewöhnlich zeigt der Patient eine größere Flexibilität im Umgang mit anderen Menschen. Es ist anzunehmen, daß die Veränderungen seiner organisierten Beziehungen einen Wandel seines Klassifikationssystems bewirkt haben.

Die Beschreibung des Kontexts, in dem sich ein Patient verändert, wurde hier auf die Beziehung zum Therapeuten ausgeweitet. Beschränkt man sich nur auf den Patienten, dann kann der Wandlungsprozeß nur im Hinblick auf die Handlungen dieser Person beschrieben werden. Durch die Erweiterung der Deskription rückt ein Therapeut ins Blickfeld, der dem Patienten nicht nur zu Selbsterkenntnis verhilft, sondern ihn auch in einer Reihe von Paradoxen fängt, die einen Wandel erzwingen. Eine noch umfassendere Deskription könnte zusätzliche kausale Faktoren zutage fördern, die bisher noch nicht erkennbar waren. Der Einfluß des Partners und der Familie wurde hier bereits erwähnt, aber das gesellschaftliche Umfeld, das einen Patienten veranlaßt, sich in Therapie zu begeben, ist bisher noch nicht voll einbezogen worden. Die Erklärungen psychotherapeutischer Veränderung könnten ganz anders ausfallen, sobald wir die Grundgesetze menschlicher Beziehungen formuliert haben und die organisierten sozialen Systeme in der Gesellschaft beschreiben können, welche Menschen hervorbringen, die sich ändern wollen, und andere, die bereit sind, die Aufgabe des Änderns zu übernehmen.

In diesem Buch wurde der Versuch unternommen, die in der Psychotherapie angewandten Strategien eingehender zu beschreiben. Eine solche Darstellung ist zwangsläufig mit einer Übervereinfachung sowohl des Wesens der Probleme als auch der Techniken, die zu ihrer Lösung herangezogen werden, behaftet. Selbst wenn der Mensch ein weniger komplexes Wesen wäre und wir dem Therapeuten exaktere Verfahren an die Hand geben könnten, die er einem bestimmten Patienten gegenüber anzuwenden hat, würde der Erfolg immer noch von vielen Faktoren, die nicht in Rechnung gestellt werden können, und letztlich vom einzelnen Therapeuten selbst abhängen. Die Psychotherapie als Beruf ist insofern einzigartig, als der Therapeut kein anderes Werkzeug außer seiner eigenen Person hat, mit dem er arbeiten kann. Er kann seine Position durch Behandlungsräume, einen Schreibtisch, eine Couch, Theorien und den Rat seiner Kollegen zu stärken suchen, aber wenn er mit einem Patienten allein ist, hat er nur seine Stimme, seine Persönlichkeit und seine Ideen. Was auch immer über Methoden gesagt werden mag, die Psychotherapie wird eine Kunst bleiben.

Epilog

Die Kunst der Psychoanalyse*

Sozialwissenschaftler haben genügend Forschungen durchgeführt, um viele von Freuds Ideen über unbewußte Prozesse zu erhärten. Doch erstaunlich wenige wissenschaftliche Untersuchungen befassen sich mit den tatsächlichen Ereignissen während der psychoanalytischen Behandlung. Zum Glück wurde diesem Mißstand durch einen Wissenschaftler des Professorenkollegiums von Potters College in Yeovil, England, abgeholfen. Zu Feldstudien nach Amerika entsandt, verbrachte dieser anonyme Gelehrte dort mehrere Jahre mit dem Studium der Kunst der Psychoanalyse, sowohl als Patient als auch als Praktiker. Seine Untersuchungen kulminierten in einem dreibändigen Werk mit dem Titel *Die Kunst der Psychoanalyse oder Einige Aspekte einer strukturierten Situation bestehend aus einer Zweier-Gruppen-Interaktion unter Berücksichtigung bestimmter Grundprinzipien der Oneupmanship.* Wie die meisten der für Potters College verfaßten Untersuchungen blieb auch diese Arbeit unveröffentlicht und wurde nur wenigen bevorzugten Mitgliedern des klinischen Stabs zugänglich gemacht. Eine Kopie ist jedoch vorübergehend in die Hände des Verfassers gelangt, der nachstehend all jenen eine Zusammenfassung der Forschungsergebnisse zur Verfügung stellen möchte, die der dynamischen Verbreitung der Freudschen Theorie dienen und sich in den Techniken einer schwer zu meisternden Kunst vervollkommnen wollen.

Ungewohnte Termini werden in dieser Kurzfassung in die psychoanalytische Terminologie übertragen werden, aber einige Begriffe gilt es vorab zu klären. Zunächst: Eine vollständige Definition des ›terminus technicus‹ »Oneupmanship« würde ein ziemlich umfangreiches Lexikon füllen, ja, hat es bereits gefüllt. Dieser unübersetzbare Begriff kann hier knapp als die Kunst definiert werden, einen anderen »one-down« zu setzen. Der Terminus »one-down« wird technisch als jener psychologische Zustand definiert, in dem sich ein Individuum befindet, das einem anderen gegenüber nicht »one-up« ist. »One-up« ist als jener psychologische Zustand zu definieren, in dem sich ein Individuum befindet, das nicht »one-down« ist. Wollte man diese

---

* Nachdruck eines Artikels, der im Frühjahr 1958 erstmals in ETC erschien.

Termini auf das Risiko hin, an wissenschaftlicher Exaktheit ein-
zubüßen, in der Umgangssprache formulieren, so könnte man sagen,
daß in jeder menschlichen Beziehung, was übrigens auch für andere
Säuger gilt, ständige Manöver stattfinden, durch die ein Beteiligter
dem anderen signalisiert, daß er sich diesem gegenüber in einer überlegenen Position befindet. Diese überlegene Position bedeutet nicht
notwendigerweise Überlegenheit an Geld oder Sozialprestige; viele
Dienstboten sind Meister in der Kunst, ihre Herrschaft one-down
zu bürsten. Es impliziert auch keine geistige Überlegenheit, wie jeder Intellektuelle weiß, der von einem muskulösen Müllmann in
einer Schlägerei »one-down« gestopselt wurde. »Überlegene Position«
ist ein relativer Begriff, der durch die bestehende Beziehung ständig
definiert und neu definiert wird. Die Manöver zur Erlangung einer
überlegenen Position können plump, sie können aber auch unendlich
subtil sein. Beispielsweise ist man gewöhnlich nicht in einer überlegenen Position, wenn man jemand anderen um etwas bitten muß.
Doch kann man die Bitte auf eine Weise aussprechen, die impliziert:
»Das ist mein gutes Recht.« Da die Zahl der Möglichkeiten, sich in eine
überlegene Position zu manövrieren, unbegrenzt ist, wollen wir
gleich mit der Zusammenfassung der psychoanalytischen Techniken
beginnen, die in der dreibändigen Untersuchung beschrieben werden.

Die Psychoanalyse ist der Potter-Studie zufolge ein dynamischer
psychologischer Prozeß, an dem zwei Menschen, ein Patient und ein
Psychoanalytiker, teilnehmen und in dessen Verlauf der Patient verlangt, daß der Analytiker one-up bleibe, während er verbissen versucht, ihn one-down zu kicken, wohingegen der Analytiker darauf
besteht, daß der Patient one-down bleibe, damit er ihm beibringen
kann, wie man one-up steigt. Das Ziel der Beziehung ist eine freundschaftliche Trennung von Analytiker und Patient.

Sorgfältig geplant, macht das psychoanalytische Arrangement die
überlegene Position des Analytikers fast uneinnehmbar. Zunächst
muß der Patient freiwillig zum Analytiker um Hilfe kommen und
damit vom Beginn der Beziehung an seine unterlegene Position
anerkennen. Der Patient unterstreicht außerdem seine »One-down-
Position«, indem er dem Analytiker ein Honorar bezahlt. Gelegentlich haben Analytiker diese strukturierte Situation leichtsinnig aufs
Spiel gesetzt, indem sie Patienten kostenlos behandelten. Ihre Position war schwierig, weil der Patient nicht regelmäßig (am Zahltag)
daran erinnert wurde, daß er ein Opfer zu bringen habe, um den
Analytiker zu erhalten und damit dessen überlegene Position anzuerkennen, bevor ein Wort gewechselt wurde. Es ist wirklich ein
Wunder, daß es einem aus einer so schwachen Position startenden
Patienten je gelingt, sich gegenüber dem Analytiker »one-up« zu

schwingen, aber in vertraulichen Gesprächen geben viele Analytiker haareraufend zu, daß Patienten äußerst scharfsinnig sein können und sich einer solchen Vielzahl von Tricks bedienen, daß ein Analytiker sehr gewieft sein muß, um seine überlegene Position zu wahren.

Aus Raumgründen ist es hier nicht möglich, einen Überblick über die Geschichte der Psychoanalyse zu geben. Jedenfalls wurde schon zu Beginn ihrer Entwicklung offenkundig, daß der Analytiker einen Rahmen braucht, der ihm den Rücken stärkt, wenn er Patienten gegenüber, die cleverer sind als er, »one-up« bleiben soll. Eine solche Rückenstärkung stellte in der Frühzeit die Couch dar, auf die sich der Patient niederlegen mußte. (Dieser Schachzug wird häufig als »Freuds Finte« bezeichnet, wie übrigens die meisten Schachzüge in der Psychoanalyse.) Durch diese Plazierung auf der Couch gibt der Analytiker dem Patienten das Gefühl, seine Füße in der Luft zu haben, während der Analytiker mit beiden Füßen auf dem Boden steht. Der Patient fühlt sich nicht nur verunsichert, weil er im Liegen sprechen muß, sondern er befindet sich auch buchstäblich tiefer als der Analytiker, was seine »One-down-Position« konkret veranschaulicht. Außerdem nimmt der Analytiker hinter der Couch Platz, von wo aus er den Patienten beobachten kann, nicht aber umgekehrt dieser ihn. Dies gibt dem Patienten das beunruhigende Gefühl, das ein Sparringpartner haben muß, der mit verbundenen Augen kämpft. Da er nicht sehen kann, welche Reaktionen seine Manöver bewirken, weiß er nicht sicher, wann er one-up und wann er one-down ist. Manche Patienten versuchen dieses Problem zu lösen, indem sie beispielsweise sagen: »Ich habe heute nacht mit meiner Schwester geschlafen«, und sich dann blitzschnell umdrehen, um zu sehen, wie der Analytiker reagiert. Dieser Schocktaktik bleibt meistens die Wirkung versagt. Der Analytiker mag zwar zusammenzucken, aber er hat Zeit, sich zu fangen, bevor sich der Patient ganz umdrehen und ihn sehen kann. Die meisten Analytiker haben Methoden entwickelt, wie sie mit Patienten dieser Art fertigwerden können. Wenn sich der Patient umdreht, sieht er sie in die Luft starren oder mit einem Bleistift kritzeln oder Gürtelenden einrollen oder den Fischen im Aquarium zuschauen. Es ist wesentlich, dem Patienten, falls er einmal einen Blick auf den Analytiker erhascht, ein Bild völliger Ausgeglichenheit zu bieten.

Die Postierung hinter der Couch dient noch einem weiteren Zweck. Die Äußerungen des Analytikers werden zwangsläufig in ihrer Bedeutung überhöht, da der Patient kein anderes Mittel hat, um seine Wirkung auf den Analytiker festzustellen. Ohne sie zu sehen, hängt der Patient an den Lippen des Analytikers, und ›per definitionen‹ ist jeder, der an den Lippen eines anderen hängt, one-down.

Vielleicht die mächtigste Waffe im Arsenal des Analytikers ist sein Schweigen. Dies fällt in die Kategorie der »hilflosen« oder »kampfverweigernden« Finten. Es ist unmöglich, eine Auseinandersetzung mit einem hilflosen Gegner zu gewinnen, denn wenn man siegt, hat man nichts gewonnen. Jeder Schlag, den man austeilt, bleibt unerwidert, so daß man nichts verspürt außer Gewissensbissen, zugeschlagen zu haben, und den nagenden Verdacht, daß die Hilflosigkeit auf Berechnung beruht. Die Folge ist unterdrückte Wut und Verzweiflung – zwei Gefühle, die für die One-down-Position kennzeichnend sind. Das Problem, vor das sich der Patient gestellt sieht, ist folgendes: Wie kann ich einem Menschen gegenüber one-up steigen, der nicht reagiert und in einem fairen und offenen Wettstreit mit mir um die überlegene Position kämpft? Die Patienten finden natürlich Mittel und Wege, aber es bedarf Monate, gewöhnlich Jahre intensiver Analyse, bevor ein Patient herausfindet, wie er von seinem Analytiker eine Reaktion erzwingen kann. Meist beginnt der Patient mit einer ziemlich plumpen Bemerkung wie: »Manchmal halte ich Sie für einen Idioten.« Er wartet darauf, daß der Analytiker defensiv reagiert und damit one-down sinkt. Statt dessen kontert der Analytiker mit der Schweigefinte. Der Patient geht einen Schritt weiter: »Ich bin *sicher*, daß Sie ein Idiot sind.« Immer noch Schweigen als Antwort. Verzweifelt braust der Patient auf: »Ich habe gesagt, daß Sie ein Idiot sind, verdammt noch mal, und das stimmt auch!« Wieder nichts als Schweigen. Was bleibt dem Patienten anderes übrig, als sich zu entschuldigen und damit freiwillig eine One-down-Position einzunehmen? Da der Patient immer wieder erlebt, wie wirksam die Schweigefinte ist, versucht er sie schließlich selbst anzuwenden. Dies nimmt ein katastrophales Ende, wenn ihm klar wird, daß er sechzig Mark in der Stunde zahlt, um stumm auf einer Couch zu liegen. Die psychoanalytische Situation ist bewußt so gestaltet, daß die Patienten nicht die Chance haben, Finten der Analytiker zu benutzen, um diesen ebenbürtig zu werden (obwohl es ein wichtiger Bestandteil der Heilung ist, daß der Patient lernt, sie anderen Leuten gegenüber wirkungsvoll anzuwenden).

Freuds ursprüngliche brillante Konzeption konnte seither nur geringfügig verbessert werden. So wie die Grundidee für den Hammer von den Zimmerleuten bisher nicht verbessert werden konnte, so sind auch der freiwillige Patient, das Stundenhonorar, die Postierung hinter der Couch und das Schweigen Einrichtungen, die von den Praktikern der Psychoanalyse seither nicht übertroffen werden konnten.

Obwohl die ungezählten Varianten der Patientenbehandlung, die der Analytiker erlernt, hier nicht alle angeführt werden können, seien ein paar allgemeine Prinzipien erwähnt. Jeder Patient, der sich in Analyse begibt, versucht Finten anzuwenden, die ihn in früheren Beziehungen one-up gehievt haben (das nennt man »neurotisches Verhaltensmuster«). Der Analytiker lernt, diese Manöver des Patienten zu durchkreuzen. Ein einfacher Trick besteht beispielsweise darin, auf die Äußerungen des Patienten unangemessen zu reagieren. Dadurch beginnt der Patient an allem zu zweifeln, was er in Beziehungen mit anderen Leuten gelernt hat. Der Patient sagt beispielsweise: »Jeder sollte die Wahrheit sagen«, in der Hoffnung, daß ihm der Analytiker zustimmen und ihm damit die Führung überlassen werde. Wer einem anderen die Führung überläßt, ist one-down. Der Analytiker kann mit Schweigen reagieren, in diesem Fall ein ziemlich schwaches Manöver, oder er kann »o?« antworten. Dieses »o?« hat genau den richtigen Tonfall, um auszudrücken: »Wie sind Sie bloß auf eine solche Idee gekommen?« Dies verunsichert den Patienten nicht nur in bezug auf seine Äußerung, sondern auch im Hinblick darauf, was der Analytiker mit dem »o?« gemeint haben könnte. Zweifel ist natürlich der erste Schritt zum One-down. Wenn der Patient zweifelt, neigt er dazu, beim Analytiker Halt zu suchen, der ihn von seinen Zweifeln befreien soll; wir suchen bei denjenigen Halt, die uns überlegen sind. Analytische Manöver, die beim Patienten Zweifel auslösen sollen, finden schon im Anfangsstadium der Analyse Verwendung. So sagt der Analytiker beispielsweise: »Ich frage mich, ob das Ihre *wahren* Gefühle sind.« »Wahr«, »wirklich«, »eigentlich« und »echt« sind Worte, die in der analytischen Praxis ständig wiederkehren. Sie implizieren, daß der Patient Motive habe, die ihm nicht bewußt sind. Jeder Mensch fühlt sich verunsichert und deshalb one-down, wenn ihm ein solcher Argwohn eingepflanzt wird.

Der Zweifel rührt von der Unterbewußtseinsfinte her, einer der ältesten Maschen in der Psychoanalyse. Diese Finte wird von vielen als Kernstück der Analyse betrachtet, da es die wirksamste Methode ist, um dem Patienten sein Selbstvertrauen zu rauben. Gleich zu Beginn der Analyse erklärt der geübte Analytiker dem Patienten, daß in ihm (dem Patienten) unbewußte Prozesse wirksam seien und daß er sich etwas vormache, wenn er glaube, er wisse, wovon er rede. Wenn der Patient diesen Gedanken akzeptiert, muß er sich darauf verlassen, daß der Analytiker ihm sagt (oder, wie es ausgedrückt wird, »ihm entdecken hilft«), was er in Wirklichkeit meint. So wühlt er sich immer tiefer in die One-down-Position hinein und macht es dem Analytiker leicht, fast jede seiner Finten zu parieren. Beispielsweise kann der Patient schwelgerisch von den schönen Stunden erzählen, die er mit seiner Freundin zugebracht habe, in der Hoffnung, beim Analytiker damit Neid (eine One-down-Emotion) zu erwecken. Der Analytiker kontert mit der Bemerkung: »Ich frage mich, was Ihnen diese Frau *in Wirklichkeit* bedeutet.« Dies weckt im Patienten Zweifel, ob er mit einem Mädchen namens Susi geschlafen hat oder mit einem unbewußten Symbol. Es bleibt ihm nichts anderes übrig, als sich an den Analytiker zu wenden, damit dieser ihm klären hilft, was ihm die Frau »in Wirklichkeit« bedeutet.

Im Verlauf der Analyse, speziell wenn der Patient widerspenstig wird (Widerstandsfinten verwendet), bleibt es nicht aus, daß der Analytiker freie Assoziationen und Träume aufs Tapet bringt. Nun muß ein Mensch das Gefühl haben, daß er weiß, wovon er redet, um sich überlegen fühlen zu können. Niemand kann sich one-up hangeln, während er frei assoziiert oder seine Träume erzählt. Dabei rutschen einem zwangsläufig die absurdesten Äußerungen heraus. Gleichzeitig deutet der Analytiker an, daß diese Absurditäten bedeutsame Gedanken enthielten. Dadurch hat der Patient nicht nur das Gefühl, lächerliche Sachen zu sagen, sondern auch Dinge zu sagen, in denen der Analytiker einen Sinn entdeckt, er hingegen nicht. Eine solche Erfahrung würde jeden Menschen erschüttern: den Patienten treibt sie unaufhaltsam in eine One-down-Position. Weigert sich der Patient, frei zu assoziieren oder seine Träume zu erzählen, so erinnert ihn der Analytiker natürlich, daß er sich durch seinen Widerstand nur selbst schade.

Widerstandsdeutungen fallen in die große Kategorie der »Gib-dem-Patienten-den-Schwarzen-Peter«-Finten. Alle Versuche des Patienten, speziell die erfolgreichen, den Analytiker one-down zu plazieren, können als Widerstand gegen die Behandlung interpretiert werden. Dem Patienten wird das Gefühl gegeben, es sei *seine Schuld*, daß die Therapie schlecht läuft. Sich sorgfältig im voraus absichernd, warnt der gewiefte Analytiker den Patienten schon beim ersten Gespräch, daß der Weg zum Glück steinig sei und daß er sich manchmal gegen seine Genesung sträuben und vielleicht gar dem Analytiker grollen werde, weil dieser ihm helfe. Vor einem solchen Hintergrund kann der Analytiker sogar die Weigerung, das Honorar zu bezahlen, oder die Drohung, die Analyse zu beenden, durch eine unpersönliche Haltung (die »Nicht-persönlich-Nehmen«-Finte) und eine Widerstandsdeutung in Entschuldigungen umwandeln. Manchmal schubst der Analytiker den Patienten sanft wieder in seine One-down-Position zurück, indem er den Widerstand als Zeichen des Fortschritts und der Veränderung interpretiert.

Die Hauptschwierigkeit bei den meisten Patienten ist ihr Verlangen nach einer direkten Konfrontation mit dem Analytiker, sobald sie etwas Selbstvertrauen gewonnen haben. Wenn der Patient den Analytiker kritisch zu betrachten beginnt und ein offener Disput droht, werden verschiedene »Ablenkungsfinten« ins Spiel gebracht.

Am verbreitetsten ist die »Bleiben-wir-bei-der-Vergangenheit«-Finte. Falls der Patient die merkwürdige Art und Weise anspricht, in der sich der Analytiker einer direkten Reaktion entzieht, entgegnet dieser: »Es würde mich interessieren, ob Sie dieses Gefühl von früher her kennen. Vielleicht sind Ihre Eltern nicht auf Sie eingegangen.« Bald sind sie wieder damit beschäftigt, die Kindheit des Patienten auseinanderzunehmen, ohne daß es dem Patienten je bewußt wird, daß das Thema gewechselt wurde. Ein solches Manöver ist besonders wirksam, wenn der Patient das, was er in der Analyse gelernt hat, dazu benutzt, um Kommentare über den Analytiker abzugeben.

In seiner Ausbildung lernt der junge Analytiker die wenigen, eher simplen Regeln, die er beachten muß. Die erste Regel lautet, daß sich der Patient immer one-down fühlen müsse, während man ihn gleichzeitig anspornt, sich wacker zu bemühen, in der Hoffnung, eines Tages one-up zu steigen (das nennt man »Übertragung«). Zweitens, der Analytiker darf sich nie one-down fühlen (das nennt man »Gegenübertragung«). Die Lehranalyse dient dem Zweck, dem jungen Analytiker vor Augen zu führen, was es heißt, sich in einer One-down-Position zu befinden. Er muß die Rolle des Patienten spielen und lernt dadurch, wie einem zumute ist, wenn man eine clevere Finte konzipiert, sie gekonnt ausführt und dann trotzdem eins auf den Deckel bekommt (one-down).

Selbst nach einer zwei- oder dreijährigen Lehranalyse, während der der Analytiker erleben muß, wie seinen schwachen Finten der Garaus gemacht wird, passiert es ihm gelegentlich, daß er eine solche einem Patienten gegenüber verwendet und von diesem in die Knie (one-down) gezwungen wird. Trotz der Uneinnehmbarkeit der analytischen Festung und trotz des Arsenals an Finten, die er in der Ausbildung gelernt hat, ist der Analytiker auch nur ein Mensch, und ein Mensch zu sein heißt, manchmal one-down zu sein. In der Ausbildung wird einem beigebracht, wie man rasch wieder aus der One-down-Position hochkommt. Die allgemeine Taktik besteht darin, die One-up-Position »freiwillig« zu akzeptieren, wenn man ihr nicht entkommen kann. Wenn er merkt, daß der Patient one-up ist, kann der Analytiker etwa sagen: »Da haben Sie ganz recht«, oder »Ich gebe zu, einen Fehler gemacht zu haben«. Kühnere Analytiker gehen noch weiter: »Ich möchte wissen, weshalb ich etwas Angst verspürte, als Sie das sagten.« Dazu ist zu bemerken, daß diesen Äußerungen zufolge der Analytiker one-down und der Patient one-up zu sein *scheinen*, aber die One-down-Position setzt defensives Verhalten voraus. Durch bereitwillige Anerkennung seiner unterlegenen Position wahrt der Analytiker in Wirklichkeit seine überlegene Position, und der Patient muß feststellen, daß eine seiner klug ersonnenen Finten durch ein »hilfloses« oder »kampfverweigerndes«

Manöver übertrumpft wurde. Gelegentlich kann die Technik des Akzeptierens nicht angewandt werden, weil der Analytiker in einem bestimmten Bereich selbst zu empfindlich ist. Falls der Patient herausfindet, daß sein Analytiker in Verlegenheit gerät, wenn über Homosexualität gesprochen wird, so kann er dies rasch ausbeuten. Ein Analytiker, der solche Kommentare persönlich nimmt, ist verloren. Seine einzige Überlebenschance besteht darin, in seinen Diagnosegesprächen diejenigen Patienten auszusieben, die das Zeug dazu haben, diese Schwäche aufzuspüren und auszunutzen und sie an Analytiker mit anderen Schwächen zu überweisen.

Auch auf die härtere Gangart, die von manchen Patienten eingeschlagen wird, sucht man den Analytiker in seiner Ausbildung vorzubereiten. Mancher Patient ist so erpicht darauf, gegenüber seinem Analytiker die Oberhand zu bekommen, daß er nicht einmal vor der »Selbstmord«-Finte zurückschreckt. Viele Analytiker werden sofort von einem One-down-Gefühl befallen, wenn ein Patient mit Selbstmord droht. Sie halluzinieren Zeitungsschlagzeilen und hören ihre Kollegen stillvergnügt in sich hineinlachen, wenn sie sich die Zahl der Patienten zuflüstern, die One-up schafften, indem sie von der Brücke sprangen. Die verbreitetste Methode zur Unterbindung dieser Finte ist, sie nicht persönlich zu nehmen. Der Analytiker sagt beispielsweise: »Ich fände es bedauerlich, wenn Sie sich eine Kugel in den Kopf schießen, aber ich würde meine Arbeit fortsetzen.« Der Patient nimmt von seinem Plan Abstand, sobald ihm klar wird, daß er seinen Gegenspieler selbst durch diesen verzweifelten Schachzug nicht auspunkten kann.

Die orthodoxen psychoanalytischen Finten lassen sich vielleicht am besten veranschaulichen, indem man sie mit unorthodoxen Manövern vergleicht. Da ist beispielsweise das Rogerianische Fintensystem, wonach der Therapeut lediglich wiederholt, was der Patient gesagt hat. Dies ist ein todsicheres System. Niemand kann einen Menschen übertrumpfen, der bloß die Gedanken nachplappert, die man ihm mitgeteilt hat. Wenn der Patient dem Therapeuten vorwirft, ihm nicht zu nützen, antwortet dieser: »Sie haben das Gefühl, daß ich Ihnen nicht nütze.« Der Patient hakt nach: »Ganz recht, Sie taugen nichts.« Darauf der Therapeut: »Sie haben das Gefühl, daß ich nichts tauge.« Dieser Kunstgriff beraubt den Patienten noch gründlicher als das orthodoxe Schweigemanöver jeglichen Triumphgefühls. Nach einer Weile kommt er sich etwas blöd vor (ein One-down-Gefühl). Die meisten orthodoxen Analytiker halten die Rogers-Taktik nicht nur für schwach, sondern auch für etwas unredlich. Der Patient hat keine echte Chance.

Das Ethos der Psychoanalyse erfordert, daß der Patient eine zumindest einigermaßen faire Chance erhält. Über Manöver, die den

Patienten kurzerhand am Boden zerstören, rümpft man die Nase. Von Analytikern, die sich ihrer bedienen, nimmt man an, daß sie selbst noch einer weiteren Analyse bedürften, um sich ein größeres Spektrum legitimer Finten anzueignen und sie mit dem nötigen Selbstvertrauen anwenden zu können. So wird es beispielsweise als nicht korrekt betrachtet, den Patienten zur Erörterung eines Themas zu ermutigen und sich dann desinteressiert zu zeigen, sobald er es tut. Der Patient ist dadurch zwar one-down, aber der Schachzug ist vergeudet, da er ja nicht versuchte, sich one-up zu hieven. Nur wenn der Patient einen solchen Versuch unternimmt, mag das Schwinden des Interesses ein notwendiger Gegenzug sein.

Bei der Behandlung von Psychotikern stößt man an die Grenzen der orthodoxen psychoanalytischen Finten. Der Psychotiker demonstriert ständig seine Überlegenheit gegenüber den orthodoxen Winkelzügen. Er lehnt es ab, sich »freiwillig« in Analyse zu begeben. Er interessiert sich unvernünftigerweise nicht für Geld. Er legt sich nicht folgsam auf die Couch und redet, während der Analytiker für ihn unsichtbar hinter ihm zuhört. Die Struktur der analytischen Situation scheint den Psychotiker zu irritieren. Werden orthodoxe Finten gegen ihn verwandt, so kommt es nicht selten vor, daß er die Einrichtung in Stücke schlägt und den Analytiker in den Bauch tritt (dies wird als Unfähigkeit bezeichnet, eine Übertragung herzustellen). Der Durchschnittsanalytiker fühlt sich angesichts solcher psychotischer Finten unbehaglich und meidet deshalb solche Patienten. Vor kurzem haben einige beherzte Therapeuten festgestellt, daß sie es schaffen, sich einem Psychotiker gegenüber one-up zu schwingen, wenn sie ihn zu zweit behandeln. Diese Therapieform ist inzwischen als »Zweier-one-down« oder als »multiple Therapie« bekannt. Wenn ein Psychotiker beispielsweise zwanghaft redet und keine Pause macht, um zuzuhören, betreten zwei Therapeuten das Zimmer und beginnen miteinander zu sprechen. Unfähig, seine Neugier (eine One-down-Emotion) zu bezähmen, unterbricht der Psychotiker seinen Redeschwall und hört zu, wodurch es möglich wird, ihn one-down zu setzen.

Der größte Oneupman aller Zeiten im Umgang mit Psychotikern ist ein umstrittener Psychiater, der in Fachkreisen unter dem Spitznamen »der Bulle« bekannt ist. Wenn ein zwanghafter Redner ihm nicht zuhört, zückt der Bulle ein Messer und lenkt damit seine Aufmerksamkeit auf sich. Kein anderer Therapeut kann ihm das Wasser reichen, wenn es darum geht, selbst den entschlossensten Patienten mattzusetzen. Andere Therapeuten benötigen Krankenhäuser, Pfleger, Elektroschocks, Lobotomien, Medikamente, Zwangsjacken und Badewannen, um den Patienten einigermaßen one-down zu halten. Der Bulle bringt es allein mit Worten und einem gelegentlich aufblitzenden Taschenmesser fertig, daß sich selbst der widerspenstigste Psychotiker one-down fühlt.

Einen interessanten Gegensatz zum Bullen bildet eine Frau, die in Fachkreisen als »Lovely Lady of the Lodge« bekannt ist. In subtiler Oneupmanship im Umgang mit Psychotikern unübertroffen, verzichtet sie auf die Manöver des Bullen, die oft als plump und geschmacklos kritisiert werden. Wenn ein Patient erklärt, daß er Gott sei, dann behauptet der Bulle, *er* sei Gott und zwingt den Patienten in die Knie, sich in unmißverständlicher Weise seine One-up-Position sichernd. Die Lady of the Lodge lächelt in einem solchen Fall und sagt: »Gut, wenn Sie Gott sein möchten, erlaube ich es Ihnen.« Der Patient wird sanft one-down gebuttert, denn ihm dämmert, daß niemand anderer als Gott jemandem erlauben kann, Gott zu sein.

Obwohl die orthodoxen psychoanalytischen Finten nur für die Arbeit mit Neurotikern geeignet sein mögen, ist ihre Wirksamkeit unbestreitbar. Der erfahrene Analytiker kann einen Patienten one-down setzen, während er sich überlegt, wo er heute abend essen wird. Diese perfekte Beherrschung der Oneupmanship bringt natürlich außerordentliche Probleme mit sich, wenn die Analytiker auf Tagungen der Psychoanalytischen Gesellschaft miteinander in Konkurrenz treten. Bei keiner anderen menschlichen Zusammenkunft kann man so viele ausgefuchste Schliche lernen, wie man sich Oberwasser verschafft. Dieses Ringen findet auf den analytischen Kongressen zum größten Teil auf einer ziemlich persönlichen Ebene statt, bei den öffentlichen Wortgefechten geht es hingegen meist darum, erstens vor Augen zu führen, wer Freud am nächsten stand oder ihn am erschöpfendsten zitieren kann, und zweitens, wem es gelingt, die Anwesenden durch seine kühnen Deutungen der Freudschen Terminologie am gründlichsten zu verwirren. Wer diesen beiden Zielen am nächsten kam, wird gewöhnlich zum Präsidenten der Gesellschaft gewählt.

Die Sprachmanipulationen sind das bestürzendste Phänomen auf den analytischen Kongressen. Die Analytiker entfesseln furiose theoretische Diskussionen, bei denen verschwommene Begriffe definiert und durch noch verschwommenere Begriffe abermals neu definiert werden. Dies ist speziell dann der Fall, wenn es darum geht, ob die Behandlung eines Patienten nun *wirklich* eine Psychoanalyse gewesen sei oder nicht. Diese Frage wird zur Debatte gestellt, sooft jemand einen besonders brillanten Fallbericht präsentiert.

Was zwischen Analytiker und Patient vor sich geht – die Kunst der Oneupmanship –, wird auf diesen Tagungen selten erörtert (anscheinend sind die Techniken ein Geheimnis, das nicht öffentlich zur Diskussion gestellt werden darf). Die Folge ist, daß sich die Debatte auf die Prozesse in den finstersten und muffigsten Seelenbezirken des Patienten konzentriert. Jeder versucht, den anderen mit seinen Erklärungen der bizarren Seelenlandschaft der Patienten in den Schatten zu stellen, und der jeweilige Redner wird ständig durch Zurufe aus dem hinteren Saalende unterbrochen wie: »Keinesfalls! Sie verwechseln einen Esimpuls mit einer schwachen Ichgrenze!« oder: »Ihre Patienten können einem leid tun, wenn Sie *das* Besetzung nennen!« Selbst der ausgebuffteste Analytiker wird bald von einem ozeanischen Gefühl überwältigt, während immer neue Wogen von Energietheorien, libidinösen Trieben, instinktiven Antrieben und Überichbarrieren heranrollen. Der Analytiker, dem es gelingt, die Anwesenden am gründlichsten zu verwirren, läßt diese mit Gefühlen der Frustration und des Neides (One-down-Gefühle) zurück. Die Verlierer kehren in ihre Studierstuben zurück und beginnen dort in ihrem Gedächtnis, in Wörterbüchern, in Science-Fiction-Heften und in den Werken Freuds zu wühlen, um bei der nächsten Tagung mit noch kühneren Gedankenflügen aufwarten zu können.

Der Fintenkatalog des Analytikers und seines Patienten kann anhand des typischen Behandlungsverlaufs kurz resümiert werden. Die einzelnen Fälle variieren je nachdem, welche Manöver der betreffende Patient bevorzugt (die vom Analytiker als »Symptome« bezeichnet werden, wenn es sich um Finten handelt, die kein vernünftiger Mensch anwenden würde), aber der generelle Trend ist leicht zu verfolgen. Der Patient begibt sich in der One-down-Haltung in Behandlung, da er um Hilfe bittet, und versucht sofort, den Therapeuten one-down zu setzen, indem er ihn aufbaut. Dies nennt man die Flitterwochen der Analyse. Der Patient macht dem Therapeuten Komplimente, wie wunderbar er sei und wie rasch er (der Patient) erwarte, geheilt zu werden. Der erfahrene Analytiker geht diesen Manövern (die als »Reichsche Widerstandsfinten«) bekannt sind, nicht auf den Leim. Wenn der Patient feststellt, daß er ständig onedown gestopelt wird, ändert er seine Taktik. Er wird bösartig und beleidigend, droht, die Analyse zu beenden, und zieht die geistige Gesundheit des Analytikers in Zweifel. Dies sind die »Versuche-eine-menschliche-Reaktion-auszulösen«-Manöver. Sie treffen auf eine Mauer aus Gleichgültigkeit und Unpersönlichkeit, hinter der sich der Analytiker schweigend verschanzt, wenn er es nicht vorzieht, auf die Beleidigungen durch einfache Aussagen zu reagieren wie: »Ist Ihnen aufgefallen, daß das schon der zweite Dienstagnachmittag ist, an dem Sie eine solche Bemerkung gemacht haben? Ich möchte wissen, was der Dienstag für Sie bedeutet«, oder: »Sie scheinen auf mich zu reagieren, als ob ich jemand anderer wäre«. In seinem aggressiven Verhalten (Widerstands-Finten) frustriert, kapituliert der Patient und überläßt die Kontrolle über die Situation zum Schein wieder dem

Analytiker. Wiederum baut er den Analytiker auf, lehnt sich an
ihn, saugt jedes seiner Worte gierig in sich auf, beteuert immer wieder, wie hilflos er sei und wie stark der Analytiker, und wartet auf
den Augenblick, wenn er den Analytiker lange genug an der Nase
herumgeführt hat, um ihn mit einer ausgekochten Finte zu zermal-
men. Der versierte Analytiker kontert souverän mit einer Reihe
von »gönnerhaften« Finten, indem er darauf hinweist, daß sich der
Patient selbst helfen müsse und von niemandem erwarten dürfe,
daß er alle Probleme für ihn löse. Wutentbrannt geht der Patient
von seinen Unterwerfungs-Finten wieder zu Trotzmanövern über.
Inzwischen hat er vom Analytiker bereits einige Tricks gelernt und
hat die Sache besser im Griff. Er benutzt die inzwischen gewonnene
Einsicht (Finten, die der Laie nicht kennt), um die Beziehung um jeden Preis so zu definieren, daß der Analytiker one-down ist. Dies
ist die Durststrecke der Analyse. Da dieser durch eine gründliche
Diagnose (Aufzählung der schwachen Punkte) den Boden sorgfältig
präpariert hat und dem Patienten eine Reihe nagender Zweifel an
sich selbst einpflanzen konnte, gelingt es dem Analytiker im Laufe
der Jahre immer wieder, den Patienten zu deckeln. Zuletzt passiert
etwas Merkwürdiges. Der Patient versucht ziemlich beiläufig, die
Oberhand (one-up) zu erhalten, der Analytiker setzt ihn one-down,
und der Patient regt sich darüber nicht auf. Er hat einen Punkt erreicht, an dem es ihm im Grunde egal ist, ob der Analytiker das
Heft in der Hand hat oder er selbst. Mit anderen Worten, er ist
geheilt. Der Analytiker beendet daraufhin die Behandlung, wobei er
dieses Manöver so ansetzt, daß er dem Abschied des Patienten
gerade noch zuvorkommt. Dann wendet er sich seiner Warteliste zu
und bestellt den nächsten Patienten zu sich, der seiner Definition
nach zwanghaft danach strebt, one-up zu sein, und zutiefst deprimiert
ist, wenn er one-down geschmettert wird. Der Alltag geht weiter in
der schwierigen Kunst der Psychoanalyse.

Literatur

1. Ackerman, N. W.: *The Psychodynamics of Family Life*. New York, Basic Books, 1958.
2. Alanen, Y.: The mothers of schizophrenic patients. *Act. Psychiat. et Neurol. Scandinav.*, 33: suppl. 124, 1958.
3. Alexander, F.: *Psychoanalysis and Psychotherapy*. New York, Norton, 1956.
4. Bateson, G., and Ruesch, J.: *Communication: The Social Matrix of Psychiatry*. New York, Norton, 1951.
5. –, Jackson, D. D., Haley, J., and Weakland, J. H.: Toward a theory of schizophrenia. *Behav. Sc.*, 1: 251–264, 1956.
6. –, –, – and –: A note on the double bind–1962. *Fam. Proc.*, 2: 1954–161, 1963.
7. –: *Naven*. 2nd ed. with a new chapt. Stanford Univ. Press, 1958.
8. Bell, J. E.: *Family Group Therapy*. Pub. Health Mon. 64, U.S. Dept. Health Educ. Welfare, 1961.
9. Bernheim, H.: *Suggestive Therapeutics: A Treatise on the Nature and Use of Hypnotism*. New York and London, G. Putnam and the Knickerbocker Press, 1895.
10. Bowen, M.: Family psychotherapy. *Am. J. Orthopsychiat.*, 31: 40–60, 1961.
10a. Colby, K. M.: *A Primer for Psychotherapists*. New York, Ronald Press, 1951.
11. Cowles, E. S.: *The Conquest of Fatigue and Fear*. New York, Henry Holt, 1954.
12. Erickson, M. H.: A clinical note on indirect hypnotic therapy. *J. Clin. & Exper. Hyp.*, 2: 171–174, 1954.
13. –: Special techniques of brief hypnotherapy. *J. Clin & Exper. Hyp.*, 2: 109–129, 1954.
14. –: Naturalistic techniques of hypnosis. *Am. J. Clin. Hyp.*, 1: 3–8, 1958.
15. –, and Erickson, E. M.: Further considerations of time distortion: subjective time condensation as district from time expansion. *Am. J. Clin. Hyp.*, 1: 83–88, 1958.
16. –: Further clinical techniques of hypnosis: utilization techniques. *Am. J. Clin. Hyp.*, 1: 3–21, 1959.
17. –: The identification of a secure reality. *Fam. Proc.*, 1: 294–303, 1962.
18. Ferenczi, S.: *Sex in Psychoanalysis*. New York, Robert Brunner, 1950.
19. Ferreira, A. J.: Psychotherapy with severely regressed schizophrenics. *Psychiat. Quart.*, 33: 663–682, 1959.

19a. Frank, J. D.: *Persuasion and Healing*. Baltimore, Johns Hopkins Press, 1961.
20. Frankl, V.: Paradoxical intention: a logotherapeutic technique. *Am. J. Psychother.,* 14: 520–535, 1960.
21. Friedman, A. S.: Family therapy as conducted in the home. *Fam. Proc.,* 1: 132–140, 1962.
22. Freud, S.: *Collected Works,* Vol. 5. London, Hogarth, 1950.
23. –: *Inhibitions, Symptoms and Anxiety*. London, Hogarth, 1948.
24. Fromm-Reichmann, F.: *Principles of Intensive Psychotherapy*. Chicago, Univ. of Chicago Press, 1953.
25. Fry, W. F.: The marital context of an anxiety syndrome. *Fam. Proc.,* 1: 235–252, 1962.
26. Fullweiler, C.: Personal communication.
27. Gerz, H. O.: The treatment of the phobic and the obsessive-compulsive patient using paradoxical intention sec. Viktor E. Frankl. *J. Neruopsychiat.,* 3: 375–387, 1962.
28. Gill, M., and Brenman, M: *Hypnosis and Related States: Psychoanalytic Studies in Regression*. New York, Int. Univ. Press, 1959.
28a. Goffman, E.: *Asylums*. New York, Doubleday, 1961.
29. Haley, J.: Paradoxes in play, fantasy and psychotherapy. *Psychiat. Res. Rep.,* 2: 52–58, 1955.
30. –: The family of the schizophrenic: a model system. *Am. J. Nerv. & Ment. Dis.,* 129: 357–374, 1959.
31. –: Wither family therapy? *Fam. Proc.,* 1: 69–100, 1962.
32. –: Family experiments: a new type of experimentation. *Fam. Proc.,* 1: 265–293, 1962.
33. Jackson, D. D.: Countertransference and psychotherapy. *In* F. Fromm-Reichmann and J. L. Moreno (Eds.) *Progress in Psychotherapy,* Vol. 1. New York, Grune & Stratton, 1956, pp. 235–238.
34. –: The question of family homeostasis. *Psychiat. Quart. Suppl.,* 31: 79–90, Part 1, 1957.
35. –: Family interaction, family homeostasis and some implications for conjoint family psychotherapy. *In* J. Masserman (Ed.) *Individual and Familial Dynamics*. New York, Grune & Stratton, 1959.
36. – (Ed.): *The Etiology of Schizophrenia*. New York, Basic Books, 1960.
37. –: The monad, the dyad, and the family therapy of schizophrenics. *In* A. Burton (Ed.) *Psychotherapy of the Psychoses*. New York, Basic Books, 1961.
38. –, and Satir, V.: Family diagnosis and family therapy. *In* N. Ackerman, F. Beatman and S. Sherman (Eds.) *Exploring the Base for Family Therapy*. New York, Family Service Assoc., 1961.
39. –, and Weakland. J. H.: Conjoint family therapy, some considerations on theory, technique, and results. *Psychiatry,* 24: 30–45, 1961.
40. –, and Haley, J.: Transference revisited. *Am. J. Nerv. Ment. Dis.* In press.
41. Lindner, R.: *The Fifty Minute Hour*. New York, Rinehart, 1955.
42. MacGregor, R.: Multiple impact psychotherapy with families. *Fam. Proc.,* 1: 15–29, 1962.

43. Masserman, J. H.: *The Principles of Dynamic Psychiatry*. Philadelphia, W. B. Saunders 1955.
44. Menninger, K.: *Theory of Psychoanalytic Technique*. New York, Basic Books, 1958.
45. Noshpitz, J. D.: Opening phase in the psychotherapy of adolescents with character disorders. *Bull. Men. Clin.*, 21: 154–164, 1957.
46. Rank, O.: *Beyond Psychology*. Published privately by friends and students of the author, 1941.
47. Rogers, C. R.: *Client-Centered Therapy*. Boston, Houghton Mifflin, 1951.
48. Rosen, J. N.: *Direct Analysis*. New York, Grune & Stratton, 1951.
49. –: Personal communication.
50. Scheflen, A. E.: *A Psychotherapy of Schizophrenia: Direct Analysis*. Springfield, Ill., Charles C Thomas, 1961.
51. Sullivan, H. S.: *Conceptions of Modern Psychiatry*. William Alanson White Psychiatric Fnd., 1947, p. 91.
52. Szasz, T. S.: *The Myth of Mental Illness, Foundation of a Theory of Personal Conduct*. New York, Hoeber-Harper, 1961.
53. Von Neuman, J., and Morgenstern, O.: *Theory of Games and Economic Behavior*. Princeton Univ. Press, 1944.
54. Watts, A. W.: *Psychotherapy East and West*. New York, Kantheon, 1961.
55. Weakland, J. H., and Jackson, D. D.: Patient and therapist observations on the circumstances of a schizophrenic episode. *Arch. Neural. & Psychiat.*, 79: 554–574, 1958.
56. –, and Fry, W. F.: Letters of mothers of schizophrenics. Am. J. Orthopsychiat., 32: 604–623, 1962.
57. Whitehead, A. N., and Russell, B.: *Principa Mathematica*. Cambridge Univ. Press, 1910.
58. Wittgenstein, L.: *Tractatus Logico-Philosophicus*. Routledge, London, 1960.
59. Wolberg, L. R.: *Medical Hypnosis*. New York, Grune & Stratton, 1948.
60. Wolpe, J.: *Psychotherapy by Reciprocal Inhibition*. Stanford Univ. Press, 1958.